Larry Niven

Ringwelt

– Die Bewahrer –

Roman

Mantikore Verlag

Deutsche Erstauflage
Titel der englischen Originalausgabe:
THE RINGWORLD ENGINEERS

1. Auflage
Veröffentlicht durch den
MANTIKORE-VERLAG NICOLAI BONCZYK
Frankfurt am Main 2024
www.mantikore-verlag.de

Deutschsprachige Übersetzung: Alfons Winkelmann
Lektorat: Anja Koda
Satz: Karl-Heinz Zapf
Cover- und Umschlaggestaltung: Rossitza Atanassova und Matthias Lück

VP: 401-213-01-03-0924

Printed in the EU

ISBN: 978-3-96188-186-4

Ringwelt

– Die Bewahrer –

Larry Niven

Mantikore Verlag

Widmung

Ringwelt ist zehn Jahre alt, und der Strom an Briefen, die ich dazu erhielt, ist niemals versiegt. Die Leute haben sich zu den – offenen und verborgenen – Voraussetzungen, der Mathematik, der Ökologie und den philosophischen Implikationen geäußert, und zwar genauso, als ob die Ringwelt ein anstehendes Ingenieursprojekt sei und sie für die Arbeit bezahlt würden.

Ein Mann aus Washington, D.C., schickte mir ein vollständiges Korrektorat der ersten Auflage von *Ringwelt* mit dem Titel »The Niven-McArthur Papers, Vol. I.« Es war für mich eine enorme Hilfe. (Wenn du die erste Taschenbuchausgabe von *Ringwelt* besitzt, ist es diejenige mit den Fehlern darin. Sie ist Goldes wert.)

Eine High-School-Klasse aus Florida stellte den Bedarf für das Schüttrohrsystem fest.

Von einem Professor aus Cambridge kam eine Schätzung für die minimale Faserstärke von *Scrith.*

Freeman Dyson (Freeman Dyson!) hatte keine Probleme, an die Ringwelt zu glauben (!), aber er sah nicht, warum die Ingenieure nicht stattdessen eine Vielzahl kleinerer Ringe gebaut hätten. Wäre das nicht sicherer? Ich hoffe, die Antwort, die ich in diesem Buch gegeben habe, ist zufriedenstellend.

Natürlich gibt es auf der Ringwelt keine Petrochemikalien. Frank Gasperik wies darauf hin, dass jede Zivilisation auf unserem Level auf Alkohol basieren würde. Die Maschinenleute wären in der Lage, Biomasse für andere Zwecke zu verwenden, bis hin zu und einschließlich einer Kunststoffindustrie.

Während einer Lesung in Boston wies jemand im Publikum darauf hin, dass mathematisch gesehen die Ringwelt wie eine Hängebrücke ohne Endpunkte behandelt werden könnte. Einfach im Konzept, schwieriger zu bauen.

Aus allen Richtungen kamen die Hinweise auf die Notwendigkeit für Stabilisierungsdüsen. (Während des World Science Fiction Convention 1971 skandierten Studenten vom MIT in der Hotelhalle: DIE RINGWELT IST INSTABIL!) Aber Ctein und Dan Alderson, die unabhängig voneinander arbeiteten, benötigen mehrere Jahre, um die Instabilität zu quantifizieren. Ctein arbeitete ebenfalls Daten heraus, wie die Ringwelt *zu bewegen wäre.*

Dan Alderson war so freundlich, für mich die Parameter für die Meteoritenabwehr herauszuarbeiten … und das war die *einzige* Information, um die ich tatsächlich dringend gebeten hatte.

Ihr alle, die ihr diese Arbeit erledigt und all diese Briefe geschrieben habt: Seid gewarnt, dass dieses Buch ohne eure ungebetene Hilfe nicht existieren würde. Ich hatte nicht die leiseste Absicht, eine Fortsetzung der *Ringwelt* zu schreiben. Ich widme euch dieses Buch.

Inhalt

TEIL EINS

TEIL ZWEI

TEIL DREI

TEIL EINS

Kapitel 1

UNTER DEM DRAHT

Louis Wu befand sich unter dem Draht, als zwei Männer in seine Privaträume eindrangen.

Er saß in der vollen Lotusposition auf dem üppigen gelben Teppich aus Zimmergras. Sein Lächeln war glückselig, träumerisch. Die Wohnung war klein, nur ein großer Raum. Er hatte beide Türen im Blick. Aber verloren in der Seligkeit, die nur ein Drahtkopf kennt, sah er nicht, wie sie hereinkamen. Sie waren auf einmal da: zwei blasse junge Männer, beide über zwei Meter groß, die Louis mit verächtlichem Lächeln musterten. Einer schnaubte und ließ etwas Waffenförmiges in eine Tasche gleiten. Sie kamen heran, und Louis erhob sich.

Es war nicht bloß das glückselige Lächeln, das sie täuschte. Es war der faustgroße Trafroh, der wie ein schwarzes Kunststoffgeschwür aus Louis Wus Schädeldach herausragte. Sie hatten mit einem Stromsüchtigen zu tun, und sie wussten, was sie zu erwarten hatten. Der Mann musste jahrelang keinen anderen Gedanken gehabt haben als den Draht, der Strom in das Lustzentrum seines Gehirns tröpfeln ließ. Er wäre dem Verhungern nahe, weil er sich selbst so vernachlässigt hatte. Er war klein, etwa einen halben Meter kleiner als die beiden Eindringlinge. Er …

Als sie nach ihm griffen, beugte sich Louis weit zur Seite, um das Gleichgewicht zu wahren, und trat aus, einmal, zweimal, dreimal.

Einer der Eindringling lag zusammengekrümmt am Boden und schnappte nach Luft, bevor der andere geistesgegenwärtig genug war, zurückzuweichen.

Louis folgte ihm.

Was den jungen Mann halb lähmte, war der entrückte, wonnevolle Ausdruck, mit dem Louis ihn töten wollte. Zu spät griff er nach der Betäubungswaffe, die er eingesteckt hatte. Louis trat sie ihm aus der Hand. Er duckte sich unter einer massigen Faust weg und trat nach der Kniescheibe – Kniescheibe (der bleiche Riese hielt in der Bewegung inne), dem Geschlechtsteil, dem Herzen (der Riese beugte sich mit einem pfeifenden Aufschrei weit vor), der Kehle (der Schrei hörte abrupt auf).

Der andere Eindringling war auf Händen und Knien und atmete stoßweise. Louis versetzte ihm zwei Handkantenschläge auf den Hals.

Die Eindringlinge lagen still auf dem üppigen gelben Gras.

Louis Wu ging, seine Tür abzuschließen. Zu keiner Zeit hatte das wonnige Lächeln sein Gesicht verlassen, und daran änderte sich auch nichts, als er seine Tür vollständig verschlossen und mit eingeschalteter Alarmanlage vorfand. Er überprüfte die Tür zum Balkon: verschlossen und Alarmanlage eingeschaltet.

Wie in aller Welt waren sie hereingekommen?

Amüsiert ließ er sich dort, wo er war, in der Lotusstellung nieder und rührte sich über eine Stunde lang nicht mehr.

Bis eine Zeitschaltuhr klickte und den Trafroh abschaltete.

Stromsucht ist die jüngste Sünde der Menschheit. Im Verlauf ihrer Geschichte haben die meisten Kulturen des menschlichen Raums in dieser Gewohnheit zeitweilig eine größere Plage gesehen. Sie entzieht die Süchtigen dem Arbeitsmarkt und lässt sie an Selbstvernachlässigung sterben.

Die Zeiten ändern sich jedoch. Generationen später betrachten eben jene Kulturen die Stromsucht in der Regel als einen Segen. Ältere Sünden – Alkoholismus, Drogensucht und zwanghaftes Glücksspiel – können da nicht mithalten. Menschen, die abhängig von Drogen werden, sind glücklicher mit dem Draht. Sie brauchen länger, bis sie sterben, und sie bleiben eher kinderlos.

Sie kostet beinahe nichts. Ein Ecstasy-Händler kann den Preis für die Operation erhöhen, aber wozu? Der Süchtige ist erst dann ein Drahtkopf, wenn der Draht ins Lustzentrum seines Gehirns eingebettet wurde. Dann hat ihn der Händler allerdings nicht mehr im Griff, weil der Nutzer seine Kicks aus dem häuslichen Strom bezieht.

Und die Wonne ist rein, ohne Obertöne und ohne Kater.

Sodass zu Louis Wus Zeit diejenigen, die vom Draht oder von irgendwelchen kleinen Mitteln der Selbstzerstörung versklavt werden konnten, sich seit achthundert Jahren aus der menschlichen Spezies herausgezüchtet hatten.

Heutzutage gibt es sogar Apparate, die das Lustzentrum eines Opfers aus der Entfernung kitzeln konnten. Auf den meisten Welten sind Tasps illegal und kostspielig in der Herstellung, aber sie werden angewendet. (Ein mürrischer Fremder geht vorüber, Wut oder Elend in den säuerlichen Zügen seines Gesichts. Du stehst hinter einem Baum und versüßt ihm den Tag. Knips! Sein Gesicht erhellt sich. Einen Augenblick lang ist er völlig sorgenfrei …) Gewöhnlich ruinieren sie das Leben nicht. Die meisten Menschen vertragen sie.

Die Zeitschaltuhr klickte und schaltete den Trafroh ab.

Louis schien in sich zusammenzusacken. Er griff über seinen glatten Schädel hinweg zur Basis des langen schwarzen Zopfs und zog den Trafroh aus seinem Stecker unter dem Haar. Er hielt ihn in der Hand und überlegte; dann warf er ihn wie immer in eine Schublade und verschloss diese. Die Schublade verschwand. Der Schreibtisch, der scheinbar ein antikes hölzernes Stück war, bestand in Wahrheit aus einer papierdünnen Metallhülle und bot endlos viel Platz für Geheimfächer.

Es war stets eine Versuchung, die Zeitschaltuhr neu einzustellen. In den frühen Jahren seiner Sucht hatte er das routinemäßig getan. Die Vernachlässigung hatte aus ihm ein Skelett gemacht, ein beständig schmutziges. Schließlich hatte er das zusammengesammelt, was von seiner uralten hartnäckigen Entschlossenheit noch verblieben war, und er hatte eine Zeitschaltuhr eingebaut, die zwanzig Minuten pingelige, konzentrierte Arbeit erforderte, um sie neu einzustellen. In ihrer gegenwärtigen Einstellung gab sie ihm fünfzehn Stunden Strom und zwölf Stunden für Schlaf und für das, was er »Wartung« nannte.

Die Leichen lagen immer noch da. Louis hatte keine Ahnung, was er damit anfangen sollte. Wenn er die Polizei sofort gerufen hätte, dann hätte das nach wie vor ungewollte Aufmerksamkeit erregt … aber was könnte er ihnen jetzt sagen, anderthalb Stunden später? Dass er bewusstlos geschlagen worden war? Sie würden seinen Schädel nach Rissen scannen wollen.

So viel wusste er: In der schwarzen Depression, die seiner Zeit unter dem Draht stets folgte, konnte er schlicht keine Entscheidungen treffen. Er folgte seiner Wartungsroutine wie ein Roboter. Selbst sein Abendessen war vorprogrammiert.

Er trank ein volles Glas Wasser. Er stellte die Küche ein. Er ging ins Bad. Er führte zehn Minuten Übungen durch, trieb sich heftig an, bekämpfte Depression mit Erschöpfung. Er vermied es, die steif werdenden Leichen anzusehen. Das Abendessen war fertig, als er seine Übungen beendet hatte. Er aß, ohne etwas zu schmecken … und erinnerte sich, dass er einmal gegessen und Übungen absolviert und jede Bewegung durchgeführt hatte, während der Trafroh in seinem Schädel gesteckt und dabei ein Zehntel des normalen Stroms ins Lustzentrum geliefert hatte. Eine Zeitlang hatte er mit einer Frau zusammengelebt, die ebenfalls einen verdrahteten Kopf gehabt hatte. Sie hatten sich unter dem Draht geliebt … und Kriegsspiele gespielt und Wettkämpfe in Wortspielen ausgefochten … bis sie das Interesse an allem außer dem Strom selbst verloren hatte. Zu diesem Zeitpunkt hatte Louis genügend seiner natürlichen Vorsicht zurückgewonnen, um der Erde zu entfliehen.

Jetzt dachte er, dass es leichter wäre, dieser Welt zu entfliehen, als sich dieser beiden großen, verräterischen Leichen zu entledigen.

Aber falls er bereits überwacht wurde?

Sie sahen nicht wie ARM-Agenten aus. Mit den großen, weichen Muskeln und der Blässe, die von einem Sonnenlicht herrührte, das eher orangefarben als gelb war, gehörten sie bestimmt zu den Typen unter niedriger Schwerkraft, wahrscheinlich Cañoniten. Sie hatten nicht wie ARMs gekämpft …

aber sie hatten seine Alarmanlage umgangen. Dieser Männer konnten ARM-Mietlinge sein, auf die Freunde warteten.

Louis Wu schaltete die Alarmanlage an seiner Balkontür ab und trat hinaus.

Cañon folgt nicht so ganz den üblichen Regeln eines Planeten.

Der Planet ist nicht viel größer als Mars. Bis vor wenigen Hundert Jahren war seine Atmosphäre gerade dicht genug, um Photosynthese nutzende Pflanzen zu unterhalten. Die Luft enthielt Sauerstoff, war jedoch zu dünn für Mensch oder Kzinti. Das einheimische Leben war so primitiv und widerstandsfähig wie Flechten. Tiere hatten sich überhaupt nie entwickelt.

Aber es gab magnetische Monopole im Kometenhalo rings um Cañons orange-gelbe Sonne und Radioaktivität auf dem Planeten selbst. Das Imperium der Kzinti schluckte den Planeten und bevölkerte ihn mithilfe von Kuppeln und Kompressoren. Sie nannten ihn Warhead, Gefechtskopf, wegen seiner Nähe zu den Pierin-Welten, die noch nicht erobert waren.

Eintausend Jahre später traf das sich ausdehnende Imperium der Kzinti auf den menschlichen Raum.

Bei Louis Wus Geburt waren die Kriege zwischen Menschen und Kzinti längst vorüber. Die Menschen hatten sie allesamt gewonnen. Die Kzinti hatten stets die Neigung gehabt, anzugreifen, bevor sie völlig bereit waren. Die Zivilisation auf Cañon ist ein Erbe des dritten Kriegs zwischen Menschen und Kzinti, als die menschliche Welt *Wunderland* einen Geschmack an esoterischen Waffen entwickelt hatte.

Der Abkommensbeschaffer von Wunderland wurde nur einmal eingesetzt. Er war eine gigantische Version dessen, was gewöhnlich ein Bergbauwerkzeug ist: ein Desintegrator, der einen Strahl abfeuert, welcher die Ladung des Elektrons unterdrückt. Wohin ein Desintegrator-Strahl fällt, dort wird feste Materie plötzlich und gewaltsam positiv. Sie zerreißt sich selbst zu einem Nebel monoatomarer Partikel.

Wunderland baute und transportierte einen gewaltigen Desintegrator ins Warhead-System und feuerte parallel dazu einem ähnlichen Strahl hinein, um die Ladung des Protons zu unterdrücken.

Die beiden Strahlen trafen fünfzig Kilometer voneinander entfernt auf die Oberfläche von Cañon. Fels und Kzinti-Fabriken und -Unterkünfte flogen als Staub davon, und ein fester Stab aus Blitzlicht floss zwischen den beiden Punkten. Die Waffe bohrte sich fünfzehn Kilometer tief in den Planeten hinein, legte Magma in einem Gebiet von der Größe und Form von Baja California auf der Erde frei, das grob von Ost nach West verlief. Der Industriekomplex der Kzinti verschwand. Die wenigen Kuppeln, die von Stasisfeldern geschützt waren, wurden vom Magma verschlungen, Magma, das höher in der Mitte der großen Kluft heraufquoll, bevor der Fels verschmolz. Das letztliche Ergebnis war ein Meer, umgeben von schieren Felswänden, die viele Kilometer hoch waren und ihrerseits eine lange, schmale Insel umgaben.

Andere menschliche Welten mögen bezweifeln, dass der Abkommensbeschaffer von Wunderland den Krieg beendete. Das Patriarchat der Kzinti lässt sich normalerweise durch schiere Größe nicht erschrecken. Wunderländer haben solche Zweifel nicht.

Warhead wurde nach dem dritten Krieg zwischen Menschen und Kzin annektiert und zu Cañon. Cañons einheimisches Leben litt natürlich unter den Gigatonnen von Staub, die auf seine Oberfläche herabfielen, sowie unter dem Verlust von Wasser, das innerhalb des Cañons selbst herabfiel und das Meer bildete. In dem Cañon bestehen ein ausreichender Luftdruck und eine blühende Zivilisation von geringer Größe.

Louis Wus Wohnung lag zwölf Geschosse hoch an der Seite der nördlichen Cañonwand. Die Nacht beschattete den Cañongrund, als er hinaustrat, aber die südliche Seite glühte nach wie vor noch im Tageslicht. Hängende Gärten einheimischer Flechten fielen vom Rand herab. Alte Aufzüge standen wie silberne Fäden kilometerhoch vor der Felswand. Transferkabinen hatten sie zum Reisen überflüssig gemacht, aber die Touristen nutzten sie nach wie vor wegen der Aussicht.

Der Balkon überblickte den Gürtel aus Parklandschaft, die über das Zentrum der Insel verlief. Die Vegetation hatte das wilde Aussehen eines Jagdparks der Kzinti. Rosa- und Orangetöne verschmolzen mit der importierten terrestrischen Biosphäre. Kzinti-Leben war im gesamten Cañon anzutreffen.

Dort unten waren ebenso viele Kzinti- wie menschliche Touristen. Die männlichen Kzinti sahen aus wie fette orangefarbene Katzen, die auf ihren Hinterbeinen gingen ... fast. Aber ihre Ohren waren gespreizt wie rosafarbene chinesische Sonnenschirme, und ihre Schwänze waren nackt und rosig, und ihre geraden Beine und großen Hände kennzeichneten sie als Werkzeugmacher. Sie waren zwei Meter fünfzig groß, und obwohl sie strikt darauf achten, nicht gegen menschliche Touristen zu stoßen, glitten sorgfältig manikürte Klauen über schwarzen Fingerspitzen hinaus, wenn ein Mensch zu nahe vorbeiging. Reflex. Vielleicht.

Manchmal fragte Louis sich, welcher Impuls sie zu einer Welt zurückgebracht hatte, die einmal ihnen gehörte. Einige hatten vielleicht Vorfahren hier, die in erstarrter Zeit in den Kuppeln lebten, die unterhalb dieser Lavainsel begraben waren. Eines Tages müssten sie ausgegraben werden …

Es gab so viel, was er auf Cañon nicht getan hatte, weil stets der Draht rief. Menschen und Kzinti hatten einen Sport daraus gemacht, diese Felswände in der niedrigen Schwerkraft zu ersteigen. Nun ja, er hätte eine letzte Chance für einen Versuch. Es war eine seiner drei Routen hinaus. Die zweite waren die Aufzüge; die dritte eine Transferkabine zu den Flechtengärten. Er hatte sie nie gesehen.

Dann über Land in einem Druckanzug, der leicht genug wäre, um ihn in eine große Aktentasche zu stecken.

Auf der Oberfläche von Cañon gab es Minen, und es gab ein großes, nachlässig gepflegtes Reservat für die überlebende Vielfalt der Cañon-Flechten. Der größte Teil der Welt war jedoch eine kahle Mondlandschaft. Ein vorsichtiger Mann könnte unentdeckt ein Raumschiff landen und dort verstecken, wo es nur eine Suche mit Tiefenradar entdecken könnte. Ein vorsichtiger Mann hatte es getan. Denn während der letzten neunzehn Jahre hatte Louis Wus Schiff gewartet, versteckt in einer Höhle der nach Norden weisenden Felswand eines Gebirges mit minderwertigem Erz: ein Loch, verborgen innerhalb eines permanenten Schattens auf der luftlosen Oberfläche von Cañon.

Transferkabinen oder Aufzüge oder Felswandklettern. Lasse Louis Wu an die Oberfläche gelangen, und er wäre in

Sicherheit. Aber die ARM könnte sämtliche drei Ausgänge überwachen.

Oder er könnte paranoide Spiele mit sich selbst spielen. Wie hätte ihn die irdische Polizei finden können? Er hatte sein Gesicht verändert, seine Frisur, seine Lebensweise. Die Dinge, die er am meisten geliebt hatte, waren genau die Dinge, die er aufgegeben hatte. Er benutzte ein Bett anstelle von Schlafplatten, er mied Käse, als wäre er verdorbene Milch, und seine Wohnung war mit massenproduzierten versenkbaren Möbeln ausgestattet. Die einzige Kleidung, die er besaß, bestand aus kostspieliger Naturfaser mit keinerlei optischen Effekten.

Er hatte die Erde als ausgemergelter Drahtkopf mit träumerischem Blick verlassen. Seitdem hatte er sich eine vernünftige Diät aufgezwungen; er hatte sich bis heute mit Übungen und einem wöchentlichen Kurs in Kampfkünsten gequält (leicht illegal, und die örtliche Polizei würde ihn registrieren, falls sie ihn erwischte, aber nicht als Louis Wu), und jetzt war er eine entsprechende Nachahmung strotzender Gesundheit mit festen Muskeln, die anzueignen sich ein jüngerer Louis Wu nie Mühe gegeben hatte. Wie hätte ihn die ARM erkennen können?

Und *wie waren sie hereingekommen?* Kein gewöhnlicher Einbrecher hätte an Louis' Alarmanlagen vorbeikommen können.

Sie lagen tot in dem Gras, und bald würde der Gestank die Klimaanlage überwältigen. Jetzt verspürte er, ein wenig verspätet, die Scham von jemandem, der Menschen getötet hatte. Aber sie waren in sein Territorium eingedrungen, und unter dem Draht gibt es keine Schuld. Jeder Schmerz ist ein Würzkraut, das der Freude hinzugegeben wird, und Freude –

wie die grundlegende Freude eines Menschen, einen Dieb auf frischer Tat zu töten – wird gewaltig verstärkt. Sie hatten gewusst, was er war, und das war für Louis Wu sowohl ausreichend Warnung als auch ein direkter Affront.

Die Touristen, Kzinti und Menschen, sowie die Einheimischen, die sich auf der Straße unten tummelten, sahen recht unschuldig aus, und wahrscheinlich waren sie es auch. Wenn ein ARM ihn jetzt beobachtete, täte er es mit einem Fernglas von einem Fenster in einem jener schwarzäugigen Gebäude aus. Keiner der Touristen blickte auf … aber Louis Wus Augen fanden einen Kzin und blieben auf ihm haften.

Zweieinhalb Meter groß, einen Meter breit, dichtes orangefarbenes Fell, das an einigen Stellen ergraute: Er ähnelte sehr den Dutzenden von Kzinti rings um ihn her. Was Louis Auge festhielt, war die Art und Weise, wie das Fell des Alien wuchs. Über mehr als der Hälfte seines Körpers war es buschig, fleckig und weiß, als ob die Haut darunter extrem vernarbt wäre. Um seine Augen lagen schwarze Ringe, und die Augen blickten nicht auf die Szenerie. Sie durchsuchten die Gesichter der vorübergehenden Menschen.

Louis löste sich mühsam aus dem Drang, mit offenem Mund hinabzustarren. Er wandte sich um und ging ins Innere, ohne offensichtliche Eile. Er schloss seine Balkontüren und schaltete die Alarmanlage wieder ein, und dann grub er den Trafroh aus seinem Versteck im Tisch. Seine Hände zitterten.

Es war Sprecher-mit-Tieren, den er gesehen hatte, und zwar zum ersten Mal seit zwanzig Jahren. Sprecher-mit-Tieren, einstmals ein Botschafter im menschlichen Raum; Sprecher, der zusammen mit Louis Wu, einem Pierson's-Puppenspieler und einer sehr merkwürdigen menschlichen jungen Frau den winzigen Bruchteil der gewaltigen Struktur erforscht hatte, die Ringwelt genannt wurde; der seinen vollen Namen vom Patriarchen der Kzin für den Schatz erworben hatte, den er zurückgebracht hatte. Man konnte jetzt sterben, wenn man ihn nach seinem Beruf nannte, aber wie lautete sein jetziger Name? Etwas, was mit einem Husten begann, wie ein deutsches *CH,* oder wie das warnende Husten, das ein Löwe ausstoßen mochte: *Chmee,* das war's! Aber was konnte er hier tun? Mit einem echten Namen und Land und einem Harem, der größtenteils schwanger war, hatte Chmee keine Absicht, Kzin jemals wieder zu verlassen. Die Vorstellung, dass er ein Tourist auf einer annektierten menschlichen Welt sein sollte, war lächerlich.

Konnte er womöglich wissen, dass Louis Wu in Cañon war?

Er musste raus, sofort. Die Cañonwand hinauf zu seinem Schiff.

Und deswegen spielte Louis Wu mit der Zeitschaltuhr in seinem Trafroh und betätigte mit zusammengekniffenen Augen mit den winzigen Instrumenten die winzigen Einstellknöpfe. Seine Hände zitterten gereizt ... Die Zeiteinstellung müsste sowieso verändert werden, da er jetzt den Siebenundzwanzig-Stunden-Tag von Cañon verließ. Er kannte sein Ziel. Es gab eine weitere Welt im menschlichen Raum, deren Oberfläche größtenteils kahle Mondlandschaft war. Er konnte sein Schiff unentdeckt im Vakuum am Westende von Jinx landen ... und den Zeitschalter auf dem Trafroh *jetzt* einstellen ... und ein paar Stunden unter dem Draht *jetzt* verbringen, um seine Nerven zu beruhigen. Alles ergab vollständig Sinn. Er schenkte sich zwei Stunden.

Fast zwei Stunden verstrichen, bevor der nächste Eindringling kam. Verzückt in der Freude des Drahts, wäre Louis auf keinen Fall beunruhigt gewesen. Er fand den Eindringling sogar irgendwie erleichternd.

Das Wesen stand fest gestützt auf einem einzelnen Hinterbein und zwei weit gespreizten Vorderbeinen. Zwischen den Schultern erhob sich ein dicker Höcker: der Hirnschädel, bedeckt von einer reichen goldfarbenen geringelten Mähne, in der Edelsteine glitzerten. Zwei lange, geschmeidige Hälse erhoben sich zu beiden Seiten des Hirnschädels, die in flachen Köpfen endeten. Diese Münder mit den lockeren Lippen hatten den Puppenspielern während ihrer gesamten Historie als Hände gedient. Ein Mund umklammerte eine Betäubungspistole menschlicher Bauart, eine lange gegabelte Zunge schlang sich um den Auslöser.

Louis Wu hatte seit zweiundzwanzig Jahren keinen Pierson's-Puppenspieler mehr gesehen. Er hielt ihn für ziemlich reizend. Und er war aus dem Nirgendwo aufgetaucht. Diesmal hatte Louis gesehen, wie er sich mitten auf dem gelben Grasteppich blitzartig materialisierte. Er hatte sich unnötig Sorgen gemacht; die ARM hatte überhaupt nichts damit zu tun. Das Problem der cañonitischen Einbrecher war gelöst.

»Trittscheiben!«, rief Louis fröhlich. Er warf sich auf den Alien. Das wäre einfach. Puppenspieler waren Feiglinge …

Die Betäubungspistole glühte orangefarben. Louis Wu sackte auf den Teppich, sämtliche Muskeln erschlafft. Sein Herz arbeitete heftig. Schwarze Flecken bildeten sich vor seinen Augen.

Der Puppenspieler trat zierlich um die beiden Toten herum. Er sah aus zwei Richtungen auf ihn herab; und dann griff er nach ihm. Zwei Reihen stumpfer Zähne umklammerten seine Handgelenke, nicht fest genug, um ihm Schmerzen zuzufügen. Der Puppenspieler zerrte ihn zurück über den Teppich und ließ ihn nieder.

Die Wohnung verschwand.

Man könnte nicht sagen, dass Louis Wu besorgt war. Er hatte kein derart unangenehmes Gefühl. Leidenschaftslos (denn die gleichmäßige Freude im Draht gestattet eine abstrakte Denkfähigkeit, die Sterblichen ansonsten verwehrt war) justierte er sein Weltbild neu.

Er hatte das System der Trittscheiben auf der Heimatwelt der Pierson's-Puppenspieler gesehen. Es war ein offenes Teletransportersystem, den geschlossenen Transferkabinen, die auf den Welten der Menschen verwendet wurden, weit überlegen.

Anscheinend hatte ein Puppenspieler in Louis' Wohnung Trittscheiben installiert; hatte zwei Cañonisten hergeschickt, um ihn zu holen; als das fehlgeschlagen war, war er selbst gekommen. Die Puppenspieler benötigten ihn anscheinend dringend.

Das war doppelt beruhigend. Die ARM war überhaupt nicht beteiligt. Und Puppenspieler verfügten über eine Tradition, die eine Million Jahre alt war und ihre Philosophie der aufgeklärten Feigheit stützte. Sie konnten ihm kaum nach dem Leben trachten; das hätten sie billiger haben können, mit weniger Risiko. Es sollte ihm leichtfallen, sie einzuschüchtern.

Er lag nach wie vor auf gelbem Gras und Bindematte. Sie musste auf der Trittscheibe gelegen haben. Auf der anderen Seite des Zimmers befand sich ein riesiges orangefarbenes Fellkissen … nein, es war ein Kzin, der zusammengesackt dort lag, die Augen geöffnet, schlafend oder gelähmt oder tot – und es war tatsächlich der Sprecher. Louis war froh, ihn zu sehen.

Sie waren in einem Raumschiff, einer General-Product-Hülle. Hinter den durchsichtigen Wänden wurde raumhelles Sonnenlicht von scharfkantigen Mondfelsen zurückgeworfen. Ein Flecken grün-violetter Flechten sagte ihm, dass er sich nach wie vor auf Cañon befand.

Aber er war unbesorgt.

Der Puppenspieler ließ seine Handgelenke los. Ornamente glitzerten in seiner Mähne: keine natürlichen Edelsteine, sondern etwas wie schwarze Opale. Ein flacher hirnloser Kopf beugte sich herab und zog den Apparat aus dem Stecker in Louis' Schädel. Der Puppenspieler trat auf eine rechteckige Platte und verschwand, mit dem Apparat.

Kapitel 2

Gepresste Mannschaft

Die Augen des Kzin hatten ihn eine Weile lang beobachtet. Jetzt räusperte sich der gelähmte Kzin versuchsweise und knurrte: »Loo-ee Woo.«

»Äh«, sagte Louis. Er hatte überlegt, Selbstmord zu begehen, aber das war unmöglich. Er konnte kaum mit den Fingern wackeln.

»Louis, duuu bissst ein Drahtkopf?«

»Moment«, sagte Louis, um Zeit zu schinden. Es funktionierte. Der Kzin gab seine Bemühungen auf. Und Louis – dessen einzige echte Sorge der verschwundene Apparat war – folgte einem alten Reflex. Er sah sich um, einschätzen, wie schlimm seine Lage tatsächlich war.

Das Sechseck aus Indoor-Rasen unter ihm markierte den Empfänger der Trittscheibe. Ein schwarzer Kreis jenseits davon wäre der Sender. Ansonsten war der Fußboden durchscheinend, ebenso die Hülle auf Backbord und die Heckwand.

Der Hyperdrive-Shunt verlief fast durch die gesamte Länge des Schiffs unter dem Boden. Louis erkannte die Maschinerie anhand ihrer grundlegenden Bauweise wieder. Sie war nicht von Menschen hergestellt; sie hatte das halb zerschmolzene Aussehen der meisten Konstruktionen der Puppenspieler.

Also: Das Schiff verfügte über die Fähigkeit zur Überlichtgeschwindigkeit. Anscheinend war ein langer Flug für ihn vorgesehen.

Durch die Heckwand blickte Louis in einen Frachtraum mit einer halbrunden Luke in der Seite. Ein schiefer Kegel von zehn Metern Höhe und doppelt so lang füllte ihn fast völlig. Die Spitze war ein Türmchen mit Bullaugen für Waffen und/oder Messgeräte. Unterhalb des Türmchens verlief ein Rundum-Fenster. Noch weiter unten gab es eine Luke, die nach dem Herabfallen eine Rampe bilden konnte.

Es war ein Landefahrzeug, ein Erkundungsschiff. Von Menschenhand gebaut, dachte Louis, und zwar nach Kundenwünschen. Es hat nichts von dem halb zerschmolzenen Aussehen. Jenseits des Landefahrzeugs erspähte er eine silbrige Wand, wahrscheinlich ein Treibstofftank.

Bisher hatte er noch keine Tür in sein eigenes Abteil gesehen.

Mit einiger Anstrengung warf Louis den Kopf zur anderen Seite. Jetzt sah er nach vorn ins Cockpit. Ein großer Abschnitt des Schiffes bestand in einer undurchsichtigen grünen Wand, aber er konnte daran vorbei eine geschwungene Anordnung von Bildschirmen erkennen, dazu Wählscheiben mit winzigen, dicht beieinanderstehenden Zahlen und Schaltern, die für die Münder der Puppenspieler geformt waren. Der Kontrollsessel des Piloten war eine gepolsterte Bank mit Auffangnetzen und Einkerbungen für Hüfte und Schultern eines Pierson's-Puppenspielers. In jener Wand gab es keine Tür.

Nach Steuerbord – nun ja, ihre Zelle war zumindest ziemlich groß. Er sah eine Dusche, zwei Schlafplatten, reiche Felldecken, vielleicht das Wasserbett eines Kzin, und dazwischen eine massige Struktur, in der Louis einen Essensaufbereiter und -automaten erkannte, hergestellt in Wunderland. Hinter den Betten befand sich eine weitere grüne Wand und keine Luftschleuse, und das war's dann auch schon. Sie befanden sich in einer Kiste ohne Öffnungen.

Das Schiff hatten Puppenspieler gebaut: eine General-Products-Nr. 3-Hülle, ein Zylinder, entlang des Bauchs abgeplattet und an den Enden abgerundet. Das Handelsimperium der Puppenspieler hatte Millionen solcher Schiffe verkauft. Sie wurden als unverwundbar gegenüber jeglicher Bedrohung angepriesen, abgesehen von Schwerkraft und sichtbarem Licht. Etwa zur Zeit von Louis Wus Geburt war die Spezies der Puppenspieler aus dem bekannten Raum zu den Magellanschen Wolken geflohen. Jetzt, etwas über zweihundert Jahre später, sah man die General-Products-Hüllen immer noch überall. Einige hatten ein Dutzend Generationen von Besitzern gehabt.

Vor dreiundzwanzig Jahren war das von den Puppenspielern gebaute Raumschiff *Liar* auf der Oberfläche der Ringwelt mit etwa elfhundert Kilometern pro Stunde abgestürzt. Ein Stasisfeld hatte Louis und die anderen Passagiere geschützt – und die Hülle war nicht mal angekratzt worden.

»Du bist ein Kzin-Krieger«, sagte Louis. Seine Lippen waren schwer und taub. »Kannst du dir einen Weg durch eine General-Products-Hülle schlagen?«

»Nein«, erwiderte der Sprecher. *(Nicht* Sprecher, *Chmee)*

»Es war die Frage wert. Chmee, was tust du auf Cañon?«

»Ich erhielt eine Botschaft. Louis Wu ist in der Spalte auf Warhead, lebt unter dem Draht. Zum Beweis lag ein Hologramm bei. Weißt du, wie du unter dem Draht aussiehst? Eine Meerespflanze mit Wedeln, die sich je nach Lust und Laune der Strömung bewegt.«

Louis entdeckte, dass ihm Tränen an der Nase herabtropften. »Tanj. Tanj Folter. Warum bist du hergekommen?«

»Ich wollte dir sagen, was du für ein wertloses Ding bist.«

»Wer hat diese Botschaft geschickt?«

»Ich wusste es nicht. Es muss der Puppenspieler gewesen sein. Er wollte uns beide. Louis, ist dein Gehirn so ruiniert, dass dir nicht aufgefallen ist, dass der Puppenspieler …«

»… nicht Nessus ist. Genau. Aber hast du gesehen, was er mit seiner Mähne macht? Diese schmucke Frisur muss ihn gut und gern eine Stunde pro Tag kosten. Wenn ich sie auf der Welt der Puppenspieler gesehen hätte, dann würde ich glauben, er ist hochrangig.«

»Nun?«

»Kein geistig gesunder Puppenspieler würde sein Leben auf einem interstellaren Flug riskieren. Die Puppenspieler haben ihr gesamte Welt mitgenommen, ganz zu schweigen von vier Farmwelten; sie fliegen Hunderte von Tausenden von Jahren mit Unterlichtgeschwindigkeit, nur weil sie Raumschiffen misstrauen. Wer das auch immer ist, er ist verrückt, genau wie jeder Puppenspieler, der je von Menschen gesehen wurde. Ich weiß nicht, was von ihm zu erwarten ist«, sagte Louis Wu. »Aber er ist zurück.«

Der Puppenspieler war auf im Cockpit, auf einer sechseckigen Trittscheibe, und beobachtete sie durch die Wand. Er sprach mit einer weiblichen Stimme, einem wunderbaren Alt. »Könnt ihr mich hören?«

Chmee taumelte von der Wand weg, blieb einen Moment lang auf den Beinen, ließ sich dann auf alle viere fallen und ging auf ihn los. Er knallte hart gegen die Wand. Jeder Puppenspieler wäre zurückgezuckt, aber der hier nicht. Er sagte:

»Unsere Expedition ist fast vollständig versammelt. Uns fehlt nur noch ein Besatzungsmitglied.«

Louis entdeckte, dass er sich herumwälzen konnte, und das tat er. Er sagte: »Geh mal zurück und fang von vorn an. Du hast uns in eine Kiste verfrachtet, du brauchst nichts zu verbergen. Wer bist du?«

»Du kannst dir jeden Namen für mich aussuchen, der dir gefällt.«

»*Was* bist du? Was benötigst du von uns?«

Der Puppenspieler zögerte. Dann sagte er: »Ich war der Hinterste in meiner Welt. Ich war der Paarungsgenosse desjenigen, den ihr als Nessus kennt. Jetzt bin ich nichts davon. Ich benötige euch als Mannschaft für eine erneute Expedition zur Ringwelt, um meinen Status wiederherzustellen.«

»Wir werden dir nicht dienen«, sagte Chmee.

»Geht es Nessus gut?«, fragte Louis.

»Ich danke dir für deine Sorge. Nessus ist gesund an Geist und Körper. Der Schock, den er auf der Ringwelt erlitt, war lediglich das, was er brauchte, um seine geistige Gesundheit wiederherzustellen. Er ist daheim und kümmert sich um unsere beiden Kinder.« Was Nessus erlitten hatte, dachte Louis, hätte jedem einen Schock versetzt. Die Einheimischen der Ringwelt hatten ihm einen seiner Köpfe abgeschnitten. Wenn Louis und Thekla nicht daran gedacht hätten, um die Kehle des Alien eine Aderpresse anzulegen, wäre Nessus verblutet. »Ich verstehe also richtig, dass ihm ein neuer Kopf transplantiert wurde.«

»Natürlich.«

»Du wärst nicht hier«, sagte Chmee, »wenn du nicht wahnsinnig wärst. Warum sollten deine Trillionen Puppenspieler jemanden zum Herrscher wählen, der geschädigt ist?«

»Ich betrachte mich selbst nicht als wahnsinnig.« Das Hinterbein des Puppenspielers spannte sich unermüdlich. (Seine Gesichter, so sie denn überhaupt einen Ausdruck hatten, zeigten lediglich Idiotie mit schlaffen Lippen.) »Bezeichne mich also bitte nicht wieder so. Ich diene meiner Spezies gut, und vier Hinterste haben vor mir gut gedient, bevor die Fraktion der Konservativen genügend Macht errang, um meine Fraktion zu ersetzen. Sie irren sich. Ich werde es beweisen. Wir werden zur Ringwelt fliegen und Schätze finden, die über ihr klägliches Verständnis hinausgehen.«

»Einen Kzin zu entführen«, polterte Chmee, »ist wahrscheinlich ein Fehler.« Seine langen Klauen waren ausgestreckt.

Der Puppenspieler betrachtete sie durch die Wand. »Du wärst nicht mitgekommen. Louis wäre nicht mitgekommen. Du hattest deinen Status und deinen Namen. Louis hatte seinen Trafroh. Unser viertes Mitglied war ein Häftling. Meine Agenten informieren mich, dass sie befreit wurde und auf dem Weg zu uns ist.«

Louis lachte bitter. Aller Humor war bitter ohne den Trafroh. »Du hast wirklich nicht viel Fantasie, nicht wahr? Es ist genauso wie auf der ersten Expedition. Ich, Chmee, ein Puppenspieler und eine Frau. Wer ist die Frau? Eine weitere Teela Brown?«

»Nein! Nessus hat sich vor Teela Brown gefürchtet – mit Recht, glaube ich. Ich habe Halrloprillalar aus den Klauen der ARM gestohlen. Wir werden eine Einheimische der Ringwelt als Führerin haben. Was den Charakter unserer Expedition betrifft, warum sollte ich eine Gewinner-Strategie verwerfen? Ihr *seid* der Ringwelt entkommen.«

»Alle außer Teela.«

»Teela ist aus eigenen freien Stücken geblieben.«

»Wir sind für unsere Bemühungen bezahlt worden«, sagte der Kzin. »Wir haben ein Raumschiff zurückgebracht, das imstande ist, ein Lichtjahr in eins Komma zwei-fünf Minuten zu durchqueren. Dieses Schiff hat mir meinen Namen und meinen Status erkauft. Was kannst du uns jetzt bieten, im Vergleich dazu?«

»Vieles. Kannst du dich jetzt bewegen, Chmee?«

Der Kzin erhob sich. Er hatte anscheinend den größten Teil der Effekte der Betäubungspistole abgeschüttelt. Louis war nach wie vor benommen und taub in den Extremitäten.

»Bist du gesund? Ist da Benommenheit oder Schmerz oder Übelkeit?«

»Warum so besorgt, Wurzelesser? Du hast mich über eine Stunde lang im Automed gelassen. Mir mangelt es an Koordination, und ich habe Hunger, nichts Schlimmeres.«

»Gut. Wir konnten die Substanz bisher nur testen. Sehr schön, Chmee, du hast deine Bezahlung. Boosterkraut war die Medizin, die Louis Wu zweihundert und dreiundzwanzig Jahre lang jung erhalten hat. Mein Volk hat etwas Entsprechendes für Kzinti entwickelt. Du kannst die Formel heim zum Kzinti-Patriarchat bringen, wenn unsere Mission beendet ist.«

Chmee wirkte verblüfft. »Ich werde jung werden? Dieses Zeug ist bereits in mir?«

»Ja.«

»Wir hätten selbst so etwas entwickeln können. Wir wollten es nicht.«

»Ich brauche dich jung und stark. Chmee, auf unserer Mission gibt es keine große Gefahr! Ich habe nicht die Absicht, auf der Ringwelt selbst zu landen, sondern nur auf dem Raumhafen-Sims. Du kannst jegliches Wissen teilen, das wir dort vorfinden, und du auch, Louis. Was deine unmittelbare Belohnung betrifft …«

Was auf der Trittscheibe auftauchte, war Louis Wus Trafroh. Das Gehäuse war geöffnet und erneut versiegelt worden. Louis' Herz vollführte einen Satz.

»Benutze ihn noch nicht«, sagte Chmee, und das war ein Befehl.

»Na gut. Hinterster, wie lange hast du mich beobachtet?«

»Vor fünfzehn Jahren fand ich dich im Cañon. Meine Agenten waren bereits auf der Erde am Werk und versuchten, Halrloprillalar zu befreien. Sie hatten wenig Erfolg. Ich installierte Trittscheiben in dieser Wohnung und wartete auf den richtigen Zeitpunkt. Ich gehe jetzt und verpflichte unsere einheimische Führerin.« Die Puppenspieler verstellte etwas mit den Mündern bei den Schaltern, trat vor und war verschwunden.

»Benutze den Trafroh nicht«, sagte Chmee.

»Ganz, wie du meinst.« Louis kehrte ihm den Rücken zu. Er wusste, dass er verrückt werden würde, wenn sein Verlangen nach dem Draht ihn dazu drängte, einen Kzin anzugreifen. Zumindest eine gute Sache könnte daraus entspringen … und er klammerte sich fest an diesen Gedanken.

Er könnte nichts für Halrloprillalar tun.

Halrloprillalar war Tausende von Jahren alt gewesen, als sie sich Louis, Nessus und Sprecher-mit-Tieren auf ihrer Suche nach einem Weg von der Ringwelt herunter angeschlossen hatte. Die Einheimischen, die unter der schwebenden Polizeistation lebten, hatten sie als eine Göttin behandelt, die im

Himmel lebte. Das ganze Team hatte dieses Spiel gespielt – für die Einheimischen mithilfe von Halrloprillalar als Götter leben –, während sie sich auf ihren Weg zurück zum Wrack der *Liar* begeben hatten. Und sie und Louis waren ineinander verliebt gewesen.

Die Einheimischen der Ringwelt, die drei Formen, denen das Team begegnet war, waren alle mit der Menschheit verwandt gewesen, jedoch nicht völlig menschlich. Halrloprillalar war nahezu kahl und hatte Lippen, die nicht mehr ausgestülpt waren als die eines Affen. Manchmal suchen die sehr Alten nichts weiter als Abwechslung in ihren Liebesaffären. Louis hatte sich gefragt, ob ihm das geschehen würde. Er konnte Charaktermängel in Prill erkennen … aber, tanj! Er hatte seine eigene Sammlung davon.

Und er war Halrloprillalar etwas schuldig. Sie hatten ihre Hilfe benötigt, und Nessus hatte eine spezielle Macht der Puppenspieler bei ihr angewendet. Nessus hatte sie mit einem Tasp konditioniert. Louis hatte zugelassen, dass er es tat.

Sie war mit Louis in den menschlichen Raum zurückgekehrt. Sie war mit ihm in die UN-Vertretung in Berlin gegangen und nie wieder herausgekommen. Wenn der Hinterste sie befreien und sie zu ihrer Heimat zurückbringen konnte, wäre das mehr, als Louis Wu für sie tun könnte.

»Ich glaube«, sagte Chmee, »der Puppenspieler lügt. Größenwahn. Warum sollten Puppenspieler einem der ihren mit krankem Geist erlauben, sie zu regieren?«

»Sie würden es nicht selbst versuchen. Risiko. Unbehaglich sitzt der Hintern, der den Chef trägt. Für Puppenspieler ergibt das so eine Art Sinn, sich den hellsten eines winzigen Prozentsatzes von Größenwahnsinnigen herauszupicken …

Oder betrachte es doch mal von der anderen Seite: Eine Reihe von Hintersten lehrte den Rest der Bevölkerung, die Köpfe unten zu halten – versuche nicht, zu viel Macht zu erringen, das ist nicht sicher. Es könnte so oder so funktionieren.«

»Du meinst, er hat die Wahrheit gesagt?«

»Ich weiß nicht genug. Was ist, wenn er lügt? Er hat uns.«

»Er hat dich«, sagte der Kzin. »Er hat dich über den Draht. Warum schämst du dich nicht?«

Louis schämte sich sehr wohl. Er kämpfte darum, dass ihm nicht die Scham den Geist verkrüppelte, ihn in schwarze Verzweiflung einsperrte. Es gab für ihn keinen Weg aus dieser physikalischen Kiste: Wände, Boden und Decke waren Teil einer General-Products-Hülle. Aber es gab Elemente …

»Wenn du immer noch daran denkst auszubrechen«, sagte er, »denkst du besser an dies: Du wirst jung werden. In dieser Hinsicht wird er nicht gelogen haben; das hätte überhaupt keinen Sinn. Was geschieht, wenn du jung wirst?«

»Größerer Appetit. Mehr Durchhaltevermögen. Eine Neigung zum Kampf, und darüber machst du dir besser Sorgen, Louis.«

Chmee hatte körperlich zugelegt beim Älterwerden. Die schwarzen »Brillenränder« um seine Augen waren fast vollständig ergraut, und auch sonst wo gab es etwas Grau. Harte Muskeln zeigten sich, wenn er sich bewegte; kein vernünftiger junger Kzin würde gegen ihn kämpfen. Was jedoch zählte, waren die Narben. Das Fell und ein guter Teil der Haut waren auf mehr als der Hälfte von Chmees Körper beim letzten Mal verbrannt, als Chmee die Ringwelt gesehen hatte. Dreiundzwanzig Jahre später war das Fell wieder gewachsen, aber es wuchs in unregelmäßigen Büscheln über dem Narbengewebe.

»Boosterkraut heilt Narben«, sagte Louis. »Dein Fell wird sich glatt auswachsen. Auch kein Weiß darin.«

»Na gut, dann werde ich hübscher sein.« Der Schwanz peitschte durch die Luft. »Ich muss den Blattesser töten. Narben sind wie Erinnerungen. Wir haben sie nicht entfernt.«

»Wie wirst du beweisen, dass du Chmee bist?«

Der Schwanz erstarrte. Chmee sah ihn an.

»Er hat mich über den Draht.« Louis hatte hinsichtlich dieser Bemerkung Vorbehalte, aber er könnte für ein Mikrofon sprechen. Ein Puppenspieler würde die Möglichkeit von Meuterei nicht außer Acht lassen. »Er hat dich über den Harem, das Land, die Privilegien und den Namen, der zu Chmee, dem alternden Helden, gehört. Der Patriarch glaubt dir deine Geschichte vielleicht erst dann, wenn du Kzinti-Boosterkraut und das Wort des Hintersten hast, die dich stützen.«

»Sei ruhig.«

Auf einmal war alles zu viel für Louis Wu. Er griff nach dem Trafroh, und der Kzin vollführte einen Satz. Chmee drehte das schwarze Kunststoffgehäuse in einer schwarz und orangefarbenen Hand.

»Wie du meinst«, sagte Louis. Er warf sich auf den Rücken. Ihm mangelte es sowieso an Schlaf ...

»Wie bist du zu einem Drahtkopf geworden? Wie?«

»Ich«, erwiderte Louis, und: »Wie kannst du das verstehen?«, und: »Erinnerst du dich an unsere letzte Begegnung?«

»Ja. Wenige Menschen sind nach Kzin selbst eingeladen worden. Damals hast du die Ehre verdient.«

»Vielleicht. Vielleicht war das so. Erinnerst du dich, wie du mir das Haus der Vergangenheit des Patriarchen gezeigt hast?«

»Allerdings. Du hast mir zu sagen versucht, dass wir die Beziehungen zwischen den Spezies verbessern könnten. Dazu müssten wir lediglich ein Team menschlicher Reporter mit Holokameras durch das Museum gehen lassen.«

Louis lächelte bei der Erinnerung. »Das habe ich gesagt.«

»Ich hatte meine Zweifel.«

Das Haus der Vergangenheit des Patriarchen war sowohl prächtig als auch grandios gewesen: Ein riesiges, ausgedehntes Gebäude, errichtet aus dicken Brocken vulkanischen Gesteins, die an den Kanten verschweißt waren. Völlig verwinkelt, und in vier hohen Türmen waren Laserkanonen installiert. Die Räume zogen sich endlos dahin. Chmee und Louis hatten zur Durchquerung zwei Tage benötigt.

Die offizielle Vergangenheit des Patriarchen reichte weit zurück. Lous hatte uralte Sthondat-Oberschenkelknochen gesehen, in die Griffe eingearbeitet waren, Knüppel, die primitive Kzinti benutzt hatten. Er hatte Waffen gesehen, die man als Handfeuerwaffen einordnen konnte; wenige Menschen hätten sie anheben können. Er hatte silbern gepanzerte Rüstungen gesehen, die so dick wie eine Safetür waren, eine beidhändige Axt, die einen ausgewachsenen Rotholzbaum umlegen konnte. Er hatte davon gesprochen, einen menschlichen Reporter durch das Museum gehen zu lassen, da waren sie zu Harvey Mossbauer gekommen.

Harvey Mossbauers Familie war während des Vierten Krieges zwischen Mensch und Kzin getötet und gegessen worden. Viele Jahre nach der Waffenruhe und nach einem guten Anteil monomanischer Vorbereitung war Mossbauer allein und bewaffnet auf Kzin gelandet. Er hatte vier männliche Kzin getötet und eine Bombe im Harem des Patriarchen hochgehen lassen, bevor es den Wächter gelungen war, ihn zu töten. Sie waren dadurch behindert worden, hatte Chmee erklärt, dass sie seine Haut unversehrt erhalten wollten.

»Das nennst du unversehrt?«

»Aber er kämpfte. Wie er kämpfte! Es gibt Aufzeichnungen. Wir verstehen einen tapferen und mächtigen Feind zu ehren, Louis.«

Die ausgestopfte Haut war so vernarbt, dass man zweimal hinsehen musste, um zu sagen, welcher Spezies sie angehörte; aber sie stand auf einem hohen Podest mit einer Plakette aus Hüllenmetall, und um sie herum war nichts weiter als Fußboden. Ein gewöhnlicher Reporter hätte das vielleicht missverstanden, aber Louis begriff den Sinn des Ganzen. »Ich fragte mich, ob ich dich dazu bringen kann zu verstehen«, sagte er zwanzig Jahre später, ein entführter Drahtkopf und seines Trafrohs beraubt, »wie gut es sich damals anfühlte zu wissen, dass Harvey Mossbauer ein Mensch war.«

»Es ist gut, in Erinnerungen zu schwelgen, aber wir haben von Stromsucht gesprochen«, erinnerte ihn Chmee.

»Glückliche Menschen werden keine Stromsüchtigen. Du musst dir tatsächlich den Stecker implantieren lassen. An jenem Tag habe ich mich gut gefühlt. Ich fühlte mich wie ein Held. Weißt du, wo sich Halrloprillalar zu dieser Zeit befand?«

»Wo war sie?«

»Die Regierung hatte sie. Die ARM. Sie hatten jede Menge Fragen, und es gab tanj nichts, was ich in dieser Hinsicht hätte tun können. Sie stand unter meinem Schutz. Ich habe sie mit mir zurück zur Erde gebracht …«

»Sie hatte dich bei den Eiern, Louis. Es ist gut, dass weibliche Kzinti nicht intelligent sind. Du hättest alles getan, worum sie gebeten hätte. Sie hat darum gebeten, den menschlichen Raum zu sehen.«

»Sicher, mit mir als einheimischem Führer. Es ist bloß nicht dazu gekommen. Chmee, wir haben die *Long Shot* und Halrloprillalar nach Hause gebracht, und wir haben sie einer Koalition aus Kzin und Erde übergeben, und das ist das Letzte, was wir von beiden gesehen haben. Wir konnten nicht mal mit jemandem darüber sprechen.«

»Der zweite Quanten-Hyperdrive-Antrieb wurde ein Geheimnis des Patriarchen.«

»Er ist auch topsecret bei den Vereinten Nationen. Ich glaube, sie haben nicht mal den anderen Regierungen des menschlichen Raums davon berichtet, und sie haben es tanj klargemacht, dass *ich* besser nicht rede. Und natürlich war die Ringwelt Teil des Geheimnisses, denn wie hätten wir ohne die *Long Shot* dorthin *gelangen* können? Wobei ich mich frage«, sagte Louis, »wie der Hinterste erwarten kann, die Ringwelt *zu erreichen.* Zweihundert Lichtjahre von der Erde – mehr, von Cañon – mit drei Tagen pro Lichtjahr, wenn er dieses Schiff benutzt. Meinst du, er hat eine andere *Long Shot* irgendwo schweben?«

»Du wirst mich nicht ablenken. Warum hast du einen implantierten Draht?« Chmee duckte sich, die Klauen ausgefahren. Vielleicht war es ein Reflex, jenseits bewusster Kontrolle – vielleicht.

»Ich habe Kzin verlassen und bin nach Hause gefahren«, erwiderte Louis. »Ich konnte die ARM nicht dazu bringen, dass ich Prill sehen durfte. Wenn ich eine Ringwelt-Expedition hätte zusammenbekommen können, hätte sie als einheimische Führerin mitkommen müssen, aber, tanj!, ich konnte nicht mal darüber sprechen, außer mit der Regierung … und dir. Du warst nicht interessiert.«

»Wie hätte ich gehen können? Ich hatte Land, einen Namen und erwartete Kinder. Weibliche Kzinti sind sehr abhängig. Sie benötigen Pflege und Aufmerksamkeit.«

»Was passiert jetzt mit ihnen?«

»Mein ältester Sohn wird sich um meinen Besitz kümmern. Wenn ich ihn zu lange verlasse, wird er gegen mich kämpfen, um ihn zu behalten. Wenn – *Louis! Warum bist du ein Drahtkopf geworden?«*

»Irgendein Clown traf mich mit einem Tasp!«

»Arr?«

»Ich bin durch ein Museum in Rio gewandert, als mir jemand, der hinter einer Säule stand, den Tag versüßte.«

»Aber Nessus hat einen Tasp zur Ringwelt mitgenommen, um seine Mannschaft zu kontrollieren. Er hat ihn bei uns beiden angewendet.«

»Stimmt. Sehr nach Art eines Pierson's-Puppenspielers, uns Gutes zu tun, indem er uns kontrollierte! Der Hinterste wendet jetzt dieselbe Vorgehensweise an. Sieh mal, er kann meinen Trafroh fernsteuern, und er hat dir ewige Jugend geschenkt, und was ist das Ergebnis? Wir tun alles, was er uns sagt, genau das.«

»Nessus hat den Tasp bei mir angewendet, aber ich bin kein Drahtkopf.«

»Damals wurde ich auch nicht zu einem Drahtkopf. Aber ich habe mich daran erinnert. Ich habe mich beim Gedanken an Prill wie ein Lump gefühlt – habe an ein Sabbatjahr gedacht. Das tue ich gewöhnlich, allein in einem Schiff losfliegen und zum Rand des bekannten Raums ziehen, bis ich

Menschen wieder ertragen kann. Bis ich mich selbst wieder ertragen konnte. Aber ich wäre vor Prill davongelaufen. Dann hat mir irgendein Clown den Tag versüßt. Er hat mir keinen allzu heftigen Schlag versetzt, aber er hat mich an diesen Tasp erinnert, den Nessus dabeihatte, und das war *zehnmal* so mächtig. Ich … habe fast ein Jahr lang widerstanden, und dann bin ich hingegangen und habe mir einen Stecker in den Kopf implantieren lassen.«

»Ich sollte dir diesen Draht aus dem Gehirn reißen.«

»Das könnte unerwünschte Nebeneffekte haben.«

»Wie bist du zur Kluft auf Warhead gelangt?«

»Oh, das. Vielleicht war ich paranoid, aber sieh mal: Halrloprillalar ist im ARM-Gebäude verschwunden und nie mehr rausgekommen. Hier wurde Louis Wu zu einem Drahtkopf, und es ließ sich nicht sagen, wem der dumme Planetarier Geheimnisse verraten würde. Ich dachte, ich laufe besser weg. Auf Cañon lässt sich leicht ein Schiff landen, ohne dass es jemand bemerkt.«

»Ich gehe davon aus, dass der Hinterste es gefunden hat.«

»Chmee, gib mir den Trafroh oder lass mich schlafen oder bring mich um. Mir fehlt gerade die Motivation.«

»Dann schlafe.«

Kapitel 3

Geist unter der Mannschaft

Es war gut, schwebend zwischen Schlafplatten zu erwachen … bis es Louis wieder einfiel.

Chmee riss an einem Stück rohem Fleisch. Wunderland baute diese Essensaufbereiter oft so, dass sie mehr als einer Spezies dienen konnten. Der Kzin unterbrach seine Mahlzeit lange genug, um zu sagen: »Jedes Teil an Bord wurde von Menschen gebaut oder hätte von Menschen gebaut sein können. Sogar die Hülle hätte auf jeder menschlichen Welt erworben werden können.«

Wie ein Baby im Mutterleib trieb Louis im freien Fall, die Augen geschlossen und die Knie angezogen. Aber es ließ sich unmöglich vergessen, wo er war. »Ich dachte«, sagte er, »das große Landungsboot hätte ein jinxianisches Aussehen. Auftragsbestellung, aber auf Jinx gefertigt. Was ist mit deinem Bett? Kzinti?«

»Kunstfasern. Soll an den Pelz eines Kzin erinnern und zweifelsohne heimlich an Menschen mit einem seltsamen Sinn für Humor verkauft. Es wäre mir ein Vergnügen, den Hersteller zu jagen.«

Louis streckte die Hand aus und tippte auf den Kontrollschalter für das Feld. Das Schlaffeld brach zusammen und senkte ihn sanft zu Boden. Draußen war es Nacht: grellweiße Sterne über ihnen und eine Landschaft wie formloser schwarzer Samt. Selbst wenn sie an Raumanzüge hätten gelangen können, so läge der Cañon halb um den Planeten herum. Oder gerade jenseits jenes schwarzen Felskamms, der sich in die Sternenlandschaft hineinschob; aber wie sollte er das wissen?

Die Wiederaufbereitungsküche hatte zwei Tastaturen, eine mit Anweisungen auf Interworld und eine in der Heldensprache. Und zwei Toiletten auf entgegengesetzten Seiten. Louis wäre eine weniger deutliche Anordnung lieber gewesen. Er wählte ein Frühstück, das das Repertoire der Küche auf die Probe stellen würde.

»Interessiert dich die Lage überhaupt, Louis?«, knurrte der Kzin.

»Schau mal nach unten.«

Der Kzin kniete sich hin. »Arr … ja. Puppenspieler haben den Hyperdrive-Shunt gebaut. Dies ist das Schiff, in dem der Hinterste der Flotte der Welten entflohen ist.«

»Du vergisst auch die Trittscheiben. Die Puppenspieler verwenden sie nirgendwo, außer auf ihrer eigenen Welt. Jetzt entdecken wir, dass der Hinterste menschliche Agenten auf Trittscheiben losschickt, um mich zu fangen.«

»Der Hinterste muss sie, das Schiff und noch etwas mehr gestohlen haben. Möglicherweise war ihm General Products etwas schuldig, und die Schuld wurde nie beglichen. Louis, ich glaube nicht, dass der Hinterste Unterstützung seitens der Puppenspieler hat. Wir sollten versuchen, die Puppenspieler-Flotte zu erreichen.«

»Chmee, wahrscheinlich gibt es hier Mikrofone.«

»Sollte ich wegen dieses *Blattfressers* auf meine Worte achten?«

»Na gut, sehen wir uns die Sache mal an.« Die Depression, die er spürte, kam als bitterer Sarkasmus heraus, und warum auch nicht? Chmee hatte seinen Trafroh. »Ein Puppenspieler hat einer Laune nachgegeben, Menschen und Kzinti zu entführen. Natürlich werden die ehrbaren Puppenspieler entsetzt sein. Werden sie uns wirklich heimkehren und dem Patriarchen davon erzählen lassen? Der zweifellos sein Bestes getan hat, weitere *Long Shots* zu bauen, die die Flotte der Puppenspieler in nur etwas über vier Stunden erreichen können, plus der Beschleunigungszeit, um die Geschwindigkeiten anzupassen – sagen wir, drei Monate mit drei g…«

»Es reicht, Louis!«

»Tanj, wenn du einen Krieg anfangen wolltest, hättest du deine Gelegenheit gehabt! Nessus zufolge hatten sich die Puppenspieler in den ersten Krieg zwischen Menschen und Kzin eingemischt, und zwar zu unseren Gunsten. Jetzt *warte* mal. Du wirst mir doch *nicht* erzählen, dass du es jemand anderem gesagt hast.«

»Lass das Thema sofort fallen.«

»Natürlich. Nur, mich traf gerade der Gedanke …« und weil das Gespräch vielleicht aufgezeichnet wurde, sprach Louis zum Teil um des Hintersten willen. »Du und ich und der Hinterste sind die einzigen im bekannten Raum, die wissen, was die Puppenspieler getan haben, außer, wenn einer von uns es weiterzählt hat.«

»Sollten wir auf der Ringwelt verlorengehen, würde der Hinterste auf ewig trauern? Ich sehe, worauf du hinauswillst. Aber der Hinterste weiß vielleicht nicht einmal, dass Nessus indiskret war.« Er wird es wissen, wenn er das abspielt, dachte Louis. Meine Schuld. Ich hätte wegen eines Blattessers auf meine Worte achten sollen? Er ging mit einiger Wildheit auf seine Mahlzeit los.

Er hatte sowohl aus Gründen der Einfachheit als auch der Komplexität folgendes gewählt: Eine halbe Grapefruit, ein Schokoladensoufflé, gegrillte Moabrust, jamaikanischen Blue-Mountain-Kaffee, obenauf Schlagsahne. Der größte Teil war gut; nur die Schlagsahne war nicht überzeugend. Aber was könnte man über den Moa sagen? Ein Genetiker des vierundzwanzigsten Jahrhunderts hatte den Moa neu erschaffen, oder er hatte es zumindest behauptet, und die Wiederaufbereitungsküche produzierte eine Imitation *davon.* Er hatte eine gute Beschaffenheit und schmeckte wie richtiges Geflügelfleisch.

Es war nicht annähernd so wie unter dem Draht.

Er hatte gelernt, mit dieser zeitweiligen Depression zu leben. Sie existierte nur als Kontrast zum Draht; Louis glaubte, dass dies der Normalzustand für die Menschheit war. Von einem verrückten Alien für einen bestimmten Zweck gefangengenommen zu sein, machte es nicht *sehr viel* schlimmer. Was den schwarzen Morgen so furchtbar machte, war, dass Louis Wu den Trafroh würde aufgeben müssen.

Nachdem er fertig war, warf er das schmutzige Geschirr in die Toilette. »Was möchtest du für den Trafroh haben?«, fragte er.

Chmee schnaubte. »Was hast du zu bieten?«

»Versprechen auf Ehre. Und einen guten Schlafanzug.«

Chmees Schwanz peitschte durch die Luft. »Du warst einmal ein nützlicher Gefährte. Was wirst du sein, falls ich dir den Trafroh gebe? Ein grasendes Tier. Ich behalte den Trafroh.«

Louis begann seine Übungen. Einhändige Liegestütze waren leicht bei halber Schwerkraft. Einhundert pro Hand nicht. Die rückwärts gelegene Krümmung der Hülle war zu tief für einige seiner Routineübungen. Zweihundert Scherensprünge, mit ausgestreckten Fingern ausgestreckte Zehen berühren …

Chmee sah neugierig zu. Schließlich sagte er: »Ich frage mich, warum der Hinterste seine Ehre verloren hat.«

Louis gab keine Antwort. Waagerecht mit den Zehen unter der Unterseite seiner Schlaffeldplatte und einer Platte unter den Waden hängend, vollführte er sehr langsame Sit-ups.

»Und was erwartet er, das wir auf der Raumhafenklippe finden? Was haben wir gefunden? Die Bremsringe sind zu groß, um sie zu bewegen. Könnte er etwas von einem Ringwelt-Raumschiff haben wollen?«

Louis wählte zwei Moa-Schenkel. Er wischte das Fett ab und jonglierte damit: übergroße Gymnastikkeulen. Schweiß bildete sich in großen Tropfen, bevor sie sich widerstrebend an seinem Gesicht und seinem Rumpf hinabbegaben.

Chmees Schwanz peitschte hin und her. Seine großen rosigen Ohren falteten sich zurück, boten einem Feind keinen Halt. Chmee war wütend. Das war *sein* Problem.

Der Puppenspieler tauchte plötzlich auf, eine undurchdringliche Wand entfernt. Er hatte den Stil seiner Mähne verändert, die Opale durch Lichtpunkte ersetzt … und er war allein. Er studierte die Lage einen Moment lang und sagte: »Nutze den Trafroh, Louis.«

»Diese Möglichkeit habe ich nicht.« Louis warf die Gewichte beiseite. »Wo ist Prill?«

»Chmee, gib Louis den Trafroh«, sagte der Puppenspieler.

»Wo ist Halrloprillalar?«

Ein gewaltiger bepelzter Arm umklammerte Louis' Kehle. Louis trat nach hinten aus, legte sein gesamtes Körpergewicht hinein. Der Kzin grunzte. Mit seltsamer Sanftheit drückte er den Trafroh auf den Stecker.

»Na gut«, sagte Louis. Der Kzin ließ ihn los, und er setzte sich. Er hatte es bereits vermutet, ebenso wie natürlich der Kzin. Louis begriff allmählich, wie groß der Wunsch gewesen war, Prill zu sehen ... sie befreit aus der ARM zu sehen ... sie zu sehen.

»Halrloprillalar ist tot. Meine Agenten haben mich getäuscht«, sagte der Puppenspieler. »Sie haben gewusst, dass die Ringweltlerin seit achtzehn Standardjahren tot ist. Ich könnte bleiben, um sie eliminieren, wo immer sie sich verborgen halten, aber das könnte weitere achtzehn Jahre benötigen. Oder achtzehnhundert. Der menschliche Raum ist zu groß. Sollen sie ihr gestohlenes Geld doch behalten.«

Louis nickte lächelnd, da er wusste, dass dies wehtun würde, wenn er den Trafroh entfernte. Er hörte Chmee fragen: »Wie ist sie gestorben?«

»Sie hat das Boosterkraut nicht vertragen. Die Vereinten Nationen glauben jetzt, dass sie nicht ganz menschlich war. Sie ist sehr schnell gealtert. Ein Jahr und fünf Monate, nachdem sie die Erde erreicht hatte, war sie tot.«

»Bereits tot«, überlegte Louis. »Als ich auf Kzin war ...« Aber da war ein Rätsel. »Sie hatte ihre eigene Lebensdroge. Besser als Boosterkraut. Wir haben eine Kryoflasche mitgebracht.«

»Sie wurde gestohlen. Mehr weiß ich nicht.«

Gestohlen? Aber Prill ist niemals über die Straßen der Erde gegangen, sodass sie einem gewöhnlichen Dieb hätte begegnen können. Wissenschaftler der Vereinten Nationen hatten vielleicht die Flasche geöffnet, um das Zeug zu analysieren, aber sie hätten nicht mehr als ein Mikrogramm benötigt … Er würde es vielleicht nie erfahren. Und anschließend hatten sie sie festgehalten, um ihr Wissen an sich zu nehmen, bevor sie starb.

Dies würde bestimmt wehtun. Aber noch nicht.

»Wir dürfen nicht länger warten.« Der Puppenspieler ließ sich in seiner gepolsterten Bank nieder. »Ihr werdet in Stasis fliegen, um Ressourcen zu sparen. Ich habe einen Zusatztank mit Treibstoff, der abzuwerfen ist, bevor wir in den Hyperraum eintreten. Wir werden vollgetankt eintreffen. Chmee, würdest du unser Schiff taufen?«

»Dann willst du vorschlagen, blind zu erforschen?«, wollte Chmee wissen.

»Nur den Sims mit dem Raumhafen und nichts weiter. Würdest du das Schiff taufen?«

»Ich taufe es auf *Hot Needle of Inquiry, heiße Nadel der Befragung.«*

Louis lächelte und fragte sich, ob der Puppenspieler diesen Ausdruck wiedererkannte. Ihr Schiff war jetzt auf ein Kzinti-Folterinstrument getauft. Der Puppenspieler umfasste zwei Schalter mit den Mündern und brachte sie zusammen.

Kapitel 4

EXZENTRISCH

Louis sackte zusammen, als sich sein Gewicht plötzlich verdoppelte. Die schwarze Landschaft von Cañon war verschwunden. Sie musste jetzt inmitten der Sternenlandschaft unsichtbar sein, einer veränderten Sternenlandschaft, in der ein Stern direkt unter ihm heller leuchtete als die übrigen. Der Hinterste löste sich aus dem Schutznetz und der Pilotenliege. Der Puppenspieler hatte sich gleichfalls verändert. Er bewegte sich wie erschöpft, und seine Mähne – jetzt anders gestylt – schien seit einiger Zeit nicht mehr gepflegt worden zu sein.

Strom tötete das Gehirn nicht ab. Louis erkannte das Offensichtliche: Dass er und Chmee zwei Jahre in Stasis verbracht haben mussten, während der Puppenspieler die *Needle* allein durch den Hyperraum geflogen hatte; dass der bekannte Raum, eine Blase erforschter Sternsysteme mit einem Radius von etwa vierzig Lichtjahren, weit hinter ihnen liegen musste; dass die *Hot Needle of Inquiry* gebaut worden war, um von einem Piersons-Puppenspieler geflogen zu werden, während alle übrigen Passagiere in Stasis lagen, und nur die Gnade eines Puppenspielers würde sie jemals zurückkehren lassen. Dass er ein menschliches Wesen zum letzten Mal gesehen hatte und dass Halrloprillalar aufgrund von Louis Wus Achtlosigkeit tot war und dass er sich schrecklich allein fühlen würde, wenn der Trafroh aus seinem Kopf herauskäme, was bald geschehen würde. Nichts davon zählte, während der winzige Strom nach wie vor in sein Gehirn tröpfelte.

Er sah keine Ausstoßflamme. Die *Hot Needle of Inquiry* musste sich allein mit reaktionslosen Schubdüsen voran bewegen.

Die Designer der *Liar* hatten die Schiffsantriebe auf ihre großen Deltaflügel montiert. So etwas wie ein gewaltiger Laser hatte auf sie gefeuert, als sie über die Ringwelt hinweggeflogen waren, und die Antriebe waren weggebrannt worden. *Diesen* Fehler hätte der Hinterste nicht wiederholt, dachte Louis. Die Schubdüsen der *Needle* wären innerhalb der undurchdringlichen Hülle montiert.

»Wie lange noch, bis wir landen können?«, fragte Chmee.

»Wir können in fünf Tagen andocken. Ich war außerstande, fortschrittliche Antriebssysteme von der Flotte der Welten mitzunehmen. Mit menschengebauten Maschinen können wir nur mit zwanzig g abbremsen. Ist euch die Kabinenschwerkraft bequem?«

»Ein wenig leicht. Ein irdisches g?«

»Ein Ringwelt-g, Nullkomma neun neun vier fünf irdisches g.«

»Lass es so, wie es ist. Hinterster, du hast uns keine Instrumente gegeben. Ich würde gern die Ringwelt studieren.«

Der Puppenspieler überlegte. »Dein Landefahrzeug verfügt auch über ein Teleskop, aber es zeigt nicht direkt nach unten. Warte ein paar Augenblicke.« Der Puppenspieler drehte sich zu seiner Instrumententafel um. Ein Kopf wandte sich zurück und sprach mit dem zischenden-spuckenden-knurrenden Akzent der Heldensprache.

»Verwende Interworld. Lass Louis zumindest zuhören.«

Was der Puppenspieler auch tat. »Es ist gut, in irgendeiner Sprache zu reden. Ich war einsam. Da, hier ist eine Projektion vom Teleskop der *Needle.*«

Ein Bild erschien unter Louis Wu: ein Rechteck ohne Grenzlinien, in dem die Sonne der Ringwelt und die Sterne darin plötzlich weitaus größer erschienen. Louis blockte die Sonne mit der Hand und suchte. Dort war die Ringwelt: ein himmelblauer Faden, der einen Halbkreis bildete.

Stell dir zwanzig Meter Geschenkband von zwei Zentimetern Breite vor. Verknote es zu einem Kreis, eine Kante auf dem Fußboden, und stelle eine Kerze in die Mitte. Jetzt vergrößere den Maßstab:

Die Ringwelt war ein Band aus einem unvernünftig starken Material, gut anderthalb Millionen Kilometer breit und über neunhundert Millionen Kilometer lang, zu einem Kreis von Hundertzwanzig Millionen Kilometern Radius mit einer Sonne im Zentrum zusammengedreht. Der Ring drehte sich mit tausend Kilometern pro Sekunde, schnell genug, um eine Schwerkraft durch die nach außen gerichtete Zentrifugalkraft zu erzeugen. Die unbekannten Ringwelt-Ingenieure hatten die innere Oberfläche mit Erdboden und Ozeanen und einer Atmosphäre ausgestattet. An beiden Kanten hatten sie Mauern von mehr als anderthalb Kilometern Höhe hochgezogen, um die Luft im Innern zu halten. Wahrscheinlich leckte dennoch Luft über die Mauern, aber nicht schnell. Eine innerer Ring von zwanzig Schattenrechtecken, die das vereinnahmten, was im Sonnensystem die Merkurbahn gewesen wäre, sorgte für einen Dreißig-Stunden-Tag-und-Nachtzyklus auf der Ringwelt. Die Ringwelt umfasste eintausend Millionen Quadratkilometer bewohnbaren Planeten. Drei Millionen mal das Gebiet der Erde.

Louis, Sprecher-mit-Tieren und Nessus und Teela Brown waren fast ein Jahr lang über die Ringwelt gezogen: Dreihundertzwanzigtausend Kilometer über die Breite, dann zurück zu der Stelle, wo die *Liar* abgestürzt war. Ein Fünftel der Breite. Das machte sie kaum zu Experten. Hätte ein intelligentes Lebewesen jemals behaupten können, ein Experte der Ringwelt zu sein?

Aber sie hatten einen der Raumhafensimse an der Außenseite der Randmauer erkundet. Wenn der Hinterste die Wahrheit sagte, dann würden sie nicht mehr benötigen. Landen auf dem Raumhafensims, alles mitnehmen, was der Hinterste dort zu finden erwartete, und ab! Schnell! Weil …

Weil es innerhalb des rechteckigen Teleskopbildes, das ihnen der Hinterste vorgesetzt hatte, schmerzhaft offensichtlich war. Denn bei dem himmelblauen Bogen der Ringwelt – die Färbung von drei Millionen erdähnlichen Welten, zu weit entfernt, als dass sich Details zeigten, jedoch mit Bändern aus Mitternachtsblau versehen, von den Schattenrechtecken – stand die Sonne ganz und gar nicht mehr im Mittelpunkt.

»Das haben wir nicht gewusst«, sagte Chmee. »Wir haben ein Kzin-Jahr auf der Struktur verbracht und das nicht gewusst. Wie konnte das sein?«

»Die Ringwelt konnte nicht exzentrisch sein, als ihr hier gewesen seid. Das war vor dreiundzwanzig Jahren«, erwiderte der Puppenspieler. Louis nickte. Sprechen würde ablenken. Nur die Freude des Drahtes hielt das Entsetzen über das Schicksal der Einheimischen von Ringwelt noch fern, ebenso wie Furcht und Schuldgefühl. »Die Struktur der Ringwelt ist in der Ebene ihres Orbits instabil«, fuhr der Hinterste fort. »Das habt ihr bestimmt gewusst?«

»Nein.«

»Erst nach meiner Rückkehr zur Erde war ich mir wieder meiner selbst bewusst. Damals habe ich ein wenig recherchiert«, sagte Louis.

Beide Aliens sahen ihn an. So viel ihrer Aufmerksamkeit hatte er eigentlich nicht haben wollen. Oh, schon gut. »Es lässt sich sehr leicht zeigen, dass die Ringwelt instabil ist. Stabil entlang der Achse, aber instabil in der Ebene. Es muss etwas geben, um die Sonne auf der Achse zu halten.«

»Aber *jetzt* ist sie exzentrisch.«

»Was es auch immer war, es hat aufgehört zu funktionieren.«

Chmee krallte sich in den unsichtbaren Boden. »Aber dann müssen sie sterben! Milliarden von ihnen, Zehnmilliarden – Trillionen?« Er wandte sich an Louis. »Ich bin dein blödes Lächeln leid. Würdest du ohne den Trafroh besser reden?«

»Ich kann gut reden.«

»Dann rede. Warum ist die Ringwelt instabil? Sie ist nicht im Orbit?«

»Nein, natürlich nicht. Sie muss starr sein. Diese schreckliche Drehung würde sie so strecken, dass sie starr wird. Wenn du die Ringwelt anstößt, sodass sie exzentrisch wird, dann wird sie das immer stärker werden. Aber die Gleichungen sind ziemlich haarig. Ich habe mit einem Computer herumgespielt, und ich habe Zahlen erhalten, von denen ich mir nicht sicher bin, ob ich sie glauben soll.«

»Einmal haben wir gedacht, wir könnten unsere eigene Ringwelt bauen«, sagte der Hinterste. »Die Instabilität ist zu groß. Selbst ein starker solarer Flare würde genügend Druck auf die Struktur ausüben, um sie aus dem Gleichgewicht zu bringen. Fünf Jahre später würde sie an der Sonne kratzen.«

»Das ist dieselbe Zahl, die ich auch erhalten habe«, sagte Louis. »Das muss hier geschehen sein.«

Wiederum klaute Chmee am Boden. »Stabilisierungsdüsen! Die Ringwelt-Ingenieure hätten Stabilisierungsdüsen eingebaut!«

»Vielleicht. Wie wir wissen, hatten sie Bussard-Ramdüsen. Sie nutzten sie als Antrieb für ihre Sternenschiffe. Na gut, jede Menge Bussard-Ramdüsen an den Randmauern würden ausreichen, die Ringwelt zentriert zu halten. Die Antriebe würden den Wasserstoff im Sonnenwind fusionieren. Ihnen würde nie der Treibstoff ausgehen.«

»Wir haben nichts gesehen. Überleg mal, wie riesig die Antriebe sein müssten!«

Louis kicherte. »Was nennst du riesig? Auf der Ringwelt? Wir sind nicht auf sie gestoßen, mehr nicht.« Aber ihm konnte nicht gefallen, wie Chmee mit ausgestreckten Klauen über ihm stand.

»Du nimmst das alles so leicht hin? Es könnte genügend Einheimische auf der Ringwelt geben, um die Welten aller bekannten Spezies über eintausendmal zu füllen. Es gibt mehr, die deiner Art näherstehen als meiner.«

»Du bist ein unbarmherziger, gnadenloser Fleischfresser. Versuch mal, dich zu erinnern«, erklärte Louis dem Kzin.

»Sieh mal: Es wird mir Sorgen machen. Es wird mir *jede Menge* Sorgen machen, nachdem der Hinterste meinen Trafroh ausgeschaltet hat. Aber es wird mich nicht umbringen, weil ich bis dahin ein wenig daran gewöhnt sein werden. Fällt dir irgendetwas ein, wie wir ihnen helfen können? *Irgendetwas?*«

Der Kzin wandte sich ab. »Hinterster, wie viel Zeit bleibt ihnen deiner Ansicht nach noch?«

»Ich werde versuchen, es herauszufinden.«

Die Sonne befand sich ziemlich weit außerhalb des Zentrums der Ringwelt. Louis schätzte, es könnten, öh, einhundertzehn Millionen Kilometer von der näheren Seite sein, was einhundertneunzig Millionen Kilometer von der entfernteren bedeutete. Die nähere Seite würde beinahe dreimal so viel Sonnenlicht erhalten wie die weiter entfernte, und die Struktur rotierte in siebenunddreißigeinhalb Tagen. Es gäbe Wetter. Pflanzen, die die Veränderungen nicht ertrügen, würden absterben. Und Tiere. Und Menschen.

Der Hinterste hatte sein Werk am Teleskop beendet. Jetzt arbeitete er am Computer, unsichtbar hinter einer festen grünen Wand. Louis überlegte, was sonst noch in jenem verborgenen Teil des Schiffes versteckt war.

Der Puppenspieler ließ sich wieder sehen.

»In einem Jahr und fünf Monaten, von jetzt an, wird die Ringwelt ihre Sonne streifen. Ich erwarte, dass sie sich dann auflösen wird. Bei der gegebenen Rotationsgeschwindigkeit werden sämtliche Fragmente in den interstellaren Raum hinausfliegen.«

»Schattenrechtecke«, murmelte Louis.

»Was? Ja, die Schattenrechtecke würden vor der Sonne zusammenprallen. Dennoch sollte uns noch mindestens ein Jahr bleiben. Viel Zeit für uns«, sagte der Hinterste brüsk. »Wir werden die Oberfläche der Ringwelt überhaupt nicht berühren. Eure Expedition hat den Raumhafensims erforscht, und zwar aus Zehntausenden von Kilometern Entfernung, ohne dass dabei die Meteroritenabwehr der Ringwelt auf euch gefeuert hätte. Ich glaube, der Raumhafen ist verlassen worden. Wir können sicher dort landen.«

»Was erwartest du dort zu finden?«, fragte Chmee.

»Ich bin überrascht, dass du es vergessen hast.« Der Hinterste wandte sich seiner Kontrolltafel zu. »Louis, du hattest genügend Zeit.«

»Warte …«

Der Draht in seinem Gehirn war tot.

Kapitel 5

Entzugssymptome

Louis beobachtete durch die Wand, wie der Puppenspieler an seinem Trafroh arbeitete. Er dachte in atemberaubend vielen Malen an den Tod, und zwar den Tod als seine eigene sehr persönliche Erfahrung, und den Tod der Aliens, die den Strom in seinem Gehirn überwachten.

Flache Köpfe hoben sich, regten sich und stupsten das kleine schwarze Gehäuse mit der Nase an, als ob sie an einer zweifelhaften Mahlzeit knabberten. Lange Zungen und empfindliche Lippen arbeiteten im Innern des Gehäuses. In wenigen Minuten hatte der Puppenspieler die Zeitschaltuhr auf einen Dreißig-Stunden-Tag umgestellt und die Stromzufuhr um die Hälfte beschnitten.

Der folgende Tag war eine Freude, ungetrübt von menschlichen Gefühlen, und nichts konnte ihn wirklich beunruhigen, aber … Louis hatte Probleme, seine eigenen Gefühle zu definieren. Als der Strom zu bald an diesem Abend abgeschaltet wurde, überfiel ihn die Depression wie dichter, safrangelber Smog.

Dann beugte sich Chmee über Louis Wu, zog ihm den Trafroh aus dem Schädel und stellte ihn auf die Trittscheibe, sodass er vom Cockpit verschwand. Für die Neu-Einstellung. Wieder.

Louis kreischte und machte einen Satz. Er kletterte mühsam den breiten Rücken des Kzin hinauf, wobei er sich am Fell festhielt, und versuchte, ihm die Ohren abzureißen. Der Kzin wirbelte herum. Louis ertappte sich dabei, dass er sich an einen großen Arm klammerte, entdeckte, dass ihn der Arm über den Raum warf. Er fing sich an einer Wand. Halb betäubt, der ausgerenkte Arm blutüberströmt, drehte sich Louis zum Angriff um.

Er drehte sich gerade rechtzeitig um, dass er sah, wie Chmee auf die Trittscheibe sprang, als der Hinterste die Kontrollen betätigte.

Chmee kauerte sich auf die schwarze Scheibe. Er sah gefährlich und dumm aus.

»Nichts, was so massiv ist, könnte von diesen Scheiben transportiert werden«, sagte der Hinterste. »Hältst du mich für einen Idioten, dass ich einen Kzin in mein eigenes Cockpit holen würde?«

»Wie viel Intelligenz ist erforderlich«, knurrte Chmee, »um ein Blatt zu beschleichen?« Er warf Louis den Trafroh zu und schlurfte zu seinem Wasserbett.

Chmee hatte Louis den Trafroh als Ablenkung vom Schädel gerissen, nachdem er sich gerade abgeschaltet hatte, und zwar einzig und allein, damit Louis Wu zum Berserker wurde und die Aufmerksamkeit des Puppenspielers ablenkte.

»Wenn ich deinen Trafroh das nächste Mal verändere«, sagte der Hinterste, »werde ich es tun, kurz bevor du ihn einstöpselst. Macht dich das glücklich?«

»Du weißt tanj gut, was mich glücklich macht!« Louis hielt den Trafroh fest umklammert. Er war natürlich tot – tot, bis ihn die Zeitschaltuhr wieder zum Leben erweckte.

»Du bist fast ebenso langlebig wie wir. Dies ist nur vorübergehend«, schmeichelte ihm der Hinterste. »Du wirst reich über deine kühnsten Träume hinaus sein! Das Raumschiff der Ringwelt verwendet eine Methode der billigen Transmutation im Großmaßstab, dieselbe, die sie verwendet haben mussten, um die Ringwelt selbst zu bauen.«

Überrascht sah Louis auf. »Ich wünschte, wir würden die Masse und das Ausmaß der Maschine kennen«, fuhr der Puppenspieler fort. »Die Raumschiffe der Ringwelt sind gewaltige Dinger. Aber wir müssen es nicht transportieren. Falls nötig, sollten ein Hologramm, mit Tiefenradar aufgenommen, und Hologramme des Mechanismus in Aktion ausreichen, um meine Untertanen zu überzeugen. Dann müssen wir bloß noch ein General-Products-Nr. 4 losschicken, um sie zu holen.«

Der Alien würde kaum von einem Mann, der tief im Stromentzug steckte, erwarten, auf jede kleine Bemerkung zu reagieren. Natürlich nicht. Aber Louis, den Kopf gesenkt, beobachtete Chmee, wie der damit umgehen würde.

Der Kzin hielt sich bewundernswert. Einen Moment lang erstarrte er. Dann fragte er: »Wie bist du so weit gekommen, deine Vorrechte zu verlieren?«

»Die Geschichte ist kompliziert.«

»Wir sind ins Ringweltsystem eingetreten und müssen noch gut siebzehn Milliarden Kilometer im freien Fall verbringen, mit einer Geschwindigkeit von dreiundachtzigtausend Kilometern pro Sekunde. Nur ein Tag ist vergangen. Wir haben Zeit.«

»Allerdings, und keine andere nützliche Arbeit. Dann sollt ihr wissen, dass Konservative und Experimentalisten unter uns alt sind. Gewöhnlich herrschen die Konservativen. Aber als unsere Welt unter Wärmeverschmutzung wegen zu viel Nutzung industrieller Energie litt, bewegten Experimentalisten unsere Welt nach außen in den Kometenhalo. Ein Regime aus Experimentalisten veränderte und befruchtete dann zwei Agrarwelten. Ein späteres Regime bewegte zwei weitere Welten von dort aus nach innen, wo sie sich als Monde ferner Eisriesen gebildet hatten …«

Und Chmee hatte Zeit gewonnen, um seine Erregung abzubauen und sich überlegen, was er als Nächstes sagen sollte. Gut! Vielleicht hatte der Kzin die Stellung errungen, die er einst innegehalten hatte: Sprecher-mit-Tieren, ein untergeordneter Botschafter bei der Menschheit.

»… wir erledigen die notwendigen Dinge, und dann entledigt man sich unserer. Das ist die allgemeine Regel. Experimentalisten kamen an die Macht, als unsere Sonden vom Imperium der Kzinti erfuhren. Ich glaube, Nessus hat euch berichtet, wie wir damit umgegangen sind.«

»Ihr habt der Menschheit geholfen.« Chmee war besonders ruhig. Louis hätte erwartet, dass er die Wände einreißen würde. »Die vier Kriege mit den Menschen töteten vier Generationen unserer mächtigsten Kämpfer, sodass die Fügsameren unter uns ihre Art reproduzieren konnten.«

»Wir hofften, dass ihr dazu kommen könntet, liebenswürdiger mit anderen Spezies umzugehen. Meine Fraktion errichtete gleichfalls ein Handelsimperium in dieser Region. Trotz unseres Erfolges verloren wir unsere Autorität. Dann wurde entdeckt, dass der Kern unserer Galaxis explodiert ist. Die Schockwelle wird in zwanzigtausend Jahren eintreffen. Unsere Fraktion blieb an der Macht, um den Exodus der Flotte der Welten zu arrangieren.«

»Was für ein Glück für euch. Dennoch haben sie dich nach dem allen abgesetzt.«

»Ja.«

»Warum?«

Eine Zeitlang gab der Puppenspieler keine Antwort. Dann erwiderte er: »Einige meiner Entscheidungen waren nicht populär. Ich habe mich ins Schickel von Mensch und Kzinti eingemischt. Irgendwie habt ihr von unserem Geheimnis erfahren, wie wir mit den Fruchtbarkeitsgesetzen auf der Erde herumgespielt haben, um zu versuchen, Menschen mit Glück zu züchten, und mit dem Verlauf des ersten Kriegs mit den Menschen, um vernünftige Kzin zu produzieren. Mein Vorgänger hat General Products gegründet, das interstellare Handelsimperium. Es hieß, er habe aus Wahnsinn eine Tugend gemacht, da nur die Wahnsinnigen unter uns ihr Leben im Raum riskieren würden. Als ich eure Expedition zur Erforschung der Ringwelt arrangierte, wurde ich wahnsinnig genannt, einen Kontakt mit einer so fortgeschrittenen Technologie zu riskieren. Aber man versteckt sich nicht vor der Gefahr.«

»Also haben sie dich abgesetzt.«

»Es könnte eine … passende Ausrede gewesen sein.« Der Hinterste schritt unruhig auf und ab: Klapperdiklappklapp, klapperdiklappklapp. »Wie ihr wisst, war ich einverstanden, Nessus als Paarungsgefährten zu nehmen, falls er von der Ringwelt zurückkehrt. Er verlangte dieses Zugeständnis. Und er kehrte zurück, und wir paarten uns. Dann taten wir es wieder, aus Liebe. Nessus war wahnsinnig, und der Hinterste war oft wahnsinnig, und … sie haben mich abgesetzt.«

Plötzlich fragte Louis: »Wer von euch beiden ist männlich?«

»Ich frage mich, warum du das nicht Nessus gefragt hast. Aber er hätte es dir nicht gesagt, nicht wahr? Nessus ist schüchtern bei gewissen Themen. Wir haben zwei Arten von männlich, Louis. Meine Art pflanzt sein Sperma in die Haut des Weibchens, und Nessus' Art pflanzt sein Ei mit einem ziemlich ähnlichen Organ in das Weibchen.«

»Ihr habt drei Sets von Genen?«, fragte Chmee.

»Nein, nur zwei. Das Weibchen trägt nichts bei. Tatsächlich begatten sich Weibchen unter sich selbst auf eine andere Weise, um weitere Weibchen zu produzieren. Sie sind nicht richtig von unserer Spezies, obwohl sie mit uns von früh an in symbiotischer Weise lebten.«

Louis zuckte zusammen. Die Puppenspieler vermehrten sich wie Grabwespen: ihr Nachkomme fraß das Fleisch eines hilflosen Wirtes. Nessus hatte sich geweigert, über Sex zu sprechen. Nessus hatte recht gehabt. Das war hässlich.

»Ich hatte recht«, sagte der Hinterste. »Ich hatte recht, eine Mission zur Ringwelt zu schicken, und wir werden es beweisen. Fünf Tage hin, und nicht mehr als zehn auf dem Raumhafensims, und fünf weitere, um den flachen Raum zu erreichen, wo wir vielleicht mittels Hyperdrive entkommen können. Wir müssen die Ringwelt überhaupt nicht betreten. Halrloprillalar sagte Nessus, dass die Schiffe der Ringwelt Blei mit sich trugen, weil es so kompakt war, und es während des Flugs in Luft, Wasser und Treibstoff umwandelten. Eine Regierung der Konservativen könnte mit den Auswirkungen einer solchen Technologie nicht umgehen. Sie werden mich wieder einsetzen.«

Strom-Entzugs-Depression unterband Louis' Drang zu lachen. Dennoch war alles sehr komisch, und es war noch komischer, weil es von Anfang an seine Schuld war.

Am folgenden Morgen senkten die Aliens den Stromfluss des Trafrohs erneut um die Hälfte und ließen ihn danach in Ruhe. Es hätte keinen so großen Unterschied bedeuten sollen. Unter dem Strom war er nach wie vor zufrieden. Aber er hatte jahrelang unter der Depression gelitten, wenn die Zeitschaltuhr aufhörte, und gewusst, wie er sich fühlte, wenn der Strom wieder floss. Seine Depressionen waren jetzt schlimmer, und es gab keine Sicherheit. Die Aliens könnten den Strom jederzeit kappen ... und selbst wenn sie es nicht taten, müsste er ihn nach wie vor aufgeben.

Worüber die Aliens während dieser vier Tage sprachen, wusste er nicht. Er versuchte, sich auf die Ekstase im Draht zu konzentrieren. Vage erinnerte er sich, dass sie Hologramme auf dem Computer aufgerufen hatten. Da waren die Gesichter der Einheimischen von der Ringwelt: die Kleinen, die völlig mit goldenem Haar bedeckt waren (und einer, ein Priester, war rasiert); und die mächtige Drahtskulptur im Himmelsschloss (Stupsnase, kahler Kopf, messerscharfe Lippen); und Sucher, der Wanderer, der Teela unter seinen Schutz genommen hatte (fast menschlich, jedoch muskulös wie ein Jixianer, und bartlos). Da waren Städte, verfallen mit der Zeit, und schwebende Bauten, die herabgefallen waren, als ihre Energie ausfiel. Es gab Hologramme von der Annäherung der *Liar* an ein Schattenrechteck, und von einer Stadt, die in eine Rauchwolke aus herabgefallenem Schattenrechtecksdraht eingehüllt war.

Die Sonne wuchs von einem Punkt zu einem schwarzen Fleck mit einem hellen Ring darum, und ihre Helligkeit wurde von der Flairabschirmung der inneren Hülle der *Needle* abgeblockt. Der blaue Halo um die Sonne erweiterte sich.

In seinen Träumen kehrte Louis zur Ringwelt zurück. In einem großen schwebenden Gefängnis hing er kopfunter von seinem ausgebrannten Flugrad herab, dreißig Meter über einem harten Boden, der übersät war mit den Knochen früherer Gefangener. Nessus' Stimme hallte in seinen Ohren und versprach eine Rettung, die nie kam.

War er wach, nahm er Zuflucht zur Routine … bis er am Abend des vierten Tages auf sein Abendessen blickte, es wegwarf und Brot und eine Käseplatte wählte. Vier Tage, bis ihm aufging, dass er auf immer jenseits der Reichweite der ARM war. Er konnte wieder Käse essen!

Was ist gut neben dem Draht?, fragte sich Louis. *Käse. Schlafplatten. Liebe (undurchführbar). Wildes Färben der Haut. Freiheit, Sicherheit, Selbstachtung. Gewinnen als Gegensatz zum Verlieren. Tanj, ich hatte fast vergessen, so zu denken, und ich habe alles verloren. Freiheit, Sicherheit, Selbstachtung. Ein wenig Geduld, und ich kann den ersten Schritt tun. Was sonst ist gut? Brandy im Kaffee. Filme.*

Dreiundzwanzig Jahre zuvor hatte Sprecher-mit-Tieren das Raumschiff *Lying Bastard* nahe an den Rand der Ringwelt herangeführt. Jetzt sahen sich Chmee und der Hinterste Aufzeichnungen dieses Ereignisses an.

Aus solcher Nähe gesehen wurde die Ringwelt zu geraden Linien, die sich an einem Fluchtpunkt trafen. Von dort aus, wo die gescheckte blaue innere Oberfläche abfiel und sich mit den oberen und unteren Kanten der Ringmauer traf, schienen die Ringe des Raumschiffbremssystems direkt in die Kamera hineinzufliegen, immer und immer wieder, im Infrarot, im sichtbaren und im ultravioletten Licht und in den

Abbildungen mit Tiefenradar. Oder sie krochen in Zeitlupe dahin, riesige, völlig identische Elektromagneten.

Aber Louis Wu sah sich die ganzen acht Stunden des Fantasie-Epos *Wechselbalg Erde* an, während er völlig betrunken wurde. Brandy im Kaffee, dann Brandy und Soda, dann Brandy pur. Es war ein Film, den er sich anschaute, kein Gefühlskino: Es gab echte Schauspieler und nur zwei der menschlichen Sinne. Er war zwei Schritte von der Realität entfernt.

An einem Punkt versuchte er, Chmee in eine Debatte über Saberhagens Anwendung unmöglicher visueller Effekte zu verwickeln. Er behielt gerade genügend Verstand zurück, um sogleich davon Abstand zu nehmen. Er wagte nicht, betrunken mit Chmee zu debattieren. *Die Puppenspieler haben verborgene Ohren, verborgene Ohren …*

Die Ringwelt wurde groß. Zwei Tage lang war sie ein fein geschnittener blauer Ring gewesen, schmal, spillerig, nicht mehr mit der Sonne im Zentrum und anwachsend, während der schwarze Kreis um seine Sonne anwuchs. Krasse Details erschienen. Eine innerer Ring aus schwarzen Rechtecken, die Schattenrechtecke. Eine Randmauer, bloße anderthalb tausend Kilometer hoch, jedoch wachsend, bis sie ihnen den Blick auf die innere Oberfläche der Ringwelt versperrte. Am Abend des fünften Tages hatte die *Hot Needle of Inquiry* den größten Teil ihrer Geschwindigkeit verloren, und die Randmauer war eine große schwarze Wand vor den Sternen.

Louis war nicht unter dem Draht. Heute hatte er sich dazu gezwungen, ihn wegzulassen; und *dann* hatte ihm der Hinterste mitgeteilt, dass er erst Strom schicken würde, wenn sie sicher gelandet seien. Louis hatte die Achseln gezuckt. Bald, jetzt …

»Die Sonne flackert«, sagte der Hinterste.

Louis sah auf. Meteorabschirmung versperrte den Blick auf die Sonne. Er sah bloß die Corona, einen Kreis von Flammen, die eine schwarze Scheibe umschloss. »Gib uns ein Bild«, sagte er.

Abgedunkelt und in dem rechteckigen »Fenster« vergrößert, wurde die Sonne zu einer riesigen gemusterten Scheibe. Diese Sonne war ein wenig kleiner und kühler als Sol. Es gab keine Sonnenflecken, keine Schönheitsfehler, abgesehen von einem Flecken gleißender Helligkeit im Zentrum. »Unser Blickwinkel ist nicht gut«, sagte der Hinterste. »Wir sehen den Flare von oben.«

»Vielleicht ist die Sonne vor kurzem instabil geworden«, sagte Chmee. »Dies könnte erklären, warum die Ringwelt exzentrisch ist.«

»Vielleicht ist das so. Die Aufzeichnungen der *Lying Bastard* zeigen einen Flare während eurer Annäherung an die Ringwelt, aber im größten Teil dieses Jahres war die Sonne ruhig.« Die Köpfe des Hintersten schwebten über seiner Instrumententafel.

»Seltsam. Das magnetische Muster …«

Die schwarze Scheibe glitt hinter den schwarzen Rand der Ringmauer.

»Die magnetischen Muster jenes Sterns sind äußerst ungewöhnlich«, fuhr der Hinterste fort.

»Also wirf noch einmal einen Blick drauf«, sagte Louis.

»Unsere Mission erlaubt keine Sammlung zufälliger Daten.«

»Keine Neugier?«

»Nein.«

Aus weniger als sechzehntausend Kilometern Entfernung schien die schwarze Wand gerade wie eine mit dem Lineal gezogene Linie zu sein. Wegen der Dunkelheit und der Geschwindigkeit verschwammen sämtliche Details. Der Hinterste hatte den Teleskopbildschirm auf Infrarot geschaltet, aber das nutzte nicht viel … oder doch? Entlang des Fundaments der Ringmauer gab es Schatten, Dreiecke der Kühle von fünfzig bis sechzig Metern Höhe, als ob etwas auf der Innenseite der anderthalbtausend Meter hohen Mauer das Sonnenlicht reflektierte. Und hier kam eine dunklere, kühlere Linie am unteren Rand, der sich von links nach rechts bewegte.

»Landen wir oder bleiben wir nur schweben?«, fragte Chmee höflich.

»Wir bleiben schweben, um die Situation einzuschätzen.«

»Die Beute gehört dir. Du könntest ohne sie verschwinden, wenn es dir so gefällt.«

Der Hinterste war unruhig. Seine Beine packten fest die Pilotenliege. Muskeln zuckte in seinem Rücken. Chmee war entspannt; er schien mit sich zufrieden. »Nessus hatte einen Kzin als Piloten«, sagte er. »Es gab Zeiten, da konnte er sich völlig seiner Furcht hingeben. Das wagst du nicht. Können die Automaten die *Needle* für dich landen, während du dich in Stasis versteckst?«

»Was ist, wenn ein Notfall entsteht? Nein. Das habe ich nicht erwartet.«

»Du musst uns selbst landen. Tu's, Hinterster!«

Die *Nadel* richtete die Nase nach unten und beschleunigte.

Sie benötigten nahezu zwei Stunden, um auf die zwölfhundert Kilometer pro Sekunde der Ringwelt zu beschleunigen. Bis dahin waren Hunderte von Tausenden von Kilometern der dunklen Linie unter ihnen dahingejagt. Der Hinterste schob sie näher heran – langsam, so langsam, dass Louis sich fragte, ob er zurückschrecken würde. Er sah ohne Ungeduld zu. Er stand nicht unter dem Draht, und das freiwillig. Nichts sonst könnte so wichtig sein.

Aber woher rührte Chmees Geduld? Spürte Chmee seine herannahende Jugend? Ein Mensch, der sich seinem ersten Jahrhundert nähert, konnte spüren, dass er alle Zeit der Welt hatte, für alles. Würde ein Kzin so reagieren? Oder … Chmee war ausgebildeter Diplomat. Vielleicht konnte er seine Gefühle verstecken.

Die *Nadel* balancierte auf ihren Schubdüsen am Bauch. 0,992 g Schub bog ihren Weg in die Krümmung der Ringwelt hinein; sich selbst überlassen hätte sich das Schiff hinaus in den interstellaren Raum geworfen. Louis beobachtete die Köpfe des Puppenspielers, die hierhin und dorthin schossen und die Anzeigen und Bildschirme um ihn her überwachten. Louis konnte sie nicht lesen.

Die dunkle Linie war zu einer Reihe von Ringen geworden, die weit auseinander standen, und jeder der vorbeitreibenden Ringe hatte einen Durchmesser von hundertsechzig Kilometern. Während der ersten Expedition hatte eine alte Aufzeichnung ihnen gezeigt, wie die Schiffe sich achtzig Kilometer von der Ringwelt entfernt positionierten und darauf warteten, dass die Ringe sie nach oben warfen und sie vom freien Fall auf die Rotationsgeschwindigkeit Ringwelt beschleunigten und dann am anderen Ende hinausließen, am Sims des Raumhafens.

Links und rechts lief die schwarze Mauer an den Fluchtpunkten zusammen. Sie war jetzt nahe, wenige tausend Kilometer entfernt. Der Hinterste kippte die *Needle* so, dass sie am Linearbeschleuniger entlangflog. Hunderte von Tausenden von Kilometern von Ringen … aber die Ringweltler hatten nicht über Gravitationsgeneratoren verfügt. Ihre Schiffe und ihre Besatzungen konnten hohe Beschleunigungen nicht tolerieren.

»Die Ringe sind inaktiv. Ich finde nicht einmal Sensoren für ankommende Schiffe.« Ein Puppenspielerkopf drehte sich, um ihnen das zu sagen, und wandte sich dann rasch zurück an die Arbeit.

Jetzt kam der Raumhafensims.

Er hatte einen Durchmesser von hundertzehn Kilometern. Es gab hohe Kräne, schön geschwungen, und abgerundete Gebäude, und niedrige, breite Flachbettlaster. Es gab Schiffe: vier Zylinder mit flachen Nasen, von denen drei Beschädigungen aufwiesen: die Rundung der Hülle war aufgeplatzt.

»Ich hoffe, du hast Lampen mitgebracht«, sagte Chmee.

»Ich möchte noch nicht auffallen.«

»Hast du irgendein Anzeichen von Überwachung bemerkt? Willst du uns ohne Scheinwerfer landen?«

»Nein und nein«, erwiderte der Hinterste. Der Suchscheinwerfer an der Nase der *Needle* flammte auf, erschreckend kräftig: natürlich eine zusätzliche Waffe.

Die Schiffe waren riesig. Eine offene Luftschleuse war bloß ein schwarzer Flecken. Tausende von Fenstern glitzerten auf den Zylindern, präzise wie funkelnde Süßigkeiten auf einem Kuchen. Ein Schiff schien intakt zu sein. Die anderen waren aufgerissen und in verschiedenen Graden ausgeschlachtet worden, ihre Eingeweide lagen dem Vakuum und suchenden Alienaugen offen.

»Nichts greift an, nichts warnt uns«, sagte der Puppenspieler. »Die Temperatur der Gebäude und der Maschinen beträgt die des Simses und der Schiffe, 174 Grad absolut. Dieser Ort ist seit Langem verlassen.«

Zwei massive, kupferfarbene Ringspulen umgaben die Taille des intakten Schiffes. Sie mussten etwa ein Drittel der Masse des Schiffes selbst gehabt haben, oder mehr. Louis zeigte darauf. »Vielleicht Ramscoop-Generatoren. Ich habe einmal die Geschichte des Raumflugs studiert. Eine Bussard-Ramdüse erzeugt ein elektromagnetisches Feld, um interstellaren Wasserstoff einzuschaufeln und für die Fusion in eine Verengungszone zu leiten. Unendliche Treibstoffversorgung. Aber man benötigt einen Tank an Bord und einen Raketenantrieb, wenn man sich für den Ramscoop zu langsam bewegt. Da.« Im Innern zweier der ausgeschlachteten Schiffe waren Tanks zu sehen.

Und auf allen drei der ausgeweideten Schiffe fehlte die gewaltigen Ringspulen. Das verwirrte Louis. Aber Bussard-Ramdüsen verwendeten gewöhnlich magnetische Monopole, und Monopole konnten in anderem Zusammenhang wertvoll sein.

Etwas anderes machte den Hintersten besorgt.

»Tanks, um das Blei aufzubewahren? Aber warum es nicht einfach um das Schiff herum anbringen, wo es als Schutz dienen könnte, bevor es zu Treibstoff umgewandelt werden muss?«

Louis verstummte. Es hatte kein Blei gegeben.

»Verfügbarkeit«, sagte Chmee. »Vielleicht mussten sie Schlachten führen. Blei könnte von der Hülle zerkocht werden, sodass ein Schiff ohne Treibstoff zurückbliebe. Lande uns, Hinterster, und wir werden Antworten in dem unversehrten Schiff suchen.«

Die *Needle* schwebte.

»Wir können leicht verschwinden«, beharrte Chmee. »Du bringst uns vom Sims und schaltest die Schubdüsen aus. Wir fallen in den Raum, aktivieren den Hyperdrive und rasen in Sicherheit.«

Die *Needle* setzte auf dem Raumhafensims auf. Der Hinterste sagte: »Nehmt Platz auf den Trittscheiben.«

Chmee tat es. Er … kicherte nicht, sondern schnurrte als er verschwand. Louis folgte ihm und war woanders.

Kapitel 6

»Also, hier ist mein Plan ...«

Der Raum fühlte sich vertraut an. Er hatte nie genauso einen gesehen, aber er sah aus wie das Cockpit auf jedem kleinen interplanetarischen Raumschiff. Man benötigte immer Kabinenschwerkraft, einen Schiffscomputer, Schubkontrollen, Stabilisierungsdüsen, einen Massendetektor. Die drei Kontrollsitze waren Liegen, ausgestattet mit Fangnetzen, Kontrollen in den Lehnen, Fäkalienröhren und Schlitzen für Nahrung und Getränke. Eine Liege war viel größer als die anderen, das war alles. Louis hatte das Gefühl, dass er das Landefahrzeug mit verbundenen Augen fliegen könnte.

Über einem Halbkreis aus Bildschirmen und Anzeigen gab es einen breiten Streifen Fenster, die Rundumsicht erlaubten. Durch die Fenster sah Louis, wie ein Abschnitt der Hülle der *Needle* sich nach oben schwang. Der Hangar war zum Raum hin offen.

Chmee überblickte die größeren Knöpfe und Schalter vor seiner eigenen Liege. »Wir haben Waffen«, sagte er leise.

Ein Bildschirm blinkte und zeigte einen verkürzten Puppenspielerkopf, der sagte: »Steigt die Treppe hinab zu eurer Vakuumausrüstung.« Die Treppen des Landefahrzeugs waren breit und flach, geschaffen für den Schritt des Kzin. Darunter befand sich ein größerer Bereich, ein Wohnbereich, mit einem Wasserbett, Schlafplatten und einer Küche, einem Duplikat derjenigen in ihrer Zelle. Es gab einen Automed, der groß genug für einen Kzin war, mit einer komplizierten Kontrolltafel. Louis war einmal ein experimenteller Chirurg gewesen. Vielleicht wusste der Hinterste dies.

Chmee hatte die Vakuumausrüstung hinter einer Reihe Spindtüren gefunden. Er hüllte sich in etwas, was aussah wie eine Anordnung durchsichtiger Ballons. Er war kribbelig vor Ungeduld. »Louis! Zieh dich an!«

Louis streifte sich einen flexiblen Einteiler über, der hauteng saß, setzte die durchsichtige Helmkugel auf und legte den Rucksack an. Es war die Standardausrüstung; der Anzug würde Schweiß durchlassen, sodass der Körper sein eigenes Kühlsystem blieb. Louis fügte einen lockeren, silbrig gesäumten Überanzug hinzu. Da draußen wäre es kalt.

Die Schleuse war für drei konzipiert. Gut: Louis konnte sich Zeiten vorstellen, zu denen er nicht gerne draußen warten würde, während die Luftschleuse sich gerade für jemand anders drehte. Auch wenn der Hinterste keine Notfälle erwartete, so hatte er sich trotzdem darauf vorbereitet. Während die Luft vom Vakuum ersetzt wurde, erweiterte sich Louis‘ Brustkasten. Er zog den »Gürtel« zu, das breite elastische Band um seine Mitte, das ihn beim Ausatmen unterstützen würde.

Chmee schritt aus dem Landefahrzeug, hinaus aus der *Needle,* hinein in die Nacht. Louis hob einen Werkzeugkasten auf und folgte ihm im leichten Trab.

Das Gefühl von Freiheit war berauschend, gefährlich. Louis erinnerte sich daran, dass die Kommunikationsverbindung seines Anzugs den Hintersten mit einschloss. Dinge mussten gesagt werden, und zwar bald, aber nicht in Hörweite des Puppenspielers.

Die Proportionen hier stimmten nicht. Die halb auseinandergenommenen Schiffe waren zu groß. Der Horizont war zu nahe und zu scharf. Eine unendlich große schwarze Mauer zerschnitt die strahlende, halb vertraute Sternenlandschaft in zwei Hälften. Durch das Vakuum gesehen blieben die Formen ferner Objekte bis zu Hunderten von Tausenden Kilometern scharf und klar.

Das nächstgelegene Ringwelt-Schiff, das intakte, sah aus, als wäre es einen halben Kilometer entfernt. Es war eher über einen Kilometer. Bei der letzten Fahrt hatte sich er beständig beim Maßstab der Dinge verschätzt, und dreiundzwanzig Jahre hatten ihn nicht davon kuriert.

Er kam keuchend unter dem gewaltigen Schiff an und entdeckte eine Rolltreppe, die in eine der Landestützen eingebaut war. Natürlich funktionierte der uralte Mechanismus nicht mehr. Er trabte hinauf.

Chmee versuchte sich an den Kontrollen einer Luftschleuse. Er fischte einen Greifer aus dem Kasten, den Louis trug. »Besser, die Türen noch nicht aufbrennen«, sagte er. »Es gibt Energie.« Er drückte eine Abdeckung auf und werkelte an den Innereien.

Die Außentür schloss sich. Die Innentür öffnete sich ins Vakuum und in die Dunkelheit. Chmee schaltete seine Laserlampe ein.

Louis war ein wenig entmutigt. Dieses Schiff würde wahrscheinlich genügend Leute beherbergen, um eine kleine Stadt zu bevölkern. Hier ging man leicht verloren. »Wir benötigen Prüfrohre«, sagte er. »Ich würde das Schiff gern unter Druck setzen. Mit diesem großen Helm kommst du nicht in eine Zugangsröhre, die für Menschen konstruiert wurde.«

Sie wandten sich in einen Korridor, der der Wölbung der Schiffshülle folgte. Es gab Türen, die nur ein wenig höher als Louis' Kopf waren. Louis öffnete einige der Türen. Er entdeckte kleine Kabinen mit Pritschen und Stühlen, die herabgezogen werden konnten, für Humanoide seiner eigenen Größe und kleiner.

»Ich würde sagen, Halrloprillalars Leute haben diese Schiffe erbaut.«

»Das haben wir gewusst«, sagte Chmee. »Ihre Leute haben die Ringwelt gebaut.«

»Das haben sie nicht getan«, widersprach Louis. »Ich habe mich gefragt, ob sie die Schiffe gebaut oder von jemand anderem übernommen haben.«

Die Stimme des Hintersten ertönte in ihren Helmen. »Louis? Halrloprillalar hat dir gesagt, dass ihre Leute die Ringwelt erbaut haben. Meinst du, sie hat gelogen?«

»Ja.«

»Warum?«

Sie hatte auch bei anderen Dingen gelogen. Louis sprach es nicht aus. Er erwiderte: »Stil. Wir wissen, dass sie Städte erbaut haben. All diese fliegenden Gebäude, das sind Dinge, die man baut, um seinen Wohlstand und seine Macht zu zeigen. Erinnerst du dich an das Himmelsschloss, das schwebende Gebäude mit dem Kartenraum darin? Nessus hat Bänder mitgenommen.«

»Ich habe sie studiert«, sagte der Puppenspieler.

»Und er hatte einen erhöhten Thron und eine Drahtskulptur von jemandes Kopf, die so groß wie ein Haus war! Wenn du eine Ringwelt bauen konntest, hättest du dich dann mit einem Himmelsschloss abgegeben? Ich glaub's nicht. Ich hab's nie geglaubt.«

»Chmee?«

»Wir müssen Louis' Einschätzung hinsichtlich menschlicher Angelegenheiten akzeptieren«, erwiderte der Kzin.

Sie wandten sich nach rechts in einen radialen Korridor. Hier lagen weitere Schlafräume. Louis inspizierte einige davon genau. Der Druckanzug war interessant. Er war wie die Felltrophäe eines Jägers an der Wand montiert: ein Teil, kreuz und quer Reißverschlüsse, alle geöffnet. Sofortiger Zugang im Fall von Vakuum. Der Kzin wartete ungeduldig, während Louis die Reißverschlüsse schloss und zurücktrat, um den Effekt zu studieren. Die Gelenke beulten sich aus. Knie und Schultern und Ellbogen wie Warzenmelonen, Hände wie eine Faustvoll Walnüsse, die zusammengebunden waren. Die Gesichter sprangen hervor; unter dem Gesichtsschutz waren Reservegeräte für Energie und Luft.

»Nun?«, knurrte der Kzin.

»Nichts. Ich brauche weitere Beweise. Gehen wir.«

»Weitere Beweise wofür?«

»Ich glaube zu wissen, wer die Ringwelt erbaute … und warum die Einheimischen so sehr wie Menschen sind. Aber warum würden sie etwas bauen, das sie nicht verteidigen konnten? Das ergibt keinen Sinn.«

»Wenn wir darüber diskutieren würden …«

»Nein, noch nicht. Komm schon.«

An der Schiffsachse wurden sie fündig. Ein halbes Dutzend strahlenförmig abgehender Korridore traf hier zusammen, und ein Rohr mit einer Leiter führte hinauf und hinab. Diagramme bedeckten vier Abschnitte der Wand, darauf Schilder, winzige, detaillierte Piktogramme.

»Wie praktisch«, sagte Louis. »Es ist fast so, als hätten sie an uns gedacht.«

»Sprachen ändern sich«, sagte der Kzin. »Diese Leute sind auf den Winden der Relativität gesegelt; ihre Besatzungen könnten jahrhunderteweit auseinander geboren worden sein. Sie hätten solche Hilfsmittel benötigt. Wir hielten unser Imperium mit ähnlichen Hilfsmitteln beieinander, vor den Kriegen mit den Menschen. Louis, ich finde keine Waffenabteilungen.«

»Es hat auch nichts den Raumhafen bewacht. Zumindest nichts, was offensichtlich gewesen wäre.« Louis' Finger folgte den Diagrammen. »Kantine, Lazarett, Wohnbereich – wir sind hier im Wohnbereich. Drei Kontrollzentren; erscheint aufwändig.«

»Eines für die Bussard-Ramdüse und den interstellaren Raum. Eines für den Fusionsantrieb und das Manövrieren in einem bewohnten System und Waffenkontrolle, falls welche da waren. Eines fürs Lebenserhaltungssystem; dieses hier, das zeigt Wind, der durch einen Korridor fegt.«

Der Hinterste mischte sich ein. »Mit Transmutation nutzten sie einen völligen Konvertierungsantrieb.«

»Oh, nicht unbedingt. Ein Stoß von derart energiereicher Strahlung wäre die Hölle für ein bewohntes System«, sagte Louis. »Ha! Da sind unsere Zugangsrohre, die zu den … Ramscoop-Generatoren führen, zum Fusionsantrieb, zur Treibstoffversorgung. Zuerst wollen wir uns die Kontrollen für die Lebenserhaltungssysteme ansehen. Zwei Treppen hoch und dann *da* entlang.«

Der Kontrollraum war klein: eine gepolsterte Liege vor drei Wänden mit Anzeigen und Schaltern. Ein Touchpad im Türrahmen veranlasste die Wände dazu, gelb-weiß zu glühen, und brachte die Anzeigen ebenfalls zum Leuchten. Natürlich waren sie nicht lesbar. Piktogramme trennten die Kontrollen in Einheiten für die Steuerung von Unterhaltung, Spin, Wasser, Abwasser, Nahrung, Luft.

Louis legte Schalter um. Diejenigen, die am häufigsten benutzt wurden, wären groß und leicht zu erreichen. Er hielt inne, als er ein Pfeifgeräusch vernahm. Die Luftdruckanzeige an seinem Kinn stieg nach und nach an.

Es herrschte ein niedriger Luftdruck mit 40 Prozent Sauerstoff. Die Feuchtigkeit war gering, jedoch nicht völlig null. Keine erkennbaren toxischen Substanzen.

Chmee hatte den Druck aus seinem Anzug abgelassen und streifte ihn ab. Louis löste seinen Helm, ließ den Rucksack fallen und schälte sich aus seinem Anzug, alles in ungebührlicher Eile. Die Luft war trocken und leicht abgestanden.

»Ich glaube, wir sollten mit der Zutrittsröhre zur Treibstoffversorgung anfangen«, sagte Chmee. »Soll ich vorausgehen?«

»Gut.« Louis hörte die Anspannung und den Eifer in seiner Stimme, die er unterdrücken wollte. Mit Glück würde es dem Hintersten entgehen. Bald, jetzt. Er folgte dem orangefarbenen Rücken des Kzin.

»Wir müssen reden«, polterte der Kzin.

»Ja, und es ist auch an der Zeit! Wenn er uns jetzt hören kann, könnten wir ebenso gut aufgeben. Hör zu ...«

»Der Hinterste wird uns nicht hören. Louis, wir müssen die *Hot Needle of Inquiry* kapern. Hast du dir das schon mal überlegt?«

»Habe ich. Es ist unmöglich. Du hast einen netten Versuch unternommen, aber was wirst du als Nächstes unternehmen, zum Teufel? Du kannst die *Needle* nicht fliegen. Du hast die Kontrollen gesehen.«

»Ich kann den Hintersten dazu bringen, sie zu fliegen.«

Louis schüttelte den Kopf. »Selbst wenn du ihn zwei Jahre lang überwachen kannst, glaube ich, dass die Lebenserhaltungssysteme beim Versuch zusammenbrechen werden, euch beide so lang am Leben zu erhalten. So hat er es geplant.«

»Du willst dich ergeben?«

Louis seufzte. »Na gut, sehen wir uns das doch mal im Detail an. Wir können dem Hintersten ein glaubwürdiges Bestechungsgeld oder eine glaubwürdige Bedrohung anbieten, oder wir können ihn töten, wenn wir glauben, anschließend die *Needle* fliegen zu können.«

»Ja.«

»Wir können ihn mit einem magischen Umwandlungsapparat bestechen. Es gibt keinen.«

»Ich habe befürchtet, dass du mit der Wahrheit herausplatzen würdest.«

»Sobald er weiß, dass wir nicht benötigt werden, sind wir tot. Und wir haben kein anderes Mittel, ihn zu bestechen.« Er fuhr fort: »Wir können nicht zum Cockpit. Vielleicht gibt es irgendwo an Bord der *Needle* Trittscheiben, die uns dorthin bringen würden, aber wo sind sie, und wie bringen wir den Hintersten dazu, sie einzuschalten? Wir können ihn auch nicht angreifen. Projektile durchschlagen keine GP-Hülle. Auf der Hülle ist eine Flare-Abschirmung, und wahrscheinlich gibt es weitere Flare-Abschirmungen zwischen unserer Zelle und dem Cockpit. Ein Puppenspieler hätte das nicht außer

Acht gelassen. Also können wir keinen Laser auf ihn abfeuern, weil die Wände zum farbigen Spiegel und den Strahl zu uns zurückprallen lassen würden. Was bleibt? Geräusche? Er würde einfach die Mikrofone abschalten. Habe ich irgendetwas vergessen?«

»Antimaterie. Du musst mich nicht daran erinnern, dass wir keine haben.«

»Also können wir ihm nicht drohen, wir können ihn nicht verletzen, und wir können das Cockpit sowieso nicht erreichen.« Der Kzin krallte nachdenklich an seiner Halskrause.

»Mir ist gerade etwas eingefallen«, sagte Louis. »Vielleicht kann die *Needle* überhaupt nicht zum bekannten Raum zurückkehren.«

»Ich sehe nicht, worauf du hinauswillst.«

»Wir wissen zu viel. Wir sind sehr schlechte Publicity für die Puppenspieler. Die Chancen stehen gut, dass der Hinterste nie vorhatte, uns nach Hause zu bringen. Nun ja, warum würde er selbst gehen? Der Ort, den er erreichen will, ist die Flotte der Welten, die inzwischen zwanzig oder dreißig Lichtjahre von hier entfernt ist, in entgegengesetzter Richtung. Selbst wenn wir die *Needle* fliegen könnten, hätten wir wahrscheinlich nicht die Lebenserhaltungssysteme, um bekannten Raum zu erreichen.«

»Sollen wir dann ein Ringwelt-Schiff stehlen? Dies hier?«

Louis schüttelte den Kopf. »Wir können es uns ansehen. Aber selbst, wenn es in gutem Zustand ist, können wir es wahrscheinlich nicht fliegen. Halrloprillalars Leute haben Tausende als Mannschaft mitgenommen, und *sie* sind niemals so weit geflogen, Prill zufolge … obwohl die Ringwelt-Ingenieure wahrscheinlich schon.«

Der Kzin stand sehr still da, als ob er sich fürchtete, die Energie loszulassen, die in ihm eingeschlossen war. Louis begriff allmählich, wie wütend Chmee war. »Rätst du mir dann, mich zu ergeben? Gibt es nicht einmal Rache für uns?«

Louis hatte dies durchdachte, immer und immer wieder, während er unter dem Draht war. Er versuchte, sich an den Optimismus zu erinnern, den er damals verspürt hatte, aber der war verschwunden. »Wir halten ihn hin. Wir durchsuchen den Raumhafensims. Wenn wir nichts finden, durchsuchen wir die Ringwelt selbst. Dafür sind wir ausgerüstet. Wir lassen nicht zu, dass der Hinterste sie aufgibt, bis wir unsere eigene Antwort finden. Wie sie auch immer lauten mag.«

»Diese Situation ist ganz und gar deine Schuld.«

»Ich weiß. Das macht sie ja so komisch.«

»Dann lache.«

»Gib mir meinen Trafroh, und ich lache.«

»Deine blödsinnigen Spekulationen haben uns zum Sklaven eines wahnsinnigen Pflanzenfressers gemacht. Musst du immer so tun, als würdest du mehr wissen, als du weißt?«

Louis ließ sich nieder, den Rücken an eine gelblich glühende Wand gelehnt. »Es erschien so vernünftig. Tanj, es *war* vernünftig. Sieh mal: Die Puppenspieler studierten die Ringwelt Jahre, bevor wir auf der Bühne erschienen sind. Sie kannten ihre Rotationsgeschwindigkeit, ihre Größe und ihre Masse, die bloß etwas größer als die von Jupiter ist. Und im System gibt es sonst nichts. Jeder Planet, jeder Mond, jeder Asteroid, verschwunden. Es schien so offensichtlich. Die Ringwelt-Ingenieure nahmen einen Planeten wie den Jupiter und formten ihn zu Baumaterial, und sie verwendeten auch den Rest des planetarischen Abfalls, und sie bauten alles zu einer Ringwelt zusammen. Die Masse von, sagen wir, des Sonnensystems wäre in etwa die richtige.«

»Das war bloß Spekulation.«

»Ich habe euch beide überzeugt. Vergiss das nicht. Und Gasriesen«, fuhr Louis hartnäckig fort, »bestehen zumeist aus Wasserstoff. Die Ringwelt-Ingenieure hätten Wasserstoff zu Ringwelt-Bodenmaterial umformen müssen – was für ein Zeug das auch immer ist; es ist wie nichts, was *wir* jemals gebaut haben. Sie hätten Material in einer Geschwindigkeit umwandeln müssen, die eine Supernova übertroffen hätte. Hör mal, Chmee, Ich habe die *Ringwelt* gesehen. Ich war bereit, alles zu glauben.«

»Und das gilt auch für Nessus.« Der Kzin schnaubte und vergaß dabei, dass auch er das geglaubt hatte. »Und Nessus fragte Halrloprillalar über die Umwandlung aus. Und sie glaubte, unser zweiköpfiger Gefährte wäre charmant und leicht zu täuschen. Sie hat ihm eine Geschichte von Ringwelt-Raumschiffen erzählt, die Blei mit sich führten, das zu Treibstoff umgewandelt wurde. Blei! Warum nicht Eisen? Eisen wäre voluminöser, aber seine strukturelle Stärke wäre größer.«

Louis lachte. »Daran hat sie nicht gedacht.«

»Hast du ihr jemals gesagt, dass Umwandlung deine Hypothese war?«

»Was meinst du denn? Sie hätte sich totgelacht. Und es war zu spät, es Nessus zu sagen. Zu der Zeit lag Nessus im Automed mit einem fehlenden Kopf.«

»Arr.«

Louis rieb sich die schmerzenden Schultern. »Einer von uns hätte es besser wissen müssen. Ich habe dir gesagt, ich habe nach unserer Rückkehr etwas Mathematik betrieben. Weißt du, wie viel Energie es erfordert, die Masse der Ringwelt in eine Rotationsgeschwindigkeit von zwölfhundert Kilometern pro Sekunde zu versetzen?«

»Warum fragst du?«

»Es braucht eine Menge. Tausende von Malen den jährlichen Energieausstoß dieser Art Sonne. Woher hätten die Ringwelt-Ingenieure all diese Energie holen sollen? Was sie zu tun hatten, war, ein *Dutzend* Jupiters auseinander zu nehmen, oder einen Superjupiter mit einer Masse von einem Dutzend Jupiter. Alle größtenteils aus Wasserstoff, nicht zu vergessen. Sie hätten einiges vom Wasserstoff fusioniert, um die Energie zur Durchführung dieses Projekts zu erhalten, und mehr davon in magnetischen Flaschen zurückbehalten. Nachdem sie die Ringwelt aus den festen Überresten erschaffen hätten, hätten sie Treibstoff für Fusionsraketen gehabt, um sie auf die Geschwindigkeit zu beschleunigen.«

»Im Nachhinein schlau zu sein ist so wundervoll.« Chmee ging im Korridor auf und ab, auf den Hinterbeinen, wie ein Mann tief in Gedanken. »Also sind wir Sklaven eines wahnsinnigen Aliens, der nach einer magischen Maschine sucht, die es niemals gab. Was hoffst du, was in dem Jahr, das uns bleibt, passieren wird?«

Es war schwierig, ohne Strom optimistisch zu sein. »Wir erkunden. Umwandlung oder nicht, es gibt etwas Wertvolles auf der Ringwelt. Vielleicht finden wir es. Vielleicht ist bereits ein Schiff der Vereinten Nationen hier. Vielleicht finden wir eine tausend Jahre alte Ringwelt-Besatzung eines Raumschiffs. Vielleicht wird der Hinterste einsam und holt uns zu sich ins Cockpit.«

Der Kzin ging weiter auf und ab, und sein Schwanz zuckte hin und her. »Kann ich dir vertrauen? Der Hinterste kontrolliert den Stromfluss in dein Gehirn.«

»Ich werfe die Angewohnheit über Bord.«

Der Kzin schnaubte.

»Bei Finagles faulenden Eiern! Chmee, ich bin zweieinviertel Jahrhunderte alt. Ich bin *alles* gewesen. Ich bin ein Küchenchef gewesen. Ich habe beim Bau und beim Unterhalt einer Räderstadt über Down geholfen. Ich habe mich eine Weile lang niedergelassen und wie ein Kolonist gelebt. Jetzt bin ich ein Drahtkopf. Nichts währt ewig. Du kannst nicht eine Sache zweihundert Jahre lang tun. Eine Ehe, eine Karriere, ein Hobby – sie taugen für zwanzig Jahre, und vielleicht durchläufst du eine Phase mehr als einmal. Ich war ein wenig in der experimentellen Medizin tätig. Ich habe einen dicken Wälzer verfasst, eine Dokumentation über die Trinoc'sche Kultur, die einen Preis gewonnen …«

»Stromsucht geht direkt ins Gehirn. Sie ist etwas anderes, Louis.«

»Ja. Ja, sie ist anders.« Louis spürte die Depression wie eine Mauer schwarzen Gelees in seine Inneres sacken und ihn niederdrücken. »Es ist alles schwarz oder weiß. Der Draht sendet, oder er sendet nicht. Es gibt keine Variante. Ich bin ihn leid. Ich war ihn schon leid, bevor der Hinterste meinen gegenwärtigen Strom übernommen hat.«

»Aber du hast den Trafroh nicht aufgegeben.«

»Ich wollte den Hintersten glauben lassen, dass ich's nicht kann.«

»Du willst mich glauben lassen, dass du es kannst.«

»Ja.«

»Was ist mit dem Hintersten? Ich habe nie von einem Puppenspieler gehört, der sich so seltsam verhalten hat.«

»Ich weiß. Da stellt sich mir die Frage, ob die ganzen verrückten Händler von Nessus' Geschlecht waren. Ob die … nenne sie Sperma-tragenden Männchen … die dominanten sind.«

»Arr …«

»Es muss nicht so sein. Die Art von Wahnsinn, die einen Puppenspieler zur Erde schickt, weil er mit anderen Puppenspielern nicht zurande kommt, das ist nicht dasselbe wie der Wahnsinn, der einen Joseph Stalin ausmacht. Was willst du von mir, Chmee? Ich weiß nicht, wie er sich verhalten wird. Wenn wir ihm etwas Geist zugestehen wollen, dann wird er die Handelstechnik von General Products einsetzen. Es ist die einzige Art und Weise, die er kennt, um mit *uns* umzugehen.«

Die konservierte Luft schmeckte kühl und metallisch. Es war zu viel Metall in diesen Schiffen, dachte Louis. Es erschien verrückt, dass Halrloprillalars Leute keine fortschrittlicheren Materialien verwendet hatten. Die Herstellung einer Bussard-Ramdüse war keine Aufgabe für Primitive.

Die Luft roch komisch, und der gelb-weiße Schimmer in den Wänden wurde unregelmäßig heller oder dunkler. Das Beste wäre, möglichst bald wieder in ihre Druckanzüge einzusteigen.

»Da ist das Landefahrzeug«, sagte Chmee. »Es würde als Raumschiff funktionieren.«

»Was nennst du ein Raumschiff? Es muss interplanetarische Fähigkeit haben. Es muss nicht so weit auf der Ringwelt herumkommen. Ich glaube nicht, dass wir damit einen anderen Stern erreichen können.«

»Ich dachte daran, die *Needle* zu rammen. Wenn es keine Fluchtmöglichkeit gibt, könnten wir Rache nehmen.«

»Dabei zuzuschauen, wäre sehr spaßig. Wie du eine General-Products-Hülle rammst.«

Der Kzin baute sich drohend über ihm auf. »Sei nicht allzu spaßig, Louis. Was täte ich auf der Ringwelt ohne Gefährtin, ohne Land, ohne Namen und einem Jahr zu leben?«

»Wir erkaufen uns Zeit. Zeit, einen Weg, von hier herunter zu finden. In der Zwischenzeit …« Louis stand auf, »… suchen wir offiziell immer noch nach einer magischen Umwandlungsmaschine. Tun wir zumindest so, als würden wir suchen.«

Kapitel 7

Entscheidungspunkt

Louis erwachte mit einem Bärenhunger. Er wählte ein Cheddarkäse-Soufflé und Irish Coffee sowie Blutorangen und schlang alles herunter.

Chmee schlief und hatte sich dazu beschützend eingerollt. Irgendwie sah er anders aus. Gepflegter – ja, gepflegter, weil das Narbengewebe unter seinem Fell verschwunden war und das neue Fell herauswuchs.

Sein Durchhaltevermögen war beeindruckend. Sie hatten sämtliche der vier Ringwelt-Schiffe durchsucht und waren dann zu einem langen, schmalen Gebäude unmittelbar am Rand der Unendlichkeit weitergegangen, das sich als das Kontrollzentrum für das Beschleunigungssystem der Raumschiffe erwiesen hatte. Am Ende hatte sich Louis durch einen Nebel der Erschöpfung bewegt. Er wusste, er hätte die *Needle* auf Details der Konstruktion untersuchen sollen, auf Schwachstellen, auf Wege ins Cockpit. Stattdessen hatte er hasserfüllt Chmee beobachtet. Der Kzin hatte niemals für eine Pause innegehalten.

Von irgendwoher tauchte der Hinterste auf, hinter oder innerhalb des grün gestrichenen privaten Sektors. Seine Mähne war gekämmt und flauschig, verziert mit Kristallen, die ihre

Spektralfarben bei der Bewegung änderten. Louis war fasziniert. Der Puppenspieler war zerzaust gewesen, während er die *Needle* allein geflogen hatte.

Putzte er sich heraus, um seine Alien-Gefangenen mit seiner Eleganz zu beeindrucken?

»Louis, möchtest du den Trafroh?«, fragte er.

Louis wollte ihn, aber … »Noch nicht.«

»Du hast elf Stunden geschlafen.«

»Vielleicht gewöhne ich mich an die Ringwelt-Zeit. Hast du irgendetwas getan bekommen?«

»Ich habe Laser-Spektogramme der Schiffshüllen aufgenommen. Sie bestehen größtenteils aus Legierungen. Ich habe Tiefenradarscans durchgeführt, jeweils zwei Ansichten für die vier Schiffe; ich habe die *Needle* bewegt, während du geschlafen hast. Es gibt zwei weitere Raumhafensimse in einhundertzwanzig Grad Abstand rings um die Ringwelt. Ich habe elf weitere Schiffe anhand ihrer Hüllenzusammensetzung geortet. Auf diese Distanz konnte ich nichts Näheres erfahren.«

Chmee erwachte, streckte sich und kam zu Louis an die durchsichtige Wand. »Wir haben nur erfahren, dass wir weitere Fragen stellen müssen«, sagte er. »Ein Schiff war intakt gelassen worden, drei weitere waren ausgeschlachtet. Warum?«

»Vielleicht hätte uns Halrloprillalar das sagen können«, erwiderte der Hinterste. »Widmen wir uns doch nur der einzig drängenden Frage. Wo ist der Umwandlungsapparat?«

»Wir haben hier keine Instrumente. Bring uns in das Landungsfahrzeug, Hinterster. Wir werden die Bildschirme im Cockpit benutzen.«

Acht Bildschirme flimmerten um die hufeisenförmige Instrumententafel des Landefahrzeugs. Chmee und Louis studierten geisterhafte schematische Darstellungen der Bussard-Ramdüsen-Schiffe, die der Computer aus den Tiefenradar-Scans generiert hatte.

»Für mich sieht das so aus«, sagte Louis, »als ob ein einziges Team die ganze Plünderung durchgeführt hätte. Sie hatten drei Schiffe, an denen sie arbeiten konnten, und sie haben sich genommen, was sie am dringendsten benötigten. Sie haben weitergearbeitet, bis etwas sie aufgehalten hat: Ihnen ist die Luft ausgegangen oder so etwas. Das vierte Schiff ist später gekommen. Mmm … aber warum hat die vierte Besatzung nicht ihr eigenes Schiff ausgeschlachtet?«

»Trivialitäten. Wir suchen bloß den Umwandler. Wo ist er?«

»Wir konnten ihn nicht identifizieren«, erwiderte Chmee.

Louis studierte die geisterhaften Tiefenradarbilder von vier Schiffen. »Gehen wir methodisch vor. Was ist *kein* Umwandlungssystem?« Er folgte den Linien auf dem Abbild des einen intakten Schiffs mit einem Laserpointer. »Hier, dieses Paar Ringe, das die Hülle umgab, das müssen die Ramscoop-Feldgeneratoren gewesen sein. Treibstofftanks hier. Zugangsröhren hier, hier, hier …« Während er darauf deutete, folgte der Hinterste dadurch, dass er Abschnitte des Schiffs vom Bildschirm entfernte. »Fusionsreaktions-Antrieb, dieser ganze Abschnitt. Antrieb für die Landestützen. Nimm auch die Stützen weg. Höhendüsen hier, hier, hier, alle durch Röhren gespeist, die hier entlangführten und Plasma aus dem kleinen Fusionsgenerator herantrugen, hier. Batterie. Dieses Ding mit der Schnauze, die aus der Mitte der Hülle herausragt … wie hat es Prill genannt?«

»*Cziltang brone*«, schnaubte Chmee. »Es erweicht vorübergehend das Material des Ringweltbodens, um einzudringen. Sie haben es anstelle von Luftschleusen verwendet.«

»Stimmt.« Louis fuhr begeistert und mit klammheimlichem Vergnügen fort: »Nun, wahrscheinlich hätten sie den magischen Umwandler nicht in den Wohnbereichen aufbewahrt, aber ... Schlafräume hier, Kontrollräume hier, hier, hier, die Küche ...«

»Könnte er das sein ...?«

»Nein, das haben wir uns auch schon überlegt. Es ist lediglich ein automatisiertes Chemielabor.«

»Fahr fort.«

»Gartenbereich hier. Abwasseraufbereitung hier. Luftschleusen ...«

Als Louis fertig war, war das Schiff vom Bildschirm verschwunden. Der Hinterste stellte es geduldig wieder her. »Was haben wir übersehen? Selbst wenn der Umwandler abgebaut, entfernt worden ist, so hätte es einen Raum für ihn geben müssen.«

Das wurde allmählich ein großer Spaß. »Hee, wenn sie ihren Treibstoff wirklich außerhalb aufbewahrt haben – Blei, um die Hülle verschmolzen –, dann ist das nicht wirklich ein Wasserstofftank an Bord, nicht wahr? Vielleicht haben sie den magischen Umwandler da drin aufbewahrt. Er musste über Polsterung oder schwere Isolation verfügen ... oder Kühlung durch flüssigen Wasserstoff.«

»Wie hätten sie ihn entfernt?«, fragte Chmee, bevor es der Hinterste hätte tun können.

»Vielleicht mit dem *Cziltang Brone* eines anderen Schiffs. Waren alle Treibstofftanks leer?« Er blickte auf die Geisterbilder der anderen Schiffe. »Ja. Okay, wir werden die Umwandler auf der Ringwelt finden … und sie werden nicht funktionieren. Die Pest wird sie erwischt haben.«

»Halrloprillalars Erzählung vom Bakterium, das Supraleiter frisst, befindet sich auf unseren Aufzeichnungen«, sagte der Hinterste.

»Na ja, so sehr viel konnte sie uns wirklich nicht erzählen«, sagte Louis. »Ihr Schiff ist auf einer langen Reise gewesen. Bei seiner Rückkehr gab es keine Ringwelt-Zivilisation mehr. Alles, was Supraleiter benutzte, hatte aufgehört zu funktionieren.« Er hatte sich gefragt, wie viel er von Prills Geschichte vom Fall der Städte glauben sollte. Aber *etwas* hatte die herrschende Zivilisation der Ringwelt zerstört. »Supraleitung ist fast allzu wunderbar. Am Ende verwendet man sie für alles und jedes.«

»Wie können wir dann die Umwandler reparieren?«, fragte der Hinterste.

»Hm?«

»Ihr werdet Vorräte von Supraleiterdraht und Material an Bord des Landefahrzeugs finden. Es ist nicht derselbe Supraleiter, den die Ringwelt verwendete. Das Bakterium wird ihn nicht anrühren. Ich habe mir gedacht, dass wir Waren austauschen müssen.«

Louis wahrte sein Pokerface, aber der Hinterste hatte eine überraschende Feststellung getroffen. Woher wussten die Puppenspieler so viel über eine Mutantenpest, die die Maschinen auf der Ringwelt getötet hatte? Plötzlich zweifelte Louis nicht im Geringsten mehr am Bakterium.

Chmee hatte es nicht begriffen. »Wir möchten wissen, was die Diebe zum Transport verwendet haben. Wenn das Transportsystem der Randmauer ausgefallen ist, dann könnten sich unsere Umwandler vielleicht bloß auf der anderen Seite der Ringmauer befinden, dort zurückgelassen, weil sie nicht mehr funktionierten.«

Louis nickte. »Andernfalls haben wir eine Menge Territorium, das wir absuchen können. Ich meine, wir sollten nach einem Reparaturzentrum suchen.«

»Louis?«

»Es muss irgendwo ein Kontroll- und Wartungszentrum geben. Die Ringwelt kann nicht auf ewig allein laufen. Es gibt Meteoritenabwehr, Meteoritenschadensreparatur, die Stabilisierungsdüsen ... Die Ökologie kann verrückt spielen – alles muss überwacht werden. Natürlich kann das Reparaturzentrum überall sein. Aber es muss groß sein. Wir sollten keine großen Probleme haben, es zu finden. Und wir werden wahrscheinlich herausfinden, dass es verlassen ist, denn wenn sich jemand um den Laden gekümmert hätte, dann hätte er die Ringwelt nicht aus dem Zentrum rutschen lassen.«

»Du hast viel darüber nachgedacht«, bemerkte der Hinterste.

»Als wir das erste Mal hierherkamen, haben wir uns nicht allzu gut geschlagen. Wir sind zum Forschen hergekommen, schon vergessen? Eine Art Laserwaffe hat uns abgeschossen, und wir haben den Rest unserer Zeit mit dem Versuch verbracht, lebend hier herunterzukommen. Wir haben vielleicht ein Fünftel der *Breite* abgedeckt, und wir haben so gut wie nichts erfahren. Wir hätten nach dem Reparaturzentrum suchen sollen. Dort befinden sich die Wunder.«

»Von einem Stromsüchtigen hätte ich keinen solchen Ehrgeiz erwartet.«

»Wir fangen vorsichtig an.« Vorsichtig für Menschen, sagte sich Louis; nicht für Puppenspieler. »Chmee hat recht: Die Maschinen hätten herabgeworfen werden können, sobald sie durch die Ringmauer hindurch waren, als das Bakterium sie befallen hatte.«

»Wir sollen nicht versuchen, das Landefahrzeug durch die Ringmauer zu bekommen«, sagte Chmee. »Ich habe kein Vertrauen in eine Alien-Maschine, die eintausend Jahre alt ist. Wir müssen hinüberfliegen.«

»Wie willst du die Meteoritenabwehranlage überwinden?«, fragte der Hinterste.

»Wir müssen versuchen, ihr ein Schnippchen zu schlagen. Louis, glaubst du immer noch, dass das, was auf uns feuerte, bloß eine automatisierte Abwehr von Meteoriten war?«

»Das habe ich damals geglaubt. Es ist alles so tanj schnell gegangen.«

Sonnenwärts gefallen, alle etwas kribbelig, eingeschüchtert von der Ringwelt. Alle außer Teela, natürlich. Ein kurzer violett-weißer Blitz; dann war die Liar *von schwachem, violett glühendem Gas umgeben. Teela hatte durch die Hülle hinausgesehen. »Der Flügel ist weg«, hatte sie gesagt.*

»Es hat erst auf uns gefeuert, als wir auf einem Kurs waren, der die Oberfläche der Ringwelt geschnitten hat. Es musste automatisch sein. Ich habe dir gesagt, warum ich glaube, dass niemand im Reparaturzentrum ist.«

»Niemand, der absichtlich auf uns feuern würde. Sehr schön, Louis. Automaten würden nicht so eingestellt sein, dass sie auf das Transportsystem des Rands feuern, nicht wahr?«

»Chmee, wir wissen nicht, wer das Transportsystem des Rands erbaut hat. Vielleicht waren es nicht die Ringwelt-

Ingenieure, vielleicht ist es später hinzugefügt worden, von Prills Leuten …«

»Wurde es«, sagte der Puppenspieler.

Seine Besatzung wandte sich um und sah das Abbild des Puppenspielers auf dem Bildschirm.

»Habe ich euch nicht gesagt, dass ich einige Zeit am Teleskop verbracht habe? Ich habe erfahren, dass das Transportsystem des Rands nur teilweise vollendet wurde. Es verläuft auf etwa vierzig Prozent dieser Randmauer und umfasst nicht die Abschnitte, die wir jetzt besetzen. Auf der Backbord gelegenen Mauer ist das System nur zu fünfzehn Prozent fertiggestellt. Die Ringwelt-Ingenieure hätten ein so kleineres, untergeordnetes System nicht halb vollendet gelassen, nicht wahr? Ihre eigene Transportmethode hätte vielleicht dasselbe Raumschiff benutzt, um den Bau zu überwachen.«

»Prills Leute sind später hergekommen«, sagte Louis. »Vielleicht sehr viel später. Vielleicht ist das Transportsystem des Rands zu kostspielig geworden. Vielleicht war ihre Eroberung der Ringwelt nie vollständig … warum dann jedoch haben sie Raumschiffe gebaut? Oh, verflucht, das werden wir vielleicht nie erfahren. Wohin führt uns das?«

»Es führt uns dazu, die Meteoritenabwehr zu überlisten«, sagte Chmee.

»Ja. Und du hast recht gehabt. Wenn die Meteoritenabwehr immer wieder auf die Ringmauer gefeuert hätte, dann hätte niemand etwas dort gebaut.« Louis kaute eine Weile länger darauf herum. Seine Vermutungen waren löcherig … aber die Alternative bestand darin, über einen uralten *Cziltang Brone* unbekannter Verlässlichkeit durch die Mauer zu fliegen. »Okay. Wir fliegen über die Randmauer.«

»Dein Vorschlag ist fürchterlich riskant«, sagte der Puppenspieler. »Ich habe alles so gut vorbereitet, wie ich konnte, aber ich war gezwungen, menschliche Technologie einzusetzen. Angenommen, das Landefahrzeug funktioniert nicht? Ich zögere, etwas von meinen Ressourcen zu riskieren. Ihr wärt gestrandet. Das Schicksal der Ringwelt ist besiegelt.«

»Das hatte ich nicht vergessen«, sagte Louis.

»Zuerst müssen wir sämtliche Raumhafensimse suchen. Es gibt elf weitere Schiffe auf dieser Randmauer und eine unbekannte Anzahl auf dem backbord gelegenen Rand ...«

Und es würde Wochen dauern, bis der Hinterste sich damit zufriedengeben würde, dass sich kein Umwandlungssystem auf diesen Schiffen finden ließ. Oh, schon gut ...

»Wir sollten jetzt losfliegen«, sagte Chmee. »Das Geheimnis liegt vielleicht in unserer Reichweite.«

»Wir haben Treibstoff und Vorräte. Wir können es uns leisten zu warten.«

Chmee streckte die Hand aus und tippte auf Kontrollen. Er musste diese Abfolge im Detail geplant haben; er musste das Landefahrzeug minutiös studiert haben, während Louis benebelt vor Müdigkeit gewesen war. Das kleine, kegelförmige Fahrzeug hob sich einen halben Meter vom Boden, wirbelt um neunzig Grad herum, und der Strahl eines Fusionsantriebs erfüllt die Andockkammer mit weißem Feuer.

»Du bist dumm«, tadelte sie der flüssige Alt des Hintersten. »Ich kann deinen Antrieb abschalten.«

Das Landefahrzeug glitt geschmeidig aus der halbrunden Andockluke und stieg mit brutalen vier g. Als der Hinterste zu Ende gesprochen hatte, hätte ein Sturz sie bereits umgebracht. Louis verfluchte sich dafür, dass er dies nicht vorausgesehen hatte. Chmees Blut brodelte vor Jugend. Die Hälfte der Kzinti wurde nie erwachsen – sie starben in Zweikämpfen …

Und Louis Wu, zu eingesponnen in sich selbst und seine Stromentzugsdepression, hatte seine Möglichkeiten an sich vorbeigleiten lassen.

»Hast du dich entschlossen, auf eigene Faust zu forschen, Hinterster?«, fragte er kühl.

Die Köpfe des Puppenspielers waberten unentschlossen über seiner Kontrolltafel.

»Nein? Dann werden wir's auf unsere Weise tun, vielen Dank.« Louis wandte sich an Chmee und sagte: »Versuche, auf der Ringmauer zu landen«, bevor ihm die besonders starre Haltung, der leere Blick und die ausgestreckten Klauen auffielen. Wut? Würde der Kzin tatsächlich versuchen, die *Hot Neele of Inquiry* zu rammen?

Der Kzin heulte etwas in der Heldensprache.

Der Puppenspieler gab Antwort mit der Stimme eines Kzin; überlegte es sich anders und wiederholte auf Interworld: »Zwei Fusionsraketen, eine am Heck und eine unterhalb. Keine Schubdüsen. Du darfst die Fusionsantriebe niemals auf dem Boden abfeuern, außer zur Verteidigung. Du kannst mit dem Repulser abheben, der das Material des Ringweltbodens zurückstößt. Du kannst fliegen, als würdest du einen negativen Schwerkraftgenerator benutzen, aber der Repulser ist von einfacherer Bauart, leichter zu reparieren und zu warten. Benutze ihn jetzt nicht. Er würde sich von der Randmauer abstoßen und dich in den Raum hinauswerfen.«

Was Chmees offensichtliche Panik erklärte. Er hatte Probleme, das Landefahrzeug zu fliegen. Nicht beruhigend. Aber der Rand des Raumhafens lag weit unten, und ein entnervendes Taumeln beim Start war fast verschwunden. Unter ihm herrschte ein stetiger 4-g-Schub … der plötzlich aufhörte. »Wuff!«, sagte Louis, als das Landefahrzeug in den freien Fall überging.

»Wir dürfen nicht zu hoch über die Ringmauer steigen. Durchsuche die Spinde, Louis. Inventarisiere unsere Ausrüstung.«

»Du warnst mich, bevor du noch mal so etwas tust?«

»Werde ich.«

Louis löste das Netz und trieb die Treppe hinab.

Hier war der Wohnbereich, umgeben von Spinden und einer Luftschleuse. Louis öffnete die Türen. Der größte Spind enthielt, was ein Quadratkilometer feines seidiges schwarzes Tuch sein musste und Hunderte von Kilometern schwarzer Draht auf Dreißig-Kilometer-Spulen. Ein weiterer Spind barg modifizierte Fluggürtel mit Rückstoßdüsen über den Schultern und einem kleinen Schubantrieb. Zwei kleine Fluggürtel und ein großer. Einer für Halrloprillalar, natürlich. Louis entdeckte Laserlampen, Hand-Sonic-Betäuber und einen schweren, beidhändig zu bedienenden Desintegrator. Er entdeckte Behälter von der Größe von Chmees Faust mit einem Clip, einem Mikrofon und Ohrstöpseln (zwei kleine und einen großen) in derselben Abteilung. Das waren die Übersetzer, inklusive kompakter Computer. Wenn sie über die Bordcomputer gearbeitet hätten, wären sie weniger klobig gewesen.

Es gab große, rechteckige Repulserplatten – um Fracht durch die Luft zu ziehen? Spulen mit Sinclair-Molekülketten, wie sehr dünner, sehr starker Faden. Kleine Stangen aus Gold:

Handelsware? Ferngläser mit Lichtverstärker. Körperschutz. Louis brummelte: »Er hat an alles gedacht.«

»Danke.« Der Hinterste sprach von einem Bildschirm, den Louis nicht bemerkt hatte. »Ich hatte viele Jahre zur Vorbereitung.«

Louis war es leid, den Hintersten überall dort zu finden, wohin er ging. Komisch: Er hörte die Geräusche eines Katzenkampfes vom Cockpit. Der Hinterste musste zwei Gespräche gleichzeitig führen und Chmee in die Kontrollen des Landefahrzeugs einführen. Er hörte den Ausdruck für »Stabilisierungsdüsen« …

Chmees Stimme brüllte, ohne eine Mikrofon zu benutzen: »Louis, auf deinen Platz!«

Louis glitt die Treppe hinauf. Er hatte gerade seine Liege erreicht, da zündete Chmee den Fusionsantrieb. Das Landefahrzeug wurde langsamer und schwebte gerade an der Kante der Ringmauer.

Die Oberseite der Ringmauer war breit genug für das Landefahrzeug, aber auch nicht mehr als das. Und wie würde das Meteoritenabwehrsystem der Ringwelt das alles aufnehmen?

Sie waren innerhalb des Ringweltbogens gewesen und auf den inneren Ring der Schattenrechtecke zugefallen, als violettes Licht das Raumschiff Lying Bastard *gebadet hatte. Die Hülle der* Liar *hatte sich sogleich in einer Blase von Nicht-Zeit eingeschlossen. Als die Zeit wieder begann, hatten die Hülle und ihre Bewohner keinen Schaden erlitten. Aber der Deltaflügel der* Liar *war zusammen mit seinen Schubdüsen, Fusionsdüsen und Instrumenten zu ionisiertem Dampf geworden. Und die Hülle fiel nach innen auf die Ringwelt.*

Später hatten sie spekuliert, dass der violette Laser lediglich eine automatische Meteoritenabwehr gewesen war. Sie hatten vermutet, dass sie ihre Basis auf den Schattenrechtecken hatte. Es war alles Vermutung gewesen; sie hatten nie etwas über die Waffen der Ringwelt in Erfahrung gebracht.

Das Transportsystem des Rands war eine spätere Hinzufügung. Die Ringwelt-Ingenieure hätten so etwas nicht in Betracht gezogen, als sie das Meteoritenabwehrsystem programmierten. Aber in einem Gebäude, das Halrloprillalars Spezies verlassen hatte, hatte Louis alte Aufzeichnungen gesehen, wie es in Aktion gewesen war; die Meteoritenabwehr hatte *nicht* auf die Linearbeschleunigerschleifen oder die Schiffe gefeuert, die sie umschlossen. Und Louis packte fest die Lehnen seiner Liege und wartete auf die violette Flamme, während Chmee das Landefahrzeug auf der Randmauer aufsetzte.

Aber sie kam nicht.

Kapitel 8

Ringwelt

Aus anderthalbtausend Kilometern über der Erde gesehen – von zum Beispiel einer Raumstation in einem Zwei-Stunden-Orbit – ist die Erde eine große Kugel. Die Königreiche der Erde drehen sich unten. Details verschwinden um die Krümmung des Horizonts; andere, verborgene, Dinge rotieren in Sicht. Des Nachts umreißen leuchtende Städte die Kontinente.

Aber aus anderthalbtausend Kilometern über der Ringwelt gesehen ist die Welt flach, und die Königreiche sind daher allesamt sichtbar.

Die Randmauer bestand aus demselben Stoff wie der Ringweltboden. Louis hatte ihn an Orten beschritten, wo erodierte Landschaft ihn durchscheinen ließ. Er war gräulich gewesen, durchscheinend und entsetzlich glatt. Hier war die Oberfläche aufgeraut worden und ließ Haftung zu. Aber der Druckanzug und der Rucksack machten Chmee und Louis toplastig. Sie bewegten sich vorsichtig. Dieser erste Schritt wäre etwas Schönes.

Am Grund von anderthalbtausend Kilometern glasiger Felswand befanden sich gebrochene Wolkenschichten und Meere: Gewässer von einer Größe von zehntausend bis mehreren

Millionen Quadratkilometern, mehr oder minder einheitlich über das Land verstreut und über Netzwerke von Flüssen miteinander verbunden. Als Louis die Augen hob, wurden die Meere mit der Entfernung kleiner … kleiner und ein wenig dunstig … zu klein, um sie zu sehen, bis sich Meer und fruchtbares Land, Wüste und Wolken allesamt zu einer blauen Messerklinge vor dem schwarzen Raum vermischten.

Links und rechts war es genauso, bis das Auge ein blaues Band fand, das sich von der Unendlichkeit jenseits des Horizonts in die Höhe schwang. Der Bogen stieg an, wurde schmaler und neigte sich über sich selbst, Himmelblau, durchsetzt mit Mitternachtsblau, bis dorthin, wo ein schmales Band des Bogens sich hinter einer geschrumpften Sonne verbarg.

Dieser Teil der Ringwelt hatte gerade seine maximale Entfernung von der Sonne überschritten, aber ein Stern vom Typ Sol konnte einem noch immer die Augen ausbrennen. Louis blinzelte und schüttelte den Kopf, Augen und Geist geblendet. Diese Entfernungen konnten den eigenen Geist packen und festhalten, sodass man Stunden oder Tage in die Unendlichkeit blickte. Was war ein Mensch vor so einem riesigen Artefakt?

Er war Louis Wu. Es gab nichts auf der ganzen Ringwelt, was ihm glich. Daran musste er sich festhalten. Vergiss die Unendlichkeiten: Konzentriere dich aufs Detail.

Dort, fünfunddreißig Grad den Bogen hinauf: ein etwas blauerer Fleck.

Louis betätigte die Vergrößerung an seiner Schutzbrille. Sie war auf der Gesichtsplatte befestigt, aber man musste den Kopf sehr stillhalten. Der Fleck war ein einziger Ozean, eine Ellipse, die sich fast über die gesamte Ringwelt erstreckte, mit einer Ansammlung von Inseln, die sich durch die Wolkendecke zeigten.

Er fand den anderen großen Ozean weiter oben auf dem anderen Zweig des Bogens. Dieser war ein abgerissener vierzackiger Stern, durchsetzt mit ähnlichen Ansammlungen von winzigen Inseln – winzig auf diese Entfernung, in welcher die Erde ein für das bloße Auge kaum erkennbares Objekt wäre.

Es packte ihn wieder. Er senkte bewusst den Blick und musterte die nähere Umgebung.

Fast unten, ein paar hundert Kilometer spinwärts, lehnte der halbe Kegel eines Berges wie betrunken an der Ringmauer. Er wirkte seltsam regelmäßig. Er bestand aus Schichten von Halbkreisen: ein kahler, erdfarbener Gipfel; weit unten ein Band aus Weiß, wahrscheinlich Schnee und Eis; dann Grün, das sich hinab und in die Vorgebirge hinein ausbreitete.

Der Berg stand ziemlich isoliert. Spinwärts war die Randmauer eine flache, senkrechte Felswand bis über die Sichtgrenzen der Schutzbrille hinaus – fast. Wenn dieser Knubbel an der Sichtgrenze der Schutzbrille ein weiterer derartiger Berg war, so war der verdammt weit weg. In der Entfernung, wo man fast sehen konnte, wie die Ringwelt sich allmählich aufwärts schwang.

Ein weiterer derartiger Knubbel lag antispinwärts. Louis machte ein finsteres Gesicht. *Abspeichern für zukünftige Nachforschungen.*

Weit auf Backbord (voraus) und ein wenig nach spinwärts (rechts) lag eine Region von glitzerndem Weiß, heller als das Land, strahlender als das Meer. Ein mitternachtsblauer Rand von Nacht jagte darauf zu. Salz, war Louis‘ erster Gedanke.

Es war groß. Es hatte mehrere Dutzend Ringwelt-Wasserflächen verschlungen, und diese Wasserflächen unterschieden sich in der Größe von der des Huron-Sees bis hin zu der des Mittelmeers. Helle Punkte kamen und gingen wie kleine Wellen …

Aha! »Sonnenblumenflecken.«

Chmee sah hin. »Derjenige, der mich verbrannte, war größer.«

Slaver-Sonnenblumen waren so alt wie das Slaver-Imperium, das vor mehr als einer Milliarde Jahren gestorben war. Die Slaver hatten anscheinend Sonnenblumen rund um ihre Grundstücke gepflanzt, zur Verteidigung. Man fand diese Pflanzen immer noch auf einigen Welten im bekannten Raum. Sie auszurotten war ein schwieriges Geschäft. Man konnte sie nicht einfach mit Laserkanonen ausbrennen. Die silbernen Blüten warfen den Strahl zurück.

Was Sonnenblumen auf der Ringwelt taten, war ein Rätsel. Aber Sprecher-mit-Tieren war über eine Ringwelt-Landschaft hinweggeflogen, als ihn ein Riss in der Wolkendecke den Pflanzen darunter ausgesetzt hatte. Die Narben waren fast verschwunden …

Louis verstärkte die Vergrößerung in seiner Schutzbrille. Eine glatte, geschwungene Grenzlinie setzte das Blau-Grün-Braun einer erdähnlichen Welt von dem silbernen Sonnenblumenflecken ab. Die Grenzlinie schwang sich nach innen und umschloss eine Hälfte der größeren Seen.

»Louis? Halte Ausschau nach einer kurzen schwarzen Linie gleich hinter den Sonnenblumen und ein wenig antispinwärts.«

»Ich sehe es.«

Ein schwarzer Strich auf der unendlichen mittäglichen Landschaft, vielleicht hundertsechzigtausend Kilometer von dort aus, wo sie standen. Was sollte das nun wieder sein? Eine ausgedehnte Teergrube? Nein, Petrochemikalien hätten sich niemals auf der Ringwelt gebildet. Ein Schatten? Was könnte einen Schatten im permanenten Mittag der Ringwelt werfen?

»Chmee, ich glaube, es ist eine schwebende Stadt.«

»Ja … Schlimmstenfalls wird es Zentrum der Zivilisation sein. Wir sollten sie um Rat bitten.«

Sie hatten schwebende Gebäude in einigen der alten Städte vorgefunden. Warum nicht eine schwebende Stadt? Sie hatten sie natürlich vom Rand her gesehen. »Was wir tun sollten«, sagte Louis, »ist, in einiger Entfernung zu landen und die Einheimischen über sie befragen. Ich möchte ungern einfach so mit ihnen in Berührung kommen. Wenn sie gut genug sind, diese Stadt in Betrieb zu halten, könnten sie schwierig sein. Wir sollten in der Nähe des Randes der Sonnenblumen landen …«

»Warum dort?«

»Die Sonnenblumen verderben die Ökologie. Vielleicht können die dortigen Bewohner etwas Hilfe brauchen. Unsere Empfang wäre sicherer. Hinterster, was meinst du?«

Es erfolgte keine Antwort.

»Hinterster? Rufe den Hintersten … Chmee, ich glaube, er kann uns nicht hören. Die Randmauer blockiert seine Signale.«

»Wir werden dennoch nicht lange frei sein«, sagte Chmee. »Ich habe zwei Sonden im Frachtraum gesehen, hinter dem Landefahrzeug. Der Puppenspieler wird sie als Relais verwenden. Gibt es etwas, was du gern während dieser vorübergehenden Freiheit sagen möchtest?«

»Ich würde sagen, wir haben alles gestern Abend besprochen.«

»Nicht völlig. Unsere Motive sind nicht so ganz dieselben, Louis. Wenn ich es recht verstehe, bist du begierig darauf, dein Leben zu retten. Darüber hinaus möchtest du freien Zugang zum Strom. Ich selbst möchte mein Leben und meine Freiheit, aber ich möchte auch Satisfaktion. Der Hinterste hat einen Kzin entführt. Er muss dazu kommen, das zu bedauern.«

»Das kann ich verstehen. Er hat mich auch entführt.«

»Was weiß denn ein Drahtkopf von beschmutzter Ehre? Ich möchte nicht sehen, dass du mir den Weg versperrst, Louis.«

»Ich möchte dich nur leise daran erinnern«, sagte Louis, »dass ich dich von der Ringwelt heruntergebracht habe. Ohne mich hättest du die *Long Shot* niemals heimgebracht und dir deinen Namen verdient.«

»Damals warst du kein Stromsüchtiger.«

»Ich bin auch jetzt kein Stromsüchtiger. Und *nenne mich nicht einen Lügner.*«

»Ich besch…«

»Moment.« Louis zeigte hin. Aus dem Augenwinkel hatte er etwas gesehen, was sich vor den Sternen bewegte. Einen Augenblick später sprach die Stimme des Hintersten ihnen in die Ohren.

»Vergebt mir bitte die Unterbrechung. Was habt ihr euch entschieden zu tun?«

»Nachforschen«, erwiderte Chmee knapp. Er wandte sich zurück zum Landefahrzeug.

»Berichte mir Einzelheiten! Ich bin nicht glücklich darüber, eine meiner Sonden aufs Spiel zu setzen, nur um die Kommunikation aufrechtzuerhalten. Der vorrangige Zweck dieser Sonden ist es, die *Needle* wieder aufzutanken.«

»Hol deine Sonde in Sicherheit zurück«, wies Chmee den Puppenspieler an. »Wenn wir zurückkommen, werden wir alles berichten.«

Die Sonde ließ sich auf mehreren kleinen Düsen auf der Ringmauer nieder. Es war ein klobiger Zylinder von sieben Metern Länge. »Du sprichst leichtfertig. Es ist mein Landefahrzeug, das du riskierst. Hast du vor, die Basis der Ringmauer zu erforschen?«

Dieser aufreizende Alt, diese liebliche Frauenstimme, war dieselbe, die jeder Händler der Puppenspieler von seinem Vorgänger erlernt hatte. Möglicherweise hatten sie eine andere erlernt, um Frauen zu beeinflussen. Für Männer war es eine Stimme, die Knöpfe drückte, und Louis nahm ihm das übel. Er sagte: »Es gibt Kameras am Landefahrzeug, nicht wahr? Sieh einfach zu.«

»Ich habe deinen Trafroh. Erkläre.« Weder Louis noch Chmee gaben sich Mühe mit einer Antwort.

»Sehr schön. Ich habe die Verbindung der Trittscheibe zwischen dem Landefahrzeug und der *Needle* eingeschaltet. Die Sonde wird auch dafür als Relais dienen. Was deinen Trafroh angeht, Louis, so kannst du ihn haben, wenn du lernst zu gehorchen.«

Und das, dachte Louis, definierte sein Problem sehr nett.

»Es ist gut zu wissen, dass wir unseren Fehlern entfliehen können«, sagte Chmee. »Gibt es Entfernungsbeschränkungen für die Trittscheiben?«

»Energiegrenzen. Das Trittscheibensystem kann nur eine begrenzte kinetische Energiedifferenz absorbieren. *Needle* und das Landefahrzeug sollten keine relative Geschwindigkeit zueinander haben, wenn du übertrittst. Du bist angewiesen, direkt auf der Backbordseite der *Needle* zu bleiben.«

»Das passt zu unseren Plänen.«

»Aber wenn ihr das Landefahrzeug verlasst, kontrolliere ich immer noch eure Mittel zur Flucht von der Ringwelt. Hört ihr mich, Chmee, Louis? Die Ringwelt wird die Schattenrechtecke in etwas mehr als einem Erdjahr treffen.«

Chmee hob das Landefahrzeug auf von den Puppenspielern entwickelten Repulsern. Ein Stoß vom Fusionsantrieb im Heck drückte das Fahrzeug nach vorn und vom Sims weg.

Ein Flug mit Ringwelt-Boden-Repulsern war *keine Nutzung* von Antischwerkraft, bemerkte Louis. Sowohl von der Ringmauer als auch von der Landschaft zurückgestoßen, fiel das Landefahrzeug in einer steilen Kurve hinab. Chmee stoppte ihren Abstieg bei fünfundsechzig Kilometern.

Louis holte eine Teleskopansicht auf einen der Bildschirme. Da das Landefahrzeug allein auf Repulsern schwebte, über dem größten Teil der Atmosphäre, flog es sehr gleichmäßig und völlig ruhig: ein guter Teleskopständer.

Felsiger Boden leckte in den Vorgebirgen hinauf zur Basis der Ringmauer. Louis ließ das Teleskop mit hoher Vergrößerung langsam über diese Grenze laufen. Öder brauner Boden vor glasigem Grau. Eine Anomalität wäre leicht zu erkennen.

»Was erwartest du zu finden?«, fragte Chmee.

Louis erwähnte den zuschauenden Puppenspieler nicht, der glaubte, sie würden nach einer verlassenen Umwandlungsmaschine Ausschau halten. »Die Mannschaft eines Raumschiffs wäre etwa hier vom Raumfahrtsims durchgekommen. Aber ich sehe nichts *Großes* von der Art einer zurückgelassenen Maschine. Wir sind nicht wirklich interessiert an Kleinzeug, nicht wahr? Sie hätten nichts Wertvolles zurückgelassen, außer, es wäre zu tanj groß, um es zu bewegen, und dann hätten sie fast alles zurückgelassen, was sie hatten.«

Er hielt das Teleskop an. »Was machst du daraus?«

Er lehnte fünfzig Kilometer hoch an der Basis der Randmauer: ein halber Kegel von wettergegerbtem Aussehen, wie von einhundert Millionen Jahren des Windes glattgeschliffen. Eis glitzerte in einem breiten Gürtel um seinen unteren Hang. Das Eis war dick und zeigte das Fließmuster von Gletschern.

»Die Ringwelt imitiert die Topografie erdähnlicher Welten«, sagte Chmee. »Nach dem, was ich über erdähnliche Welten weiß, passt dieser Berg nicht ins Muster.«

»Ja. Er ist unkünstlerisch. Berge kommen in Ketten, und sie sind nicht so regelmäßig. Aber, weißt du, es ist schlimmer als das. Alles auf der Ringwelt ist konturiert. Erinnerst du dich, als wir mit der *Liar* über die Unterseite geflogen sind? Ausstülpungen für Meeresböden, Einschnitte für Berge und Rinnen für Gebirgszüge, Flussbetten wie Adern im Arm eines Gewichthebers? Selbst die Flussdeltas sind in die Struktur eingeschnitten. Die Ringwelt ist nicht dick genug, um die Landschaft sich selbst ausschneiden zu lassen.«

»Es gibt keine tektonischen Prozesse, die das Ausschneiden übernehmen, was das betrifft.«

»Dann hätten wir diesen Berg von der Rückseite aus sehen sollen, vom Raumhafen aus. Habe ich nicht. Du?«

»Ich bringe uns näher heran.«

Das erwies sich als schwierig. Je näher das Landefahrzeug der Randmauer kam, desto mehr Fusionsschub war nötig, um es dort zu halten ... oder um das Fahrzeug anzuheben, wenn die Repulsoren abgeschaltet wurden.

Sie kamen bis auf achtzig Kilometer heran, und das war nahe genug, um die Stadt zu entdecken. Große graue Felsen ragten durch die Eisschollen hervor, und einige davon zeigten Myriaden von schwarzen Türen und Fenstern. Beim genaueren Hinsehen führten die Türen auf Balkone und Verandas, und Hunderte schlanker Hängebrücken gingen nach oben, nach unten und zur Seite. Treppen waren in den Fels gehackt worden; sie verliefen in merkwürdigen, sich verzweigenden Bögen und waren einen halben Kilometer weit und mehr. Eine kippte ganz bis zum Vorgebirge und bis zur Baumgrenze ab.

Ein zufälliger flacher Raum im Stadtzentrum, halb Fels und halb Permafrost, war ein öffentlicher Platz geworden, die Mengen, die sich darauf tummelten, waren blassgoldene Flecken, die gerade groß genug waren, um sie zu erkennen. Goldene Kleidung oder goldenes Fell?, überlegte Louis. Ein großer Felsbrocken auf der Rückseite des Platzes war zum Gesicht eines behaarten, stämmigen, jovialen Pavians geschnitten worden.

»Versuch nicht, näher heranzufliegen«, sagte Louis. »Wir verschrecken sie, wenn wir auf Fusionsantrieb landen wollen, und es gibt keinen anderen Weg.«

Eine vertikale Stadt mit einer Bevölkerung von geschätzt zehntausend. Das Tiefenradar zeigte, dass sie nicht tief in den Fels gegraben hatten. Tatsächlich sahen diese mit Räumen durchsetzten Felsen aus wie schmutziger Permafrost.

»Wir möchten sie doch bestimmt wegen ihres speziellen Berges befragen?«

»Ich würde liebend gern mit ihnen sprechen«, erwiderte Louis, und das meinte er auch so. »Aber wirf doch mal einen Blick auf den Spektrografen und das Tiefenradar. Sie verwenden weder Metall noch Kunststoff, ganz zu schweigen von Einkristallzeug. Ich will lieber nicht daran denken, woraus diese Brücken bestehen. Sie sind Primitive. Sie glauben, auf einem Berg zu leben.«

»Finde ich auch. Zu viel Probleme, zu ihnen zu gehen. Wohin als Nächstes? Die schwebende Stadt?«

»Ja, über den Flecken Sonnenblumen.«

Ein Schattenrechteck glitt über die Sonnenscheibe.

Chmee zündete erneut den Heckantrieb und ging auf eine Geschwindigkeit von sechzehntausend Kilometern pro Stunde, dann ließ er das Fahrzeug im Leerlauf fliegen. Nicht zu schnell, um Einzelheiten wahrzunehmen, jedoch schnell genug, um sie dorthin zu bringen, wohin sie in etwa zehn Stunden gelangen wollten. Louis studierte die vorüberrasende Landschaft.

Im Prinzip hätte die Ringwelt ein endloser Garten sein sollen. Sie war schließlich keine Welt, die sich zufällig entwickelt hatte, sondern etwas Gemachtes.

Was sie bei ihrem ersten Besuch gesehen hatten, konnte nicht als typisch erachtet werden. Sie hatten den größten Zeit ihrer Zeit zwischen zwei Meteoriteneinschlägen verbracht: zwischen dem Sturmauge, das Luft durch einen Einschlag im Ringweltboden ausspuckte, und der gedehnten und angehobenen Landschaft rings um den Berg *Die Faust Gottes.*

Natürlich war die Ökologie geschädigt. Die von den Ingenieuren sorgfältig geplanten Windmuster mussten zerstört worden sein.

Aber hier? Louis hielt vergebens Ausschau nach dem Muster eines Sturmauges, einem auf die Seite gedrehten und abgeflachten Hurrikan. Hier gab es keine Meteoriteneinschläge. Dennoch gab es Wüstenbereiche von der Größe der Sahara und noch größer. Auf den Kämmen von Gebirgszügen entdeckte er den Perlenglanz von nacktem Ringweltgrund. Winde hatten den darüber liegenden Felsen abgestreift.

Waren die Wettermuster so schlimm geworden, und das so schnell? Oder hatten die Ringwelt-Ingenieure etwas für Wüsten übrig? Es überkam Louis, dass das Reparaturzentrum schon sehr lange Zeit verlassen gewesen sein musste. Halrloprillalars Leute hatten es vielleicht nie gefunden, nachdem die Ringwelt-Ingenieure verschwunden waren. Da sie verschwunden sein mussten, sollte Louis' Vermutung zutreffen.

»Ich möchte drei Stunden schlafen«, sagte Chmee. »Kannst du das Landefahrzeug fliegen, falls etwas passiert?«

Louis zuckte die Achseln. »Natürlich, aber was könnte denn geschehen? Wir fliegen zu tief für die Meteoritenabwehr. Selbst wenn sie auf der Ringmauer basiert ist, würde sie auf besiedeltes Land feuern. Wir fliegen ja schon eine Weile.«

»Ja. Weck mich in drei Stunden.« Chmee lehnte sich in seine Liege zurück und schlief ein.

Louis wandte sich zum Vergnügen den Teleskopen vorn und hinten zu, um etwas zu erfahren. Die Nacht hatte sich über die Region der Sonnenblumen gelegt. Er richtete den Blick hoch, den Bogen entlang zum näheren der großen Ozeane.

Dort, spinwärts des Ozeans und fast auf der Medianlinie der Ringwelt: Dieser schief stehende falsche Vulkan war die Faust Gottes, in einem Flecken marsfarbener Wüste, die viel größer war als der Mars. Weiter nach Backbord lag eine Bucht des großen Ozeans, die selbst größer war als ganze Welten.

Beim letzten Mal hatten sie die Küste dieser Bucht erreicht und waren dann umgekehrt.

Die Inseln waren in Haufen über die blaue Ellipse verstreut. Eine war eine einzelne Insel in Scheibenform und wüstenfarben. Eine war eine Scheibe, durch die ein Kanal geschnitten worden war. Seltsam. Aber die anderen waren Inseln in einem weiten Meer … dort hatte er die Karte der Erde gefunden: Amerika, Grönland, Eurasiafrika, Australien, Antarktis, alles ausgebreitet vom glänzend weißen Nordpol aus, genauso, wie er es vor langer Zeit in dem Himmelsschloss gesehen hatte.

Waren das *alles* Karten echter Welten? Prill hätte es nicht gewusst. Die Karten mussten gefertigt worden sein lange, bevor ihre Spezies auf der Bildfläche erschienen war.

Er hatte Teela und den Sucher irgendwo da drin zurückgelassen. Sie mussten sich immer noch in dem Gebiet aufhalten. Unter den gegebenen Entfernungen der Ringwelt und angesichts der Technologie der Einheimischen konnten sie in dreiundzwanzig Jahren nicht weit gekommen sein. Sie waren fünfunddreißig Grad den Bogen hinauf – einhundertsechsunddreißig Millionen Kilometer entfernt.

Louis wollte Teela wirklich nicht wiedersehen.

Drei Stunden waren verstrichen. Louis rüttelte sanft den Chmee an der Schulter.

Ein großer Arm peitschte hervor. Louis warf sich zurück, jedoch nicht weit genug.

Chmee sah ihn blinzelnd an. »Louis, wecke mich niemals so auf. Möchtest du den Automed?«

Genau hinter seiner Schulter verliefen zwei tiefe Schnitte. Er spürte, wie Blut in sein Hemd einsickerte. »Gleich. Sieh mal.« Er zeigte auf die Karte der Erde, winzige Inseln, weit entfernt von den anderen Haufen.

Chmee sah hin. »Kzin.«

»Was?«

»Eine Karte von Kzin. Dort. Louis, ich glaube, wir haben uns geirrt mit unserer Annahme, dass dies Miniaturkarten seien. Sie haben volle Größe, Maßstab eins zu eins.«

Etwa achthunderttausend Kilometer von der Karte der Erde entfernt befand sich ein weiterer Haufen. Wie bei der Karte der Erde waren die Ozeane durch die polare Projektion verzerrt, die Kontinente jedoch nicht. »Das *ist* Kzin«, sagte Louis. »Warum ist mir das nicht aufgefallen? Und diese Scheibe mit einem ausgeschnittenen Kanal – das ist Jinx. Der kleinere, rot-orangefarbene Klecks, das muss der Mars sein.« Louis blinzelte gegen die Benommenheit an. Sein Hemd war nass von Blut. »Wir können später darüber reden. Hilf mir zum Automed hinab.«

Kapitel 9

Die Hirten

Er schlief im Automed. Vier Stunden später – mit einer Spur von Spannung hinter und unterhalb seiner Schulter, die ihn daran erinnerte, niemals einen schlafenden Kzin zu berühren – nahm Louis seinen Sitz ein.

Draußen war eine stille Nacht. Chmee hatte den großen Ozean auf dem Schirm. »Wie geht's dir?«, fragte er.

»Wiederhergestellt und gesund, dank der modernen Medizin.«

»Du bist von deinen Verletzungen nicht abgelenkt gewesen. Dennoch muss es Schmerz und Schock gegeben haben.«

»Oh, ich vermute, Louis Wu mit fünfzig wäre hysterisch geworden, aber, verflucht, ich habe gewusst, dass der Automed gleich bei der Hand war. Warum?«

»Mir kam es zuerst so vor, dass du den Mut eines Kzin haben musst. Dann habe ich mich gefragt, ob du wegen deiner Stromsucht nicht auf irgendeinen kleineren Stimulus reagieren kannst.«

»Nehmen wir einfach an, es ist Mut, okay? Wie geht's dir so?«

»Ziemlich gut.« Der Kzin zeigte auf etwas. »Erde. Kzin. Jinx; die beiden Gipfel erheben sich über die Atmosphäre, wie sie es auf den Ost- und Westpolen von Jinx tun. Ebenso bei der Karte vom Mars. Das ist Kdat, der Sklavenplanet ...«

»Nicht mehr.«

»Die Kdatlyno waren unsere Sklaven. Ebenso die Pierin, und dies ist ihre Welt, glaube ich. Hier, hättest du's gedacht: Ist dies die Heimatwelt der Trinocs?«

»Ja, und sie haben diese gleich daneben platziert, glaube ich. Wir könnten den Hintersten fragen, ob er Karten hat.«

»Wir können uns ziemlich sicher sein.«

»Allerdings. Na gut, was ist das? Es ist keine Liste erdgleicher Welten. Und da sind ein halbes Dutzend, die ich überhaupt nicht identifizieren kann.«

Chmee schnaubte. »Offensichtlich für die schnödeste Intelligenz, Louis. Es ist eine Liste möglicher Feinde, intelligente oder fast intelligente Wesen, die eines Tages die Ringwelt bedrohen können. Pierin, Kzinti, Marsianer, Menschen, Trinoc.«

»Aber wo passt Jinx da hinein? *Oh. Chmee,* sie hätten kaum geglaubt, dass die Bandersnatch mit Kriegsschiffen zu ihnen kommen würden. Sie sind so groß wie Dinosaurier und handlos. Und Down hat ebenfalls intelligente Einheimische. Also, wo ist es?«

»Dort.«

»Ja. Das ist schon ziemlich beeindruckend. Die Grogs sind eine nicht so offensichtliche Bedrohung. Sie verbringen ihr ganzes Leben damit, auf einem Felsen zu sitzen.«

»Die Ringwelt-Ingenieure fanden alle diese Spezies und hinterließen die Karten als eine Botschaft an ihre Nachkommen. Sind wir da einer Meinung? Aber sie haben die Welt der Puppenspieler nicht gefunden.«

»Hm?«

»Und wir wissen, dass sie auf Jinx gelandet sind. Wir fanden ein Bandersnatch-Skelett auf der ersten Expedition.«

»Allerdings. Sie haben vielleicht alle diese Welten besucht.«

Die Qualität des Lichts änderte sich, und Louis sah den Schatten der Nacht sich antispinwärts zurückziehen. Er sagte: »Fast an der Zeit für die Landung.«

»Wo? Was schlägst du vor?«

Das Sonnenblumenfeld vor ihnen wurde mit zunehmendem Sonnenlicht heller. »Bring uns nach links. Folge der Terminatorlinie. Flieg weiter, bis du richtigen Boden siehst. Wir sollten vor der Dämmerung unten sein.«

Chmee lenkte ihren Flug in einer großen Kurve. Louis zeigte auf etwas. »Siehst du, wo die Grenze in unserer Richtung abfällt, wo die Sonnenblumen sich um beide Seiten eines Sees herum ausbreiten? Ich glaube, dass die Sonnenblumen Probleme haben, Wasser zu überqueren. Lande uns an der anderen Küste.«

Das Landefahrzeug kippte in die Atmosphäre ab. Flammen bauten sich vor und um das Fahrzeug herum auf und warfen einen weißen Glanz über die Landschaft. Chmee hielt das Landefahrzeug hoch, reduzierte die Geschwindigkeit nur langsam, tauchte tiefer, wenn er es konnte. Der See floh unter ihnen. Wie alle Seen auf der Ringwelt war er zweckmäßig gebaut, mit einer höchst verschachtelten Küstenlinie, die Buchten und Strände formte sowie einen sanft abfallenden Hang vor der Küste zu einer gleichmäßigen Tiefe. Es gab Seegraswälder und zahllose Inseln und Strände mit sauberem weißen Sand. Eine ausgedehnte Grasebene verlief antispinwärts.

Die Sonnenblumenpest umschloss den See mit zwei ausgestreckten Armen. Ein Fluss mäanderte in Schlangenlinien durch die Sonnenblumen bis zum Delta, wo er in den See mündete. Nach Backbord hin grenzten die Sonnenblumen an einen sumpfigen abfließenden Strom. Louis spürte erstarrte Bewegung, langsam wie der Marsch von Gletschern.

Die Sonnenblumen bemerkten das Landefahrzeug.

Licht explodierte von unten. Das Fenster verdunkelte sich sofort, sodass Chmee und Louis geblendet dastanden.

»Keine Angst«, sagte Chmee. »In dieser Höhe kann uns nichts treffen.«

»Die blöden Pflanzen haben uns wahrscheinlich für einen Vogel gehalten. Kann du noch sehen?«

»Ich kann die Instrumente erkennen.«

»Lass uns auf acht Kilometer herabfallen. Bring sie hinter uns.«

Wenige Minuten später erhellte sich das Fenster wieder. Hinter ihnen gleißte der Horizont; die Sonnenblumen versuchten es immer noch. Voraus … ja. »Dorf.«

Chmee fiel herab, um es näher in Augenschein zu nehmen. Das Dorf war ein geschlossener doppelter Ring aus Hütten. »Im Zentrum landen?«

»Würde ich nicht tun. Lande am Rand, und ich wüsste gern, was sie als Getreide betrachten.«

»Ich werde nichts verbrennen.«

Anderthalb Kilometer über dem Dorf bremste Chmee das Landefahrzeug mit dem Fusionsantrieb ab. Er setzte auf dem hohen grasartigen Zeug auf, das die Ebene bedeckte. Im letzten Augenblick sah Louis, wie sich das Gras bewegte – sah drei Dinger wie grüne Zwergelefanten aufstehen, kurze, flache Rüssel heben, um einen Warnruf zu trompeten, und loslaufen.

»Die Einheimischen müssen Hirten sein«, sage Louis. »Wir haben eine Stampede in Gang gesetzt.« Weitere grüne Tiere schlossen sich dem Exodus an. »Na ja, guter Flug, Kapitän.«

Die Instrumente zeigten erdgleiche Atmosphäre an. Kaum überraschend. Louis und Chmee streiften Körperschutz über: lederartiges Zeug, nicht unangenehm steif, das unter dem Aufprall eines Speers, Pfeils oder einer Kugel starr wie Stahl wurde. Die Rampe trug sie hinab ins hüfthohe Gras.

Die Hütten standen nahe beieinander und waren durch Zäune miteinander verbunden. Die Sonne stand direkt über ihnen ... natürlich. Es war Morgendämmerung, und die Einheimischen sollten gerade anfangen, sich zu rühren. Keine Fenster auf den Außenseiten der Hütten – außer bei einer, die doppelt so hoch war wie die anderen, und dieses eine hatte einen Balkon. Vielleicht waren sie bereits gesehen worden.

Als Chmee und Louis näherkamen, regten sich die Einheimischen. Sie schwärmten über den Zaun und kreischten einander mit Falsettstimmen etwas zu. Sie waren klein, rot und von menschlicher Gestalt, und sie rannten wie Dämonen. Sie trugen Netze und Speere. Louis sah, wie Chmee seine Betäubungspistole zog, und zog die eigene. Die roten Humanoiden jagten an Louis und Chmee vorüber und immer weiter.

»Sind wir beleidigt worden?«, fragte Chmee.

»Nein, sie sind natürlich los, um die Stampede aufzuhalten. Ich kann ihnen ihren Sinn für das, was wichtig ist, nicht mal übelnehmen. Gehen wir rein. Vielleicht ist jemand zu Hause.«

Es war jemand zu Hause. Mehrere Dutzend rothäutiger Kinder beobachteten sie hinter den Zäunen, während sie herankamen. Sie waren dünn; selbst die Babys waren mager wie Windhundwelpen. Ein Steinkreis markierte ein ausgebranntes Lagerfeuer. Ein einbeiniger Mann kam aus einem der Gebäude und trat zu ihnen. Er benutzte eine Krücke und bewegte sich mit einer Geschwindigkeit, die Louis nur Joggen nennen konnte. Er trug einen Kilt aus gehärteter Haut mit Ziersäumen. Seine Ohren waren groß und standen vom Kopf ab, und eines war vor langer Zeit eingerissen worden. Seine Zähne waren gefeilt … oder? Die Kinder lächelten und lachten allesamt, und *ihre* Zähne waren gefeilt, selbst jene der Babys. Nein. Sie mussten so gewachsen sein.

Der alte Mann blieb am Zaun stehen. Er lächelte und stellte eine Frage.

»Ich spreche deine Sprache nicht«, sagte Louis.

Der alte Mann nickte. Er vollführte eine Geste mit dem Arm nach oben: Einladung?

Eines der älteren Kinder fand den Mut zu springen. Er (sie; die Kinder trugen keine Kilts) landete auf Chmees Schulter, machte es sich im Fell gemütlich und begann zu erforschen. Chmee stand sehr still da und fragte: »Was soll ich jetzt tun?«

»Sie ist nicht bewaffnet. Sage ihr nicht, wie gefährlich du bist.« Louis stieg über den Zaun. Der alte Mann wich vor ihm zurück. Chmee folgte vorsichtig, das Mädchen immer noch auf seiner Schulter. Es klammerte sich an das dicke Fell um seinen Hals.

Sie ließen sich neben dem Feuer nieder, Louis, Chmee und der einbeinige rote Mann, umgeben von Kindern. Sie machten sich daran, dem Übersetzer die einheimische Sprache beizubringen. Für Louis war das Routine. Seltsamerweise schien es für den alten Mann ebenfalls Routine zu sein; selbst die Stimme des Übersetzers überraschte ihn nicht.

Seine Name war Shivith hooki-Furlaree irgendwas. Seine Stimme war hoch und piepsig. Seine erste verständliche Frage lautete: »Was esst ihr? Ihr müsst es nicht sagen.«

»Ich esse Pflanzen, Meeresfrüchte und Fleisch, das mit Feuer behandelt wurde. Chmee isst Fleisch ohne Feuer«, erwiderte Louis, und das schien ausreichend zu sein.

»Wir essen auch Fleisch ohne Feuer. Chmee, du bist ein ungewöhnlicher Besucher.« Shivith zögerte. »Ich muss euch dies sagen. Wir bieten kein *Rishathra* an. Seid nicht wütend.« Beim Wort *Rishathra* piepte der Übersetzer nur.

»Was ist *Rishathra?«*, fragte Chmee.

Der alte Mann war überrascht. »Wir dachten, dass das Wort überall dasselbe wäre.« Er erklärte es. Chmee war merkwürdig still, als sie in das Thema eintauchten und sich mit den unbekannten Worten abarbeiteten:

Rishathra war Sex außerhalb der eigenen Spezies.

Alle kannten das Wort. Viele Spezies praktizierten es.

Für einige konnte es ein Mittel der gegenseitigen Geburtenkontrolle sein; für andere der erste Zug in einem Handelsabkommen. Für einige war es ein Tabu. Die Leute benötigten kein Tabu. Sie konnten es einfach nicht. Die sexuellen Signale stimmten nicht; es war vielleicht eine Sache bestimmter Pheromone. »Ihr müsst von weither kommen, dass ihr das nicht wisst«, sagte der alte Mann.

Louis sprach von sich selbst, dass er von den Sternen jenseits des Bogens gekommen war. Nein, weder er noch Chmee hatten jemals *Rishathra* praktiziert, obwohl es unter seiner Spezies eine große Bandbreite gab. (Er erinnerte sich an ein Mädchen aus Wunderland, das dreißig Zentimeter größer und sieben Kilo leichter als er gewesen war, eine Feder in seinen Armen.) Er sprach von der Vielzahl unterschiedlicher Welten und intelligenten Lebens, aber umging das Thema von Kriegen und Bewaffnung.

Die Stämme der Leute hielten vielen Arten von Tieren. Ihnen gefielen Unterschiede, aber ihnen gefiel es nicht zu verhungern, und es war gewöhnlich unmöglich, Herden verschiedener Tiere gleichzeitig zu halten. Stämme der Leute blieben einander auf der Spur, um Gelage auszuhandeln. Manchmal handelten sie auch mit Herden. Es war wie das Handeln mit ganzen Lebensstilen: Man konnte ein halbes *Falan* in gegenseitiger Unterweisung verbringen, bevor man sich trennte. (Ein *Falan* waren zehn Wechsel, zehn Rotationen der Ringwelt, jede davon fünfundsiebzig Tage von dreißig Stunden.)

Würden sich die Hirten besorgt zeigen, dass Fremde im Dorf waren? Shivith verneinte dies. Zwei Fremde stellten keine Bedrohung dar.

»Müsst ihr das Fleisch essen, gleich nachdem es getötet wurde?«, fragte Louis.

Shivith lächelte. »Nein. Ein halber Tag ist in Ordnung. Ein Tag und eine Nacht ist zu lang.«

»Habt ihr jemals …«

Plötzlich stand Chmee auf. Er setzte das Mädchen sanft nieder und schaltete seinen Übersetzer ab. »Louis, ich benötige Übung und Einsamkeit. Diese Zeit der Gefangenschaft stellte eine Gefahr für meine Gesundheit dar! Brauchst du mich?«

»Nein. Hee …«

Chmee war bereits über den Zaun gesprungen. Er wandte sich um.

»Zieh dich nicht aus. Auf die Entfernung ist es unmöglich zu sagen, ob du intelligent bist. Töte keinen der grünen Elefanten.«

Chmee winkte und jagte ins grüne Gras davon.

»Dein Freund ist schnell«, bemerkte Shivith.

»Ich sollte auch gehen. Ich habe ein Projekt im Kopf.«

Überleben und Flucht waren ihre Sorgen während ihres ersten Besuchs der Ringwelt gewesen. Erst später, in der sicheren und vertrauten Umgebung von Rascht auf der Erde, war Louis Wus Gewissen aktiv geworden. Da war ihm eingefallen, dass er eine Stadt zerstört hatte.

Die Schattenrechtecke bildeten einen konzentrischen Ring innerhalb der Ringwelt. Es gab zwanzig davon, die von einem unsichtbar dünnen Draht der Sonne zugewandt festgehalten wurden. Der Draht blieb gespannt, weil die Schattenrechtecke mit größerer Orbitalgeschwindigkeit rotierten.

Die *Liar* hatte, während sie abstürzte, weil ihre Antriebsdüsen weggebrannt worden waren, einen der Schattenvierecksdrähte getroffen und ihn losgerissen. Der Draht, ein einzelner Strang von mehreren Zehntausend Kilometern Länge, hatte sich wie eine Rauchwolke über eine bewohnte Stadt gelegt.

Louis hatte ihn benötigt, um die abgestürzte *Liar* zu schleppen.

Sie hatten einen Endpunkt gefunden und ihn an ihrem improvisierten Fahrzeug vertäut – Halrloprillalars schwebendes Gefängnis – und es hinter sich hergeschleppt. Louis konnte nicht genau wissen, welche Folgen das für die Stadt hatte, aber er konnte es erraten. Das Zeug war fein wie Spinnfäden und stark genug, um Hüllenmetall zu durchschneiden. Es musste die Gebäude zu Geröll zerschnitten haben, als sich seine Schlingen zusammenzogen.

Diesmal würden die Einheimischen nicht leiden, weil Louis Wu eingetroffen war. Er litt unter Stromsucht-Entzug; er brauchte nicht auch noch Schuldgefühle. Seine erste Handlung bei diesem Besuch bestand darin, eine Stampede in Gang zu setzen. Er würde das wiedergutmachen.

Es war harte körperliche Arbeit.

An einem Punkt legte er eine Pause ein und ging hinauf ins Cockpit. Er machte sich Sorgen wegen des Kzin. Selbst ein Mensch – ein Planetarier von vor fünfhundert Jahren, sagen wir, ein erfolgreicher Mann mittleren Alters – wäre verwirrt gewesen, wenn er sich plötzlich als Achtzehnjähriger wiedergefunden hätte, sein glatter Fortschritt zum Tod unterbrochen, sein Blut mit mächtigen und unvertrauten Säften strömend, seine eigene Identität infrage gestellt: Sein Haar wurde dichter und änderte die Farbe, Narben verschwanden …

Nun ja, wo war Chmee?

Das Gras war seltsam. Hier in der Nachbarschaft des Lagers war es hüfthoch. Spinwärts war ein weites Gebiet fast bis auf den Boden gestutzt. Louis sah, wie sich die Herde entlang der Ränder bewegte, gelenkt von kleinen roten Humanoiden, und eine Schneise hinterließen, die fast erdfarben war.

Das musste man ihnen lassen: Die kleinen grünen Elefanten waren effizient. Die roten Menschen mussten das Lager ziemlich regelmäßig verlegen. Louis entdeckte Bewegung im Gras in der Nähe. Er beobachtete geduldig, bis es sich wieder bewegte … und plötzlich war es ein orangefarbener Streifen. Louis bekam Chmees Beute nie zu Gesicht. Es waren keine Humanoiden in der Nähe, und das war schon gut so. Er machte sich wieder ans Werk.

Die Hirten kehrten zurück und fanden ein Gelage vor.

Sie kamen in einer Schar, miteinander plaudernd. Sie blieben stehen und untersuchten das Landefahrzeug, ohne zu nahe zu kommen. Einige von ihnen umringten einen der grünen Elefanten. (Mittagessen?) Es mochte Zufall sein, dass die Speerträger die übrigen anführten, als sie den Ring aus Hütten betraten.

Sie blieben überrascht stehen angesichts von Louis und Chmee, der ein anderes Mädchen auf der Schulter sitzen hatte, und einer halben Tonne zubereitetem Fleisch, ausgelegt auf sauberem Leder.

Shivith stellte die Fremden mit einer kurzen und ziemlich akkuraten Zusammenfassung ihrer Behauptungen vor. Louis war darauf vorbereitet, ein Lügner genannt zu werden, aber das geschah nicht. Er lernte den Häuptling kennen: Eine Frau von knapp einem Meter dreißig Größe, Ginjerofer mit Namen, die sich verneigte und beim Lächeln beunruhigend scharfe Zähne zeigte. Louis versuchte, sich auf die gleiche Weise zu verneigen.

»Shivith sagte uns, dass euch eine Vielfalt an Fleisch gefällt«, sagte Louis und winkte zu dem, was er der Küche des Landefahrzeugs entnommen hatte. Drei der Einheimischen drehten den grünen Elefanten herum, richteten ihn auf die Stelle aus, wo der Rest der Herde graste, und stießen ihn mit Speerschäften ins Hinterteil, um ihn loszuschicken. Der

Stamm sammelte sich um die Mahlzeit. Andere schlossen sich ihnen an. Sie kamen aus Hütten, die Louis für leer gehalten hatte: ein Dutzend sehr alte Männer und Frauen. Er war nicht an den Anblick von Leuten mit runzliger Haut, arthritischen Gelenken und alten Narben gewöhnt. Er fragte, warum sie sich verborgen gehalten hatten, und nahm an, dass Pfeile auf ihn und Chmee gerichtet gewesen waren, während sie mit Shivith und den Kindern gesprochen hatten.

Binnen weniger Minuten hatten die Einheimischen das Mahl auf die Knochen reduziert. Sie redeten nicht dabei: Sie hatten anscheinend keine Rangordnung. Tatsächlich aßen sie wie Kzinti. Chmee akzeptierte eine Geste, sich ihnen anzuschließen. Er aß den größten Teil des Moa, den die Einheimischen ignorierten; sie bevorzugten rotes Fleisch.

Louis hatte es in mehreren Portionen auf den großen Repulserplatten herbeigeschafft. Seine Muskeln schmerzten von der Anstrengung. Er sah den Einheimischen dabei zu, wie sie sich über den Festschmaus hermachten. Er fühlte sich gut. In seinem Kopf war kein Trafroh, aber er fühlte sich gut.

Anschließend waren die meisten der Einheimischen weggegangen, um sich um die Herden zu kümmern. Shivith und Ginjerofer und einige der Älteren waren geblieben. »Ist dieser Moa ein Artefakt oder ein Vogel?«, fragte Chmee. »Der Patriarch möchte vielleicht solche Vögel für seine Jagdparks haben.«

»Es gibt einen echten Vogel«, erwiderte Louis. »Ginjerofer, das sollte unser Ausgleich dafür sein, die Stampede in Gang gesetzt zu haben.«

»Wir danken dir«, entgegnete sie. Auf ihren Lippen und an ihrem Kinn war Blut. Ihre Lippen waren voll und röter als ihre Haut. »Vergiss die Stampede. Das Leben ist mehr als nicht hungrig zu sein. Wir treffen gern auf Leute, die anders sind. Sind eure Welten wirklich so viel kleiner als unsere? Und rund?«

»Rund wie Bälle. Wenn meine weit oben auf dem Bogen wäre, dann würdest du nur einen weißen Punkt sehen.«

»Wirst du zu diesen kleinen Orten zurückkehren, um von uns zu erzählen?«

Die Übersetzer mussten mit Aufzeichnungsgeräten an Bord der *Needle* verbunden sein. »Eines Tages«, erwiderte Louis.

»Du wirst Fragen haben.«

»Ja. Zerstören die Sonnenblumen euren Weidegrund?«

Er musste hinzeigen, bevor sie die Frage verstand. »Die Helligkeit spinwärts? Wir wissen nichts darüber.«

»Habt ihr euch jemals gefragt? Jemals Kundschafter ausgesandt?«

Sie runzelte die Stirn. »Dies ist so, wie es ist. Meine Väter und Mütter berichten, dass wir uns antispinwärts bewegen, seitdem wir klein waren. Sie erinnern sich, dass sie um einen großen See herumwandern mussten, aber sie sind nicht zu nahegekommen, weil die Tiere nicht die Pflanzen fressen wollten, die um die Küste herum wachsen. Damals gab es eine Helligkeit spinwärts, aber sie ist jetzt stärker. Was Kundschafter betrifft – einige der Jüngeren sind losgegangen, um es sich selbst anzusehen. Sie sind auf Riesen getroffen. Die Riesen töteten ihre Tiere. Da musste sie rasch zurückkehren. Sie hatten kein Fleisch.«

»Es klingt, als würden die Sonnenblumen sich rascher voran bewegen als ihr.«

»Okay. Wir können uns rascher bewegen, als wir es tun.«

»Was wisst ihr über die schwebende Stadt?«

Ginjerofer hatte sie ihr ganzes Leben lang gesehen. Sie war eine Landmarke, wie der Bogen selbst. Manchmal, wenn die Nacht wolkenverhangen war, konnte sie immer noch den gelben Glanz der Stadt finden, aber das war alles, was sie wusste. Die Stadt war selbst für Gerüchte zu weit entfernt.

»Aber wir hören Geschichten von großen Entfernungen, wenn sie es wert sind, erzählt zu werden. Sie sind vielleicht verquast. Wir hören von den Leuten der Schüttberge, die zwischen der kalten weißen Ebene und den Vorbergen leben, wo die Luft zu dicht ist. Sie fliegen zwischen den Schüttbergen umher. Sie verwenden Himmelsschlitten, wenn sie sie bekommen können, aber es gibt keine neuen Himmelsschlitten, sodass sie seit Hunderten von Jahren Ballons benutzen müssen. Wird euer Seh-Ding so weit reichen?«

Louis streifte ihr die Fernglas-Brille über und zeigte ihr den Einstellknopf für die Vergrößerung. »Warum nennst du sie Schüttberge? Ist dies dasselbe Wort, dass ihr verwendet, wenn ihr Wasser ausschüttet?«

»Ja. Ich weiß nicht, warum wir sie so nennen. Dein Sehgerät zeigt mir nur größere Berge …« Sie wandte sich spinwärts. Die Brille verdeckte fast ihr kleines Gesicht. »Ich sehe das Ufer und einen Glanz darüber.«

»Was hörst du sonst von Reisenden?«

»Wenn wir uns treffen, sprechen wir meistens über Gefahren. Es sind hirnlose Fleischfresser, die antispinwärts leben und Leute töten. Sie sehen uns ein wenig ähnlich, sind aber kleiner, und sie sind schwarz und jagen des Nachts. Und dort sind …« Sie runzelte die Stirn. »Wir wissen nicht, ob das wahr ist. Es gibt geistlose Dinger, die einen drängen, *Rishathra* mit ihnen zu vollführen. Man überlebt den Akt nicht.«

»Aber ihr könnt kein *Rishathra* vollführen. Sie können keine Gefahr für euch sein.«

»Selbst für uns, ist uns gesagt worden.«

»Was ist mit Seuchen? Parasiten?«

Keiner der Einheimischen wusste, was er meinte! Flöhe, Hakenwürmer, Moskitos, Masern, Wundbrand: Etwas dergleichen gab es nicht auf der Ringwelt. Natürlich hätte er davon ausgehen sollen. Die Ringwelt-Ingenieure hatten sie einfach nicht mitgebracht. Trotzdem war er überrascht. Er fragte sich, ob er vielleicht zum ersten Mal eine Krankheit auf die Ringwelt gebracht hatte … und entschied, dass es nicht so war. Die Automed hätte ihn von allem Gefährlichen geheilt.

Aber die Einheimischen ähnelten so sehr zivilisierten Menschen. Sie wurden alt, jedoch nicht krank.

Kapitel 10

Das Gottesspiel

Stunden vor Einbruch der Nacht war Louis erschöpft. Ginjerofer bot ihnen eine Hütte an, aber Chmee und Louis schliefen lieber im Landefahrzeug. Louis fiel zwischen die Schlafplatten, während Chmee immer noch Verteidigungsanlagen einrichtete.

Er erwachte mitten in der Nacht.

Chmee hatte den Lichtverstärker eingeschaltet, bevor er schlafen gegangen war. Die Landschaft glänzte hell wie an einem regnerischen Tag. Die Tageslicht-Rechtecke des Bogens waren wie Leuchtpaneele an der Decke: Zu hell, um mehr als nur einen kurzen Blick darauf zu werfen. Aber der größte Teil des näheren großen Ozeans lag im Schatten.

Die großen Ozeane lockten ihn. Sie waren prächtig. Sie hätten nicht vorhanden sein sollen. Wenn Louis hinsichtlich der Ringwelt-Ingenieure recht hatte, war Pracht nicht ihr Stil. Sie bauten einfach und effizient, und sie planten in sehr langen Zeitspannen, und sie fochten Kriege.

Aber die Ringwelt war auf ihre eigene Weise prächtig und unmöglich zu verteidigen. Warum hatten sie stattdessen nicht eine Vielzahl kleiner Ringwelten gebaut? Und warum die großen Ozeane? Sie passten auch nicht.

Er konnte sich von vornherein irren. Das war früher schon passiert! Dennoch, die Beweislage …

Bewegte sich da etwas im Gras?

Louis schaltete den Infrarotscanner ein. Sie leuchteten in ihrer eigenen Wärme. Sie waren größer als Hunde, wie eine Mischung aus Mensch und Schakal: schreckliche übernatürliche Dinger in diesem unnatürlichen Licht. Louis verbrachte einen Moment mit der Suche nach dem sonischen Betäuber im Geschützturm des Landefahrzeugs, und einen weiteren damit, sie auf die Eindringlinge zu richten. Vier von ihnen waren es, die sich auf allen vieren durch das Gras bewegten.

Nicht weit entfernt von den Hütten hielten sie inne. Sie verharrten dort ein paar Minuten. Dann machten sie sich davon, und jetzt hatten sie sich halb aufgerichtet. Louis schaltete den Infrarotscanner ab.

Im verstärkten Bogenlicht war es deutlich: Sie trugen den Abfall des Tages, die Überreste des Festmahls. Ghule. Das Fleisch war vermutlich für sie noch nicht reif genug.

Gelbe Augen in seinem Augenwinkel: Chmee war hellwach.

»Die Ringwelt ist alt«, sagte Louis. »Mindestens einhunderttausend Jahre.«

»Wie kommst du darauf?«

»Die Ringwelt-Ingenieure hätten keine Schakale mitgebracht. Es war genügend Zeit, dass ein Zweig der Hominiden diese Nische in der Ökologie ausgefüllt hat.«

»Einhunderttausend Jahre wären nicht genug«, sagte Chmee.

»Doch, könnte sein. Ich frage mich, was die Ingenieure sonst nicht mitgebracht haben. Sie haben keine Moskitos mitgebracht.«

»Du bist witzig. Aber sie hätten keine Art von Blutsaugern mitgebracht.«

»Nein. Oder Haie, oder Pumas.« Louis lachte. »Oder Stinktiere. Was sonst nicht? Giftschlangen? Säugetiere können nicht wie Schlangen leben. Ich glaube, kein Säugetier sondert Gift in seinem Maul ab.«

»Louis, es würde Millionen von Jahren benötigen, bis sich Hominide in so viele Richtungen entwickeln. Wir müssen in Betracht ziehen, ob sie sich überhaupt auf der Ringwelt entwickelt haben!«

»Das haben sie, außer, ich liege *völlig* daneben. Was die Überlegung betrifft, wie lange es dauert, so ist es eine kleine Sache der Mathematik. Wenn wir davon ausgehen, dass sie sich vor einhunderttausend Jahren entwickelt haben, von einer Basisbevöl…« Louis ließ den Satz vertröpfeln.

In einer guten Entfernung – sie bewegten sich ziemlich schnell, in Anbetracht ihrer Last – blieben die Schakal-Hominiden plötzlich stehen, wandten sich um, schienen einen Moment zu verharren, ließen sich dann ins Gras fallen und verschwanden. Eine Berührung des Infrarotsensors zeigte vier leuchtende Flecken, die sich auffächerten und verschwanden.

»Gesellschaft spinwärts«, sagte Chmee ruhig.

Die Neuankömmlinge waren groß. Sie waren von Chmees Größe, und sie versuchten nicht, sich zu verstecken. Vierzig bärtige Riesen marschierten durch die Nacht, als ob sie ihnen gehören würde. Sie waren bewaffnet und gepanzert. Sie bewegten sich in Keilformation, mit Bogenschützen auf den nach vorn gerichteten Seiten des Dreiecks und Schwertträgern im Innern, und der einzige voll gepanzerte Mann ging an der

Spitze. Andere hatten Platten aus dickem Leder, um Arme und Rumpf zu bedecken: eine schimmernde Hülle, die an Ellbogen, Knöcheln, Schultern, Knien und Hüften ausbeulte. Die vorspringende Maske war offen, sodass sich ein bleicher Bart und eine breite Nase im Innern zeigten.

»Ich hatte recht. Ich hatte die ganze Zeit über recht. Aber warum eine Ringwelt? Warum haben sie eine Ringwelt gebaut? Wie in Finagles Namen wollten sie die verteidigen?«

Chmee hörte auf, den Betäuber herumzuschwenken. »Louis, wovon redest du?«

»Die Panzerung. Sieh dir die Panzerung an. Bist du jemals im Smithsonischen Institut gewesen? Und hast du die Druckanzüge im Raumschiff der Ringweltler gesehen?«

»Arr … ja. Wir haben drängendere Probleme.«

»Schieß noch nicht. Ich möchte sehen … Ja, ich hatte recht. Sie gehen am Dorf vorbei.«

»Würdest du sagen, dass die kleinen Roten unsere Verbündeten sind? Es war nur Zufall, dass wir zuerst auf sie getroffen sind.«

»Ich würde sagen, sie sind es. Vorsicht.«

Die Mikrofone nahmen ein schrilles Gekreisch auf, unterbrochen von einem Bellen. Die Bogenschützen zogen gleichzeitig Pfeile heraus und legten sie in die Bögen. Zwei kleine rote Wachen jagten mit beeindruckender Geschwindigkeit auf die Hütten zu. Sie wurden ignoriert.

»Feuere!«, sagte Louis leise.

Die Pfeile flogen umher. Die Riesen brachen zusammen. Zwei oder drei grüne Elefanten bellten und versuchten, auf die Beine zu kommen, hielten inne, und legten sich dann wieder zurück. Einer hatte ein paar Pfeile in seiner Flanke stecken.

»Sie waren hinter der Herde her«, sagte Chmee.

»Ja. Wir möchten sie nicht wirklich abschlachten, nicht wahr? Ich mache dir einen Vorschlag. Du bleibst hier beim Betäuber, und ich gehe hinaus und verhandele.«

»Ich nehme keine Befehle von dir entgegen, Louis.«

»Hast du andere Vorschläge?«

»Nein. Rette wenigstens einen Riesen, der Fragen beantworten kann.«

Der hier war auf den Rücken gefallen. Er hatte nicht bloß einen Bart, er hatte eine *Mähne:* Nur Augen und Nase zeigten sich inmitten einer Masse goldenen Haares, das sich über Gesicht, Kopf und Schultern ergoss. Ginjerofer hockte sich hin und drückte ihm mit zwei kleinen Händen gewaltsam den Mund auf. Die Kinnlade des Kriegers war massiv. Seine Zähne waren flache Mahlzähne, stark abgenutzt. *Alle* von ihnen.

»Siehst du«, sagte Ginjerofer, »ein Pflanzenesser. Sie wollten die Herde töten, um ihr Gras wegzunehmen.«

Louis schüttelte den Kopf. »Ich hätte nicht geglaubt, dass der Wettbewerb so heftig wäre.«

»Wir haben es nicht gewusst. Aber sie kamen von spinwärts, wo unsere Herden das Gras abgeweidet hatten. Danke, dass du sie getötet hast, Louis. Wir müssen ein großes Fest feiern.«

Louis drehte sich der Magen um. »Sie schlafen bloß. Und sie haben Geist, wie ihr, wie ich.«

Sie sah ihn neugierig an. »Ihr Geist war auf unsere Vernichtung gerichtet.«

»Wir haben sie niedergeschossen. Wir bitten euch, sie am Leben zu lassen.«

»Wie? Was täten sie mit uns, wenn wir sie erwachen ließen?«

Das war ein Problem. Louis schindete Zeit. »Wenn ich das Problem löse, werdet ihr sie am Leben lassen? Vergiss nicht, es war unsere Schlafwaffe.« Und das sollte Hinweis für Ginjerofer sein, dass Chmee die Waffe erneut einsetzen konnte.

»Wir werden uns besprechen«, sagte Ginjerofer.

Louis wartete und überlegte. Vierzig riesige Pflanzenesser würden keinesfalls in das Landefahrzeug passen. Sie könnten natürlich entwaffnet werden … plötzlich grinste Louis angesichts des Schwerts in der großen Hand des Riesen mit den breiten Fingern. Die lange, geschwungene Klinge würde als Sichel dienen können.

Ginjerofer kehrte zurück. »Sie können leben, wenn wir ihren Stamm nie mehr wiedersehen. Kannst du das versprechen?«

»Du bist eine kluge Frau. Ja, sie könnten Verwandte mit einer Tradition der Rache haben. Und ja, ich kann versprechen, dass du diesen Stamm nie mehr wiedersiehst.«

Chmee sprach in sein Ohr. »Louis? Du musst sie vielleicht auslöschen.«

»Nein. Es könnte uns einige Zeit kosten, aber, tanj, sieh sie dir an! Bauern. Sie können nicht gegen uns kämpfen. Schlimmstenfalls lasse ich sie ein großes Floß bauen, und wir schleppen es mit dem Landefahrzeug. Die Sonnenblumen haben den Strom flussabwärts noch nicht überquert. Wir lassen sie ein gutes Stück entfernt gehen, wo es Gras gibt.«

»Wozu? Ein Hinauszögern für Wochen?«

»Für Information.« Louis wandte sich wieder an Ginjerofer. »Ich möchte den einen mit der Rüstung, und ich möchte alle ihre Waffen. Lass ihnen nichts bis auf ein Messer. Behalte, was du möchtest, aber ich möchte den größten Teil davon im Landefahrzeug stapeln.«

Sie betrachtete zweifelnd den gepanzerten Riesen. »Wie sollen wir ihn bewegen?«

»Ich hole eine Repulserplatte. Du bindest den Rest los, nachdem wir weg sind. Lass sie paarweise laufen. Erkläre ihnen die Lage. Schicke sie im Tageslicht spinwärts. Wenn sie zurückkehren, um euch ohne Waffen anzugreifen, gehören sie euch. Aber das werden sie nicht. Sie werden diese Ebene verdammt rasch überqueren, ohne Waffen und ohne Gras, das höher als zwei Zentimeter ist.«

Sie überlegte. »Es erscheint weitgehend sicher. Es wird so getan.«

»Wir werden an ihrem Lager sein, wo immer es auch liegt, und zwar lange, bevor sie eintreffen. Wir warten dort auf sie, Ginjerofer.«

»Sie werden unverletzt sein. Mein Versprechen gilt für die Leute«, sagte sie kalt.

Der gepanzerte Riese erwachte kurz nach der Morgendämmerung.

Er öffnete die Augen, blinzelte und konzentrierte sich auf eine über ihm ragende orangefarbene Wand aus Fell mit gelben Augen und langen Klauen. Er verhielt sich still, während sein Blick umherschweifte … er sah die Waffen von dreißig Kameraden um ihn her aufgehäuft … die Luftschleuse, beide Türen offen. Er sah den Horizont vorübergleiten; spürte den Fahrtwind des Landefahrzeugs.

Er versuchte, sich herumzuwälzen.

Louis grinste. Er beobachtete über einen Scanner in der Decke des Rekorderraums, während er das Fahrzeug lenkte. Die Rüstung des Riesen war an Knien, Fersen, Handgelenken und Schultern mit dem Deck verschweißt. Ein wenig Wärmezufuhr würde ihn befreien, aber Herumwälzen nicht.

Der Riese verlangte und drohte. Er bettelte nicht. Louis schenkte ihm kaum Beachtung. Wenn das Übersetzungsprogramm des Computers dem Ganzen allmählich einen Sinn entnahm, würde er es bemerken. Im Augenblick beschäftigte ihn mehr der Blick auf das Lager der Riesen.

Er war anderthalb Kilometer darüber und achtzig Kilometer von den roten Fleischessern entfernt. Er verlangsamte. Das Gras hier hatte Zeit gehabt, wieder zu wachsen, aber die Riesen hatten eine weitere große kahle Region hinterlassen, zum See hin und dem Schein der Sonnenblumen dahinter. Sie waren draußen im Gras: Tausende von ihnen weit verstreut über die Steppe. Louis erhaschte blitzende Lichtpunkte von den Sichel-Schwertern.

Keine Riesen hielten sich in der Nähe des Lagers selbst auf. Nahe des Zentrums im Lager selbst waren Wagen geparkt, und es gab kein Anzeichen für Zugtiere. Die Riesen mussten die Wagen selbst ziehen. Oder sie hatten vielleicht Motoren übrig von dem Vorfall, den Halrloprillalar den Fall der Städte genannt hatte, vor eintausend Jahren.

Das Einzige, was Louis nicht sehen konnte, war das zentrale Gebäude. Er sah bloß einen schwarzen Flecken auf seinem Fenster, ein schwarzes Rechteck, überladen von zu viel Licht. Louis grinste. Die Riesen hatten den Feind verpflichtet.

Ein Bildschirm leuchtete auf. Ein verführerischer Alt sagte: »Louis.«

»Hier.«

»Ich gebe dir deinen Trafroh zurück«, sagte der Puppenspieler.

Louis drehte sich um. Das kleine schwarze Ding lag auf der Trittscheibe. Louis wandte sich ab, wie man einem Feind den Rücken zukehrte und daran dachte, dass der Feind immer noch dort ist.

»Da gibt's etwas«, sagte er, »dass ich dich bitte zu untersuchen. Entlang der Basis der Randmauer sind Berge. Die Einheimischen …«

»Zum Risiko der Forschung habe ich dich und Chmee ausgesucht.«

»Kannst du verstehen, dass ich diese Risiken vielleicht minimieren möchte?«

»Gewiss.«

»Dann hör mir bis zum Schluss zu. Ich glaube, wir sollten die Schüttberge untersuchen. Bevor wir das tun, gibt es einfach noch *jede Menge* Dinge, die wir über die Randmauer in Erfahrung bringen müssen. Du musst lediglich …«

»Louis, warum nennst du sie Schüttberge?«

»Die Einheimischen nennen sie so. Ich weiß nicht, warum, und sie auch nicht. Suggestiv, hm? Und sie zeigen sich nicht auf der Rückseite. Warum nicht? Der größte Teil der Ringwelt ist wie die Maske einer Welt, in die Meere und Gebirge eingeformt wurden. Aber die Schüttberge verfügen über *Volumen.*«

»Suggestiv, ja. Du musst die Antworten selbst einholen. Ich werde der Hinterste genannt, wie jeder Anführer der Hinterste vielleicht genannt wird«, sagte der Puppenspieler, »weil er Menschen aus der Sicherheit heraus lenkt, weil Sicherheit sein Privileg und seine Pflicht ist, weil sein Tod oder seine Verletzung eine Katastrophe für alle bedeuten würde. Louis, du hast früher schon mit meiner Art zu tun gehabt.«

»Tanj, ich bitte dich bloß, eine Sonde zu riskieren, nicht deine kostbare Haut! Wir benötigen lediglich ein laufendes Hologramm, das entlang der Ringmauer aufgenommen wurde. Bringe die Sonde in die Transportschleifen des Rands und verlangsame sie zur solaren Orbitalgeschwindigkeit. Du wirst das System genauso nutzen, wie es zur Benutzung gedacht ist. Die Meteoritenabwehr wird nicht auf die Randmauer feuern …«

»Louis, du versuchst, eine Waffe vorherzusagen, die deiner Rechnung nach vor Hunderten von Tausenden von Jahren programmiert wurde. Was ist, wenn etwas das Transportsystem des Rands blockiert hat? Was ist, wenn das Zielsystem des Lasers kaputtgegangen ist?«

»Was hast du zu verlieren, selbst im schlimmsten Fall?«

»Die Hälfte meiner Auftankkapazität«, erwiderte der Puppenspieler. »Ich habe meine Trittscheiben-Transmitter in die Sonden eingesetzt, hinter einem Filter, der nur Deuterium durchlässt. Der Empfänger befindet sich im Treibstofftank. Zum Auftanken muss ich nur eine Sonde in einen Ringwelt-See fallen lassen. Aber wenn ich meine Sonden verliere, wie werde ich dann die Ringwelt verlassen? Und warum sollte ich dieses Risiko eingehen?«

Louis hielt seine Wut fest im Zaum. »Das Volumen, Hinterster! Was ist innerhalb der Schüttberge? Es muss Hunderte von Tausenden dieser Halbkegel von fünfzig oder sechzig Kilometern Höhe geben, und die Rückseiten sind flach! Eines könnte das Kontroll- und Wartungszentrum sein oder eine ganze Kette davon. Ich glaube nicht, dass sie so etwas sind, aber ich möchte es wissen, bevor ich irgendwo in ihre Nähe komme. Abgesehen davon muss es Stabilisierungsdüsen für die Ringwelt geben, und der beste Ort dafür ist die Ringmauer. Wo sind sie, und warum funktionieren sie nicht?«

»Bist du dir ziemlich sicher, dass es Rückstoßdüsen sein müssen? Es gibt andere Lösungen. Schwerkraftgeneratoren könnten als Lagekontrollen dienen.«

»Das glaube ich nicht. Die Ringwelt-Ingenieure hätten es nicht nötig gehabt, die Ringwelt in Drehung zu versetzen, wenn sie über Schwerkraft Generatoren verfügt hätten. Ich plädiere für ein wesentlich einfacheres Ingenieurs-Problem.«

»Dann Kontrolle der magnetischen Effekte in der Sonne und im Ringweltboden.«

»Mmm ... vielleicht. Tanj, ich bin mir *nicht* sicher. Ich möchte, dass du es herausfindest.«

»Wie kannst du es wagen, mit mir zu feilschen?« Der Puppenspieler wirkte eher verwirrt als wütend. »Wenn ich es will, bleibst du, bis die Ringwelt die Schattenrechtecke streift. Wenn ich es will, wirst du nie mehr Strom schmecken.«

Schließlich sprach der Übersetzer. »Halt dich raus«, sagte Louis. Er hatte keine Lautstärkeregelung für die Stimme des Hintersten eingesetzt, aber der Hinterste hörte auf zu sprechen.

»Fügsam?«, sagte der Übersetzer. »Weil ich Pflanzen esse, muss ich fügsam sein? Hole mich aus meiner Rüstung, und ich werde nackt gegen dich kämpfen, du Kugel aus orangefarbenem Haar. Mein Platz im Langhaus braucht einen feinen neuen Bettvorleger.«

»Und was«, fragte Chmee, »ist mit denen?« Er zeigte polierte schwarze Klauen.

»Gib mir einen winzigen Dolch gegen deine acht. Oder gib mir keinen. Ich werde ohne kämpfen.«

Louis schnaubte. Er verwendete den internen Sprechfunk. »Chmee, hast du nie einen Stierkampf gesehen? Und der hier muss der Patriarch der Herde sein, der Königsriese!«

»Wer oder was war das?«, fragte der Riese.

»Das war Louis.« Chmee senkte die Stimme. »Hier besteht eine Gefahr für dich. Ich dränge dich, respektvoll zu sein. Louis ist … furchterregend.«

Louis war etwas überrascht. Was war das? Ein umgekehrtes Gottesspiel mit der Stimme von Louis Wu als Gaststar? Es könnte funktionieren, wenn Chmee, der wilde Kzin, eindeutig Angst vor einer unsichtbaren Stimme hatte … Louis sagte: »König der Pflanzenesser, sage mir, warum du meine Verehrer angegriffen hast!«

»Ihre Tiere fressen unsere Essensvorräte«, erwiderte der Riese.

»Gab es nicht anderswo Essen, sodass du meinen Zorn vermeiden konntest?«

Inmitten der männlichen Mitglieder einer Herde von Vieh oder Büffeln dominiert der eine entweder oder unterwirft sich. Es gibt nichts dazwischen. Die Augen des Riesen rollten umher, suchten nach einer Fluchtmöglichkeit, aber es gab keine. Wenn er Chmee nicht dominieren konnte, wie könnte er eine unsichtbare Stimme bedrohen?

»Uns blieb keine Wahl«, sagte er. »Spinwärts sind die Feuerpflanzen. Backbord sind die Maschinenleute. Steuerbord ist ein hoher Kamm exponierter *Scrith.* Nichts wird auf *Scrith* wachsen, und es ist zu glatt, um es zu ersteigen. Antispinwärts ist Gras, und nichts hindert uns außer kleinen Wilden, bis du gekommen bist! Worin liegt deine Macht, Louis? Sind meine Männer am Leben?«

»Ich ließ deine Männer am Leben. In …« Achtzig Kilometer, nackt und hungrig laufend. »… zwei Tagen werden sie bei dir sein. Aber ich kann euch alle mit einer Bewegung meines Fingers töten.«

Die Augen des Riesen suchten bettelnd die Decke ab. »Wenn du die Feuerpflanzen töten kannst, werden wir dich verehren.«

Louis lehnte sich zurück, um nachzudenken. Plötzlich war es nicht länger mehr ein Spaß.

Er hörte den Riesen Chmee um Informationen über Louis anbetteln; er hörte Chmee entrüstet lügen. Sie hatten ein solches Spiel schon früher gespielt. Das Gottesspiel hatte sie während ihrer langen Rückkehr zur *Liar* am Leben erhalten; Sprecher-mit-Tieren hatte einen Ruf als Kriegsgott, und die Opferungen der Einheimischen hatten sie vor dem Verhungern bewahrt. Louis war nicht klargeworden, dass Sprecher/Chmee es genossen hatte.

Gewiss, Chmee hatte Spaß. Aber der Riese bettelte um Hilfe, und was könnte Louis gegen die Sonnenblumen unternehmen? Eigentlich war es kaum ein Problem. Die Riesen hatten ihn beleidigt, nicht wahr? Götter waren im Allgemein nicht für Vergebung bekannt. Also öffnete Louis den Mund und schloss ihn wieder, überlegte etwas weiter und sagte: »Um deines und des Lebens deiner Leute willen sage mir die Wahrheit. Kannst du die Feuerpflanzen essen, wenn sie dich nicht zuerst verbrennen?«

Eifrig antwortete der Riese: »Ja, Louis. Wir legen des Nachts Vorräte entlang des Randes an, wenn wir hungrig genug sind. Aber wir müssen zur Morgendämmerung weit entfernt sein! Die Pflanzen können uns aus Kilometern Entfernung finden, und sie verbrennen alles, was sich bewegt! Sie alle drehen sich auf einmal, sie richten den Glanz der Sonne auf uns, und wir verbrennen.«

»Aber ihr könnt sie essen, wenn die Sonne nicht scheint.«

»Ja.«

»Wie blasen die Winde in dieser Region?«

»Winde? ... In diesen Teilen blasen sie spinwärts. In weiten Entfernungen rings umher blasen sie nur in der Sphäre der Feuerpflanzen.«

»Weil die Pflanzen die Luft erhitzen?«

»Bin ich ein Gott, das zu wissen?«

Schließlich erhielten die Sonnenblumen nur eine gewisse Menge an Sonnenlicht. So, wie sie funktionierten, erhitzten sie die Luft um sich herum und über ihnen, aber das Sonnenlicht würde nie an den silbernen Blüten vorbeikommen und die Wurzeln erreichen. Tau würde auf dem kühlen Boden kondensieren. Auf diese Weise erhielten die Pflanzen ihre Feuchtigkeit. Und aufsteigende heiße Luft würde einen stetigen Wind von den Grenzen der Sonnenblumenfelder erzeugen.

Und die Pflanzen verbrannten alles, was sich bewegte, um pflanzenfressende Tiere und Vögel in Dünger zu verwandeln.

Er könnte es tun. Er könnte es.

»Ihr werdet den größten Teil des Werks selbst erledigen müssen«, sagte Louis. »Der Stamm ist deiner, und du wirst ihn retten. Anschließend werden du und sie sich den sterbenden Feuerpflanzen zuwenden. Esst sie oder pflügt sie unter und pflanzt, was auch immer ihr essen möchtet.« Louis grinste über Chmees Verwirrung und fuhr fort: »Ihr werdet meine Verehrer niemals stören, die roten Leute.«

Der gepanzerte Riese war unheimlich glücklich. »Das alles sind willkommene Nachrichten. Unsere Verehrung gilt dir. Wir müssen diese Übereinkunft durch *Rishathra* besiegeln.«

»Du machst Spaß.«

»Was? Nein, ich habe zuvor davon gesprochen, aber Chmee hat es nicht verstanden. Abkommen müssen durch *Rishathra* besiegelt werden, sogar zwischen Menschen und Göttern. Chmee, dies ist kein Problem. Du hast sogar die richtige Größe für meine Frauen.«

»Ich bin fremdartiger, als du glaubst«, sagte Chmee.

Von Louis' Standpunkt in der Decke aus gesehen wirkte es so, als würde sich Chmee dem Riesen zeigen. Gewiss hatte etwas den erstaunten Ausdruck des Riesen verursacht. Louis hätte es nicht gleichgültiger sein können. *Tanj, verdammt!*, dachte er. *Ich dachte tatsächlich an eine Antwort. Und jetzt das. Was ich habe ich zu tun, um …*

Ja. »Ich werde einen Diener für dich erschaffen«, sagte Louis. »Weil ich in Eile bin, wird er ein Zwerg sein und stumm in deiner Sprache. Nenne ihn Wu. Chmee, wir müssen uns besprechen.«

Kapitel 11

Die Grasriesen

Das Landefahrzeug setzte unter einem bösartigen Blitzen weißen Lichts auf. Das Strahlen vom Langhaus verblieb noch eine Minute, nachdem das Fahrzeug sich nicht mehr bewegte, dann erstarb es. Jetzt ging die Rampe herunter. Der Riesenkönig, in voller Rüstung, ließ sich von ihr zu Boden tragen. Er hob den Kopf und brüllte. Der Laut musste kilometerweit zu hören gewesen sein.

Riesen trabten zum Landefahrzeug.

Chmee stieg herab, dann Wu. Wu war klein, teilweise haarlos und sah harmlos aus. Er lächelte viel; er blickte sich mit liebenswürdiger Begeisterung um, als würde er die Welt zum ersten Mal erblicken … Das Langhaus war ein gutes Stück entfernt. Es bestand aus Schlamm und Gras, verstärkt mit vertikalen Stäben. Die Reihe von Sonnenblumen, die auf das Dach gepflanzt war, bewegte sich unruhig und richtete jetzt ihre konkaven Spiegelgesichter und grünen Photosyntheseknoten der Sonne entgegen, sandte jetzt Blitze zu den Riesen, die aus allen Richtungen zusammenströmten.

Chmee fragte gerade: »Was ist, wenn ein Feind tagsüber angreift? Wie könnt ihr das Langhaus erreichen? Oder lagert ihr eure Waffen anderswo?«

Der Riese überlegte, bevor er geheime Verteidigungsmaßnahmen preisgab. Aber Chmee diente Louis, und es war gut, ihn nicht zu beleidigen … »Siehst du den Haufen Buschwerk antispinwärts vom Langhaus? Wenn Gefahr droht, muss ein Mann hinter diesen Haufen treten und mit einem Laken winken. Die Sonnenblumen feuern auf das feuchte Holz. Dann können wir unter Deckung des Rauchs hineingehen und Waffen an uns nehmen.« Er warf einen Blick auf das Landefahrzeug und fügte hinzu: »Ein Feind, der rasch genug ist, uns zu erreichen, bevor wir die Waffen erreichen können, ist auch sowieso zu stark für uns. Vielleicht wären die Sonnenblumen eine Überraschung für ihn.«

»Darf Wu sich selbst eine Gefährtin zum Paaren aussuchen?«

»Hat er so viel Willensfreiheit? Ich hatte gedacht, ihm meine Frau Reeth zur Verfügung zu stellen, die zuvor schon *Rishathra* praktiziert hat. Sie ist klein, und die Maschinenleute unterscheiden sich nicht allzu sehr von Wu.«

»Akzeptabel«, sagte Chmee ohne einen Blick auf Wu.

Inzwischen umgaben sie einhundert der Riesen. Weitere schienen nicht mehr zu kommen. »Sind das alle?«, fragte der Kzin.

»Diese und meine Krieger sind alle meines Stammes. Auf dieser Steppe gibt es sechsundzwanzig Stämme. Wir bleiben zusammen, wenn wir können, aber keiner spricht für alle«, erwiderte der Riesenkönig.

Von den etwa einhundert waren acht männlich, und alle der acht war deutlich vernarbt; drei waren eigentlich Krüppel. Keiner außer dem König zeigte die Falten und das weiß werdende Haar des Alters.

Die übrigen waren weiblich … vielmehr, sie waren Frauen. Sie waren zwei Meter zwanzig bis zwei Meter fünfzig groß, klein direkt neben ihren Männern: braunhäutig, würdevoll, nackt. Ihr Haar war golden und wallte üppig ihren Rücken hinab; im Allgemeinen war es eine zerzauste Masse. Keine trug irgendeine Art von Schmuck. Ihre Beine waren dick, die Füße groß und hart. Einige wenige der Frauen waren weißhaarig. Ihre schweren Brüste waren ein ziemlich guter Hinweis auf ihr relatives Alter. Sie musterten ihre Gäste mit Vergnügen und Verwunderung, während der gepanzerte Riese mitteilte, was er von diesen wusste.

Und Chmee, der den Übersetzer abgeschaltet hatte, sagte leise: »Wenn dir die eine oder andere Frau lieber ist, muss ich es jetzt sagen.«

»Nein, sie sind alle gleichermaßen … attraktiv.«

»Wir können diese Situation immer noch beenden. Du musst wahnsinnig sein, ein solches Versprechen abzugeben.«

»Ich kann's durchziehen. Hee, möchtest du nicht Vergeltung für deinen verbrannten Pelz?«

»Rache an einer *Pflanze?* Du bist verrückt. Unsere Zeit ist kostbar, und in nur etwas über einem Jahr werden sie alle tot sein – Sonnenblumen, Riesen, kleine rote Fleischesser und alle!«

»Ja …«

»Deine Hilfe ist überhaupt keine Hilfe. Wenn sie es wüssten. Wie lang wird dein Projekt benötigen? Einen Tag? Einen Monat? Du verletzt unser eigenes Projekt.«

»Vielleicht bin ich verrückt. Chmee, ich muss diese Sache durchziehen. In all der Zeit, seitdem ich die Ringwelt verlassen habe, hatte ich keinen … hatte ich keinen Grund, stolz auf mich zu sein. Ich muss beweisen …«

Der Riesenkönig sagte gerade: »Louis persönlich wird euch sagen, dass die Bedrohung durch die Feuerpflanzen für uns vorbei ist. Er wird uns unseren Teil sagen …«

Wu, bescheiden, wie es seine Natur war, trat hinter den großen Kzin; und niemandem von den Riesen fiel sonderlich auf, dass er in seine Hand sprach. Eine halbe Minute später ertönte verzögert die dröhnende Stimme von Louis aus dem Landefahrzeug, die sagte: »Hört mich an, denn euer Tag ist gekommen, die Orte der Feuerpflanzen für alle Nachkommen der Menschen zu säubern. Mein Werk wird als Wolke vor euch herziehen. Ihr müsst die Samen dessen sammeln, was ihr dort zu pflanzen wünscht, wo die Feuerpflanzen jetzt wachsen …«

Im ersten Licht der Morgendämmerung, als die Sonne am Himmel nur als bloßer Splitter von Licht am Rand eines Schattenvierecks leuchtete, waren die Riesen auf den Beinen und in Bewegung. Sie berührten einander gern im Schlaf. Der Riesenkönig war Mittelpunkt eines Kreises von Frauen mit Wu am Rand, dessen kleiner, halb kahler Kopf als Kissen die Schulter einer Frau hatte, dessen Beine über die langen, knochigen Beine eines Mannes gehakt waren. Der irdene Boden war bedeckt mit Fleisch und Haar.

Nach dem Aufwachen setzten sie sich geordnet in Bewegung. Jene, die am nächsten zur Tür lagen, lösten sich aus dem Gewirr, hoben Beutel und Sichelschwerter auf und gingen hinaus, dann folgten jene weiter innen. Wu trat mit ihnen ins Freie.

Draußen vor dem fernen Landefahrzeug verabschiedete sich ein einarmiger Riese mit vernarbtem Gesicht rasch von

Chmee und trabte zum Langhaus. Die Wächter von letzter Nacht würden untertags im Innern schlafen, und einige der älteren Frauen waren gleichfalls zurückgeblieben.

Die Riesen wandten sich um und starrten offen hin, als Wu die Mauer erkletterte.

Das Gras und der Schlamm waren krümelig, aber das Dach war nur fünf Meter hoch. Louis zog sich zwischen zwei Sonnenblumen hoch.

Die Pflanzen waren einen knappen halben Meter hoch und standen auf knubbeligen grünen Stängeln. Jede hatte eine einzige ovale Blüte mit einer Spiegeloberfläche von zwanzig bis dreißig Zentimetern Durchmesser. Ein kurzer Stiel ragte aus der Mitte des Spiegels hervor und endete in einer dunkelgrünen Knolle. Die Rückseite der Blüte war faserig und mit irgendeinem pflanzlichen Analogon zu Muskelfasern durchzogen. Und all die Blüten warfen Sonnenlicht auf Louis Wu; aber es gab noch nicht genügend Sonnenlicht, um ihn zu verletzen.

Louis legte die Hände um einen dicken Sonnenblumenstängel und wiegte ihn sanft. Er gab nicht nach; die Wurzeln waren tief im Dach vergraben. Er zog sich das Hemd aus und hielt es zwischen die Blüten und die Sonne. Die Spiegelblüte waberte und wellte sich unschlüssig, faltete sich dann nach vorn und umschloss die grüne Knolle.

Sich seines Publikums wohl bewusst kletterte Wu herab, wobei er besonders auf den Kletterstil achtete. Ein weißer Glanz folgte ihm, als er zu Chmee hinüberging.

»Ich habe einen Teil dieser Nacht damit verbracht, mit einem Wächter zu reden«, sagte der Kzin.

»Etwas erfahren?«

»Er hat das äußerste Zutrauen zu dir, Louis. Sie sind leichtgläubig.«

»Wie die Fleischesser. Ich habe mich gefragt, ob das bloß gute Manieren waren.«

»Ich glaube nicht. Die Fleischesser und die Pflanzenesser erwarten überhaupt jeden Moment, dass alles Mögliche vom Horizont hereinwandert. Sie wissen, dass es Leute mit seltsamer Gestalt und gottgleicher Macht gibt. Sie haben mich so weit gebracht, mich zu fragen, wem *wir* als Nächstes begegnen werden. Arr, und der Wächter wusste, dass wir nicht von der Spezies sind, welche die Ringwelt erbaut hat. Ist das von Bedeutung?«

»Vielleicht. Was sonst noch?«

»Es wird keine Probleme mit den anderen Stämmen geben. Sie mögen Vieh sein, jedoch mit Geist. Jene, die auf der Steppe bleiben, werden Samen für jene sammeln, die ins Territorium der Sonnenblumen eindringen wollen. Sie werden den jungen erwachsenen Männer Frauen mitgeben, wenn sie gehen. Vielleicht ein Drittel von ihnen wird gehen, wenn du deine Magie angewendet hast. Der Rest wird genügend Gras haben. Sie werden nicht zu den roten Leuten ziehen müssen.«

»Okay.«

»Ich habe nach dem langfristigen Wetter gefragt.«

»Gut! Und?«

»Der Wächter ist ein alter Mann«, erwiderte Chmee. »Als er jung war und beide Beine hatte – bevor etwas ihn verstümmelt hatte; der Übersetzer sagte ‚Oger' –, war die Sonne immer gleich hell, und die Tage waren immer von derselben Länge. Jetzt scheint die Sonne manchmal heller zu sein und manchmal weniger stark zu leuchten, und wenn die Sonne hell ist, erscheinen die Tage zu kurz und vice versa. Louis, er erinnerte sich, wie alles anfing. Vor zwölf *Falans,* was einhundertzwanzig Rotationen der Konstellationen bedeuten würde, herrschte eine Zeit der Finsternis. Für eine Zeitspanne von etwa zwei oder drei Tagen gab es keine Morgendämmerung. Sie sahen die Sterne, und eine geisterhafte Flamme breitete sich über ihnen aus. Dann war für einige *Falans* alles so, wie es sein sollte. Als die ungleichen Tage kamen, war das lange, bevor es ihnen auffiel; sie haben keine Uhren.«

»Scheint vorhersagbar zu sein. Nur …«

»Aber die lange Nacht, Louis. Wonach hört sich das an?«

Louis nickte. »Die Sonne flammte auf. Die Schattenrechtecke schlossen sich irgendwie. Vielleicht kann der Draht, der sie zusammenhält, durch eine Automatik zusammengezogen werden.«

»Dann hat der Flare die Ringwelt verschoben. Jetzt werden die Tage immer ungleichmäßiger. Das erschreckt alle Spezies, mit denen die Riesen Handel treiben.«

»Und das sollte es auch.«

»Ich wünschte, es gäbe etwas, was wir tun könnten.« Der Schwanz des Kzin peitschte einmal hin und her. »Aber wir bekämpfen stattdessen Sonnenblumen. Hast du diese Nacht genossen?«

»Ja.«

»Dann solltest du lächeln.«

»Wenn du es wirklich hättest wissen wollen, hättest du zuschauen können. Alle anderen haben es getan. Es gibt keine Wände in diesem großen Bau; sie alle scharen sich zusammen. Wie dem auch sei, sie sehen gern zu.«

»Ich ertrage den Geruch nicht.«

Louis lachte. »Er ist stark. Nicht schlecht, aber stark. Und ich musste mich auf einen Hocker stellen. Und die Frauen waren … fügsam.«

»Weibchen sollten fügsam sein.«

»Keine menschlichen Frauen! Sie sind nicht mal dumm. Ich konnte natürlich nicht reden, aber ich habe zugehört.« Louis tippte mit dem Zeigefinger auf den Knopf in seinem Ohr. »Ich habe zugehört, wie Reeth die Putzkolonne organisiert hat. Sie ist gut. Hee, du hattest recht, sie sind genau wie eine Viehherde organisiert. Die Weibchen sind alle Gattinnen des Riesenkönigs. Keiner der anderen Männer hat jemals Verkehr, außer dass der Riesenkönig manchmal Feiertage ausruft und dann weggeht, damit er nicht zuschauen muss. Der Spaß ist vorbei, wenn er zurückkehrt, und offiziell ist nichts geschehen. Alle sind ein wenig stinkig, weil wir ihn zwei Tage früher vom Raubzug zurückgebracht haben.«

»Wie sollten menschliche Frauen sein?«

»Oh … Orgasmus. Die Männchen aller Säugetiere haben Orgasmen. Die Weibchen im Allgemeinen nicht. Menschliche Frauen hingegen ja. Aber die Riesenfrauen, sie akzeptieren es einfach. Sie, äh, nehmen nicht teil.«

»Du hast es nicht genossen?«

»Natürlich habe ich es genossen. Es ist Sex, nicht wahr? Aber man muss sich etwas daran gewöhnen, dass ich Reeth nicht dazu bringen konnte, es zu genießen wie ich, dass sie es nicht genießen *kann.*«

»Mein Mitgefühl ist so groß, wie es sein sollte«, sagte Chmee, »in Anbetracht dessen, dass meine nächste Frau zweihundert Lichtjahre entfernt ist. Was müssen wir als Nächstes tun?«

»Auf den Riesenkönig warten. Er ist vielleicht etwas fertig. Er hat einen großen Teil der vergangenen Nacht damit verbracht, sich wieder mit seinen Frauen bekannt zu machen. Tatsächlich war das die einzige Möglichkeit, die er hatte, um mir das Wie zu erklären, die Vorführung. Er ist erstaunlich«, sagte Louis. »Er … bediente? Er bediente ein Dutzend Frauen, und ich versuchte wie tanj, mit ihm mitzuhalten, aber es half meinem Ego nicht, dass … Schon gut.« *Jetzt* grinste Louis.

»Louis?«

»Mein Reproduktionswerkzeug ist nicht von derselben Größenordnung.«

»Der Wächter sagte, dass die Weibchen anderer Spezies ehrfürchtig vor den Riesenmännchen stehen. Die Männchen praktizieren *Rishathra,* wann immer sie können. Sie genießen Friedenskonferenzen gewaltig. Der Wächter war verärgert, dass Louis dich nicht als Weibchen geschaffen hat.«

»Louis hatte es eilig«, erwiderte Wu, und er ging hinein.

In der vergangenen Nacht hatten die großen Taschen der Sammler in einiger Entfernung vom Langhaus einen großen Haufen geschnittenen Grases ausgespuckt. Wächter und der Riesenkönig hatten den größten Teil des Haufens gegessen; die Sammler mussten beim Arbeiten gegessen haben. Jetzt sah Louis, wie der Riesenkönig, der zum Landefahrzeug sprang, innehielt und den Rest verspeiste.

Pflanzenesser verbringen zu viel ihres Lebens mit Essen, überlegte Louis. Wie hatten die Humanoiden ihre Intelligenz bewahren können? Chmee hatte recht – man benötigt keine Intelligenz, um einen Grashalm anzuschleichen. Vielleicht braucht es Intelligenz, damit man nicht gefressen wird. Oder …

es benötigte beträchtlichen Witz, eine Sonnenblume anzuschleichen.

Louis fühlte sich beobachtet.

Er drehte sich um. Nichts.

Es wäre bestenfalls peinlich, wenn der Riesenkönig erfahren würde, dass er getäuscht worden war. Dennoch war Louis völlig allein im Cockpit, wenn man die Spionaugen des Hintersten außer Acht ließ. Warum dieses Kribbeln im Nacken? Erneut drehte er sich um, und wem machte er etwas vor? Es war der Trafroh. Das schwarzen Kunststoffgehäuse starrte ihn von der Trittscheibe aus an.

Eine Berührung des Drahtes würde dafür sorgen, dass er sich wirklich wie ein Gott fühlte. Es würde auch sein Vorhaben vermasseln! Er erinnerte sich daran, dass Chmee ihn unter dem Draht gesehen hatte. »Wie eine hirnlose Meerespflanze …« Er wandte sich ab.

Der Riesenkönig kam heute ohne Rüstung. Als er und Chmee den Rekorderraum betraten, hob der Kzin seine Hände zur Decke, die Handflächen zusammengelegt, und intonierte: »Louis.« Der Riese ahmte ihn nach.

»Such mir eine der Repulserplatten«, sagte Louis ohne Umschweife. »Lege sie draußen auf den Boden. Gut. Jetzt hole etwas von dem Supraleitungstuch. Er ist drei Türen weiter unten, der große Spind. Gut. Hülle die Repulserplatte mit dem Tuch ein. Bedecke sie vollständig, lasse jedoch eine Falte, damit du die Einstellknöpfe erreichen kannst. Chmee, wie stark ist der Stoff?«

»Einen Moment, Louis … Sieh mal, er lässt sich mit einem Messer durchschneiden. Ich glaube nicht, dass ich ihn zerreißen könnte.«

»Gut. Jetzt besorge mir dreißig Kilometer des Supraleitungsdrahts. Schlinge das eine Ende um die Repulserplatte. Befestige ihn gut; mache viele Knoten. Sei großzügig. So ist's gut. Jetzt rolle den Rest des Drahts auf, sodass er nicht verwurschtelt, wenn du ihn hinauslässt. Ich brauche das andere Ende. Chmee, das tust du. König der Grasesser, ich brauche den größten Stein, den du tragen kannst. Du kennst dieses Gebiet. Suche ihn und bringe ihn her.«

Der Riesenkönig bekam große Augen … und senkte den Blick und ging. »Ich kriege Magenkrämpfe, weil ich deine Anweisungen so demütig befolge«, sagte Chmee.

»Aber du hast daran gedacht, und abgesehen davon, hast du dich bald umgebracht zu erfahren, was ich plane. Aber …«

»Ich könnte dich dazu bringen, es mir zu sagen.«

»Da kann ich dir ein besseres Angebot machen. Komm hier rauf, bitte.«

Chmee schoss durch die Luke. »Was siehst du auf der Trittscheibe?«, fragte Louis.

Chmee hob den Trafroh auf.

Louis Stimme klang abgerissen. »Zerbrich ihn.«

Sogleich knallte der Kzin das kleine Instrument gegen eine Wand. Es bekam keinen Kratzer. Er drückte am Gehäuse, konnte es öffnen, und stach mit der Messerklinge aus Hüllenmaterial darauf ein, das er genutzt hatte. Schließlich sagte er: »Er lässt sich nicht mehr reparieren.«

»Gut.«

»Ich werde unten warten.«

»Nein, ich komme mit. Ich möchte mir dein Werk ansehen. Und ich möchte frühstücken.« Er fühlte sich kribbelig. Er war sich nicht sicher, wie er sich fühlte. *Rishathra* hatte nicht so ganz seinen Erwartungen entsprochen, und die pure Freude des Drahtes war für immer dahin. Aber … Käsefondue? Genau. Und Freiheit und Stolz. In wenigen Stunden würde er eine Sonnenblumeninvasion vernichten und Chmee einen tanj Schock versetzen. Louis Wu, Ex-Drahtkopf, dessen Gehirn hoffentlich am Ende nicht zu Brei geworden war.

Der Riesenkönig kehrte sehr langsam zurück, einen Felsbrocken im Arm. Chmee wollte ihn ihm schon abnehmen, zögerte einen Moment beim Anblick von dessen Größe und vollendete die Bewegung. Er drehte sich um, den Brocken in den Armen, und sagte, wobei die Anstrengung ein wenig in seiner Stimme durchklang: »Was muss ich damit tun, Louis?«

Es war eine Versuchung. *Oh, es gibt so viele Möglichkeiten … Gib mir eine Minute, um darüber nachzudenken …* Aber Götter eiern nicht herum, und er konnte nicht zulassen, dass Chmee ihn vor den Augen des Riesen fallen ließ.

»Lege ihn auf das Supraleitungstuch und schlage ihn ein. Befestige ihn mit dem Supraleitungsdraht. Wickle ihn mehrmals um den Steinbrocken und verknote ihn auch häufig. Okay, jetzt benötige ich etwas stärkeren Draht, der der Hitze standhält.«

»Wir haben Sinclair-Molekülkette.«

»Keine dreißig Kilometer davon. Ich möchte ihn kürzer als den Supraleitungsdraht.« Louis war froh, die Inspektion durchgeführt zu haben. Er hatte die Möglichkeit übersehen, dass der Supraleitungsdraht nicht stark genug wäre, um die in Stoff gehüllte Platte zu halten, sobald sie ihre Höhe erreicht hätte. Aber Sinclairkette war ein fantastisches Zeug. Es sollte halten.

Kapitel 12

Sonnenblumen

Louis flog hoch und rasch spinwärts. Die Savanne zeigte zu viel Braun: Gras, das zuerst von grünen Elefanten abgefressen worden war, und dann von Riesen, die Probleme hatten, es wieder wachsen zu lassen. Voraus glänzte die weiße Linie von Sonnenblumen über dem See.

Der Riesenkönig blickte durch die durchsichtigen Türen der Luftschleuse. »Ich hätte vielleicht eine Rüstung mitnehmen sollen«, sagte er.

Chmee schnaubte. »Um gegen Sonnenblumen zu kämpfen? Metall wird heiß.«

»Woher«, fragte Louis, »hast du die Rüstung?«

»Wir haben eine Straße für die Maschinenleute gebaut. Sie befreiten uns von dem Grasland, durch das die Straße führen sollte, und anschließend fertigten sie Rüstungen für die Könige der Stämme an. Wir blieben in Bewegung. Uns gefiel ihre Luft nicht.«

»Was stimmt damit nicht?«

»Sie schmeckt falsch und riecht falsch, Louis. Sie riecht wie das, was sie manchmal trinken. Sie schütten denselben Stoff in ihre Maschinen, aber ohne sie mit etwas zu mischen.«

»Ich habe mich über die Form deiner Rüstung gewundert«, sagte Chmee. »Sie passt nicht ganz zu deiner Gestalt. Ich habe mich nach dem Grund dafür gefragt.«

»Die Form soll Ehrfurcht erregen und erschrecken. Findest du das nicht?«

»Nein«, erwiderte Chmee. »Ist es die Form jener, welche die Ringwelt erbauten?«

»Wer weiß?«

»Ich«, sagte Louis. Die Augen des Riesen flackerten nervös nach oben.

Das Gras, wieder hochgewachsen, wich abrupt einem Wald. Die Sonnenblumen waren hell geworden. Louis ließ das Landefahrzeug auf etwa dreißig Meter fallen und bremste drastisch ab.

Der Wald endete in einem langen weißen Strand. Louis verlangsamte weiter und senkte das Landefahrzeug ab, weiter ab, bis er fast über das Wasser strich. Die Sonnenblumen verloren ihr Interesse.

Er flog weiter auf den abgedunkelten Glanz zu. Der See war ruhig, gekräuselt von einer Brise von achtern. Der Himmel war blau und wolkenlos. Inseln flogen vorüber, kleine und mittelgroße, mit Stränden und gewundenen Küsten und kohlschwarz verbrannten Gipfeln. Zwei waren von Sonnenblumen in Beschlag genommen worden.

Achtzig Kilometer landeinwärts fanden die Sonnenblumen wieder Interesse. Louis brachte das Landefahrzeug zum Stehen. »Sie können nicht darauf hoffen, uns als Dünger zu nutzen«, sagte er. »Wir sind zu weit entfernt und fliegen zu niedrig.«

»Hirnlose Pflanzen.« Chmee hustete geringschätzig.

»Sie sind schlau«, sagte der Riesenkönig. »Sie setzen Buschfeuer in Gang. Wenn nur noch Ascheboden übrig ist, verstreuen die Feuerpflanzen ihren Samen.«

Aber sie waren über Wasser! … Schon gut. »König der Grasriesen, dies ist deine Stunde. Lasse den Felsbrocken über Bord fallen. Verheddere den Draht nicht.« Louis öffnete die Luftschleuse und ließ die Rampe herab. Der Riesenkönig ging los in den unheimlichen Glanz. Der Felsbrocken fiel sechs Meter tief ins Wasser und zog schwarzen und silbernen Draht nach.

Von der fernen Küste schienen Scheinwerfer ihnen zuzublinzeln, als Haufen der Pflanzen versuchten, das Landefahrzeug zu verbrennen, und dann das Interesse verloren. Sie suchten Bewegung, aber sie würden nicht auf fließendes Wasser feuern, oder? Zum Beispiel auf einen Wasserfall? Die Pflanzen gediehen am besten auf halb verdorrten Welten … »Chmee. Bring die Repulserplatte nach draußen. Stelle sie auf, öh, dreißig Kilometer ein. Achte darauf, dass die Drähte sich nicht verheddern.«

Das schwarze Rechteck stieg auf. Es schleppte Draht nach, schwarz und silbern. Der Faden der Sinclairkette hätte unsichtbar dünn sein sollen, aber er glänzte silbern, und ein heller Schein umgab die kleiner werdende Repulserplatte. Die Platte war jetzt ein schwarzes Pünktchen, schwerer zu erkennen als der helle Halo darum. In dieser Höhe war sie ein Ziel für Horden von Sonnenblumenblüten.

Ein Supraleiter lässt elektrischen Strom ohne irgendwelchen Widerstand durch. Es ist diese Eigenschaft, die ihn für die Industrie so wertvoll macht. Aber Supraleiter haben eine andere Eigenschaft. Ein Supraleiter hat immer dieselbe Temperatur.

Luft und Staubpartikel und Sinclairdraht glühten im Licht der Sonnenblumen. Aber der Supraleiterstoff und -draht blieben schwarz. Gut. Louis blinzelte die Lichtpunkte davon und sah hinab aufs Wasser. »König der Grasleute«, sagte er, »komm herein, bevor du verletzt wirst.«

Wo die beiden Drähte ins Wasser traten, kochte das Wasser. Ein Schlange aus Dampf fegte in den weißen Glanz spinwärts. Louis ließ das Landefahrzeug nach Steuerbord treiben. Bereits ein ziemlicher Flecken von Wasser kochte.

Die Ringwelt-Ingenieure hatten nur zwei tiefe Ozeane gebaut, die großen Ozeane, die einander gegenüberlagen und das Gleichgewicht hielten. Die übrigen Seen der Ringwelt waren allesamt acht Meter tief. Wie Menschen nutzten sie offensichtlich nur die Wasseroberfläche. Das war Louis' Vorteil. Es machte es einfacher, einen See zum Kochen zu bringen.

Die Dampfwolke erreichte die Küste.

Götter prahlen nicht. Das war schade. »Wir werden zusehen, bis du zufrieden bist«, sagte er zum Riesenkönig.

»Arr«, sagte Chmee.

»Ich sehe allmählich«, sagte der König, »aber ...«

»Sprich!«

»Die Feuerpflanzen brennen Wolken weg.«

Louis schluckte ein Unbehagen herab. »Wir werden weiter zusehen. Chmee, Du kannst unserem Gast Gemüse anbieten. Es kann sein, dass du mit einer Tür zwischen euch essen möchtest.«

Sie waren achtzig Kilometer steuerbords des verankerten Drahts, auf der Backbordseite einer hohen, kahlen Insel. Die Insel verdeckte die Hälfte des Glanzes jener Sonnenblumen, die immer noch daran Interesse zeigten, das Landefahrzeug zu verbrennen … aber der größte Teil des Sonnenlichts wurde dennoch zerstreut. Ein Teil des Glanzes konzentrierte sich auf das schwebende schwarze Rechteck; ein anderer auf die Dampfwolke. Denn das Wasser dampfte für einige Quadratkilometer rings um den Draht und den untergetauchten Felsbrocken. Der Dampf quoll in einer sich ausbreitenden Wolke über den See, achtzig Kilometer bis zur Küste, und fing dort Feuer. Acht Kilometer weit strömte er landeinwärts, wobei er brannte wie ein Feuersturm, und dann war er verschwunden.

Louis fokussierte das Teleskop auf den Flecken Dampf. Er konnte das Wasser kochen sehen. Pflanzen würden allmählich absterben. Ein acht Kilometer breiter Streifen von Pflanzen erhielt kein Sonnenlicht; die Pflanzen um sie herum verschwendeten ihr Licht auf eine Dampfwolke, statt Zucker damit zu erzeugen. Aber ein acht Kilometer breiter Streifen war nichts, nichts. Der Flecken hatte die Größe einer halben Welt.

Er sah etwas anderes, was ihn dazu veranlasste, den Blick unmittelbar nach oben zu richten.

Der silberne Draht fiel herab, trieb im Wind nach spinwärts. Die Sonnenblumen hatten die Sinclair-Molekülkette durchgebrannt. Louis sagte leise ein zweisilbiges Wort. Aber der Faden des Supraleiters war nach wie vor schwarz.

Er würde halten. Gewiss würde er halten.

Er wäre nicht heißer als kochendes Wasser und besäße überall dieselbe Temperatur. Weiteres Licht von den Pflanzen würde daran nichts ändern; es würde lediglich das Wasser schneller zum Kochen bringen. Und dies war ein großer See. Und Wasserdampf verschwindet nicht einfach so. Erhitze ihn, und er steigt auf.

»Gott isst gut«, sagte der Riesenkönig. Er kaute gerade an einem Kopfsalat: seinem zwanzigsten oder vielleicht dreißigsten. Er stand neben Chmee, schaute hinaus, und wie Chmee spekulierte er nicht darüber, was da draußen geschah.

Seewasser kochte fröhlich. Die Sonnenblumen waren so sicher wie tanj entschlossen, diesen Bissen möglichen Düngers umzuhauen, diesen möglicherweise Sonnenblumen-fressenden Vogel. Sie konnten Höhe oder Entfernung nicht abschätzen. Die Evolution würde nicht zulassen, dass sie dazu kämen, bis sie verhungerten. Auszeit für jede Blüte, um sich auf den grünen Photosynthese-Knoten zu konzentrieren, während andere sich abwechselten.

»Louis. Die Insel«, sagte Chmee ruhig.

Etwas Großes und Schwarzes stand hüfttief im Wasser vor der Küste. Es war kein Mensch und kein Otter, sondern ein wenig von beidem. Es wartete geduldig, beobachtete das Landefahrzeug mit großen braunen Augen.

Louis sprach ruhig, jedoch mühsam. »Sind dies Seeleute?«

»Das wussten wir nicht«, erwiderte der Riesenkönig.

Louis ließ das Landefahrzeug zum Strand gleiten. Der Humanoide wartete ohne Furcht. Er war mit kurzem, öligem schwarzen Fell bedeckt und stromlinienförmig: dicker Hals, drastisch abfallende Schultern, eine breite Nase, die flach auf seinem kinnlosen Gesicht lag. Louis schaltete die Mikrofone ein. »Verwendest du die Sprache der Grasriesen?«

»Ich kann sie verwenden. Sprich langsam. Was tust du da?«

Louis seufzte. »Den See erhitzen.«

Die Selbstbeherrschung des Wesens war bemerkenswert. Die Vorstellung des Erhitzens eines Sees beunruhigte es nicht. Es fragte das mobile Gebäude: »Wie heiß?«

»Sehr heiß an diesem Ende. Wie viele seid ihr?«

»Gegenwärtig vierunddreißig von uns«, erwiderte das Amphibienwesen. »Wir waren achtzehn, als wir vor einundfünfzig *Falans* herkamen. Wird der Steuerbordteil des Sees heiß werden?«

Louis sackte erleichtert zusammen. Er hatte Visionen von Hunderten von Tausenden von Leuten, die gekocht wurden, weil Louis Wu Gott gespielt hatte. Er krächzte: »Weiß ich nicht genau. Die Mündung des Flusses ist an diesem Ende. Wie viel Wärme könnt ihr aushalten?«

»Einiges. Wir werden besser essen; Fische lieben Wärme. Es ist höflich zu fragen, bevor ihr sogar einen Teil der Heimat zerstört. Warum tust du das?«

»Um die Feuerpflanzen zu töten.«

Das Amphibienwesen überlegte. »Gut. Wenn die Feuerpflanzen sterben, können wir einen Botschafter stromaufwärts zum See von Fuboobishs Sohn schicken. Sie müssen uns schon seit Langem für tot halten.« Er fügte hinzu: »Ich vergesse meine Manieren. *Rishathra* ist für uns akzeptabel, wenn du dein Geschlecht mitteilst und wenn du unter Wasser funktionierst.«

Louis benötigte einen Moment, um die Sprache wiederzufinden. »Keiner von uns begattet sich im Wasser.«

»Wenige tun dies«, sagte das Amphibienwesen ohne offensichtliche Enttäuschung.

»Wie bist du hierhergekommen?«

»Wir haben stromabwärts geforscht. Strömungen haben uns in die Sphäre der Feuerpflanzen getrieben. Wir konnten nicht an Land, um zu gehen. Wir mussten uns vom Fluss zu diesem Ort tragen lassen, den ich Tuppugops See benannte, nach mir selbst. Es ist ein guter Ort, obwohl man sich vor den Feuerpflanzen hüten muss. Kannst du sie wirklich mit Nebel töten?«

»Ich glaube schon.«

»Ich muss meine Leute wegbringen«, sagte das Amphibienwesen. Es verschwand ohne einen Spritzer.

»Ich glaubte, du würdest ihn töten«, sagte Chmee zur Decke, »für seine Unverschämtheit.«

»Es ist seine Heimat«, erwiderte Louis. Er schaltete die Sprechanlage ab. Er war das Spiel leid. Ich verkoche jemandes *Heimat,* dachte er, und ich weiß nicht mal, ob es *funktioniert!* Er wollte den Trafroh. Nichts anderes könnte helfen, nichts außer dem pflanzlichen Glücksgefühl eines Stroms, der durch sein Gehirn lief; nichts anderes würde die schwarze Wut beenden, die ihn dazu führte, mit den Armen auf seine Liege einzuschlagen und tierische Laute auszustoßen, während er die Augen fest geschlossen hatte.

Das, und Zeit. Zeit verstrich, und der Bann löste sich, und er öffnete die Augen.

Jetzt sah er weder den schwarzen Draht noch das kochende Wasser. Alles war eine ausgedehnte Nebelbank, die nach spinwärts trieb und Feuer fing, sobald sie die Küste erreichte, fünfzehn Kilometer landeinwärts weiterzog und verschwunden war. Dann bloß der grelle Schein der Sonnenblumen … und ein Paar paralleler Linien am Horizont.

Weiße Linie oben, schwarze unten, über fünfzig Grad Horizont.

Wasserdampf verschwindet nicht einfach. Erhitzt, war er aufgestiegen und in der Stratosphäre wieder kondensiert. Weiße Kanten von Wolken, die unter dem Angriff der Sonnenblumen blitzten; schwarzer Schatten über einem gewaltigen Flecken von Sonnenblumen. Er musste achthundert bis anderthalbtausend Kilometer entfernt sein, dass er so nahe an seinem eigenen Schatten zu sehen war, und Hunderte von Kilometern Durchmesser haben. Und er breitete sich aus – entsetzlich langsam, aber er breitete sich aus.

In der Stratosphäre würde die Luft vom Zentrum des Sonnenblumenbereichs nach außen gedrückt. Einiges der Wolken würde abregnen, aber etwas Wasserdampf würde auf den Dampf vom kochenden See treffen und nach innen strömen, erneut kreisen.

Sein Arm schmerzte. Louis begriff, dass er die Armstützen seiner Liege fest umklammerte. Er ließ los. Er wandte sich der Sprechanlage zu.

»Louis hat sein Versprechen eingehalten«, sagte der Riesenkönig. »Aber die sterbenden Pflanzen sind vielleicht außer Reichweite. Ich weiß nicht ...«

»Wir verbringen die Nacht hier«, sagte Louis zu ihnen. »Am Morgen werden wir mehr wissen.«

Er setzte das Landefahrzeug auf der antispinwärts gelegenen Seite der Insel auf. Seegras war in großen Haufen an Land gespült worden. Chmee und der Riesenkönig verbrachten eine Stunde damit, Seegras in eine Luke in der Hülle des Landefahrzeugs zu stopfen und die Konverter-Küche mit Rohmaterial zu füttern. Louis nutzte die Gelegenheit und rief die *Hot Needle of Inquiry.*

Der Hinterste war nicht im Cockpit. Er musste im versteckten Teil der *Needle* sein. »Du hast deinen Trafroh zerbrochen«, sagte er.

»Das weiß ich. Hast du etwas unternommen …«

»Ich habe einen Ersatz.«

»Ist mir egal, ob du ein Dutzend hast. Ich kündige. Möchtest du immer noch den Umwandler der Ringwelt-Ingenieure?«

»Natürlich.«

»Dann kooperieren wir ein wenig. Das Kontrollzentrum der Ringwelt muss irgendwo sein. *Falls* es in einen der Schüttberge eingebaut ist, dann müssen die Umwandler, die von den Schiffen auf dem Raumhafen stammten, *dort* sein. Ich möchte alles über die Situation erfahren, bevor ich dort hineingehe.«

Der Hinterste durchdachte dies.

Hinter seinen flachen, wedelnden Händen erglänzten hell massive Gebäude. Eine breite Straße mit Trittscheiben an Kreuzungen schrumpfte zu einem Fluchtpunkt. Über die Straße schwärmten Puppenspieler. Ihre gepflegten Mähnen glänzten in prächtiger Vielfalt; sie bewegten sich anscheinend immer in Gruppen. In einem Spalt Himmel zwischen den Gebäuden schwebten zwei Agrarwelten, jede umgeben von kreisenden Lichtpunkten. Es gab ein Hintergrundgeräusch wie Alien-Musik oder wie Millionen von Puppenspielern, die sich zu weit entfernt unterhielten, als dass sie deutlich zu verstehen gewesen wären.

Der Hinterste hatte ein Stück seiner verlorenen Zivilisation hier: Bänder und eine Holowand und wahrscheinlich den Geruch seiner eigenen Art beständig in der Luft. Sein Mobiliar hatte nur sanfte Rundungen ohne scharfe Kanten, an denen man sich ein Knie hätte stoßen können. Eine merkwürdig geformte Vertiefung im Boden war wahrscheinlich ein Bett.

»Die Rückseite der Randmauer ist ziemlich flach«, sagte der Hinterste abrupt. »Mein Tiefenradar kann sie nicht durchdringen. Ich kann es mir leisten, eine meiner Sonden zu riskieren. Sie wird nach wie vor als ein Relais zwischen der *Needle* und dem Landefahrzeug dienen; tatsächlich wird sie besser dienen, wenn sie höher steigt. Entsprechend werde ich eine Sonde im Transportsystem der Randmauer platzieren.«

»Reicht aus.«

»Meinst du wirklich, das Reparaturzentrum ist …«

»Nein, nicht wirklich, aber wir werden genügend Überraschungen vorfinden, damit wir auch weiter unterhalten werden. Sie sollten überprüft werden.«

»Eines Tages müssen wir entscheiden, wer Leiter dieser Expedition ist«, sagte der Puppenspieler. Er verschwand vom Bildschirm.

In jener Nacht gab es keine Sterne.

Der Morgen war ein heller werdendes Chaos. Vom Cockpit aus zeigte sich lediglich ein formloser perlmuttfarbener Glanz: kein Himmel, kein See, kein Strand. Louis war versucht, den Wu erneut zu erschaffen, nur um hinauszugehen und nachzusehen, ob die Welt immer noch vorhanden war.

Stattdessen ließ er das Landefahrzeug aufsteigen. Bei etwa hundert Metern gab es Sonnenlicht. Darunter waren lediglich weiße Wolken, die zum spinwärts gelegenen Horizont hin heller wurden. Der Nebel hatte sich ein gutes Stück ins Landesinnere ausgebreitet.

Die Repulserplatte war immer noch an Ort und Stelle, ein schwarzer Punkt gerade über ihnen. Zwei Stunden nach der Morgendämmerung fegte ein Wind den Nebel davon.

Louis ließ das Landefahrzeug auf Seehöhe absinken, bevor der Rand das Ufer erreichte. Minuten später bildete sich ein heller Nimbus um die Repulserplatte.

Der Riesenkönig hatte den ganzen Morgen über an den Schleusentüren gestanden, beobachtet und sich geistesabwesend Salat ins Gesicht gestopft. Auch Chmee hatte kaum etwas gesagt. Sie sahen zur Decke, als Louis sprach.

»Es wird funktionieren«, sagte er und glaubte schließlich daran. »Bald werdet ihr eine Gasse toter Sonnenblumen vorfinden, die zu einem weitaus größeren Flecken unter einer permanenten Wolkendecke führt. Sät eure Samen aus. Wenn ihr lieber lebende Feuerpflanzen essen wollte, erntet des Nachts auf beiden Seiten des strömenden Nebels. Ihr werdet vielleicht eine Basis auf einer der Inseln in diesem See errichten. Ihr werdet Boote haben wollen.«

»Jetzt können wir unsere eigenen Pläne machen«, erwiderte der Riesenkönig. »Es wird helfen, Seeleute in der Nähe zu haben, selbst nur so wenige. Sie tauschen Dienst gegen Metallwerkzeuge. Sie können unsere Boote bauen. Wird in all diesem Regen Gras wachsen?«

»Ich weiß es nicht. Ihr sät besser auch auf ausgebrannten Inseln.«

»Gut ... Von unserem besonderen Helden ritzen wir ein Abbild in einen Felsen, dazu ein paar Worte. Wir sind ein Wandervolk, wir können keine großen Statuen mitnehmen. Ist das angemessen?«

»Gewiss.«

»Wie siehst du aus?«

»Ich bin ein wenig größer als Chmee, habe mehr Haar um die Schultern, und das Haar ist von deiner eigenen Farbe.

Zähne von Fleischessern, mit Fängen. Keine äußerlich sichtbaren Ohren. Gib dir nicht allzu viel Mühe. Wohin sollen wir dich jetzt bringen?«

»Zu unserem Lager. Dann muss ich wohl ein paar Frauen vornehmen und die Ränder des Sees erkunden.«

»Das können wir gleich erledigen.«

Der Riesenkönig lachte. »Unser Dank, Louis, aber meine Krieger werden in einer üblen Laune sein, wenn sie zurückkehren. Nackt, hungrig, geschlagen. Es könnte besser für sie sein, wenn sie erfahren, dass ich ein paar Tage weg bin. Ich bin kein Gott. Ein Held muss Krieger haben, die glücklich mit dieser Regel sind. Er kann nicht jede wache Stunde kämpfen.«

TEIL ZWEI

Kapitel 13

Ursprünge

Das Landefahrzeug flog acht Kilometer hoch und knapp unter Schallgeschwindigkeit.

Zwanzigtausend Kilometer waren keine große Entfernung für das Landefahrzeug. Louis' Vorsicht reizte den Kzin. »Zwei Stunden, und wir können auf der schwebenden Stadt niedergehen oder uns von unten nähern! Eine Stunde, ohne ernsthafte Beschwerden.«

»Sicher. Wir müssten die Atmosphäre mit dem Fusionsantrieb verlassen, der glänzt wie ein Stern, aber sicher. Schon vergessen, wie wir Halrloprillalars schwebendes Gefängnis erreicht haben? Kopfunter mitten in der Luft, der Antrieb unserer Flugräder ausgebrannt?« Chmees Schwanz schlug gegen den Rücken seiner Liege. Er erinnerte sich.

»Wir wollen von keiner alten Maschinerie bemerkt werden. Die Supraleiterpest hat anscheinend nicht alle erwischt.«

Das Grasland wich den Mustern einer Zivilisation, dann einem wässrigen Dschungel. Senkrecht herabfallendes Sonnenlicht wurde zwischen den Stämmen blühender Bäume zu ihnen zurückgeworfen. Louis fühlte sich wunderbar. Er wollte nicht die Vergeblichkeit seines Kriegs auf dem Sonnenblumenfeld sehen. Es hatte *funktioniert.* Er hatte sich an die Aufgabe gemacht; er hatte sie mit Intelligenz und den Werkzeugen gelöst, die zur Hand waren.

Der Sumpf schien ewig weiterzugehen. Einmal zeigte Chmee auf eine kleine Stadt. Sie war schwierig zu erkennen, da die Bauten halb im Wasser versunken waren und Ranken und Bäumen alles daran setzten, sie herabzuziehen. Der architektonische Stil war merkwürdig. Jede Mauer, jedes Dach und jede Tür beulte sich ein wenig nach außen, sodass die Straßen in der Mitte enger wurden. *Nicht* von Halrloprillalars Leuten gebaut. Gegen Mittag war das Landefahrzeug weiter geflogen, als Ginjerofer oder der Riesenkönig in ihrem Leben jemals kämen. Louis war dumm gewesen, Wilde zu befragen. Sie waren ebenso weit von der schwebenden Stadt entfernt wie irgendwelche zwei Punkte auf Erden.

Der Hinterste rief an.

Heute war seine Mähne ein wirbelnder Regenbogen, gefärbt in Streifen von Primärfarben. Hinter ihm flackerten Puppenspieler über Reihen von Trittscheiben, drängten sich vor Schaufenstern zusammen, streiften einander, ohne sich zu entschuldigen oder einander zu grollen, alles im Gemurmel einer Musik, in der Flöten und Klarinetten dominierten: Puppenspieler-Sprache. »Was habt ihr erfahren?«, fragte der Hinterste.

»Wenig«, erwiderte Chmee. »Wir haben Zeit verschwendet. Sicher gab es einen Flare vor siebzehn *Falans* – etwa dreieinhalb Jahre –, aber das haben wir bereits vermutet. Die Schattenrechtecke schlossen sich, um die Oberfläche zu schützen. Ihr Steuersystem muss unabhängig von dem der Ringwelt funktionieren.«

»Das hätten wir auch schon vermuten können. Mehr nicht?«

»Louis‘ hypothetisches Reparaturzentrum ist sicher inaktiv. Dieser Sumpf unter uns war nicht angelegt. Ich könnte mir vorstellen, dass ein größerer Fluss versandet ist und den Ausfluss in einen See verstopft hat. Wir haben eine Vielzahl von Hominiden entdeckt, einige intelligent, einige nicht. Von jenen, welche die Ringwelt erbauten, finden wir keine Spur, außer, sie waren Halrloprillalars Vorfahren. Ich bin der Ansicht geneigt, dass es so war.«

Louis öffnete den Mund … und warf einen Blick hinab auf einen Beinahe-Schmerz in seinem Bein. Er entdeckte vier Kzinti-Klauen, die auf seinem Schenkel ruhten. Er schloss den Mund. Chmee fuhr fort: »Wir sind niemandem von Halrloprillalars Spezies begegnet. Vielleicht gab es nie eine dichte Bevölkerung von ihnen. Wir hören Gerüchte von einer anderen Spezies, den Maschinenleuten, die vielleicht aufgestiegen sind und sie ersetzt haben. Wir machen uns auf die Suche nach ihnen.«

»Das Reparaturzentrum ist inaktiv, ja«, sagte der Hinterste schroff. »So viel habe ich erfahren. Ich habe eine Sonde losgeschickt, die …«

»Du hast zwei Sonden«, sagte Chmee. »Benutze beide.«

»Ich halte eine in Reserve, um die *Needle* wieder aufzutanken. Mit der anderen habe ich das Geheimnis der Schüttberge erfahren. Seht …«

Der Bildschirm ganz rechts zeigte die Ansicht seitens der Sonde. Sie raste an der Ringmauer entlang; kam an etwas vorüber, zu rasch, um Einzelheiten zu erkennen; wurde langsamer, drehte um und kehrte zurück.

»Louis wies mich an, die Ringmauer zu erkunden. Die Sonde hatte kaum ihre Abbremsroutine begonnen, da fand sie dies hier. Ich dachte, es wäre einer Erkundung wert.«

Auf der Ringmauer gab es eine Ausbuchtung – ein Rohr, das über die Kante gehakt war. Es war geformt, lag flach auf der Ringmauer, und es bestand aus demselben durchsichtigen grauen *Scrith*. Die Sonde war langsam herangeflogen, bis die Kameras in ein Rohr von einem Viertelkilometer Durchmesser aufsahen.

»Vieles von der Anlage der Ringwelt zeigt eine brutale Herangehensweise«, sagte der Hinterste gerade. Und die Sonde flog an dem Rohr entlang, über die Kante und die Außenseite der Ringmauer dorthin hinab, wo das Rohr in dem Schaummaterial verschwand, das ein Meteoritenschild für die Unterseite der Ringwelt bildete.

»Ah, ja«, sagte Louis. »Und es hat nicht funktioniert?«

»Nein. Ich versuchte, das Rohr nachzuverfolgen und hatte etwas Erfolg.«

Die Szenerie sprang. Jetzt zeigte sie eine dunkle, rasende Bewegung, als die Sonde ein gutes Stück entfernt draußen vor der Ringwelt entlangflog. Umgekehrte Landschaft strich über ihr vorüber, gesehen im Infrarot. Die Sonde verlangsamte, blieb stehen, bewegte sich aufwärts.

Wenn ein Meteor die Ringwelt traf, musste er zunächst aus dem interstellaren Raum fallen; und er traf mit dieser Geschwindigkeit auf. Hinzu kamen die eigenen zwölfhundert Kilometer pro Sekunde der Ringwelt. Ein Meteor hatte hier eingeschlagen. Die Plasmawolke hatte einen wüsten Schnitt über Hunderte von Kilometern Meeresgrund gezogen und den schützenden Schaum verdampft. Dort in dem Schnitt war eine Röhre von mehreren Hundert Metern Durchmesser. Sie führte hinauf in den Meeresboden.

»Ein Recyclingsystem«, murmelte Louis.

»Ohne ein gewisses Gegengewicht zur Erosion«, sagte der Puppenspieler, »läge die Muttererde in wenigen Tausend Jahren samt und sonders auf dem Meeresboden. Ich gehe davon aus, dass die Rohre vom Meeresgrund entlang der Unterseite und hinauf über die Ringmauer verlaufen. Sie deponieren den Schlamm vom Meeresgrund auf den Schüttbergen. Ein großer Teil des Wassers verkocht in dem Fast-Vakuum nahe des Gipfels in fünfzig Kilometern Höhe. Der Berg bricht nach und nach unter seinem eigenen Gewicht zusammen. Material bewegt sich von den Randmauern nach innen, getragen von Winden und Flüssen.«

»Bloße Vermutung, jedoch plausibel«, sagte Chmee. »Hinterster, wo ist deine Sonde jetzt?«

»Ich beabsichtige, sie unter der Ringwelt hervorzuholen und sie wieder ins Transportsystem des Rands zu bringen.«

»Tu das. Verfügt die Sonde über Tiefenradar?«

»Ja, aber die Reichweite ist gering.«

»Führe eine Tiefenradar-Untersuchung der Schüttberge durch. Die Schüttberge liegen … etwa dreißig bis fünfundvierzig Kilometer auseinander? Also werden wir vielleicht entlang beider Ringmauern Schüttberge in der Größenordnung von fünfzigtausend Stück finden. Eine Handvoll davon wäre ein hübsches Versteck für das Reparaturzentrum.«

»Aber warum sollte das Reparaturzentrum versteckt werden?«

Chmee gab einen groben Laut von sich. »Was, wenn die beherrschten Spezies revoltieren? Was ist bei einer Invasion?

Natürlich ist das Reparaturzentrum versteckt und auch befestigt. Suche jeden Schüttberg ab.«

»Na schön. Ich werden in einer Ringweltrotation die Randmauer auf Steuerbord scannen.«

»Scanne die andere Mauer anschließend.«

»Lass auch weiterhin die Kameras laufen«, sagte Louis. »Wir suchen immer noch die Stabilisierungsdüsen ... obwohl ich allmählich glaube, dass sie etwas anderes verwendeten.«

Der Hinterste schaltete ab. Louis drehte sich zum Fenster um. Es hatte die ganze Zeit über seine Aufmerksamkeit gekitzelt: Ein blasser Faden, der sich um den Rand des Sumpfs schwang, gerader als ein Fluss. Jetzt zeigte er auf die beiden kaum sichtbaren Pünktchen, die sich darüber bewegten. »Ich glaube, das müssen wir uns näher ansehen. Warum bringst du uns nicht hinab?«

Es war eine Straße. Aus etwa dreißig Metern Höhe war es eine raue Oberfläche, steiniges Zeug: Weißer Stein, zu einem Strom hingegossen. »Die Maschinenleute, vermute ich«, sagte Louis. »Sollen wir diesen Fahrzeugen folgen?«

»Warten wir, bis wir näher an der schwebenden Stadt sind.«

Eine solche Gelegenheit fahren zu lassen, erschien dumm, aber Louis hatte Angst zu widersprechen. Die Anspannung des Kzin war so stark, dass sie fast zu riechen war.

Die Straße mied die niedrigen Feuchtgebiete. Sie schien in gutem Zustand zu sein. Chmee folgte ihr mit niedriger Geschwindigkeit in dreißig Metern Höhe.

Jetzt kamen sie an einer Handvoll Gebäude vorüber, und das größte davon war anscheinend eine Chemiefabrik. Mehrmals beobachteten sie kastenförmige Fahrzeuge, die unter ihnen vorüberfuhren. Sie selbst wurden nur einmal gesehen. Ein Kasten blieb plötzlich stehen, und humanoide Gestalten ergossen sich daraus, rannten in Kreisen umher und holten dann Stöcke hervor, die sie auf das Landefahrzeug richteten. Einen Augenblick später waren sie außer Sicht.

Im nassen Dschungel gab es große blasse Gestalten. Es konnten keine gletscherbedeckten Felsen sein; nicht hier. Louis fragte sich, ob es vielleicht gewaltige Pilze waren. Er versuchte, Chmee darauf hinzuweisen. Der Kzin ignorierte ihn.

Die Straße schwang sich weg nach antispinwärts, als sie sich einem Gebiet zerklüfteter Berge näherten; sie verlief durch eine Kerbe in dem Gebiet, statt sich ihren eigenen Weg hindurchzuschneiden, dann schwenkte sie nach rechts und führte weiter den Sumpf entlang.

Aber Chmee schwenkte nach links ab und beschleunigte. Das Landefahrzeug flog an der Backbordseite des Gebiets entlang und zog eine Wolke aus Feuer nach sich. Abrupt wirbelte der Kzin das Fahrzeug herum, bremste und setzt am Fuß einer Granitklippe auf.

»Gehen wir mal raus«, sagte er.

Die *Scrith*-Hülle der Berge würde die Mikrofone des Hintersten blockieren, aber sie fühlten sich sicherer außerhalb des Landefahrzeugs. Louis folgte dem Kzin.

Der Tag war hell und sonnig – zu hell, da dieser Bogen der Ringwelt sich dem nächstgelegenen Punkt zur Sonne näherte. Ein steifer warmer Wind fegte. »Louis, wolltest du dem Hintersten etwas über die Ringwelt-Ingenieure erzählen?«, fragte der Kzin.

»Wahrscheinlich. Warum nicht?«

»Ich vermute, wir sind zum selben Schluss gekommen.«

»Möchte ich bezweifeln. Was wüsste ein Kzin von Pak-Protektoren?«

»Ich kenne alles, was in den Aufzeichnungen des Smithonian-Instituts steht, wie wenig das auch ist. Ich habe das Zeugnis des Belters im Asteroidengürtel studiert, Jack Brennan, sowie Holos der mumifizierten Überreste des Aliens Phssthpok und des Frachtraums seines Schiffs.«

»Chmee, wie bist du an dieses Zeug herangekommen?«

»Spielt das eine Rolle? Ich war ein Diplomat. Die Existenz der Pak war generationenlang ein Geheimnis des Patriarchen gewesen, aber jeder Kzin, der mit Menschen umgehen muss, muss die Aufzeichnungen studieren. Wir lernen unseren Feind kennen. Ich weiß vielleicht mehr über deine Vorfahren als du selbst. Und ich vermute, dass die Ringwelt von Pak erbaut wurde.«

Sechshundert Jahre vor Louis Wus Geburt war ein Pak-Protektor auf einer Mission der Barmherzigkeit im Sonnensystem eingetroffen. Durch diesen Phssthpok und über Jack Brennan, der im Asteroidengürtel arbeitete, hatten die Historiker den Rest der Geschichte erfahren.

Die Pak hatten ihren Ursprung auf einer Welt im galaktischen Kern. Ihr Leben umfasste drei Stadien: Kindheit, Erzeuger, Protektor. Die Erwachsenen oder Erzeuger waren lediglich genügend intelligent, um eine Keule zu schwingen oder einen Stein zu werfen.

Im mittleren Alter, wenn sie lange genug lebten, entwickelten Pak-Erzeuger einen Drang, die Pflanze zu verspeisen, die Lebensbaum genannt wurde. Ein symbiotisches Virus in der Pflanze löste die Veränderung aus. Der Erzeuger verlor seine Keimdrüsen und Zähne. Sein Schädel und sein Gehirn erweiterten sich. Lippen und Gaumen verschmolzen zu einem harten, stumpfen Schnabel. Seine Haut wurde faltig und dicker und verhärtete sich. Seine Gelenke vergrößerten sich, sodass sie einen größeren Impulsarm für die Muskeln boten und sie stärker wurden. Ein Herz mit zwei Kammern entwickelte sich in der Leistengegend.

Phssthpok kam auf der Spur eines Pak-Kolonieschiffs, das die Erde vor mehr als zwei Millionen Jahren erreicht hatte.

Die Pak waren beständig im Kriegszustand. Frühere Kolonien in nähergelegenen Welten im galaktischen Kern waren immer von nachfolgenden Wellen von Schiffen überrannt worden. Vielleicht war dies der Grund, weswegen dieses Schiff so weit gekommen war.

Die Kolonie war groß und gut ausgerüstet und wurde von Wesen geführt, die zäher und schlauer als Menschen waren. Dennoch war sie ein Fehlschlag gewesen. Lebensbäume wuchsen im Erdboden, das Virus hingegen nicht. Die Protektoren waren ausgestorben und hatten eine verlorene Population von Pak-Erzeugern zurückgelassen, die sich allein durchschlagen musste … und einen aufgezeichneten Hilfeschrei hinterließen, der dreißigtausend Lichtjahre bis zur Heimatwelt der Pak zurückgelegt hatte.

Phssthpok fand diese Aufzeichnung in einer uralten Bibliothek der Pak. Und Phssthpok durchquerte dreißigtausend Lichtjahre, ganz allein in einem Fahrzeug langsamer als Lichtgeschwindigkeit, und suchte das Sonnensystem. Die Ressourcen an Wissen, Geist und Material, die dieses Fahrzeug erbaut hatten, waren Ressourcen, die Phssthpok durch einen Krieg erobert und aufbewahrt hatte. Sein Frachtraum war vollgestopft mit Wurzeln und Samen von Lebensbäumen und Beuteln mit Thalliumoxid. Durch eigene Recherche hatte er die Notwendigkeit für diesen ungewöhnlichen Bodenzusatz entdeckt.

Vielleicht war ihm die Idee gekommen, dass die Erzeuger mutieren würden.

Unter den Pak hat ein Mutant keine Chance. Wenn die Kinder für ihre Protektor-Vorväter falsch rochen, wurden sie getötet. Auf der Erde – vielleicht rechnete Phssthpok so weit von der wilden Dichte der kosmischen Strahlung zwischen den Sonnen des Kerns entfernt mit einer niedrigeren Mutationsrate. Vielleicht wollte er es darauf ankommen lassen.

Die Erzeuger waren mutiert. Zu Phssthpoks Zeit zeigten sie wenig Ähnlichkeit mit den Pak-Erzeugern – gewisse Veränderungen im mittleren Alter wurden abgeblockt, wenn bei Frauen die Produktion von Eiern aufhörte und wenn beide Geschlechter runzlige Haut zeigten, Zähne verloren, wenn Gelenke anschwollen und eine Unruhe und Unzufriedenheit sich zeigte, die alles war, was vom Hunger auf den Lebensbaum übriggeblieben war. Später im Leben wären Herzanfälle Resultat des fehlenden zweiten Herzens.

Phssthpok erfuhr nichts davon. Der Retter starb fast schmerzlos, ohne kaum mehr als einen Verdacht, dass jene, die zu retten er beabsichtigt hatte, Ungeheuer geworden waren und ihn nicht im Geringsten benötigten.

So lautete die Geschichte, die Jack Brennan den Repräsentanten der UN vor seinem Verschwinden erzählte. Zu diesem Zeitpunkt war Phssthpok tot und Jack Brennans Zeugnis zweifelhaft. Er hatte Lebensbaum gegessen. Er war zu einem

Ungeheuer geworden; insbesondere sein Schädel war erweitert und verzerrt. Vielleicht war er auch wahnsinnig geworden.

Es war, als wäre eine Ladung Spinatnudeln über dieses felsige Gebiet ausgeschüttet worden. Streifen mit Grünzeug, pelzig bei der Berührung, klebte am Boden an Orten, wo der Boden sich zwischen den Felssteinen angehäuft hatte. Wolken von Insekten summten um ihre Fußknöchel.

»Pak-Protektoren«, sagte Louis. »Das habe ich mir gedacht, aber ich hatte Probleme, mich so weit zu bringen, es zu glauben.«

»Das Vakuum passt, und die Rüstung der Grasriesen zeigt ihre Form: humanoid, jedoch mit vergrößerten Gelenken und einem vorgeschobenen Gesicht«, sagte Chmee. »Mehr Beweise gibt es nicht. Wir sind so vielen Hominiden begegnet, die alle anders sind. Sie mussten von einem gemeinsamen Vorfahren abstammen: deinen eigenen Vorfahren, den Pak-Erzeugern.«

»Stimmt. Das würde uns auch sagen, wie Prill gestorben ist.«

»Wirklich?«

»Boosterkraut war auf den Metabolismus des *Homo sapiens* zugeschnitten. Halrloprillalar konnte es nicht verwenden. Sie hatte ihre eigene Langlebigkeitsdroge, und sie konnte von einer Anzahl Spezies verwendet werden. Mir kam schlagartig die Erkenntnis, dass Prills Leute sie vielleicht aus dem Lebensbaum gewonnen hatten.«

»Warum?«

»Na ja, die Protektoren lebten Tausende von Jahren. Ein Faktor des Lebensbaums, oder eine subkritische Dosis davon, könnte gerade genügend Veränderungen auslösen, dass es für einen Hominiden reichte. Und der Hinterste sagte, Prills Vorrat wurde gestohlen.«

Chmee nickte. »Ich erinnere mich. Eines von deinen Belterschiffen im Asteroidengürtel enterte das verlassene Pak-Raumschiff. Der älteste Mann der Besatzung roch den Lebensbaum und wurde wahnsinnig. Er aß mehr, als sein Bauch fassen konnte, und starb. Seine Mannschaftsmitglieder konnten ihn nicht davon abhalten.«

»Ja. Nun, ist es eine zu große Erwartung, dass dasselbe einem Laborassistenten der UN zugestoßen ist? Prill geht ins UN-Gebäude mit einer Flasche der Langlebigkeitsdroge der Ringwelt. Die UN möchte eine Probe. Ein Junge, kaum zu jung für seine erste Dosis Boosterkraut – vierzig, fünfundvierzig – öffnete die Flasche. Er hat den Pipettenfüller bereit. Dann erhascht er einen Hauch davon. Er trinkt alles.«

Chmees Schwanz peitschte durch die Luft. »Ich würde nicht so weit gehen zu sagen, dass ich Halrloprillalar mochte. Dennoch war sie eine Verbündete.«

»Ich mochte sie.«

Der heiße Wind fegte um sie her, voller Staub. Louis fühlte sich gehetzt. Sie bekämen keine weitere Chance, privat miteinander zu reden. Die Sonde, welche Signale an die und von der *Needle* weiterleitete, stünde bald zu hoch am Himmel, als dass dieser Trick funktionieren würde.

»Kannst du wie ein Pak für mich denken, Chmee?«

»Ich kann's versuchen.«

»Sie haben Karten über den ganzen großen Ozean verstreut. Statt Kzin, Down, Mars und Jinx zu kartografieren, kannst du mir sagen, warum Pak-Protektoren nicht einfach die Kzinti, die Grogs, die Marsianer und die Bandersnatchi eliminierten?«

»Arr. Warum nicht? Die Pak würden, Brennan zufolge, nicht davor zurückschrecken, Alien-Spezies zu eliminieren.«

Chmee schritt auf und ab, während er über das Problem nachdachte. »Vielleicht haben sie erwartet, dass man ihnen folgt«, sagte er. »Was ist, wenn sie einen Krieg verloren hatten; was ist, wenn sie erwarteten, dass die Gewinner sie jagen würden? Für die Pak könnte ein Dutzend ausgebrannter Welten innerhalb eines Dutzend Lichtjahre voneinander entfernt auf die Anwesenheit von Pak hindeuten.«

»Mmm … vielleicht. Jetzt sag mir, warum sie ursprünglich eine Ringwelt erbaut haben. Wie zum Teufel erwarteten sie, die zu verteidigen?«

»Ich würde nicht versuchen, eine so verwundbare Struktur zu verteidigen. Vielleicht erfahren wir es noch. Ich habe mich auch gefragt, warum die Pak ursprünglich in diese Region des Raums gekommen sind. Zufall?«

»Nein! Zu weit entfernt.«

»Nun?«

»Äh … wir können raten. Angenommen, viele Pak wollten weglaufen, und zwar so schnell und so weit weg, wie sie konnten. Sagen wir wiederum, sie haben einen Krieg verloren. Sind aus der Pak-Welt hinausbefördert worden. Na ja, es gab eine sichere Route hinaus in den galaktischen Arm, und sie war kartographiert. Die erste Expedition, diejenige, die sich auf der Erde niederließ, kam ins Sol-System, ohne einer Gefahr zu begegnen, die sie nicht handhaben konnten. Sie haben Anweisungen zurückgeschickt. Also sind die Verlierer ihnen gefolgt. Dann haben sie in einer guten, sicheren Distanz zum Sol-System ihre Zelte aufgeschlagen.«

Chmee dachte darüber nach. Schließlich sagte er: »Wie auch immer sie herkamen, die Pak waren intelligente und kriegerische Fremdenfeinde. Das hat einiges zur Folge. Die Waffe, die die halbe *Liar* verdampfte, die Waffe, die du und Teela beharrlich eine Meteoritenabwehr nannten, war fast sicher darauf programmiert, auf eindringende Schiffe zu feuern. Sie wird, wenn die Möglichkeit besteht, auf die *Hot Needle of Inquiry* oder das Landefahrzeug feuern. Mein zweiter Punkt ist, dass der Hinterste nicht erfahren darf, wer die Ringwelt erbaute.«

Louis schüttelte den Kopf. »Sie müssen längst verschwunden sein. Brennan zufolge ist die einzige Motivation des Protektors, seine Nachkommen zu schützen. Sie wollten nicht, dass die Mutationen sich entwickelten. Sie hätten niemals zugelassen, dass die Ringwelt in die Sonne hineinrutscht.«

»Louis ...«

»Tatsächlich müssen sie seit Hunderten von Tausenden von Jahren verschwunden sein. Sieh dir die Vielzahl an Hominiden an, die wir gefunden haben.«

»Ich würde sagen, Millionen von Jahren. Sie müssen sie verlassen haben, bald nachdem das erste Schiff um Hilfe gerufen hat, und sind bald nach Vollendung des Baus gestorben. Wie sonst hätte diese Vielfalt Zeit für ihre Entwicklung gehabt? Aber ...«

»Chmee, sieh mal: angenommen, sie vollendeten die Ringwelt lediglich vor einer halben Million Jahre. Gib den Erzeugern eine Viertelmillion Jahre, um sich auszubreiten, ohne dass die Protektoren einen Krieg ausfechten, weil das Territorium praktisch keine Grenzen hat. Dann lass die Protektoren aussterben.«

»Woran?«

»Ungenügende Daten.«

»Akzeptiert. Nun?«

»Lass die Protektoren vor einer Viertelmillion von Jahren aussterben. Gib den Erzeugern ein Zehntel der Zeit, die es braucht, dass die Menschen sich auf der Erde entwickeln. Ein Zehntel der Zeit und jede Menge hübscher Klüfte in der Ökologie, weil die Protektoren nichts mitgebracht haben, was die Erzeuger jagt, und eine Basisbevölkerung in den *Trillionen.* Siehst du? Auf der Erde waren vielleicht eine halbe Million Erzeuger, als die Protektoren ausstarben. Auf der Ringwelt gibt es drei Millionen mal so viel Platz und jede Menge Zeit, um sich auszubreiten, bevor die Protektoren starben. Die Mutanten hätten alles für sich zur Verfügung.«

»Ich akzeptiere nicht, dass du recht hast«, sagte Chmee ruhig. »Ich habe das Gefühl, dass dir irgendetwas entgangen ist. Vorausgesetzt, dass die Protektoren fast gewiss verschwunden sind. Fast gewiss. Was, wenn der Hinterste erfährt, dass dies ihr Eigentum war, ihre Heimat?«

»Huch! Er würde davonlaufen. Mit oder ohne uns.«

»Offiziell sind wir nicht in das Geheimnis des Ringweltbaus eingedrungen. Einverstanden?«

»Ja.«

»Suchen wir immer noch nach dem Reparaturzentrum? Der Geruch des Lebensbaums ist vielleicht tödlich für dich. Du bist zu alt, um ein Protektor zu werden.«

»Ich würde es auch nicht wollen. Gibt es ein Spektroskop im Landefahrzeug?«

»Ja.«

»Der Lebensbaum wächst nicht richtig ohne ein Bodenadditiv: Thalliumoxid. Thallium muss im galaktischen Kern häufiger vorkommen als hier draußen. Wo auch immer die Protektoren viel Zeit verbracht haben, dort werden wir Thalliumoxid für die Pflanzen finden. So werden wir das Reparaturzentrum finden. Wir gehen in Druckanzügen rein, falls wir jemals so weit kommen.«

Kapitel 14

Der Geruch des Todes

Als sie die Straße erreichten, explodierte die Stimme des Hintersten rings um sie her. »... LANDEFAHRZEUG! CHMEE, LOUIS, WAS VERBERGT IHR? HINTERSTER RUFT DAS LANDE...«

»Aufhören! Tanj verdammt, dreh die Lautstärke runter, uns platzen gleich die Trommelfelle!«

»Könnt ihr mich immer noch hören?«

»Wir hören dich gut«, erwiderte Louis. Chmees Ohren hatten sich in Pelztaschen eingefaltet. Louis wünschte sich, er könnte das auch. »Die Berge müssen uns blockiert haben.«

»Und was habt ihr diskutiert, während wir voneinander abgeschnitten waren?«

»Meuterei. Wir haben uns dagegen entschieden.«

Ein Augenblick Pause, dann: »Sehr weise«, sagte der Hinterste. »Ich möchte eure Interpretation dieses Hologramms.«

Einer der Bildschirme zeigte eine Art Klammer, die aus der Ringmauer hervorstach. Das Bild war leicht verschwommen und seltsam beleuchtet: aufgenommen im Vakuum, im Sonnenlicht und im Licht, das von der Ringwelt-Landschaft rechts reflektiert wurde. Die Klammer schien ein Stück der Ringmauer selbst zu sein, als ob *Scrith* wie Toffee gestreckt worden wäre.

Die Klammer hielt zwei Unterlegscheiben oder Doughnuts fest, die von ihrem eigenen Durchmesser separiert waren. Nichts sonst zeigte sich, abgesehen vom oberen Rand der Ringmauer. Es war unmöglich, den Maßstab abzuschätzen.

»Das wurde von der Sonde aufgenommen«, sagte der Puppenspieler. »Ich habe die Sonde ins Transportsystem des Rands hineingeschickt, wie angewiesen. Sie wird antispinwärts beschleunigt.«

»Ja. Was meinst du, Chmee?«

»Es könnte eine Stabilisierungsdüse für die Ringwelt sein. Sie wäre keine Schusswaffe. Hinterster, hast du irgendetwas hinsichtlich magnetischer Effekte hereinbekommen?«

»Nein, Louis, die Maschine ist anscheinend im Schlafzustand.«

»Die Supraleiterpest hätte sie im Vakuum nicht berührt. Sie sieht nicht beschädigt aus. Obwohl die Kontrollen sonst wo sein könnten. Auf der Oberfläche. Vielleicht lassen sie sich reparieren.«

»Dazu müsstest du sie zuerst finden. Im Reparaturzentrum?«

»Ja.«

Die Straße verlief zwischen Sumpfland und felsigem Hochland. Sie kamen an etwas vorüber, was aussah wie eine Chemiefabrik. Sie mussten gesehen worden sein; es ertönte ein tiefes Nebelhorn und ein Schwall Dampf schoss aus etwas, was vielleicht ein Kamin war. Chmee verlangsamte nicht.

Sie sahen keine weiteren der Kastenwagen mehr.

Louis hatte gesehen, wie ein blasses Schimmern langsam über die Bäume und weiter hinaus in den Sumpf strich. Es bewegte sich so langsam wie Dunst über dem Wasser oder wie Ozeanriesen, die anlegten. Jetzt, weit voraus, kam eine weiße Form aus den Bäumen heraus und auf die Straße zu.

Aus einem gewaltigen weißen Körper hob sich die Ansammlung von Sinnesorganen auf einem schlanken Hals. Seine Kinnlade war auf ebenem Grund; sie fiel herab wie die Schaufel eines Baggers und fischte Sumpfwasser und Vegetation auf, während das Untier auf sich wellenden Bauchmuskeln heraufkam. Es war größer als der größte Dinosaurier.

»Bandersnatch«, sagte Louis. Was taten die denn hier? Bandersnatchi stammten von Jinx. »Bremse ab, Chmee, er möchte mit uns reden.«

»Wozu?«

»Sie haben ein langes Gedächtnis.«

»Woran würden sie sich erinnern? Sumpfbewohner, Schlammfresser, ohne Hände, um Waffen herzustellen. Nein.«

»Warum nicht? Vielleicht könnten sie uns sagen, was Bandersnatchi ursprünglich auf der Ringwelt getan haben.«

»Das ist kein Geheimnis. Die Protektoren müssen ihre Karten im großen Ozean mit Proben der Spezies aufgestockt haben, die sie für möglicherweise gefährlich hielten.«

Chmee spielte den Dominanten, und das gefiel Louis nicht. »Was ist los mit dir? Wir könnten zumindest fragen.«

Der Bandersnatch schrumpfte hinter ihnen zusammen. Chmee knurrte: »Du meidest Konfrontationen wie ein Pierson's-Puppenspieler. Schlammfresser und Wilde befragen! Sonnenblumen töten! Der Hinterste hat uns gegen unseren Willen auf diesen Bau gebracht, und du verzögerst unsere Rache, indem du Sonnenblumen tötest! Wird es in einem Jahr für die Einheimischen der Ringwelt noch eine Rolle spielen, dass Louis der Gott im Vorübergehen innehielt, um Gräser auszuzupfen?«

»Ich würde sie retten, wenn ich könnte.«

»Wir können nichts tun. Die Erbauer der Straße, die wollen wir. Zu primitiv, um uns zu bedrohen, fortgeschritten genug, um Antworten auf Fragen zu kennen. Wir werden ein isoliertes Fahrzeug suchen und daneben niedergehen.«

Am Nachmittag übernahm Louis das Steuer.

Der Sumpf wurde zu einem Fluss, der nach spinwärts abbog, weit von seinem ursprünglichen Bett. Die grobe Straße folgte dem neuen Fluss. Das ursprüngliche Bett verlief fast genau nach Backbord, in sorgfältig angelegten Schwüngen, mit gelegentlichen Stromschnellen oder einem Wasserfall. Es war knochentrocken und lief in eine knochentrockene Wüste aus. Der Sumpf musste ein See gewesen sein, bevor er verschlammt war.

Louis schwankte unschlüssig und folgte dann dem ursprünglichen Bett.

»Ich glaube, wir haben die Zeitfolge richtig erkannt«, sagte er zu Chmee. »Prills Leute haben sich entwickelt, lange nachdem die Ingenieure verschwunden waren. Von all den intelligenten Spezies hier waren sie die ehrgeizigsten. Sie haben die großen, prächtigen Städte gebaut. Dann hat diese merkwürdige Pest den größten Teil ihrer Maschinen lahmgelegt. Jetzt haben wir die Maschinenleute, und sie *könnten* dieselbe Spezies sein. Die Maschinenleute haben die Straße gebaut. Sie taten es, nachdem sich der Sumpf gebildet hatte. Aber ich glaube, der Sumpf hat sich ausgebildet, nachdem das Imperium von Prills Leuten zusammengebrochen ist.

Was ich also tue, ist, nach einer alten Stadt von Prills Leuten zu suchen. Wir könnten Glück haben und eine alte Bibliothek oder einen Kartenraum finden.«

Sie hatten ein paar Städte während der ersten Expedition gefunden. Heute flogen sie schon einige Stunden, ohne etwas anderes zu sehen als, zweimal, eine Ansammlung von Zelten und einmal einem Sandsturm von der Größe eines Kontinents.

Die schwebende Stadt war noch immer vor ihnen, von der Kante aus gesehen, sodass Details verborgen blieben. Ein Dutzend Türme ragten an der Kante in die Höhe; umgekehrte Türme fielen weiter innen herab.

Der ausgetrocknete Fluss endete in einem ausgetrockneten See. Louis flog am Ufer entlang in dreißig Kilometern Höhe. Der Seegrund war seltsam. Er war ziemlich flach, abgesehen von Stellen, wo künstlich angelegte Inseln mit geriffelten Kanten vom Boden aufstiegen.

»Louis!«, rief Chmee. »Stell den Autopiloten ein!«

»Was hast du gefunden?«

»Einen Schwimmbagger.«

Louis stellte sich zu Chmee ans Teleskop.

Er hatte ihn für den Teil einer der größeren Inseln gehalten. Er war riesig und flach, scheibenförmig und von der Farbe des Seebodens. Sein oberer Teil hätte sich unterhalb der Seeoberfläche befunden. Sein saumloser Rand war gewinkelt wie die Klinge eines Hobels. Die Maschine hatte sich an der Insel festgefahren, die sie aus dem Seeboden gebaggert hatte.

So hatten die Ringwelt-Ingenieure also den Schlamm in die Schüttrohre gebracht. Er floss nicht von allein; der Meeresboden war zu flach. »Das Rohr war verstopft«, spekulierte

Louis. »Der Bagger funktionierte weiter, bis er kaputtging, oder bis etwas die Energiezufuhr kappte – so etwas wie die Supraleiterpest. Soll ich den Hintersten rufen?«

»Ja. Stell ihn weiter zufrieden ...«

Aber der Hinterste hatte bedeutendere Nachrichten.

»Seht mal«, sagte er. Er ließ eine rasche Abfolge von Hologrammen über einen der Bildschirme laufen. Eine Klammer ragte aus der Randmauer hervor, an deren Spitze zwei Ringe angebracht waren. Eine weitere Klammer, aus größerer Entfernung gesehen; und auf diesem Bild zeigte sich ein Schüttberg am Fuß der Randmauer. Der Schüttberg war halb so groß wie die Klammer. Eine dritte Klammer zeigte sich. Eine vierte, der Bau gleich neben ihr. Eine fünfte ... »Halt an!«, rief Louis. »Geh zurück!«

Die fünfte Klammer verharrte einen Moment lang auf dem Bildschirm. An deren Spitze war gar nichts zu erkennen. Dann schaltete der Hinterste zum vierten Hologramm zurück.

Es war wegen der Geschwindigkeit der Sonde etwas verschwommen. An der Randmauer gleich neben der Klammer war eine schwere Hubmaschine verankert: ein primitiver Fusionsgenerator; eine elektrische Winde; eine Walze und ein Haken, der ohne Stütze darunter hing. Das Kabel, das von der Walze herabhing, musste unsichtbar dünn sein, dachte Louis. Es könnte Schattenrechteckdraht sein.

»Ein Reparaturteam bereits an der Arbeit? Arr. Montieren sie Stabilisierungsdüsen oder demontieren sie die? Wie viele sind montiert?«

»Das wird uns die Sonde sagen«, erwiderte der Hinterste. »Ich lenke eure Aufmerksamkeit auf ein anderes Problem. Holt euch diese Ringe ins Gedächtnis zurück, die die Mitte des einen intakten Raumschiffs umgaben. Wir vermuten, dass sie ein elektromagnetisches Einfangfeld für die Bussard-Ramdüsen erzeugen.«

Chmee studierte den Bildschirm. »Die Ringwelt-Schiffe hatten alle das gleiche Design. Ich habe mich nach dem Grund gefragt. Du könntest recht haben.«

»Das verstehe ich nicht. Was hat …«, sagte Louis.

Die einäugigen Schlangen blickten ihn vom Bildschirm her an. »Halrloprillalars Leute bauten Teile eines Transportsystems, das ihnen endlos Platz zur Kolonisierung und Erforschung geboten hätte. Warum haben sie nicht weitergemacht? Durch das Transportsystem des Rands gehörte ihnen die gesamte Ringwelt. Warum unternahmen sie die Anstrengung, die Sterne zu erreichen?«

Es ergab ein hässliches Muster. Louis wollte es nicht glauben, aber es passte allzu gut. »Sie haben die Antriebe umsonst bekommen. Sie haben ein paar der Stabilisierungsdüsen der Ringwelt abmontiert, Schiffe darum gebaut und die Sterne erreicht. Und nichts ging offensichtlich daneben. Also bauten sie ein paar weitere ab. Ich frage mich, wie viele sie verwendet haben.«

»Das wird uns die Sonde in nächster Zeit sagen«, erwiderte der Puppenspieler. »Sie haben anscheinend ein paar Düsen drangelassen. Warum haben sie die Ringwelt nicht zurück in Position bewegt, bevor die Instabilität zu groß wurde? Chmees Frage ist eine gute. Werden Antriebe wieder anmontiert oder gestohlen, um für Schiffe benutzt zu werden, sodass noch ein paar von Halrloprillalars Spezies entkommen können?«

Louis Gelächter war bitter. »Wie hört sich das an? Sie haben ein paar Düsen drangelassen. Dann kam die Pest, die den größten Teil ihrer Maschinen tötete. Einige von ihnen sind in Panik geraten. Sie haben sämtliche Schiffe genommen, die sie hatten, und sie haben eilig weitere Schiffe gebaut und den größten Teil der Stabilisierungsdüsen dafür abgebaut. Sie sind immer noch dabei. Sie überlassen die Ringwelt ihrem Schicksal.«

»Blödmänner. Sie machen es selbst«, bemerkte Chmee.

»Wirklich?«

»Aber dies ist nur die Möglichkeit, die ich verdächtig finde«, sagte der Puppenspieler. »Hätten sie nicht so viel von ihrer Zivilisation mitgenommen, wie sie tragen konnten? Gewiss hätten sie Umwandlungsmaschinen mitgenommen.«

Seltsamerweise war Louis nicht einmal versucht zu lachen. Aber welche Antwort konnte er geben?

Der Kzin fand eine Antwort. »Sie hätten alles in Reichweite mitgenommen. Alles in der Nähe der Raumhafenkanten. Alles in der Nähe der Randmauer, wo das Transportsystem der Mauer zur Verfügung stand. Wir müssen im Innern suchen, und wir müssen das Reparaturzentrum suchen. Jeder von Prills Leuten, der dort zu finden ist, hätte versucht, die Ringwelt zu retten, nicht, sie zu verlassen.«

»Vielleicht.«

»Es wäre hilfreich«, sagte Louis, »wenn wir wüssten, wann genau die Pest damit angefangen hat, ihre Supraleiter aufzufressen.«

Wenn er gedacht hätte, dass der Hinterste zusammenzucken würde, so sah er sich getäuscht. Der Puppenspieler sagte: »Du wirst es wahrscheinlich eher erfahren als ich.«

»Ich glaube, du weißt es bereits.«

»Ruft mich an, wenn ihr etwas erfahrt.« Die Schlangenköpfe verschwanden.

Chmee sah ihn seltsam an, sagte jedoch nichts. Louis kehrte an die Flugkontrollen zurück.

Die Terminatorlinie war ein ausgedehnter Schatten, der von spinwärts herankam, als Chmee die Stadt entdeckte. Sie waren einem sandgefüllten Flussbett an Backbord des ausgetrockneten Sees gefolgt. Hier gabelte sich der Fluss, und die Stadt lag in der Gabelung.

Prills Leute hatten selbst dort noch hoch gebaut, wo es offensichtlich nicht mehr nötig war. Die Stadt war nicht ausgedehnt gewesen, aber hoch, bis die schwebenden Bauten auf die niedrigeren Gebäude herabgestürzt waren. Ein schlanker Turm stand immer noch, aber schief. Er hatte sich wie ein Speer in die unteren Ebenen gebohrt. Eine Straße verlief vom Hafen am äußeren Rand des einen Zweigs des ausgetrockneten Flusses entlang, dann über eine Brücke, die so massiv war, dass sie den Maschinenleuten gehören musste. Halrloprillalars Leute hätten stärkere Materialen benutzt oder hätten sie schweben lassen.

»Die Stadt wird geplündert worden sein«, sagte Chmee.

»Nun ja, vorausgesetzt, jemand hat eine Straße gebaut, um die Plünderung durchzuführen. Warum bringst du uns nicht auf jeden Fall nach unten?«

»Deine Affen-Neugier?«

»Vielleicht. Umkreise das tanj Ding einfach, verschaff uns einen näheren Blick darauf.«

Chmee ließ das Landefahrzeug rasch genug für einen freien Fall herabstürzen. Das Fell des Kzin war fast ausgewachsen, ein glänzender und hübscher orangefarbener Mantel und eine Erinnerung an Chmees neue Jugend. Die Adoleszenz war für seine Launen nicht gerade hilfreich. Vier Kriege zwischen Mensch und Kzin, dazu ein paar »Zwischenfälle« ... Louis hielt den Mund.

Das Landefahrzeug sackte unter ihnen ab. Louis wartete, bis das brutale Gewicht ihn verließ, dann stellte er den Blick durch die Außenkameras ein. Er sah es fast sofort.

Ein kastenähnliches Fahrzeug parkte neben dem schiefen Turm. Ein Dutzend Insassen hätte sich darin befinden können. Das Motorgehäuse hinten hätte ausreichen sollen, ein Raumschiff steigen zu lassen ... aber dies war ein primitives Volk. Er konnte sich nicht vorstellen, was sie benutzten, um das Fahrzeug zu bewegen. Er zeigte hin und sagte: »Wir finden ein isoliertes Fahrzeug und landen daneben, nicht?«

»Genau.« Chmee setzte das Landefahrzeug auf. Währenddessen studierte Louis die Situation:

Der Turm hatten sich in ein viereckiges Gebäude gebohrt; war durch das Dach und drei Stockwerke und möglicherweise in einen Keller gekracht. Es war die Hülle eines kleineren Gebäudes, das ihn aufrecht hielt. Weiße Dampf- oder Rauchwolken schossen unregelmäßig aus zwei Turmfenstern. Bleiche menschliche Gestalten tanzten vor dem großen Eingang des kleineren Gebäudes herum – tanzten oder hielten einen Sprungwettbewerb ab –, und zwei weitere lagen auf dem Bauch, wenn auch in unbequemen Positionen ...

Kurz bevor die einzig verbliebene Wand eines eingestürzten Gebäudes Louis den Blick versperrte, ging ihm blitzartig auf, was los war. Die bleichen Gestalten versuchten, den Eingang über eine schuttübersäte Straße zu erreichen. Jemand im Turm schoss auf sie. Das Landefahrzeug setzte auf. Chmee stand auf und streckte sich. »Du hast anscheinend richtig Glück,

Louis. Wir können diejenigen mit den Schusswaffen für die Maschinenleute nehmen. Unsere Strategie wird die sein, ihnen zu Hilfe zu kommen.«

Es erschien vernünftig. »Weißt du irgendetwas über Projektilwaffen?«

»Wenn wir von chemischem Treibstoff ausgehen, wird eine tragbare Waffe Panzerung nicht durchschlagen. Wir können den Turm mit Fluggürteln betreten. Betäubungswaffen mitnehmen. Wir möchten unsere zukünftigen Verbündeten schließlich nicht töten.«

Sie traten in die Nacht hinaus. Zwar hatte sich die Wolkendecke am Himmel geschlossen, aber selbst so schimmerte Bogenlicht als ein blasses breites Band hindurch, und die schwebende Stadt war ein dichter Sternhaufen Richtung backbord. Man konnte sich nicht verlaufen.

Louis Wu fühlte sich nicht wohl. Der Körperschutz war so steif; die Kapuze verdeckte den größten Teil seines Gesichts. Die gepolsterten Riemen des Fluggürtels erschwerten ihm das Atmen, und seine Füße baumelten herum. Aber nichts würde sich jemals so anfühlen wie eine Stunde unter dem Draht, und das war's. Wenigstens fühlte er sich relativ sicher.

Er hing im Himmel und blickte durch die Binokularbrille mit Lichtverstärkung. Die Angreifer schienen nicht so furchterregend zu sein. Sie waren mehr oder minder nackt und waffenlos. Ihr Haar war silbern; ihre Haut sehr weiß. Sie waren schlank und schön; selbst die Männer waren eher schön als gutaussehend und bartlos.

Sie hielten sich in den Schatten und der Deckung, die Bruchstücke von Gebäuden zur Verfügung stellten, außer wenn einer oder zwei im Zickzack zum großen Eingang sprinteten. Louis hatte zwanzig gezählt, elf davon Frauen. Fünf weitere lagen tot auf der Straße. Andere mochten bereits im Gebäude sein.

Die Verteidiger hatten jetzt aufgehört zu schießen. Vielleicht war ihnen die Munition ausgegangen. Sie hatten zwei Fenster in der abwärts geneigten Front des Turms benutzt, vielleicht sechs Stockwerke hoch. Jedes Fenster im Turm war zerbrochen. Er schob sich dicht an die größere fliegende Gestalt von Chmee heran. »Wir gehen auf der anderen Seite rein, mit den Lampen in niedrigster Intensität und größter Blende. Ich gehe als Erster, weil ich ein Mensch bin. In Ordnung?«

»In Ordnung«, erwiderte Chmee.

Die Gürtel hielten sich mit *Scrith*-Rückstoß in der Luft, wie das Landefahrzeug. Auf dem Rücken gab es kleine Düsen. Louis flog herum, überprüfte, ob Chmee ihm folgte, und schwebte in eines der Fenster, von dem er hoffte, dass es in der richtige Etage lag.

Es war ein großer Raum, und der war leer. Der Geruch erregte einen Niesreiz in ihm. Es gab Netz-Mobiliar, bei dem die Netze verrottet waren, und einen langen Glastisch, zerbrochen. Am Grund des abfallenden Fußbodens erwies sich ein formloses Ding als ein Rucksack mit Schulterriemen. Daher: Sie waren hier gewesen. Und der Geruch …

»Kordit«, sagte Chmee. »Chemischer Treibstoff. Wenn sie auf uns schießen, bedecke deine Augen.« Er ging zu einer Tür, drückte sich flach gegen die Wand und warf die Tür plötzlich auf. Eine Toilette, leer.

Eine größere Tür hing offen herab, in der Neigung der Fußbodens. Mit dem Betäuber in der einen Hand und der

Laserlampe in der anderen ging Louis darauf zu. Er spürte, wie eine wachsende Aufregung die Furcht ertränkte.

Auf der anderen Seite der kunstvoll geschnitzten Holztür wand sich ein breites Treppenhaus kreisförmig hinab in die Dunkelheit. Louis leuchtete mit seiner Lampe an den Windungen des Geländers entlang bis dorthin, wo die Treppenhausspirale und der Boden des Gebäudes in sich selbst zusammengefallen waren. Die Lampe fiel auf eine beidhändige Waffen mit Schulterstütze und eine Schachtel, die winzige goldene Zylinder verschüttet hatte; eine weitere Waffe weiter unten; einen Umhang mit Riemen; weitere Fetzen von Kleidung auf den unteren Stufen; eine zusammengerollte menschliche Gestalt auf dem zerdrückten Grund des Treppenhauses – ein nackter Mann, der dunkler und muskulöser wirkte als die Angreifer.

Louis' Aufregung wurde unerträglich. War dies wirklich das, was er die ganze Zeit über benötigt hatte? Nicht den Apparat und den Draht, sondern der Einsatz seines Lebens, um dessen Wert zu beweisen! Louis richtete seinen Fluggürtel und ließ sich über das Geländer fallen.

Er fiel langsam. Auf der Treppe war nichts Menschliches, aber Dinge waren herabgefallen: anonyme Kleidung, Waffen, Stiefel, ein weiterer Schulterrucksack. Louis fiel immer weiter … und wusste plötzlich, dass er die richtige Ebene gefunden hatte. Rasche Einstellungen an seinem Fluggürtel schickten ihn durch eine Tür im Gefolge eines Duftes, der sich radikal von dem unterschied, was Chmee *Kordit* genannt hatte.

Er befand sich außerhalb des Turms. Er konnte gerade noch verhindern, gegen eine Wand zu knallen; er war nach wie vor innerhalb des tieferen, zerstörten Gebäudes. Irgendwie hatte er seine Lampe fallen lassen. Er schaltete den Verstärker in seiner Binokularbrille hoch und wandte sich nach rechts, dem Licht zu.

In dem großen Eingang lag eine tote Frau: eine von den Angreifern. Blut hatte sich unter einer Schusswunde in ihrer Brust gesammelt. Louis verspürte eine große Trauer um sie … und ein drängendes Verlangen, das ihn veranlasste, über sie hinwegzufliegen, durch die Türen und hinaus.

Das verstärkte Licht des Bogens war hell sogar durch die Wolkendecke. Er hatte die Angreifer gefunden, und auch die Verteidiger. Sie waren zu zweit, bleiche, schlanke Gestalten und kleinere, dunklere, die immer noch einen Fetzen Kleidung trugen, einen Stiefel oder eine Kopfbedeckung oder ein aufgerissenes Hemd. In ihrer wilden Begattung ignorierten sie den fliegenden Mann.

Aber eine war nicht mit jemandem gepaart. Als Louis seinen Flug zum Halt brachte, packte sie ihn am Fußknöchel, ohne Beharrlichkeit und ohne Furcht. Sie war silberhaarig und sehr bleich, und ihr fein ziseliertes Gesicht war schön über alle Worte hinaus.

Louis schaltete den Fluggürtel ab und ließ sich neben sie fallen. Er nahm sie in die Arme. Ihre Händen strichen fragend über seine seltsame Kleidung. Louis ließ den Betäuber fallen, zog sich die Weste und den Fluggürtel aus – seine Finger waren ungeschickt –, seinen Körperschutz, seine Untersachen. Er nahm sie ohne Finesse. Sein Drang war größer als jede Rücksichtnahme auf sie. Aber sie war so gierig wie er.

Er war sich nichts bewusst außer sich selbst und ihrer. Gewiss wusste er nicht, dass Chmee zu ihnen getreten war. Er wusste dies ruckartig, als der Kzin seiner neuen Liebe mit seinem Laser hart auf den Kopf schlug. Die Hand des pelzigen Alien senkte ihre Klauen in ihr silbriges Haar und zog ihren Kopf zurück; und zog ihre Zähne aus Louis Wus Kehle heraus.

Kapitel 15

Die Maschinenleute

Der Wind fegte Staub in Louis Wus Nasenlöcher; er peitschte sein Haar in einem Sturm um sein Gesicht. Louis streifte es zurück und öffnete die Augen. Das Licht war blendend hell. Seine herumsuchenden Hände fanden ein Kunststoffpflaster auf seinem Hals, dann eine Binokularbrille, die sein Gesicht bedeckte. Er zog sie herab.

Er wälzte sich von der Frau weg und setzte sich auf.

Jetzt war es dämmrig. Fast Morgendämmerung: Die Terminatorlinie teilte die Welt in hell und dunkel. Louis schmerzte jeder Muskel. Er hatte das Gefühl, als wäre er zusammengeschlagen worden. Paradoxerweise fühlte er sich wundervoll. Für zu viele Jahre hatte er Sex nur selten genutzt, und auch nur als Vorwand, weil Drahtköpfe traditionell kein Interesse an derlei Dingen hatten. In der letzten Nacht war er mit ganzer Seele dabei gewesen.

Die Frau? Sie war etwa so groß wie Louis und auf der stämmigen Seite von hübsch. Nicht flachbrüstig, aber auch nicht vollbusig. Ihr schwarzes Haar war zu einem langen Zopf geflochten, und an ihrer Kinnlinie spross ein beunruhigender Bartsaum. Sie schlief den Schlaf der Erschöpfung, und sie hatte ihn verdient. Das hatten sie beide. Jetzt erinnerte er sich allmählich. Aber seine Erinnerungen ergaben nicht viel Sinn. Er hatte sie geliebt – nein, er hatte sich Hals über Kopf in die bleiche, schlanke Frau mit den roten Lippen verliebt. Der Anblick seines Blutes an ihrem Mund, das stechende Gefühl an seinem Hals hatten in ihm einzig ein schreckliches Gefühl des Verlustes zurückgelassen. Er hatte geheult, als Chmee ihr den Kopf umgedreht hatte, bis ihr Hals gebrochen war. Er hatte gekämpft, als der Kzin ihn von der toten Frau herabgeholt hatte. Der Kzin hatte ihn unter einen Arm gesteckt; er tobte nach wie vor, kämpfte nach wie vor, während Chmee das Erste-Hilfe-Päckchen aus Louis' Weste herausgeholt, ihm ein Pflaster auf den Hals geklebt und das Päckchen wieder weggesteckt hatte.

Dann hatte Chmee sie getötet, sämtliche der hübschen silberhaarigen Männer und Frauen, hatte ihnen mit den leuchtend roten Nadeln seiner Laserlampe durch den Kopf geschossen. Louis erinnerte sich daran, versucht zu haben, ihn daran zu hindern, und über das zerbrochene Pflaster geschleudert worden zu sein. Er war mühsam auf die Beine gekommen und hatte gesehen, wie jemand anders sich bewegte, und war auf sie zugegangen. Sie, die dunkelhaarige Frau, die einzig Überlebende der Verteidiger. Sie waren einander in die Arme gefallen.

Warum hatte er das getan? Und Chmee hatte versucht, seine Aufmerksamkeit zu erregen … nicht wahr? Louis erinnerte an einen Schrei, wie Tiger im Krieg.

»Pheromone«, sagte er. »Und sie sahen so harmlos aus!« Er stand auf und blickte sich in schierem Entsetzen um. Die Toten lagen alle um ihn her: die Dunklen mit Wunden im Hals, die Blassen mit Blut auf ihrem Mund und schwarzen, verkohlten Streifen im silbrigen Haar. Die Waffen hatten nicht ausgereicht. Was die Vampire hatten, war schlimmer als ein Tasp. Sie verströmten eine superstimulierende Wolke aus Pheromonen, menschlichen Duftsignalen sexueller Bereitschaft. Einer der Vampire, oder ein Paar, musste den Turm erreicht haben. Und die Verteidiger waren herausgekommen, herausgelaufen, hatten Waffen und Kleidung in einer Eile weggeworfen, die sie über das Geländer in den Tod geschickt hatte.

Aber warum, wo doch die Vampire tot waren, hatten er und die dunkelhaarige Frau …?

Der Wind zauste Louis' Haar. Die Vampire waren tot, aber er und die dunkelhaarige Frau standen immer noch inmitten einer Wolke aus Pheromonen. Sie begatteten sich wie wild …

»Wenn nicht der Wind aufgekommen wäre, würden wir es immer noch tun. Ja. Nun, wo zum Tanj habe ich … alles gelassen?

Er fand den Körperschutz und den Fluggürtel. Die Unterkleidung war in Fetzen gerissen. Was war mit der Weste? Er sah, dass die Augen der Frau offen waren. Plötzlich setzte sie sich auf, und das mit einem Entsetzen in den Augen, das Louis sehr wohl verstehen konnte. Er sagte zu ihr: »Ich muss die Weste holen, weil der Übersetzer sich darin befindet. Ich hoffe, Chmee verschreckt dich nicht, bevor ich …«

Chmee. Wie hatte das für *ihn* ausgesehen?

Chmees große Hand umfasste Louis' Schädel und drehte ihn nach hinten. Louis klammerte sich mit Leib und Geist an die Frau und stieß zu, stieß zu; aber seine Augen waren erfüllt von diesem orangefarbenen Tiergesicht, und seine Ohren mit gekreischten Beschuldigungen. Es lenkte ab …

Chmee war nicht in Sicht. Louis fand die Weste ein gutes Stück entfernt, in der toten Hand eines Vampirs. Den Betäuber konnte er nicht entdecken. Inzwischen war er echt besorgt. Etwas Hässliches stieg aus seinem Gedächtnis hervor. Er rannte und erreicht den Ort, wo sie das Landefahrzeug aufgesetzt hatten.

Ein Felsbrocken, der zu groß war, als dass ihn drei Männer hätten anheben können, hielt einen großzügigen Stapel schwarzen Supraleitertuchs am Boden. Chmees Abschiedsgeschenk. Das Landefahrzeug war verschwunden.

Früher oder später muss ich darüber hinwegkommen, dachte Louis. *Warum nicht jetzt?* Ein Freund hatte ihn diesen Kniff gelehrt, dieses Stückchen Magie, um sich vom Schock oder Kummer zu erholen. Manchmal funktionierte es.

Er saß auf etwas, was einmal ein Verandageländer gewesen war, obwohl die Veranda jetzt allein auf einem sandbedeckten Bürgersteig stand. Er hatte den Körperschutz übergestreift und die Weste mit all ihren Taschen. Er hatte Kleidung zwischen sich und eine weite und einsame Welt gelegt. Keine Sittsamkeit, sondern Furcht.

Das hatte seinen gesamten Ehrgeiz aufgebraucht. Jetzt saß er da. Gedanken trieben ziellos umher. Er dachte an einen funktionierenden Apparat, der ebenso weit entfernt war wie die Erde von ihrem Mond, und einen zweiköpfigen Verbündeten, der es nicht riskieren würde, hier zu landen, selbst, um Louis Wu zu retten. Er dachte an die Ringwelt-Ingenieure und ihre idealisierte Ökologie, in der Moskitos oder Vampirfledermäuse nicht vorgesehen waren; und seine Lippen zuckten unter dem Anfang eines Lächelns, dann zeigten sie den Ausdruck eines toten Mannes, soll heißen, überhaupt keinen Ausdruck.

Er wusste, wohin Chmee verschwunden war. Wiederum lächelte er beim Gedanken, wie wenig es ihm guttat. Hatte Chmee es ihm gesagt? Egal. Überleben oder der Drang zum Begatten oder Rache am Hintersten, das alles würde Chmee in dieselbe Richtung treiben. Aber würde eines dieser Motive ihn zurückbringen, um Louis Wu zu retten?

Und er dachte daran, wie wenig ein Tod zählte, wo doch Trillionen auf der Ringwelt wegen eines intimen Kontaktes mit ihrer Sonne dem Tod geweiht waren.

Nun ja, Chmee würde vielleicht zurückkehren. Louis sollte seinen Hintern in Bewegung setzen und etwas tun, um die schwebende Stadt zu erreichen. Ihr Ziel war hier gewesen; Chmee würde erwarten, ihn dort vorzufinden, wenn irgendeine Laune den Kzin zu dem Verbündeten zurückbringen würde, der so schlimm versagt hatte. Oder Louis könnte tatsächlich etwas Wertvolles erfahren. Oder … oder müsste irgendwie in dem Jahr oder zwei überleben, die ihm noch blieben. *Ich muss irgendwann darüber hinwegkommen. Warum nicht jetzt?*

Jemand kreischte.

Die schwarzhaarige Frau hatte sich angekleidet, mit Shorts, Bluse und Rucksack. Sie hatte eine Projektilwaffe an der Seite, die sie auf Louis Wu richtete. Mit dem anderen Arm vollführte sie eine Geste und schrie erneut.

Die Ferien waren vorüber. Louis wurde sich akut bewusst, dass seine Kapuze um seinen Hals lag. Wenn sie einen Kopfschuss versuchte – nun ja, sie könnte ihm gerade die Zeit schenken, sich die Kapuze übers Gesicht zu streifen, und dann würde es keine Rolle spielen, ob sie schoss oder nicht. Der Körperschutz würde das Projektil aufhalten, während er rannte. Was er wirklich benötigte, war der Fluggürtel. Oder?

»Okay«, sagte Louis, und er lächelte und hob die Hände. Was er wirklich brauchte, war ein Verbündeter. Mit einer Hand griff er langsam in seine Weste, zog den Übersetzer hervor und befestigte ihn direkt unter seiner Kehle. »Der wird für uns sprechen, sobald er es erlernt hat.«

Sie winkte mit der Waffe: *Geh vor mir her.*

Louis ging bis zum Fluggürtel, blieb dann stehen und hob ihn auf, ohne ruckartige Bewegungen. Donner dröhnte. Ein Stein, zehn Zentimeter von Louis Wus Fuß entfernt, sprang wild davon. Er ließ den Harnisch fallen und trat zurück.

Tanj, sie sprach nicht! Sie war zur Entscheidung gekommen, dass er ihre Sprache nicht beherrschte, und das war's. Wie könnte der Übersetzer etwas lernen?

Mit den Händen in der Luft sah er ihr zu, wie sie einhändig an dem Fluggürtel herumfummelte, während sie die Waffe mehr oder wenig auf ihn gerichtet hielt. Wenn sie die falschen Knöpfe berührte, würde er den Gürtel und das Tuch auch verlieren. Aber sie legte den Gürtel hin, musterte Louis einen Augenblick lang, trat dann zurück und zeigte hin.

Louis hob den Fluggürtel auf. Als sie zu ihrem Fahrzeug winkte, schüttelte er den Kopf. Er ging dorthin, wo Chmee etwa einen Quadratkilometer Supraleiterstoff zurückgelassen hatte, beschwert von einem Felsbrocken, der viel zu schwer war, um ihn zu bewegen.

Die Waffe zielte unablässig weiter auf ihn, während er den Harnisch um den Felsbrocken schnürte und den Fluggürtel einschaltete. Er schlang die Arme um den Stein – und den

Harnisch, aus Furcht, er würde wegrutschen – und hob. Der Felsbrocken kam hoch. Er drehte sich völlig herum und ließ ihn los. Er senkte sich langsam zu Boden.

War das Respekt in ihren Augen? Wegen seiner Technologie oder seiner Stärke? Er schaltete den Gürtel ab und ging vor ihr her zu ihrem Fahrzeug. Sie öffnete die Doppeltüren in der Seite. Er legte seine Last hinein und sah sich um.

Sitzbänke an drei Seiten; ein winziger Ofen in der Mitte und eine Luke im Dach als Rauchabzug. Stapel von Gepäck hinter dem Rücksitz. Eine weitere Sitzbank vorn, die nach vorn zeigte.

Er stieg aus. Er wandte sich wieder dem Turm zu, trat einen Schritt vor und sah sie an. Sie verstand, was er wollte. Sie schwankte und winkte ihn dann weiter.

Die Toten begannen zu riechen. Er fragte sich, ob sie sie begraben oder verbrennen würde. Aber sie ging zwischen den Leichen einher, ohne stehenzubleiben. Es war Louis, der stehenblieb, um probeweise einen Finger in das Silberhaar einer Frau zu stecken.

Es war viel zu viel Haar, zu wenig Schädel. Wunderschön war sie ja, aber ihr Gehirn war kleiner als ein menschliches Gehirn. Er seufzte und ging weiter.

Die Frau folgte ihm durch die Hülle des unteren Gebäudes zu der Wendeltreppe des Turms und weiter hinab. Ein toter Mann ihrer Spezies lag mit gebrochenen Knochen im zusammengedrückten Keller, und die Laserlampe gleich neben ihm. Als er einen Blick zurück auf die Frau warf, sah er Tränen in ihren Augen.

Er griff nach der Laserlampe, und die Frau schoss an ihm vorbei. Der Querschläger traf ihn an der Hüfte, und er schreckte heftig innerhalb der plötzlich starren Hülle zusammen. Er wich gegen die zerschmetterte Mauer zurück, während sie den Apparat aufhob.

Sie fand den Schalter, und Licht sprang in einem weiten Strahl um sie her. Sie fand den Fokus; der Strahl wurde schmaler. Sie nickte und ließ den Apparat in ihre Tasche fallen.

Auf ihrem Gang zurück zum Fahrzeug zog sich Louis beiläufig die Kapuze des Körperschutzes über das Gesicht, als ob das Sonnenlicht zu hell wäre. Sie hatte vielleicht alles von Louis Wu, was sie wollte, oder das Wasser konnte knapp sein, oder sie wollte vielleicht seine Gesellschaft nicht.

Sie schoss nicht auf ihn. Sie stieg in den Wagen und verschloss die Türen mit einem Schlüssel. Einen Augenblick lang sah sich Louis ohne Wasser und ohne Werkzeug ausgesetzt. Aber sie winkte ihm, zum rechten Fenster zu kommen, wo die Fahrkontrollen waren. Sie zeigte ihm, wie man fahren musste.

Es war der Durchbruch, auf den Louis gehofft hatte. Er wiederholte die Worte, die sie durch das Fenster gerufen hatte, und fügte seine eigenen Worte hinzu: »Lenkrad. Drehen. Zündung. Schlüssel. Gas geben. Gas zurücknehmen.« Sie war ziemlich gut mit Gesten. Eine Hand, die durch die Luft sauste, dazu ein Finger, der den Weg einer Nadel verfolgte, waren »Geschwindigkeitsmesser«.

Es überraschte sie, als der Übersetzer begann, seinerseits zu sprechen. Sie ließ die Sprachlektion eine kleine Zeit fortwähren. Dann öffnete sie die Tür, wich über den Sitz zurück, hielt die Waffe bereit und sagte: »Rein mit dir. Fahre.«

Die Maschine war lärmend und störrisch. Sie übertrug jedes kleine Schlagloch direkt auf den Fahrersitz, bis Louis lernte, um Risse in der Straße, Schutt und Treibsand herumzulenken. Die Frau beobachtete ihn schweigend. War sie nicht neugierig? Ihm ging auf, dass sie ein Dutzend Gefährten an die Vampire verloren hatte. Unter diesen Umständen funktionierte sie ziemlich gut.

Jetzt sagte sie: »Ich bin Valavirgillin.«

»Ich bin Louis Wu.«

»Dein Apparat ist merkwürdig. Der Sprecher, der Heber, die variable Lampe – was hast du sonst noch?«

»Tanj verdammt! Ich habe die Brille zurückgelassen.«

Sie zog die Binokularbrille aus einer Tasche. »Ich habe die hier gefunden.«

Sie hatte vielleicht auch den Betäuber gefunden. Louis fragte nicht nach. »Gut. Setze sie auf, und ich zeige dir, wie sie funktioniert.«

Sie lächelte und schüttelte den Kopf. Sie musste Angst haben, dass er über sie herfallen würde. »Was hast du in der alten Stadt getan?«, fragte sie. »Wo hast du diese Dinge gefunden?«

»Sie gehören mir. Ich habe sie von einem fernen Stern mitgebracht.«

»Mach dich nicht über mich lustig, Louis Wu.«

Louis sah sie an. »Hatten die Leute, welche die Städte erbauten, solche Dinge?«

»Sie hatten Dinge, die sprechen. Sie konnten Gebäude in die Luft heben; warum nicht sich selbst?«

»Was ist mit meinem Gefährten? Hast du jemand auf der Ringwelt gefunden, der *ihm* ähnelt?«

»Er wirkt monströs.« Sie errötete. »Ich hatte keine Gelegenheit, ihn zu studieren.«

Nein, sie war abgelenkt gewesen. Verdammt. »Warum hältst du eine Waffe auf mich gerichtet? Die Wüste ist feindlich uns beiden gegenüber. Wir sollten einander helfen.«

»Ich habe keinen Grund, dir zu trauen. Jetzt frage ich mich, ob du wahnsinnig bist. Nur die Erbauer der Stadt sind zwischen den Sternen geflogen.«

»Da irrst du dich.«

Sie zuckte die Achseln. »Musst du so langsam fahren?«

»Ich brauche Übung.«

Aber Louis bekam den Dreh für die Sache heraus. Die Straße war gerade und nicht allzu rau, und ihm kam nichts entgegen. Es gab Treibsand über der Straße. Valavirgillin hatte ihm gesagt, er solle wegen dieser Stellen nicht langsamer werden. Und er bewegte sich mit ziemlicher Geschwindigkeit auf sein Ziel zu. »Was kannst du mir über die schwebende Stadt berichten?«, fragte er.

»Ich bin nie dort gewesen. Die Kinder der Städtebauer benutzen sie. Sie bauen nicht mehr, auch herrschen sie nicht mehr, aber Brauch bei uns ist, dass sie die Stadt behalten. Sie haben viele Besucher.«

»Touristen? Menschen, die nur die Stadt sehen wollen?«

Sie lächelte. »Dazu und aus anderen Gründen. Man muss eingeladen werden. Warum musst du diese Dinge wissen?«

»Ich muss zur schwebenden Stadt. Wie weit kann ich mit dir fahren?«

Jetzt lachte sie. »Ich glaube nicht, dass du dorthin eingeladen wirst. Du bist nicht berühmt oder mächtig.«

»Ich werde mir etwas überlegen.«

»Ich fahre bis zur Schule in River's Return. Dort muss ich ihnen sagen, was passiert ist.«

»Was ist passiert? Was habt ihr dort in der Wüste gemacht?«

Sie erzählte es ihm. Es war nicht einfach. Im Vokabular des Übersetzers klafften Lücken. Sie arbeiteten sich um die Lücken herum und füllten sie.

Die Maschinenleute beherrschten ein mächtiges Imperium.

Traditionell ist ein Imperium eine Ansammlung fast unabhängiger Königreiche. Die verschiedenen Königreiche müssen Steuern zahlen, und sie folgen den Befehlen des Imperators hinsichtlich Krieg, Banditenkontrolle, Aufrechterhaltung der Kommunikation und manchmal einer offiziellen Religion. Ansonsten folgen sie ihren eigenen Gebräuchen.

Und das traf zweifelsohne auf das Maschinen-Imperium zu, wo zum Beispiel die Lebensweise eines Fleisch essenden Hirtenvolks im Wettstreit mit dem Lebensstil der Grasleute stand; es war nützlich für Händler, die den Fleischessern lederne Werkzeuge abkauften; und es war irrelevant für die Ghule. In einigen Gebieten arbeiteten viele Spezies zusammen, und alle erlaubten den Ghulen freien Durchgang. Die verschiedenen Spezies folgten ihren eigenen Gebräuchen, weil sie dazu gebaut waren.

Ghul war Louis Wus Wort. Valavirgillin nannte sie so etwas wie *Nachtleute.* Sie waren die Müllsammler und auch die Bestatter, weswegen Valavirgillin ihre Toten nicht begraben hatte. Die Ghule verfügten über eine Sprache. Man konnte ihnen beibringen, die Riten der örtlichen hominiden Religionen abzuhalten. Sie bildeten eine Informationsquelle für die Maschinenleute. Legenden besagten, dass sie dasselbe für die Städtebauer getan hatten, als die Städtebauer herrschten.

Valavirgillin zufolge war das Maschinenimperium ein Imperium des Handels, und es besteuerte nur die eigenen Kaufleute. Je mehr sie sprach, desto mehr Ausnahmen entdeckte Louis. Die Königreiche unterhielten die Straßen, die die Imperien miteinander verbanden, wenn ihre Leute dazu imstande waren, wozu (zum Beispiel) die in den Bäumen lebenden Hängeleute nicht imstande waren. Die Straßen markierten die Grenzen zwischen Territorien, die von verschiedenen hominiden Spezies gehalten wurden. Eroberungskriege über die Straßen waren verboten; und so verhinderten die Straßen Kriege (manchmal!) einfach bloß durch ihre Existenz.

Das Imperium hatte die Macht, Armeen auszuheben, um gegen Banditen und Diebe zu kämpfen. Die großen Landstriche, welche die Imperien für Handelsposten vereinnahmten, hatten die Tendenz, richtige Kolonien zu werden. Weil Straßen und Fahrzeuge das Imperium verbanden, wurde von den Königreichen daher gefordert, chemischen Treibstoff zu destillieren und ihn verfügbar zu halten. Das Imperium erwarb (durch Zwangsverkauf?) Minen, förderte sein eigenes Erz und verlieh das Recht, Maschinen nach den Spezifikationen des Imperators herzustellen.

Es gab Schulen für Händler. Valavirgillin und ihre Begleiter waren Schüler und Lehrer von der Schule in River's Return. Sie waren auf einer Exkursion zu einem Handelszentrum gewesen, das an der Grenze des Dschungellands der Hängeleute – Schwanzkletterer, wie Louis verstand, die mit Nüssen und Trockenfrüchten handelten – und den Hirten lag, Fleischesser, die mit Lederwaren und Handarbeiten handelten. (Nein, sie waren nicht klein und rot. Eine andere Spezies.) Sie hatten einen kleinen Umweg zu einer uralten Wüstenstadt genommen.

Vampire hatten sie nicht erwartet.

Wo würden Vampire Wasser in dieser Wüste finden? Wie würden sie dorthin kommen? Vampire waren so gut wie ausgestorben, bis auf …

»Bis auf was? Mir ist etwas entgangen.«

Valavirgillin wurde rot. »Einige ältere Leute halten zahnlose Vampire zum … Zweck von *Rishathra.* So kann es vielleicht passiert sein. Ein zahmes Paar ist irgendwie entkommen, oder ein schwangeres Weibchen.«

»Vala, das ist widerlich.«

»Stimmt«, pflichtete sie kalt bei. »Ich habe nie von jemandem gehört, dass er selbst Vampire hält. Wo du herkommst, gibt es da nichts, was einige tun und was andere beschämend finden?«

Das war ein Treffer ins Schwarze. »Ich werde dir gelegentlich etwas über Stromsucht erzählen. Nicht jetzt.«

Sie musterte ihn über die metallische Mündung ihrer Waffe hinweg. Trotz des schwärzlichen Bartsaums sah sie sehr menschlich aus … aber verbreitert. Ihr Gesicht war ein fast vollkommenes Quadrat. Louis hatte Probleme, ihren Gesichtsausdruck zu lesen. Das war vorherzusehen; das menschliche Gesicht hatte sich als Signalapparat entwickelt, und Valas Evolution wich von der seinen ab.

»Was wirst du als Nächstes tun?«, fragte er.

»Ich muss über die Toten Bericht erstatten … und die Artefakte von der Wüstenstadt übergeben. Da ist ein Schatz, aber das Imperium beansprucht Artefakte der Städtebauer für sich.«

»Ich sag's dir erneut, dass sie mir gehören.«

»Fahre!«

Die Wüste zeigte grüne Flecken, und ein Schattenviereck durchschnitt die Sonne, als Valavirgillin ihn bat anzuhalten. Er war froh darüber. Er war erschöpft von der unebenen Straße und der endlosen Aufgabe, das Fahrzeug geradeaus zu führen.

»Du wirst … essen«, sagte Vala.

Sie waren an Lücken in der Übersetzung gewöhnt. »Mir ist dieses Wort entgangen.«

»Du planst, Nahrung zu erwärmen, bis sie essbar ist. Louis, kannst du nicht …?«

»Kochen.« Unwahrscheinlich, dass sie Teflonpfannen und eine Mikrowelle besaß, oder? Oder Messbecher, raffinierten Zucker, Butter, irgendeine Art von Kräutern, die er erkennen konnte … »Nein.«

»Ich werde kochen. Mach mir ein Feuer. Was nimmst du zu dir?«

»Fleisch, einige Pflanzen, Früchte, Eier, Fisch. Früchte kann ich ungekocht essen.«

»Genau wie meine Leute, abgesehen vom Fisch. Gut. Steig aus und warte.«

Sie forderte ihm mit einem Blick auf, das Fahrzeug zu verlassen, dann kroch sie nach hinten. Louis streckte schmerzende Muskeln.

Die Sonne war blitzendes Silber, immer noch zu gefährlich zum Ansehen, aber die Wüste wurde allmählich dunkel. Ein breites Band Welt blitzte spinwärts. Rings umher befanden sich jetzt bräunliches Gras und ein Flecken hoher, trockener Bäume. Ein Baum war weiß und sah tot aus.

Sie kroch hinaus an die Luft. Sie warf ein schweres Ding Louis zu Füßen. »Hacke Holz und errichte ein Feuer.«

Louis hob sie hoch: Ein Stück Holz mit einem Keil groben Eisens, das am einen Ende befestigt war. »Ich höre mich äußerst ungern blöd an, aber was ist das?«

Sie benannte es. »Du schwingst das scharfe Ende gegen den Baumstamm, bis der Baum umfällt. Siehst du?«

»Axt.« Louis erinnerte sich an die Kriegsäxte in dem Museum auf Kzin. Er sah die Axt an, dann den toten Baum … und plötzlich reichte es ihm. »Es wird dunkel«, sagte er.

»Hast du Probleme, nachts zu sehen? Hier.« Sie warf ihm die Laserlampe zu.

»Dieser tote Baum ist gut genug?«

Sie wandte sich um, wobei sie ihm ein hübsches Profil zeigte, und die Waffe wandte sich mit ihr ab. Louis stellte die Lampe auf einen schmalen Strahl mit hoher Intensität ein. Er schaltete sie an. Ein heller Lichtfaden leckte an ihr vorüber. Louis strich damit über ihre Waffe. Die Waffe brach in Flammen aus und fiel auseinander.

Sie stand dort, den Mund offen und die beiden Teile in der Hand.

»Ich bin absolut willens, Vorschläge von einem Freund und Verbündeten anzunehmen«, sagte er zu ihr. »Ich bin es leid, Befehle entgegenzunehmen. Davon hatte ich jede Menge von meinem pelzigen Gefährten. Lass uns Freunde sein.«

Sie ließ fallen, was sie festhielt, und hob die Hände.

»Du hast weitere Kugeln und Waffen hinten im Fahrzeug. Bewaffne dich.« Louis wandte sich ab. Er fuhr mit dem Strahl in einer Zickzacklinie auf die richtige Art und Weise über den toten Baum. Ein Dutzend Scheite fielen brennend herab. Louis schlenderte hinüber und trat die Scheite zu einem dichten Haufen um den Stumpf. Er zielte mit dem Laser auf dessen Mitte und sah zu, wie die Scheite Feuer fingen. Etwas traf ihn zwischen den Schulterblättern. Einen Augenblick lang versteifte sich der Körperschutz. Er hörte einen einzelnen Donnerschlag.

Louis wartete einen Moment, aber der zweite Schuss, er kam nicht. Er wandte sich um und ging zum Fahrzeug und zu Vala zurück. »Tu das niemals, niemals, niemals mehr wieder!«, sagte er zu ihr.

Sie sah ihn blass und erschrocken an. »Nein. Werde ich nicht.«

»Soll ich dir beim Tragen des Kochgeschirrs helfen?«

»Nein, ich kann… habe ich dich verfehlt?«

»Nein.«

»*Wie* dann?«

»Einer meiner Apparate hat mich gerettet. Ich habe ihn aus einer Entfernung mitgebracht, die tausendmal größer ist, als das Licht in einem *Falan* reist, und er gehört *mir.*«

Sie vollführte eine Art wegwerfender Geste und wandte sich ab.

Kapitel 16

HANDELSSTRATEGIEN

Da war eine Pflanze, die am Boden wuchs wie eine Vielzahl von zusammenhängenden grün-gelb gestreiften Würstchen. Kleine Wurzeln sprossen zwischen den Verbindungen. Valavirgillin schnitt ein paar davon in einen Topf. Sie fügte Wasser hinzu, dann ein paar Samen aus einem Säckchen im Fahrzeug. Sie setzte den Topf auf die brennenden Scheite.

Tanj, Louis hätte das selbst tun können. Das Essen würde nicht sehr ausgewählt sein.

Die Sonne war jetzt völlig verschwunden. Ein dichter Haufen von Sternen Richtung Backbord musste die schwebende Stadt sein. Der Bogen schwang sich in horizontalen Bändern aus glänzendem Blau und Weiß hoch in den schwarzen Himmel. Louis hatte das Gefühl, sich auf irgendeinem gewaltigen Spielzeug zu befinden.

»Ich wünschte, ich hätte etwas Fleisch«, sagt Vala.

»Gibt mir die Brille«, sagte Louis.

Er wandte sich vom Feuer ab, bevor er die Brille aufsetzte, und schaltete die Lichtverstärkung ein. Das Augenpaar, das er jenseits der Reichweite des Feuers beobachtet hatte, löste sich auf. Louis war froh, dass er nicht aufs Geratewohl gefeuert hatte. Zwei große Gestalten und eine kleinere waren eine Familie von Ghulen.

Aber ein Schatten mit hellen Augen war klein und pelzig. Louis schnitt ihm mit dem langen hellen Faden von seiner Laserlampe den Kopf ab. Das Weibchen wollte zu dem toten Tier gehen, hielt jedoch inne, um Louis den Vortritt zu lassen. Louis hob den toten Körper auf und sah, wie sie zurückwich.

Die Ghule schienen sich sehr voneinander zu unterscheiden. Aber ihr Platz in der Ökologie war sehr sicher. Vala hatte ihm gesagt, was geschah, wenn ein Volk sich an die große Arbeit machte, seine Toten zu begraben oder zu verbrennen. Die Ghule griffen die Lebenden an. Ihnen gehörte die Nacht. Wegen der Magie, die sie aus Dutzenden örtlicher Religionen zusammengesammelt hatten, wurde ihnen nachgesagt, dass sie sich unsichtbar machen konnten. Selbst Vala glaubte halb daran.

Aber sie kümmerten Louis nicht. Warum auch? Louis würde das pelzige Tier essen, und eines Tages würde Louis selbst sterben, und die Ghule würden ihren Anteil fordern.

Während sie ihn beobachteten, musterte er die Kreatur: kaninchenähnlich, jedoch mit einem langen Schwanz mit flachem Ende und überhaupt keine Vorderpfoten. Kein Hominid. Gut.

Als er aufschaute, war da eine schwach violett glühende Flamme weit entfernt nach Backbord.

Louis hielt den Atem an, hielt sich selbst sehr still und erhöhte sowohl die Lichtverstärkung als auch die Vergrößerung. Selbst der Puls in seinen Schläfen ließ das Bild jetzt verschwimmen, aber er wusste, was er sah. Die vergrößerte

Flamme war ein Violett, das in den Augen schmerzte, und es fächerte sich auf wie ein Rakete, die im Vakuum losfeuerte. Ihr unteres Ende war von einer geraden schwarzen Linie abgeschnitten: die Kante der Ringmauer Richtung Backbord.

Er schob die Brille hoch. Selbst nachdem sich seine Augen angepasst hatten, war die violette Flamme kaum zu sehen, aber sie war nach wie vor vorhanden. Spärlich … und gigantisch.

Louis kehrte zum Feuer zurück und ließ das Tier zu Valas Füßen fallen. Er ging in die Dunkelheit Richtung Steuerbord und setzte die Brille erneut auf.

Die Flamme an Steuerbord zeigte sich viel größer, aber natürlich war diese Randmauer auch viel näher.

Vala enthäutete das kleine pelzige Tier und warf es in den Topf, ohne die Innereien zu entfernen. Als sie damit fertig war, führte Louis sie am Arm in die Dunkelheit. »Warte ein wenig, dann sag mir, ob du weit entfernt eine blaue Flamme siehst.«

»Ja, ich sehe sie.«

»Weißt du, was das ist?«

»Nein, aber ich glaube, mein Vater weiß es. Da war etwas, worüber er nicht mit uns reden wollte, als er das letzte Mal aus der Stadt zurückgekehrt ist. Es gibt weitere. Richte die Augen zur Basis des Bogens spinwärts.«

Ein tageslichtheller, blau-weißer horizontaler Streifen war so hell, dass er die Augen zusammenkneifen musste. Louis deckte ihn mit der Handkante ab … und jetzt, mit Unterstützung der Brille, konnte er zwei kleine Kerzenflammen am Rand des Bogens ausmachen, und zweite darüber, die noch winziger war.

»Der erste erschien vor sieben *Falans*, und diese großen Flammen auf Backbord und Steuerbord, dann weitere kleine im antispinwärts gerichteten Bogen. Jetzt gibt es einundzwanzig. Sie zeigen sich nur zwei Tage bei jeder Drehung, wenn die Sonne am hellsten ist.«

Louis stieß einen gewaltigen Seufzer der Erleichterung aus.

»Louis, ich weiß nicht, was es bedeutet, wenn du das tust. Bist du wütend, erschrocken oder erleichtert?«

»Ich weiß es auch nicht. Sagen wir, erleichtert. Wir haben mehr Zeit, als ich dachte.«

»Zeit wofür?«

Louis lachte. »Hast du noch nicht genug von meinem Wahnsinn gehabt?«

Sie war entrüstet. »Schließlich kann ich mir aussuchen, ob ich dir glaube oder nicht.«

Louis wurde wütend. Er hasste Valavirgillin nicht, aber sie war ein dorniger Charakter, und sie hatte bereits einmal versucht, ihn zu töten. »Schön. Wenn diese ringförmige Struktur, auf der du lebst, sich selbst überlassen wird, wird sie in fünf oder sechs *Falans* gegen die Schattenrechtecke streifen – die Objekte, welche die Sonne bedecken, wenn die Nacht einfällt. Das wird alles töten. Es wird nichts mehr am Leben sein, wenn ihr die Sonne selbst streift …«

»Und du seufzt erleichtert auf?«, kreischte sie.

»Beruhige dich, immer mit der Ruhe. Die Ringwelt ist nicht auf sich selbst gestellt. Diese Flammen sind Antriebe, um sie zu bewegen. Wir befinden uns fast am sonnennächsten Punkt, und sie setzten Bremsdüsen ein – sie feuern nach innen, sonnenwärts. So.« Mit einem spitzen Stock skizzierte er die Lage für sie im Boden. »Siehst du? Sie halten uns zurück.«

»Du sagst jetzt, wir werden *nicht* sterben?«

»Dazu ist der Antrieb vielleicht nicht genügend stark. Aber er wird uns zurückhalten. Wir könnten zehn oder fünfzehn *Falans* zur Verfügung haben.«

»Ich hoffe wirklich, du bist verrückt, Louis. Du weißt zu viel. Du weißt, dass die Welt ein Ring ist, und das ist geheim.« Sie hob die Schultern wie jemand, der ein schweres Gewicht zurechtrückt.

»Ja, ich habe genug davon. Wirst du mir sagen, warum du kein *Rishathra* vorgeschlagen hast?«

Er war überrascht. »Ich hätte gedacht, du hättest ein Leben lang genug von *Rishathra.*«

»Das ist nicht komisch. *Rishathra* ist die Art und Weise, einen Waffenstillstand zu schließen.«

»Oh. Na gut. Zurück zum Feuer?«

»Natürlich. Wir brauchen Licht.«

Sie zog den Topf ein wenig von den Flammen zurück, damit er langsamer kochte. »Wir müssen die Bedingungen besprechen. Bist du damit einverstanden, mir nichts anzutun?« Sie setzte sich ihm gegenüber auf den Boden.

»Ich bin einverstanden, dir nichts anzutun, solange ich nicht angegriffen werde.«

»Ich mache dir dasselbe Zugeständnis. Was möchtest du sonst noch von mir?«

Sie war barsch und sachlich, und Louis erfasste den Geist der Sache.

»Du wirst mich so weit bringen, wie du kannst, nach deinen eigenen Bedürfnissen. Ich gehe davon aus, dass das nicht weiter als, äh, River's Return ist. Du wirst die Artefakte als mir gehörig behandeln. Du wirst sie und mich nicht irgendeiner

Behörde übergeben. Du wirst mir Rat erteilen, nach bestem Wissen und Können, der mich in die schwebende Stadt hineinbringt.«

»Was kannst du als Gegenleistung bieten?«

War diese Frau hier und jetzt nicht völlig von Louis Wus Gnade abhängig? Nun, schon gut. »Ich versuche herauszufinden, ob ich die Ringwelt retten kann«, erwiderte er und war ein wenig erstaunt über die Erkenntnis, dass es das war, was er am meisten wünschte. »Wenn ich es kann, werde ich es tun, ungeachtet dessen, was es mich kostet. Wenn ich zum Entschluss komme, dass die Ringwelt nicht gerettet werden kann, werde ich versuchen, mich selbst zu retten, und dich, wenn das in Ordnung ist.«

Sie erhob sich. »Ei Phssthpok n leeres Versprechen. Du bietest mir deinen Wahnsinn, als hätte er echten Wert.«

»Vala, hast du zuvor nicht schon mit Wahnsinnigen zu tun gehabt?«

»Ich habe nie mit sogar geistig gesunden Aliens zu tun gehabt! Ich bin nur eine Studentin.«

»Beruhige dich. Was kann ich sonst bieten? Wissen? Ich teile mein Wissen frei, wie ich darüber verfüge. Ich weiß, warum die Maschinen der Städtebauer kaputtgegangen sind und wer die Ursache dafür war.« Es erschien wie eine sichere Vermutung, dass die Städtebauer Halrloprillalars Spezies gewesen waren.

»Weiterer Wahnsinn?«

»Das musst du für dich selbst entscheiden. Und ... ich kann dir meinen Fluggürtel und die Brille überlassen, wenn ich mit allem durch bin.«

»Wann wird das wahrscheinlich sein?«

»Wenn und falls mein Gefährte zurückkehrt.« Das Landefahrzeug verfügte über einen weiteren Fluggürtel und eine weitere Brille, die für Halrloprillalar gedacht gewesen waren. »Oder sie dir überlassen, wenn ich sterbe. Und ich kann dir die Hälfte meines Tuchs sofort überlassen. Mit Streifen davon kannst du einige der alten Maschinen der Städtebauer reparieren.«

Darüber dachte Vala nach. »Ich wünschte, ich wäre geschickter. Dann, na gut. Ich bin mit allen deinen Forderungen einverstanden.«

»Ich mit deinen.«

Sie machte sich daran, Kleidung und Schmuck abzulegen. Langsam, anscheinend verführerisch ... bis Louis erkannte, was sie tat: alle möglichen Waffen ablegen. Er wartete, bis sie völlig nackt war, dann machte er es ihr nach, ließ die Laserlampe, die Brille und die Teile des Körperschutzes in einiger Entfernung von ihr fallen und fügte sogar seinen Zeitmesser hinzu.

Daraufhin liebten sie sich, aber es war nicht Liebe. Der Wahnsinn ihrer letzten Nacht war mit den Vampiren verschwunden. Sie fragte ihn nach seiner bevorzugten Technik, dann bestand sie darauf, und er wählte die Missionarsstellung. Es war eine allzu große Formalität. Vielleicht sollte das auch so sein. Anschließend, als sie daran ging, den Kochtopf umzurühren, war er darauf bedacht, dass sie nicht zwischen ihn und seine Waffen geriet. Ihm kam es wie eine solche Situation vor.

Sie kehrte zu ihm zurück, und er erklärte, dass seine Art mehr als einmal Sex haben konnte.

Er setzte sich im Schneidersitz hin, Vala in seinem Schoß, die Beine fest um seine Hüften geschlungen. Sie streichelten einander, erregten einander, lernten einander kennen. Sie mochte es, wenn man ihr den Rücken kratzte. Ihr Rücken war muskulös, ihr Rumpf breiter als sein eigener. Ein Streifen ihres Haars verlief ihr ganzes Rückgrat hinab. Sie hatte eine genau Kontrolle der Muskeln ihrer Vagina. Der Kranz des Barts war sehr weich, sehr fein.

Und Louis Wu hatte eine Kunststoffscheibe unter dem Haar auf seinem Schädeldach.

Sie lagen in den Armen des anderen, und sie wartete.

»Selbst wenn ihr keine Elektrizität habt, müsstet ihr davon wissen«, sagte Louis. »Die Städtebauer nutzten sie, um ihre Maschinen zu betreiben.«

»Ja. Wir können Elektrizität aus dem Strom eines Flusses erzeugen. Geschichten erzählen, dass endlose Elektrizität vor dem Fall der Städtebauer aus dem Himmel kam.«

Was so ziemlich stimmte. Auf den Schattenrechtecken gab es Sonnenenergiegeneratoren, und sie strahlten die Energie zu Kollektoren auf der Ringwelt hinab. Natürlich verwendeten die Kollektoren supraleitende Kabel, und natürlich waren sie ausgefallen.

»Nun ja, also. Wenn ich einen sehr feinen Draht in mein Gehirn an die richtige Stelle hinablasse – was ich getan habe –, dann wird ein ganz geringer Stromfluss die Nerven kitzeln, die Lust registrieren.«

»Wie ist das so?«

»Wie betrunken zu werden, ohne einen Kater zu bekommen oder benommen zu sein. Wie *Rishathra,* oder richtige Begattung, ohne jemanden zu lieben außer sich selbst und ohne aufhören zu müssen. Aber ich habe aufgehört.«

»Warum?«

»Ein Alien hatte meine Stromquelle. Er wollte mir Befehle erteilen. Aber ich habe mich zuvor schon geschämt.«

»Die Städtebauer hatten niemals Drähte in ihren Schädeln. Wir hätten sie gefunden, als wir die zerstörten Städte durchsucht haben. Wo wird dieser Brauch praktiziert?«, fragte sie. Dann wälzte sie sich von ihm weg und starrte ihn entsetzt an.

Es war die Sünde, die er am häufigsten bereute: Dass er den Mund nicht halten konnte. Er sagte: »Tut mir leid.«

»Du hast gesagt, Streifen dieses Tuchs würden – *Was ist das für ein Tuch?*«

»Es leitet elektrischen Strom und Magnetfelder verlustlos. Supraleiter nennen wir es.«

»Ja, das war es, was bei den Städtebauern versagte. Der ... Supraleiter ist verrottet. Dein Tuch wird auch verrotten, oder? Wie lang?«

»Nein. Es ist von einer anderen Art.«

Sie kreischte ihn an: *»Woher weißt du das, Louis Wu?«*

»Der Hinterste hat es mir gesagt. Der Hinterste ist ein Alien, der uns gegen unseren Willen hergebracht hat. Er hat uns ohne eine Möglichkeit zurückgelassen, heimzukehren.«

»Dieser Hinterste, er hat euch als Sklaven genommen?«

»Er hat's versucht. Menschen und Kzinti, wir sind schlechte Sklaven.«

»Ist sein Wort gut?«

Louis verzog das Gesicht. »Nein. Und er hat das Supraleitertuch und den Draht mitgenommen, als er von seiner Welt geflohen ist. Er hatte keine Zeit, es herzustellen. Er muss gewusst haben, wo es gelagert wurde. Wie die anderen Dinge, die er mitgebracht hat, die Trittscheiben; sie müssen stets griffbereit gewesen sein.« Und er wusste sofort, dass etwas nicht stimmte, aber er benötigte einen Moment, um zu erkennen, was es war.

Der Übersetzer hatte zu schnell aufgehört zu sprechen.

Dann sprach er mit einer völlig anderen Stimme. »Louis, ist es gescheit, ihr das alles zu sagen?«

»Sie hat einen Teil davon erraten«, erwiderte Louis. »Sie wollte schon *mir* die Schuld am Fall der Städte geben. Gib mir meinen Übersetzer zurück!«

»Kann ich diesen hässlichen Verdacht zulassen? Warum sollten meine Leute etwas derart Bösartiges tun?«

»Argwohn? Du Hurensohn.« Vala kniete da und beobachtete ihn mit großen Augen, hörte ihn mit sich selbst unverständlich plappern. Sie konnte die Stimme des Hintersten in seinen Ohrhörern nicht hören. »Sie haben dich als Hintersten rausgeworfen, und du bist weggelaufen«, sagte Louis. »Du hast dir geschnappt, was du kriegen konntest und bist los. Trittscheiben und Supraleitertuch und Draht und ein Schiff. Trittscheiben waren einfach. Ihr müsst sie millionenfach produzieren. Aber wo würdest du Supraleitertuch finden, das nur auf dich wartet? Und du *hast gewusst,* dass es auf der Ringwelt verrotten würde.«

»Louis, warum sollten wir so etwas tun?«

»Handelsvorteil. Gib mir meinen Übersetzer zurück!«

Valavirgillin stand auf. Sie zog den Topf ein wenig vom Feuer weg, rührte um, kostete. Sie verschwand Richtung Fahrzeug und kehrte mit zwei hölzernen Schüsseln zurück, die sie mit einer Schöpfkelle füllte. Louis wartete unbehaglich. Der Hinterste konnte ihn ohne Übersetzer hier stranden lassen. Louis war nicht gut bei Sprachen …

»Na gut, Louis. Es war nicht so geplant, und es ist vor meiner Zeit geschehen. Wir suchten nach einer Möglichkeit, unser Territorium mit minimalem Risiko zu erweitern. Die Außenseiter haben uns den Ort der Ringwelt verkauft.«

Die Außenseiter waren kalte, zerbrechliche Wesen, die die gesamte Galaxis in Raumschiffen mit Unterlichtgeschwindigkeit durchstreiften. Sie handelten mit Wissen. Sie hätten sehr wohl von der Ringwelt wissen und die Information den Puppenspielern verkaufen können, aber … »Einen Moment mal. Puppenspieler fürchten sich vor dem Raumflug.«

»Ich habe diese Furcht überwunden. Wenn die Ringwelt sich als geeignet erwiesen hätte, dann ist ein Raumflug innerhalb der Lebensspanne eines Individuums kein großes Risiko. Wir hätten natürlich in Stasis fliegen können. Nach dem, was die Außenseiter uns berichteten, und aus dem, was wir über Teleskope und automatische Sonden erfuhren, erschien die Ringwelt ideal. Wir mussten eine Untersuchung anstellen.«

»Eine Experimentalisten-Fraktion?«

»Natürlich. Dennoch haben wir gezögert, eine so mächtige Zivilisation zu kontaktieren. Aber wir haben die Supraleiter der Ringelt laserspektroskopisch untersucht. Wir haben ein Bakterium entwickelt, das sich davon ernähren konnte. Sonden säten die Supraleiterpest über die Ringwelt aus. So viel hast du dir gedacht?«

»So viel, ja.«

»Wir wollten mit Handelsschiffen folgen. Unsere Händler sollten rechtzeitig zur Rettung eintreffen. Sie sollten alles erfahren, was wir wissen mussten, und auch Verbündete gewinnen.« Aus der klaren und musikalischen Stimme des Puppenspielers war keine Spur von Schuldgefühl herauszuhören, nicht einmal Verlegenheit. Vala setzte die Schüsseln ab und kniete sich ihm gegenüber hin. Ihr Gesicht lag im Schatten. Von ihrem Standpunkt aus hätte der Übersetzer in keinem schlimmeren Augenblick seine Tätigkeit einstellen können.

»Dann haben die Konservativen eine Wahl gewonnen. Verstehe«, sagte Louis.

»Unausweichlich. Eine Sonde fand die Stabilisierungsdüsen. Wir wussten natürlich von der Instabilität der Ringwelt, aber wir hofften auf etwas ausgefeiltere Methoden, um damit zurande zu kommen. Als die Bilder veröffentlicht wurden, stürzte die Regierung. Wir hatten keine Chance auf eine Rückkehr zur Ringwelt. Erst ...«

»Wann? Wann habt ihr die Pest verbreitet?«

»Nach Erdzeit vor elfhundertundvierzig Jahren. Die Konservativen regieren seit sechshundert Jahren. Damals hat die Bedrohung durch die Kzinti die Experimentalisten zurück an die Macht geholt. Als die Zeit passend erschien, schickte ich Nessus und sein Team zur Ringwelt. Wenn die Struktur elfhundert Jahre nach dem Fall der Kultur überlebt hatte, die für ihre Wartung sorgte, wäre sie einer Untersuchung wert. Ich hätte ein Handels- und Rettungsteam schicken können. Leider ...«

Valavirgillin hatte die Laserlampe im Schoß und hielt sie auf Louis Wu gerichtet.

»... leider war die Struktur beschädigt. Ihr habt Meteoriteneinschläge und erodierte Landschaft bis auf das *Scrith* vorgefunden. Jetzt sieht es so aus ...«

»Dies ist ein Notfall. Dies ist ein Notfall.« Louis hielt seine Stimme ruhig. Wie hatte sie *das* getan? Er hatte sie mit einer Schüssel dampfenden Eintopfs in jeder Hand knien sehen.

Konnte sie das Ding auf ihrem Rücken festgeklebt haben? Schon gut. Wenigstens hatte sie noch nicht geschossen.

»Ich höre dich«, sagte der Hinterste.

»Kannst du die Laserlampe per Fernsteuerung abschalten?«

»Ich kann etwas Besseres tun. Ich kann sie explodieren lassen, sodass sie denjenigen tötet, der sie hält.«

»Kannst du sie nicht bloß abschalten?«

»Nein.«

»Dann gib mir meine Übersetzerfunktion tanj rasch zurück. Test ...«

Die Schachtel sprach in der Sprache der Maschinenleute. Vala antwortete sofort. »Mit wem oder was hast du gesprochen?«

»Mit dem Hintersten, dem Wesen, das mich hergebracht hat. Darf ich davon ausgehen, dass ich noch nicht angegriffen wurde?«

Sie zögerte, bevor sie antwortete: »Ja.«

»Dann sind unsere Vereinbarungen immer noch in Kraft, und ich sammle immer noch Daten in der Absicht, die Welt zu retten. Hast du Grund dafür, dies anzuzweifeln?« Die Nacht war warm, aber Louis kam sich sehr nackt vor.

Das tote Auge der Laserlampe blieb tot.

»Hat die Spezies des Hintersten den Fall der Städte verursacht?«, fragte Vala.

»Ja.«

»Bruch des Übereinkommens«, befahl Vala.

»Er verfügt über den größten Teil unserer Instrumente zum Datensammeln.«

Vala durchdachte es gründlich, und Louis blieb still. Zwei Augenpaare glühten in der Dunkelheit hinter ihr. Louis fragte sich, wie viel die Ghule mit diesen Koboldohren hören konnten und wie viel sie verstanden.

»Dann benutze sie. Aber ich möchte hören, was er sagt«, sagte Vala. »Ich habe nicht einmal seine Stimme gehört. Er könnte lediglich in deiner Vorstellung sein.«

»Hinterster, du hast gehört?«

»Habe ich.« Louis Ohrhörer sprachen Interworld, aber das Kästchen an seiner Kehle sprach Valavirgillins eigene Sprache. Gut und schön. »Ich hörte dein Versprechen, das du der Frau gegeben hast. Wenn du eine Möglichkeit findest, diese Struktur zu stabilisieren, dann tu das.«

»Natürlich, deine Leute könnten den Platz nutzen.«

»Wenn du die Ringwelt mithilfe meiner Ausrüstung stabilisieren solltest, möchte ich Anerkennung. Ich könnte eine Belohnung einfordern.«

Valavirgillin knurrte und schluckte eine Erwiderung herab. Louis erwiderte rasch. »Du wirst die Anerkennung bekommen, die du verdienst.«

»Es war meine Regierung und unter meiner Leitung, die vor elfhundert Jahren versuchte, der Ringwelt Hilfe zu bringen, nachdem der Schaden angerichtet worden war. Dafür wirst du zeugen.«

»Werde ich, unter Vorbehalt.« Louis sprach zu Valas Gunsten. »Laut unseres Abkommens betrachtest du das, was du festhältst, als mein Eigentum«, sagte er zu ihr.

Sie warf ihm die Laserlampe zu. Er legte sie beiseite und spürte, wie er vor Erleichterung, oder Erschöpfung oder Hunger, in sich zusammensackte.

Keine Zeit. »Hinterster, erzähle uns etwas zu den Stabilisierungsdüsen.«

»Bussard-Ramdüsen, auf Klammern an der Ringmauer montiert, in regelmäßigen Abständen, viereinhalb Millionen Kilometer voneinander entfernt. Wir sollten zweihundert davon auf jeder Ringmauer vorfinden. In Betrieb sollte jede den Sonnenwind im Umkreis eines Radius von sechs- bis siebentausend Kilometern einfangen, ihn elektromagnetisch komprimieren, bis eine Fusion stattfindet, und ihn in der Art einer Rakete im Abbrems-Modus wieder ausstoßen.«

»Wir können einige davon feuern sehen. Vala sagt, es gibt … einundzwanzig, die funktionieren?«

Vala nickte. »Das heißt, fünfundneunzig Prozent von ihnen fehlen. Verdammt.«

»Klingt wahrscheinlich. Ich habe Holos von vierzig Halterungen, seitdem wir zuletzt gesprochen haben, und alle waren leer. Soll ich den Schub berechnen, der geliefert wird, wenn alle Düsen feuern?«

»Gut.«

»Ich erwarte, dass nicht genügend Düsen montiert sie, um die Struktur zu retten.«

»Ja.«

»Hätten die Ringwelt-Ingenieure ein unabhängig funktionierendes Stabilisierungssystem installiert?«

Pak-Protektoren dachten nicht so, oder? Sie neigten dazu, zu viel Zutrauen in ihre Improvisationsfähigkeit zu legen. »Nicht wahrscheinlich, aber wir halten weiter Ausschau. Hinterster, ich habe Hunger und bin müde.«

»Muss noch mehr besprochen werden?«

»Behalte die Stabilisierungsdüsen im Auge. Sieh mal, was funktioniert, und ermittle ihren Schub.«

»Werde ich.«

»Versuche, Kontakt mit der schwebenden Stadt aufzunehmen. Sage ihnen ...«

»Louis, ich kann keine Nachricht durch die Ringmauer schicken.«

Natürlich nicht, die war aus purem *Scrith.* »Bewege das Schiff.«

»Das wäre nicht sicher.«

»Was ist mit der Sonde?«

»Die Sonde im Orbit ist zu weit entfernt, um auf zufälligen Frequenzen zu senden.« Mit äußerstem Widerstreben fügte der Hinterste hinzu: »Ich kann Nachrichten über die verbliebene Sonde schicken. Ich sollte sie sowieso über die Randmauer schicken, zum Auftanken.«

»Ja. Setze sie zuerst auf die Ringmauer als Relaisstation. Versuche, die schwebende Stadt zu erreichen.«

»Louis, ich habe Probleme, deinen Übersetzer anzupeilen. Ich mache das Landefahrzeug nahezu fünfundzwanzig Grand antispinwärts von deiner Position aus. Warum?«

»Chmee und ich haben unsere Bemühungen aufgeteilt. Mein Ziel ist die schwebende Stadt. Sein Ziel ist der große Ozean.« So viel zu sagen, sollte gefahrlos sein.

»Chmee beantwortet meine Signale nicht.«

»Kzinti sind schlechte Sklaven. Hinterster, ich bin erschöpft. Ruf mich in zwanzig Stunden an.«

Louis nahm seine Schüssel und aß. Valavirgillin hatte nichts an Kräutern benutzt. Das gekochte Fleisch und die Wurzeln regten seine Geschmacksknospen nicht an. Es war ihm egal. Er leckte die Schüssel sauber und behielt nur gerade so viel Vernunft bei, eine Allergietablette zu nehmen. Sie krochen zum Schlafen ins Fahrzeug.

Kapitel 17

Die wandernde Sonne

Die gepolsterte Bank war ein armseliger Ersatz für Schlafplatten, und sie ruckelte unter ihm. Louis war immer noch erschöpft. Er schlief und wurde wachgerüttelt, schlief ein und wurde wachgerüttelt …

Aber diesmal war es Valavirgillin, die ihn an der Schulter rüttelte. Ihre Stimme war seidig und sarkastisch. »Deine Dienerin wagt es, deine wohlverdiente Ruhe zu stören, Louis.«

»Äh. Okay. Warum?«

»Wir sind ein gutes Stück weit gekommen, aber hier gibt es Banditen der Runner-Sorte. Einer von uns muss als Schütze mitfahren.«

»Essen Maschinenleute nach dem Aufwachen?«

Sie war verwirrt. »Es gibt nichts zu essen. Tut mir leid. Wir essen eine Mahlzeit, dann schlafen wir.«

Louis streifte sich den Körperschutz und die Weste über. Gemeinsam hievten er und Vala eine Metallabdeckung über den Ofen. Louis stellte sich darauf und entdeckte, dass sein Kopf und die Achselhöhlen durch den Rauchabzug ragten. Er rief nach unten: »Wie sehen Runner aus?«

»Längere Beine als meine, großer Brustkasten, lange Finger. Sie tragen vielleicht Waffen, die sie uns gestohlen haben.«

Das Fahrzeug setzte sich ruckelnd in Bewegung.

Sie fuhren durch bergiges Land, durch trockene Buschlandschaft, durch Unterholz. Der Bogen war bei Tageslicht sichtbar, wenn man daran dachte hinzusehen; ansonsten verblasste er im Blau des Himmels. Im Dunst der Ferne konnte Louis eine Stadt erkennen, die wie in einem Märchen in der Luft schwebte.

Alles sah so wirklich aus, dachte er. In zwei oder drei Jahren, von jetzt an, könnte es sehr wohl der Tagtraum eines Wahnsinnigen gewesen sein.

Er fischte den Übersetzer aus seiner Weste. »Rufe den Hintersten. Rufe den Hintersten …«

»Hier, Louis. In deiner Stimme liegt ein merkwürdiges Beben.«

»Holprige Fahrt. Irgendwelche Neuigkeiten für mich?«

»Chmee antwortet nach wie vor nicht auf Anrufe, auch nicht die Bewohner der schwebenden Stadt. Ich habe die zweite Sonde in einem kleinen See problemlos gelandet. Ich bezweifle, dass sie irgendwer auf dem Seegrund entdeckt. In ein paar Tagen wird die *Hot Needle of Inquiry* volle Tanks haben.«

Louis unterließ es, dem Hintersten von den Meerleuten zu berichten. Je sicherer sich der Puppenspieler fühlte, desto weniger wahrscheinlich würde er sein Projekt, die Ringwelt, und seine Passagiere im Stich lassen. »Ich wollte fragen. Du hast Trittscheiben in den Sonden. Wenn du mir eine Sonde schickst, könnte ich einfach hindurch auf die *Needle* kommen. Stimmt's?«

»Nein, Louis. Diese Trittscheiben stellen nur eine Verbindung zu den Treibstofftanks der *Needle* dar, und zwar durch einen Filter, der nur Deuteriumatome durchlässt.«

»Wenn du den Filter herausnimmst, würden sie einen Mann durchlassen?«

»Du würdest noch immer im Treibstofftank herauskommen. Warum fragst du? Du würdest Chmee bestenfalls eine Woche Fahrt ersparen.«

»Das könnte die Sache wert sein. Etwas könnte dabei herauskommen.« Nun, warum verbarg Louis Wu die Abtrünnigkeit des schurkischen Kzin? Louis musste zugeben, dass er den Vorfall peinlich fand. Er wollte wirklich nicht darüber reden … und er könnte den Puppenspieler nervös machen. »Sieh mal, ob du ein Notfallprozedere ausarbeiten kannst, nur für den Fall, dass wir es benötigen.«

»Werde ich. Louis, ich orte das Landefahrzeug nur eine Tagesreise vom großen Ozean entfernt. Was erwartet Chmee dort zu finden?«

»Zeichen und Wunder. Neue und andere Dinge. Tanj, er würde nicht *hinfliegen* müssen, wenn wir wüssten, was dort ist.«

»Aber natürlich«, sagte Puppenspieler skeptisch. Er schaltete ab, und Louis steckte den Übersetzer ein. Er grinste. Was erwartete Chmee am großen Ozean zu finden? Liebe und eine Armee! Wenn die Karte von Jinx mit Bandersnatchi ausgestattet worden war, was war dann mit der Karte von Kzin?

Geschlechtstrieb oder Selbstverteidigung oder Rache – alles davon hätte Chmee zur Karte von Kzin getrieben. Für Chmee gingen Sicherheit und Rache Hand in Hand. Solange Chmee den Hintersten nicht beherrschen konnte, wie könnte er in den bekannten Raum zurückkehren?

Aber was könnte Chmee, selbst mit einer Armee von Kzinti, gegen den Hintersten tun? Glaubte er, dass sie über ein

Raumschiff verfügten? Louis erwartete, dass ihm eine Enttäuschung bevorstand.

Aber es gäbe dort gewiss weibliche Kzinti.

Es *gab* etwas, was Chmee hinsichtlich des Hintersten tun konnte. Doch Chmee würde wahrscheinlich nicht daran denken, und Louis konnte es ihm jetzt nicht sagen. Allerdings war er sich nicht sicher, dass er es wollte. Es war allzu drastisch.

Louis runzelte die Stirn. Der skeptische Tonfall des Puppenspielers war besorgniserregend. Wie viel hatte er erraten? Der Alien war ein ausgezeichneter Linguist; aber weil er ein Alien war, würden solche Nuancen *niemals* in seine Stimme kriechen. Sie mussten dort *hineingelegt* werden.

Die Zeit würde es sagen. Inzwischen war das Wäldchen dicht genug geworden, um kauernde Menschen zu verbergen. Louis hielt seinen Blick in Bewegung, durchsuchte Felshaufen und Einschnitte in den Abhängen vor ihnen. Sein Körperschutz würde die Kugel eines Heckenschützen aufhalten, aber was, wenn ein Bandit auf den Fahrer schießen würde? Louis könnte in verbogenem Metall und brennendem Treibstoff in der Falle sitzen.

Er richtete seine volle Aufmerksamkeit auf die Landschaft.

Und erkannte jetzt, dass sie wunderschön war. Aus den Spitzen gerader Stängel von anderthalb Metern Höhe sprossen gewaltige Blüten. Louis beobachtete, wie sich ein gewaltiger Vogel in einer Blüte niederließ, ein Vogel, der dem Adler ähnlich war, abgesehen von dem langen, schlanken Speer von Schnabel. Ellbogenwurzeln, eine größere Pflanze, die er bei seinem ersten Besuch etwa hundert Millionen von Kilometern entfernt gesehen hatte, schmückten ein Gewirr von weiträumig aufgestellten Zäunen. Hier wuchs die Würstchen-Pflanze, die sie letzten Abend gegessen hatten. Dort, eine jähe Wolke von Schmetterlingen, die auf diese Entfernung sehr wie irdische Schmetterlinge aussahen.

Alles wirkte so real. Pak-Protektoren würden nie etwas *Unsolides* bauen, oder? Aber die Pak hatten einen gewaltigen Glauben an ihre Werke und an ihre Fähigkeit gehabt, *alles* zu reparieren, oder sogar neue Geräte von Grund auf neu zu bauen.

Und ihre gesamte Spekulation basierte auf dem Wort eines Mannes, der siebenhundert Jahre tot war: Jack Brennan, dem Belter, der die Pak anhand eines einzige Individuums kennengelernt hatte. Der Lebensbaum hatte Brennan selbst in einen Menschen des Protektor-Zustands verwandelt – gepanzerte Haut, zweites Herz, erweiterter Gehirnschädel und alles. Das hatte ihn vielleicht wahnsinnig werden lassen. Oder Phssthpok war vielleicht untypisch gewesen. Und Louis Wu, ausgestattet mit Jack Brennans Ansichten über Phssthpok, den Pak, versuchte wie etwas zu denken, das zugegeben intelligenter war als er selbst.

Aber es *musste* eine Möglichkeit geben, all dies zu retten.

Das Unterholz wich spinwärts Würstchen-Pflanzen-Plantagen und antispinwärts welliger Hügellandschaft. Jetzt erblickte Louis seine erste Tankstation voraus. Es war eine größere Sache, eine Chemiefabrik mit den Anfängen einer Stadt, die darum wuchs.

Vala rief ihn von seinem Hochsitz herab. »Schließe den Rauchabzug«, sagte sie. »Bleib im Fahrzeug und lass dich nicht sehen.«

»Bin ich illegal?«

»Du bist ungewöhnlich. Es gibt Ausnahmen, aber ich müsste erklären, warum du mein Passagier bist. Ich habe keine gute Erklärung.«

Sie fuhren vor einer fensterlosen Wand der Fabrik vor. Durch das Wagenfenster beobachtete Louis, wie Vala mit langbeinigen Leuten mit großem Brustkasten feilschte. Die Frauen waren beeindruckend. Sie hatten große Brüste auf großem Oberkörper, aber Louis hätte sie nicht schön genannt. Jede Frau hatte langes, dunkles Haar, das ihre Stirn und die Wangen bedeckte und ein winziges, T-förmiges Gesicht umrahmte.

Louis kauerte sich hinter einen Vordersitz, während Vala Pakete durch die Beifahrertür verstaute. Bald waren sie wieder unterwegs.

Eine Stunde später, weit entfernt von bewohntem Gebiet, fuhr Vala von der Straße ab. Louis stieg von seinem Schützensitz herunter. Er war ausgehungert. Vala hatte Nahrung mitgebracht: einen großen geräucherten Vogel und Nektar aus den riesigen Blüten. Louis biss herzhaft in den Vogel. Jetzt fragte er: »Du isst nicht?«

Vala lächelte. »Erst zur Nacht. Aber ich werde mit dir trinken.« Sie nahm die gefärbte Glasflasche zur Rückseite des Fahrzeugs mit und ließ eine klare Flüssigkeit in den Nektar rinnen. Sie trank, dann reichte sie die Flasche Louis. Er trank.

Alkohol, natürlich. Man konnte keine Ölmühlen auf der Ringwelt haben, oder? Aber man konnte überall dort Alkoholdestillerien errichten, wo es Pflanzen zum Fermentieren gab. »Vala, kommen einige der Untertanen-Spezies nicht zu sehr auf den Geschmack dieses Zeugs?«

»Manchmal.«

»Was tut ihr dagegen?«

Die Frage überraschte sie. »Sie lernen. Einige werden durch das Trinken nutzlos. Sie überwachen einander, wenn es sein muss.«

Es war das Drahtkopf-Problem im Kleinen, mit derselben Lösung: Zeit und natürliche Auslese. Es schien Vala keine Sorgen zu machen … und Louis konnte es sich nicht leisten, sich seinerseits darüber Sorgen zu machen. »Wie weit ist es bis zur Stadt?«, fragte er.

»Drei oder vier Stunden auf dem Luftweg, aber wir würden dort angehalten. Louis, ich habe mir um dein Problem Gedanken gemacht. Warum kannst du nicht einfach hochfliegen?«

»Wenn du meinst. Ich bin dabei, falls niemand mich abschießt. Was meinst du – würde jemand auf einen fliegenden Mann schießen, oder würden sie ihn reden lassen?«

Sie nahm einen Schluck aus der Flasche mit Treibstoff und Nektar. »Die Regeln sind strikt. Niemand aus der Spezies der Städtebauer darf hereinkommen, außer, er ist eingeladen. Aber es ist auch noch niemand zu der Stadt geflogen.«

Sie reichte ihm die Flasche. Der Nektar war süß: wie verwässerter Grenadinensirup mit einem köstlichen Kick von etwas, was 200-prozentig Alkohol sein musste. Er setzte sie ab und richtete die Brille auf die Stadt.

Sie bestand aus in Lilienform angeordneten vertikalen Türmen in einer erschütternden Vielzahl von Stilen: Blöcke, Nadeln, oben und unten zugespitzt, durchsichtige Scheiben, polyedrische Zylinder, ein schlanker Kegel, mit der Spitze nach unten vertäut. Einige Gebäude bestanden nur aus Fenstern;

einige nur als Balkonen. Anmutig geschwungene Brücken oder breite, gerade Rampen verbanden sie auf unvorhersagbaren Ebenen. Selbst unter der Voraussetzung, dass die Erbauer nicht ganz menschlich waren, konnte Louis nach wie vor nicht glauben, dass irgendwer ein solches Ding absichtlich errichten würde. Es war grotesk.

»Sie müssen aus Tausenden von Kilometern im Umkreis gekommen sein«, sagte er. »Als die Energie ausfiel, gab es Gebäude mit unabhängiger Energieversorgung. Sie sind alle zusammengekommen. Prills Leute haben sie zu einer Stadt zusammengeschmolzen. Das war so, nicht wahr?«

»Niemand weiß es. Aber Louis, du redest, als hättest du dabei zugeschaut!«

»Du hast dein ganzes Leben mit ihr verbracht. Du siehst sie nicht so wie ich.« Er sah weiter hin.

Da war eine Brücke. Aus einem niedrigen, fensterlosen Gebäude auf dem Gipfel eines nahegelegenen Hügels stieg sie in einem anmutigen Bogen zum Fundament einer riesigen kannelierten Säule hinauf. Ein gepflasterter Weg führte in Serpentinen bergan zum Gebäude auf dem Hügel.

»Wenn ich es richtig verstehe, müssen die eingeladenen Gäste durch diese Stelle oben hindurch und dann die schwebende Brücke hinauf gehen.«

»Natürlich.«

»Was passiert da drin?«

»Sie werden nach verbotenen Dingen durchsucht. Sie werden befragt. Wenn die Städtebauer wählerisch dabei sind, wen sie zu sich hoch lassen, nun, wir sind es auch! Dissidenten haben manchmal versucht, Bomben nach oben zu schmuggeln. Söldner, angeheuert von den Städtebauern haben einmal versucht, ihnen Teile zu schicken, um ihre magischen Wasserkollektoren zu reparieren.«

»Was?«

Vala lächelte. »Einige funktionieren immer noch. Sie sammeln Wasser aus der Luft. Nicht genug Wasser. Wir pumpen Wasser vom Fluss zur Stadt. Wenn wir uns über Politik streiten, bleiben sie durstig, und wir bleiben ohne die Informationen, die sie sammeln, bis ein Kompromiss erreicht wird.«

»Informationen? Was haben sie, Teleskope?«

»Mein Vater hat mir einmal davon erzählt. Sie haben einen Raum, der zeigt, was in der Welt vor sich geht, besser als deine Brille. Schließlich, Louis, verfügen sie über Höhe und Aussicht.«

»Ich sollte deinen Vater über all das befragen. Wie …«

»Das könnte keine gute Idee sein. Er ist sehr … er sieht nicht …«

»Ich bin von der falschen Gestalt und Farbe?«

»Ja, er würde nicht glauben, dass du solche Dinge herstellen kannst, wie du sie besitzt. Er würde sie an sich nehmen.«

Tanj verdammt. »Was passiert, nachdem sie die Touristen durchgelassen haben?«

»Man kehrt zurück, der linke Arm in einer Sprache beschrieben, die nur die Städtebauer kennen. Die Inschrift glänzt wie Silberdraht. Sie lässt sich nicht abwaschen, aber sie verblasst in einem *Falan* oder zwei.«

Das hörte sich weniger wie eine Tätowierung als vielmehr wie ein gedruckter Schaltkreis an. Die Städtebauer hatten vielleicht mehr Kontrolle über ihre Gäste, als ihre Gäste wussten. »Okay. Was tun die Gäste dort oben?«

»Sie diskutieren politische Dinge. Sie machen Geschenke: große Mengen an Nahrung und einige Werkzeuge. Die Städtebauer zeigen ihnen Wunder und vollführen *Rishathra* mit ihnen.« Vala erhob sich plötzlich. »Wir sollten weiter …«

Sie hatten die Bedrohung durch die Banditen hinter sich gelassen. Louis fuhr vorn mit, neben Vala. Der Lärm war ebenso ein Problem wie das Stoßen; sie mussten ihre Stimmen heben. Louis rief: *»Rishathra?«*

»Nicht jetzt, ich fahre.« Vala zeigte viel Zahn. »Die Städtebauer sind sehr gut im *Rishathra.* Sie können mit fast jeder Spezies verkehren. Es hilft ihnen dabei, ihr uraltes Imperium zu erhalten. Wir verwenden *Rishathra* beim Handel und dazu, keine Kinder zu haben, bis wir uns zusammentun und uns niederlassen wollen, aber die Städtebauer geben es nie auf.«

»Kennst du jemanden, der mir eine Einladung da oben als Gast verschaffen kann? Sagen wir, wegen meiner Maschinen.«

»Nur mein Vater. Er täte es nicht.«

»Dann muss ich rauf fliegen. Okay, was ist unter der Stadt? Kann ich einfach darunter umherspazieren und hinaufschweben?«

»Unter der Stadt ist die Schattenfarm. Du könntest als Farmer durchgehen, wenn du deine Werkzeuge zurücklässt. Die Farmer entstammen allen möglichen Spezies. Es ist eine schmutzige Arbeit. Der Auslass des Abwassersystems der Stadt liegt darüber, und Abwasser muss für die Pflanzen verteilt werden. Die Pflanzen sind allesamt Höhlenpflanzen, solche, die in Dunkelheit wachsen.«

»Aber … Oh, natürlich, jetzt sehe ich es. Die Sonne bewegt sich nie, also ist es stets dunkel unter der Stadt. Höhlenleben, hm? Pilze?«

Sie starrte ihn an. »Louis, wie kannst du erwarten, dass die Sonne sich bewegt?«

»Ich habe vergessen, wo ich war.« Er verzog das Gesicht. »Tut mir leid.«

»Wie kann die Sonne sich bewegen?«

»Na ja, natürlich ist es der Planet, der sich bewegt. Unsere Welten sind rotierende Kugeln, nicht wahr? Wenn du an einem Punkt lebst, geht die Sonne scheinbar auf einer Seite des Himmels auf und auf der anderen unter; dann ist es dort Nacht, bis sie wieder aufgeht. Warum haben die Ringwelt-Ingenieure die Schattenrechtecke aufgehängt, was hast du gedacht?«

Der Wagen begann zu wabern. Vala zitterte, das Gesicht bleich. Sanft fragte Louis: »Zu viel fremde Dinge für dich?«

»Das nicht.« Sie stieß einen merkwürdigen bellenden Laut aus. Gequältes Gelächter? »Die Schattenrechtecke. Den dümmsten Leuten offensichtlich. Die Schattenrechtecke imitieren den Tag- und Nachtzyklus von kugelförmigen Welten. Louis, ich hatte wirklich gehofft, dass du wahnsinnig bist. Louis, was können wir *tun?*«

Er musste ihr irgendeine Art Antwort geben. Er sagte: »Ich dachte daran, ein Loch unter einen der großen Ozean zu schlagen, und zwar kurz bevor er den nächstgelegenen Punkt zur Sonne erreicht. Lasse mehrere Erdmassen an Wasser in den Raum speien. Die Reaktion würde die Ringwelt dorthin zurückstoßen, wohin sie gehört. Hinterster, hörst du mit?«

Der allzu vollkommene Alt erwiderte: »Das erscheint nicht machbar.«

»Natürlich ist es nicht machbar. Zum einen: Wie könnten wir das Loch anschließend zustopfen? Zum anderen: Die

Ringwelt würde wackeln. Ein so heftiges Wackeln würde wahrscheinlich alles auf der Ringwelt umbringen, und sie würde auch die Atmosphäre verlieren. Aber ich versuch's, Vala. Ich versuch's.«

Sie stieß dieses seltsame Bellen aus und schüttelte heftig den Kopf. »Wenigstens denkst du nicht zu klein.«

»Was hätten die Ringwelt-Ingenieure getan? Was wäre gewesen, wenn ein Feind den größten Teil der Stabilisierungsdüsen weggeschossen hätte? Sie hätten die Ringwelt nicht gebaut, ohne für so etwas zu planen. Ich muss mehr über sie wissen. Bring mich in die schwebende Stadt, Vala!«

Kapitel 18

DIE SCHATTENFARM

Allmählich kamen sie an anderen Fahrzeugen vorüber: große oder kleine Kästen mit Fenstern, jedes mit einem kleineren Kasten hinten. Die Straße wurde breiter und glatter. Jetzt gab es häufiger Tankstellen, die von der robusten, viereckigen Architektur der Maschinenleute waren. Immer mehr Kastenfahrzeuge zeigten sich, und Vala musste langsamer fahren. Louis kam sich auffällig vor.

Die Straße verlief über einen Hügel, und die Stadt lag dahinter. Vala spielte den Stadtführer, als sie bergab durch zunehmenden Verkehr fuhren.

River's Return war zu Beginn eine Reihe von Docks entlang des spinwärts gelegenen Ufers des breiten braunen Schlangenflusses gewesen. Diese Kernregion hatte jetzt das Aussehen eines Slums. Die Stadt war über mehrere Brücken auf die andere Seite des Flusses gesprungen und hatte sich zu einem Kreis entwickelt, bei dem ein Stück ausgebissen war. Dieses fehlende Teil war der Schatten der schwebenden Stadt der Städtebauer.

Fahrende Kästen umgeben sie jetzt. Die Luft war gesättigt mit dem Geruch nach Alkohol. Vala verlangsamte, bis sie nur noch krochen. Louis duckte sich tief. Andere Fahrer hätten reichlich Gelegenheit, einen Blick auf den seltsam gebauten Mann von den Sternen in dem Fahrzeug zu werfen.

Aber sie taten es nicht. Sie sahen weder Louis noch einander; sie schienen nur ihre Fahrzeuge zu sehen. Und Vala fuhr weiter in das Zentrum der Stadt.

Hier standen die Häuser dicht an dicht. Drei und vier Stockwerke hoch und schmal, ohne Raum dazwischen. Sie schoben sich über die Straße hinaus, schnitten ins Tageslicht. In deutlichem Kontrast hierzu waren die öffentlichen Gebäude allesamt niedrig, weitläufig und massiv, gelegen auf großzügigen Grundstücken. Sie wetteiferten um Boden, nicht um Höhe; niemals um Höhe angesichts der schwebenden Stadt, die über allem hing.

Vala zeigte auf die Handelsschule, ein umfangreicher Komplex stattlicher Steinbauten. Ein Block später wies sie eine Querstraße hinab. »Mein Haus liegt dort runter, das aus pinkfarbenem gegossenem Stein. Siehst du es?«

»Irgendwie sinnvoll, dorthin zu fahren?«

Sie schüttelte den Kopf. »Ich habe lange darüber nachgedacht. Nein. Mein Vater würde dir niemals glauben. Er hält selbst die Behauptungen der Städtebauer größtenteils für prahlerische Lügen. Ich dachte auch einmal so, aber nach dem, was du mir von dieser … Halrloprillalar …«

Louis lachte. »Sie war eine Schwindlerin. Aber ihre Leute haben die Ringwelt beherrscht.«

Sie verließen River's Return und setzten den Weg nach Backbord fort. Vala fuhr mehrere Kilometer weiter, bevor sie die letzte der Brücken überquerte. Auf der anderen, Backbord gelegenen Seite des großen Flusses bog sie auf eine fast unsichtbare Nebenstraße ab und parkte.

Sie traten in allzu helles Sonnenlicht hinaus. Sie arbeiteten fast schweigend. Louis hob einen ziemlich großen Felsbrocken mit dem Fluggürtel an. Valavirgillin grub an dieser Stelle eine Grube. Dort hinein ging der größte Teil von Louis' Anteil an feinem schwarzen Tuch. Die Grube wurde wieder mit dem Boden aufgefüllt, und Louis senkte den Felsbrocken ab.

Er legte den Fluggürtel in Valas Rucksack und setzte ihn auf. In dem Rucksack befanden sich bereits sein Schutzanzug, die Weste, die Brille, die Laserlampe und die Flasche Nektar. Er war klobig und schwer. Louis setzte den Rucksack wieder ab und stellte den Fluggürtel so ein, dass er ihm etwas Auftrieb gab. Er befestigte den Übersetzer genau unter der Abdeckung und schulterte den Rucksack erneut.

Er trug ein Paar von Valas Shorts, die von einem Stück Strick gehalten wurden. Sie waren zu groß für ihn. Sein enthaartes Gesicht würde als für seine Spezies natürlich gehalten werden. Nichts an ihm wies jetzt auf den Sternenfahrer hin, abgesehen von dem Ohrstöpsel für seinen Übersetzer. Das würde er riskieren.

Er konnte so gut wie nichts davon erkennen, wohin sie gingen. Der Tag war beinahe zu hell; der Schatten zu extrem und zu düster.

Sie traten vom Tag in die Nacht.

Vala hatte anscheinend keine Probleme, den Weg zu finden. Louis folgte ihr. Seine Augen passten sich an, und er sah, dass es schmale Pfade inmitten des Bewuchses gab.

Die Größe der Pilze reichte von Knopfgröße bis hin zu asymmetrischen Formen von Louis' Kopfhöhe mit Stängeln so dick wie seine Taille. Einige waren pilzförmig, einige hatten überhaupt keine Form. Ein Hauch von Fäulnis lag in der

Luft. Spalte in den ausgedehnten Gebäuden über ihnen ließen senkrechte Säulen aus Sonnenlicht von solcher Helligkeit durch, dass sie fest wirkten.

Rüschenartige gelbe Pilze mit scharlachfarbenen Fransen bedeckten halb einen grauen Schieferauswuchs. Mittelalterliche Lanzen standen aufrecht da, mit weißen, blutigen Spitzen. Orangefarbenes, gelbes und schwarzes Fell bedeckte einen toten Scheit.

Die Leute waren beinahe ebenso vielfältig wie die Pilze. Hier schnitten Runner mit einer zweihändigen Säge einen großen elliptischen Pilz mit orangefarbenen Fransen durch. Dort füllten kleine Leute mit breiten Gesichtern und großen Händen Körbe mit weißen Knöpfen. Grasriesen trugen die großen Körbe weg. Vala kommentierte unentwegt im Flüsterton. »Die meisten Spezies ziehen es vor, in Gruppen anzuheuern, um sich gegen einen Kulturschock zu wappnen. Wir haben getrennte Wohnbereiche.«

Dort breitete ein Dutzend Leute Dünger und stark verrotteten Abfall aus; Louis konnte ihn aus einer guten Entfernung riechen. Waren sie von Valas Spezies? Ja, es waren Maschinenleute, aber zwei standen abseits und sahen zu, und sie hielten Waffen in Händen. »Was sind das? Häftlinge?«

»Häftlinge, die für geringere Verbrechen verurteilt wurden. Für zwanzig oder fünfzig *Falans* dienen sie der Gesellschaft in dieser …« Sie hielt inne. Einer der Wächter trat an sie heran.

Er grüßte Vala. »Lady, Sie sollten nicht hier sein. Diese Scheißeleute könnten in Ihnen eine allzu gute Geisel sehen.«

Vala hörte sich erschöpft an. »Mein Wagen ist kaputtgegangen. Ich muss zur Schule und ihnen sagen, was passiert ist. Bitte, darf ich durch die Schattenfarm gehen? Wir sind alle getötet worden. Alle von Vampiren getötet worden. Sie müssen es wissen. Bitte.«

Der Wächter zögerte. »Dann gehen Sie durch, aber lassen Sie sich von mir eine Eskorte geben.« Er pfiff ein kurzes Musikstück und wandte sich dann an Louis. »Was ist mit dir?«

Vala antwortete für Louis. »Ich habe ihn geliehen, um meinen Rucksack zu tragen.«

Der Wächter sprach langsam und deutlich. »Du. Gehe mit der Lady, so weit es ihr gefällt, aber bleibe in der Schattenfarm. Dann kehre an das zurück, was du getan hast. Was hast du getan?« Ohne Übersetzer war Louis stumm. Er dachte an die Laserlampe, die in seinem Rucksack vergraben war. Irgendwie zufällig legte er seine Hand auf einen lavendelfarben gesäumten Pilz und zeigte dann auf einen Schlitten, auf dem Stapel gleichartiger Pilze lagen.

»Na gut.« Der Wächter blickte an Louis' Schulter vorbei. »Ah, ja.«

Der Geruch sagte es Louis, bevor er sich umdrehte. Er wartete fügsam, während der Wächter ein Paar Ghule beauftragte: »Bringt die Lady und ihren Träger zum anderen Ende der Schattenfarm. Beschützt sie vor Schaden.«

Sie gingen im Gänsemarsch die Pfade entlang auf das Zentrum der Schattenfarm zu. Der männliche Ghul führte, der weibliche ging hinterdrein. Der Geruch nach Fäulnis wurde reifer. Schlitten mit Düngemittel kamen auf anderen Pfaden an ihnen vorüber.

Blut und Tanj! Wie würde er die Ghule loswerden?

Louis sah sich um. Die Ghulfrau grinste ihn an. Ihr machte der Geruch gewiss nichts aus. Ihre Zähne waren großen

Dreiecke, eine gute Form zum Reißen, und ihre Koboldohren waren aufgerichtet, wachsam. Wie ihr Gefährte trug sie eine große Tasche an einem Schulterriemen und sonst nichts; dichtes Haar bedeckte den größten Teil ihrer Körper.

Sie erreichten einen breiten Bogen gesäuberten Bodens. Jenseits davon war eine Grube. Dunst stand darüber und verbarg die andere Seite. Eine Röhre goss Abwasser in die Grube. Louis folgte der Röhre mit dem Blick nach oben, hinauf in den schwarzen, strukturierten Himmel.

Die Ghulfrau sprach ihm ins Ohr, und Louis vollführte einen Satz. Sie benutzte die Sprache der Maschinenleute. »Was würde der Riesenkönig denken, wenn er wüsste, dass Louis und Wu ein und derselbe sind?«

Louis starrte sie an.

»Bist du stumm ohne deinen kleinen Kasten? Schon gut. Wie stehen dir zu Diensten.«

Der Ghulmann sprach mit Valavirgillin. Sie nickte. Sie traten vom Pfad weg. Louis und die Frau folgten ihnen um einen ausgedehnten Schalenpilz und kauerten sich unter dessen Vorsprung auf der anderen Seite.

Vala war nervös. Vielleicht setzte ihr der Geruch zu; Louis zumindest setzte er zu. »Kyeref sagt, dies ist frisches Abwasser. In einem *Falan* wird es reif sein, und sie werden die Röhre zum Kompostierer hinüberlenken. Inzwischen kommt niemand hierher.«

Sie nahm Louis den Rucksack von den Schultern und schüttete ihn aus. Louis griff nach dem Übersetzer (die Ohren der Ghule richteten sich scharf auf, als seine Hand sich der Laserlampe näherte) und drehte die Lautstärke hoch. »Wie viel wissen die Nachtleute?«, fragte er.

»Mehr, als wir jemals gedacht haben.« Vala sah aus, als ob sie mehr sagen wollte, tat es jedoch nicht.

Der männliche Ghul gab Antwort. »Die Welt ist in nicht allzu vielen *Falans* einer feurigen Zerstörung geweiht. Nur Louis Wu kann uns retten.« Er lächelte und zeigte dabei eine beängstigende Reihe an weißen, keilförmigen Zähnen. Sein Atem war der eines Basilisken.

»Ich kann nicht beurteilen, ob ihr sarkastisch seid«, sagte Louis. »Glaubt ihr mir?«

»Seltsame Ereignisse können einen Drang zur Prophezeiung in den Wahnsinnigen erwecken. Wir wissen, dass du Werkzeuge bei dir trägst, die sonst nirgendwo bekannt sind. Deine Spezies ist ebenfalls nicht bekannt. Aber die Welt ist groß, und wir kennen nicht alles davon. Die Spezies deines pelzigen Freundes ist noch seltsamer.«

»Das ist keine Antwort.«

»Rette uns! Wir wagen nicht, uns einzumischen.« Der Ghul verlor ein wenig seines Grinsens, obwohl sich seine Lippen nach wie vor nicht trafen. (Das würde beträchtliche Anstrengung erfordern. Diese großen Zähne …) »Warum sollten wir uns darum kümmern, ob du wahnsinnig bist? Die Tätigkeiten anderer Spezies kreuzen sich selten mit unserem eigenen Leben. Am Ende gehören sie alle uns.«

»Ich frage mich, ob ihr nicht die wahren Herrscher der Welt seid.« Louis sagte dies um der diplomatischen Beziehungen willen, dann fragte er sich voller Unbehagen, ob das nicht vielleicht sogar stimmte.

Die Frau gab Antwort. »Viele Spezies mögen behaupten, die Welt zu beherrschen, oder ihren eigenen Teil davon. Würden wir die Waldgipfel der Hängeleute für uns beanspruchen?

Oder die lustlosen Höhen der Schüttberge-Leute? Und welche Spezies würde unsere Domäne haben wollen?« Sie lachte ihn aus, so viel war gewiss.

»Es gibt irgendwo ein Reparaturzentrum für die Welt«, sagte Louis. »Wisst ihr, wo es liegt?«

»Zweifellos hast du recht«, erwiderte männliche Ghul, »aber wir wissen nicht, wo es sein könnte.«

»Was wisst ihr von der Ringmauer? Und den großen Ozeanen?«

»Es gibt nicht allzu viele Seen. Ich weiß nicht, welchen du meinst. Es gab Aktivität entlang der Ringmauer, bevor die großen Flammen zum ersten Mal auftauchten.«

»Wer war dort? Welche Art von Aktivität?«

»Viele Hebeapparate hoben Ausrüstung sogar über die Ebene der Schüttberge-Leute hinauf. Dort waren Städtebauer und Schüttberge-Leute in großer Anzahl und viele andere Spezies in geringerer Anzahl. Sie haben gerade am oberen Rand der Welt gearbeitet. Vielleicht kannst du uns die Bedeutung von allem erklären.«

Louis war benommen. »Tanj verdammt. Sie müssen …« die Stabilisierungsdüsen abgebaut haben, und er sollte es wahrscheinlich so nicht sagen. So viel Energie und Ehrgeiz, so nahe, könnte schlecht für die Nerven des Puppenspielers sein. »Das ist ein weiter Weg für Aasesser, um Nachrichten weiterzugeben.«

»Das Licht fliegt weiter. Berührt diese Nachricht deine Voraussagen hinsichtlich des Verhängnisses?«

»Ich fürchte nicht.« Es mochte sehr wohl eine Reparaturmannschaft irgendwo am Werk sein, aber ihnen waren fast sämtliche Bussard-Ramdüsen ausgegangen, die abgebaut werden konnten. »Aber so, wie die großen Flammen handeln, sollten wir mehr als die sieben oder acht *Falans* haben, wie ich zuerst gedacht habe.«

»Gute Nachricht. Was wirst du jetzt tun?«

Einen Moment lang war Louis versucht, die schwebende Stadt zu verlassen und sich strikt mit den Ghulen abzugeben. Aber er war zu weit gekommen, und schließlich waren diese Ghule überall. »Ich warte auf die Nacht und gehe dann hoch. Vala, dein Anteil des Tuchs ist im Fahrzeug. Ich wäre dir verpflichtet, wenn du es nicht jedem zeigst oder jedem von mir erzählst … sagen wir, ein paar Umdrehungen werden genügen. Meinen Anteil kannst du in einem *Falan* ausgraben, wenn ihn niemand holen kommt. Und ich habe dies hier.« Er tätschelte eine Westentasche, wo ein Quadratmeter des Supraleiters zu Taschentuchgröße zusammengefaltet steckte.

»Ich wünschte, du würdest es nicht mit in die Stadt nehmen«, sagte Vala.

»Schließlich werden sie es bloß für Stoff halten, bis ich es ihnen erkläre«, erwiderte Louis. Es war beinahe eine Lüge. Louis hatte die Absicht, den Supraleiter zu verwenden.

Die Ghule starrten hin, als er seine Shorts abstreifte – ergänzten zweifelsohne Einzelheiten für seine Beschreibung, die ihnen dabei helfen sollten, die Heimat seiner Spezies auf der Ringwelt zu finden. Er legte Körperschutz an.

Plötzlich fragte der weibliche Ghul: »Wie hast du eine Frau der Maschinenleute davon überzeugen können, dass du geistig gesund warst?«

Vala erzählte es ihr, während Louis in die Weste schlüpfte, die Brille aufsetzte und die Laserlampe in die Tasche steckte.

Den Ghulen verging fast ihr Lächeln. »Kannst du die Welt retten?«

»Rechnet nicht mit mir. Versucht, das Reparaturzentrum zu finden. Verbreitet die Nachricht. Versucht, die Bandersnatchi zu befragen – die großen weißen Viecher, die im großen Sumpf spinwärts leben.«

»Wir kennen sie.«

»Gut. Vala …«

»Ich werde jetzt gehen und berichten, wie meine Gefährten starben. Wir treffen uns vielleicht nicht wieder, Louis.« Valavirgillin hob den geleerten Rucksack auf und schritt rasch davon.

»Wir sollten sie begleiten«, sagte der weibliche Ghul. Sie gingen auch.

Sie hatten nicht gesagt: *Viel Glück.* Warum? So, wie sie lebten … vielleicht waren sie alle Fatalisten. Glück würde ihnen nichts bedeuten.

Louis durchsuchte den strukturierten Himmel. Er war versucht loszuziehen, auf der Stelle. Besser, auf die Nacht zu warten. Er sagte in den Übersetzer: »Hinterster, bist du da?«

Anscheinend war der Puppenspieler nicht da.

Louis streckte sich unter dem Muschelpilz aus. Die Luft erschien sauberer in der Nähe des Bodens. Er nahm meditativ Schlucke aus der Treibstoff-und-Nektar-Flasche, die Vala ihm dagelassen hatte.

Was *waren* die Ghule? Ihre Stellung in der Ökologie erschien sehr sicher. Wie hatten sie ihre Intelligenz bewahrt? Warum benötigten sie Intelligenz? Vielleicht mussten sie gelegentlich um ihre Vorrechte kämpfen. Oder um Respekt. Sich eintausend lokaler Religionen anzupassen könnte ebenfalls beträchtliche verbale Fähigkeiten erfordern. Mehr noch und näherliegender: Wie konnten sie ihm helfen? Gab es irgendwo eine ghulische Enklave, die sich an die Quelle der Unsterblichkeitsdroge erinnerte? Die, einer Hypothese zufolge, aus der Wurzel des Lebensbaums der Pak hergestellt wurde …

Eins nach dem anderen. Versuche zuerst die Stadt.

Die Lichtsäulen wurden dünner, dann verblassten sie. Andere Lichter erschienen im festen Himmel: Hunderte erhellter Fenster. Keines zeigte sich unmittelbar über ihm. Wer würde ein Untergeschoss über einer Müllkippe bewohnen? (Jemand, der sich Beleuchtung nicht leisten konnte?)

Die Schattenfarm erschien verlassen. Louis vernahm den Wind. Er stellte sich auf den Muschelpilz und erhielt dadurch einen Blick auf ein fernes Fenster, das flackerte wie im Feuerschein: Die Unterkünfte für die Farmer am Rand des Gebiets.

Louis berührte den Hubknopf an seinem Fluggürtel und stieg auf.

Kapitel 19

Die schwebende Stadt

Bei etwas über dreihundertfünfzig Metern Höhe wurde der Geruch frischer Luft ausgeprägter, und die schwebende Stadt umgab ihn. Er umkreiste die stumpfe Spitze eines umgekehrten Turms: Vier Ebenen abgedunkelter Fenster und eine Garage darunter. Das große Garagentor war verrammelt und verriegelt. Louis kreiste weiter auf der Suche nach einer zerbrochenen Fensterscheibe. Es gab keine.

Diese Fenster mussten elfhundert Jahre überlebt haben. Wahrscheinlich könnte er keines einschlagen, wenn er es versuchte. Er wollte die Stadt sowieso nicht als Einbrecher betreten.

Stattdessen ließ er sich am Abwasserrohr entlang hinauftreiben, in der Hoffnung, auf diese Weise Zutritt zu erlangen. Rings um ihn her gab es jetzt Rampen, aber nirgendwo Straßenbeleuchtung. Er lenkte sich zu einem Übergang und landete darauf. Jetzt kam er sich weniger verdächtig vor.

Niemand war in Sicht. Das breite Band aus gegossenem Stein schwang sich davon, zwischen die Bauten, links und rechts, auf und ab, und streckte wahllos so etwas wie Scheinfüßchen aus. Trotz dreihundertfünfzig Metern leeren Raumes darunter gab es keine Schutzgeländer. Halrloprillalars Leute mussten näher an ihrer schwinghangelnden Vergangenheit sein als die Erdbevölkerung. Louis schlenderte auf die Lampen zu, wobei er sich nervös in der Mitte des Übergangs hielt.

Wo waren sie alle? Die Stadt machte einen abgeschotteten Eindruck, dachte Louis. Es gab Wohnungen in Hülle und Fülle und Rampen zwischen den Wohngebieten, aber wo waren die Einkaufszentren, die Theater, die Bars, die Parks, Straßencafés? Nichts warb für sich, und alles befand sich hinter Mauern.

Entweder sollte er jemanden finden, dem er sich vorstellen konnte, oder er sollte sich verstecken. Was war mit dieser Glasplatte mit den dunklen Fenstern? Wenn er von oben hineinflog, könnte er sich *vergewissern,* dass sie verlassen war.

Jemand kam den Gang herab auf ihn zu.

Louis rief: »Können Sie mich verstehen?«, und hörte, wie seine Worte in die Sprache der Maschinenleute übersetzt wurde.

Der Fremde antwortete in derselben Sprache: »Sie sollten im Dunkeln nicht in der Stadt umhergehen. Sie könnten abstürzen.« Er war jetzt näher. Seine Augen waren riesig; er gehörte nicht der Spezies der Städtebauer an. Er trug einen schlanken Stab, ebenso lang wie er selbst. Da ihn das Licht von hinten beschien, konnte Louis nicht mehr von ihm erkennen. »Zeigen Sie Ihren Arm«, sagte er.

Louis entblößte seinen linken Arm. Natürlich war keine Tätowierung darauf. Er sagte, was er von Anfang geplant hatte zu sagen: »Ich kann Ihre Wasserkollektoren reparieren.«

Der Stab schlug nach ihm.

Er streifte ihn am Kopf, als Louis sich zurückwarf. Er wälzte sich herum und war auf den Füßen in der Hocke. Die antrainierten Reflexe funktionierten gut, und seine Arme kamen gerade etwas zu spät hoch, um den Stab abzublocken. Er krachte auf seinen Schädel. Lichter flammten hinter seinen Augen auf und erloschen.

Er befand sich im freien Fall. Wind brüllte an ihm vorüber. Selbst für einen fast bewusstlosen Mann war die Verbindung offensichtlich. Louis schlug voller Panik im Dunkeln um sich. *Luftverlust in einem Raumschiff! Wo bin ich? Wo sind die Meteoritenverschlüsse? Mein Druckanzug? Der Alarmknopf?*

Klick – Halb erinnerte er sich. Seine Händen sprangen an seine Brust, fanden die Kontrollknöpfe seines Fluggürtels, drehten den Hubknopf hart herum.

Der Gürtel hob sich wild und schwang ihn herum, mit den Füßen nach unten. Louis bemühte sich, die Nebel aus seinem Kopf zu schütteln. Er blickte auf. Durch einen Spalt in der Finsternis sah er die Sonnenkorona um ein Schattenviereck glühen; er sah harte Dunkelheit herabsteigen, um ihn zu zerschmettern. Er verdrehte den Hubknopf, um seinen jähen Aufstieg anzuhalten.

In Sicherheit.

Sein Bauch brannte, und sein Kopf schmerzte. Er benötigte Zeit zum Nachdenken. Sein Annäherungsversuch war eindeutig falsch gewesen. Aber wenn ihn der Wächter vom Übergang gerollt hatte … Louis klopfte auf seine Taschen; alles war vorhanden. Warum hatte ihn der Wächter nicht zuvor ausgeraubt?

Louis erinnerte sich halb an die Antwort: Er war aufgesprungen, hatte den Wächter verfehlt, war herumgerollt. Und mitten in der Luft bewusstlos geworden. Das zeigte die Sache in einem anderen Licht. Es wäre vielleicht sogar am besten gewesen abzuwarten. Zu spät jetzt.

Also versuche die andere Annäherung.

Er schwamm unterhalb der Stadt nach draußen zum Rand. Nicht zu weit. Es brannten zu viele Lichter am äußeren Rand. Aber in der Nähe des Zentrums gab es einen Doppelkegel, in dem sich überhaupt keine Lichter zeigten. Die untere Spitze war stumpf: eine Garage mit einer hervorragenden Rampe aus Gussstein. Louis schwebte in die Öffnung.

Er erhöhte die Verstärkung an seiner Brille. Es bereitete ihm Sorgen, dass er dies nicht früher getan hatte. Hatte der Hieb auf seinen Kopf ihn dumm gemacht?

Prills Leute, die Städtebauer, hatten über Flugwagen verfügt, wie er sich erinnerte. Hier war kein Wagen. Er fand eine verrostete Metallschiene auf dem Boden und einen groben Stuhl ohne Armlehnen am anderen Ende, dazu eine Tribüne: drei Reihen erhöhter Bänke zu beiden Seiten der Schiene. Das Holz war gealtert, das Metall zu Rost zerbröselt.

Er musste den Stuhl untersuchen, bevor er verstand. Er war so gebaut, dass er über die Schiene hinablief und am Ende nach vorn kippte. Louis hatte eine Hinrichtungskammer mit einer Vorkehrung für ein Publikum gefunden.

Würde er den Gerichtssaal oben finden? Und ein Gefängnis? Louis war schon so gut wie entschlossen, sein Glück anderswo zu versuchen, da ertönte eine harsche Stimme aus der Dunkelheit in einer Sprache, die er seit dreiundzwanzig Jahren nicht mehr vernommen hatte. »Eindringling, zeige deinen Arm. Bewege dich langsam.«

Erneut sagte Louis: »Ich kann eure Wasserkollektoren reparieren«, und hörte seinen Übersetzer in Halrloprillalars

Sprache reden. Sie musste bereits auf Vorrat im Übersetzer gelegen haben.

Der andere stand in einer Tür oben an einer Treppe. Er war so groß wie Louis, und seine Augen glühten. Er trug eine Waffe wie die von Valavirgillin. »Dein Arm ist nackt. Wie bist du hierhergekommen? Du musst geflogen sein.«

»Ja.«

»Beeindruckend. Ist das eine Waffe?«

Er musste die Laserlampe meinen. »Ja. Du siehst sehr gut im Dunkeln. Was bist du?«

»Ich bin Mar Korssil, eine Frau der Nachtjäger. Lege deine Waffe nieder.«

»Das werde ich nicht tun.«

»Ich zögere, dich zu töten. Deine Behauptung könnte zutreffen ...«

»Tut sie.«

»Es widerstrebt mir, meine Herrin zu wecken, und ich werde dich nicht durch diese Tür treten lassen. Lege deine Waffe nieder.«

»Nein. Ich bin heute Nacht schon einmal angegriffen worden. Kannst du diese Tür verschließen, sodass keiner von uns sie öffnen kann?«

Mar Korssil warf etwas durch die Tür; es klirrte, als es aufschlug. Sie schloss die Tür hinter sich. »Flieg für mich«, sagte sie. Ihre Stimme war nach wie vor ein harscher Bass.

Louis stieg einen halben Meter hoch und kehrte dann auf den Boden zurück.

»Beeindruckend.« Mar Korssil kam die Treppe herab, die Waffe bereit. »Wir haben Zeit zu reden. Am Morgen wird man uns finden. Was hast du zu bieten, und was willst du?«

»Habe ich recht mit der Vermutung, dass euer Wasserkollektor nicht funktioniert? Hat er beim Fall der Städte damit aufgehört?«

»Meines Wissens hat er niemals funktioniert. Wer bist du?«

»Ich bin Louis Wu. Männlich. Nenne meine Spezies die Sternenleute. Ich komme von einer Welt außerhalb, von einem Stern, der zu schwach ist, um ihn zu sehen. Ich habe Stoff dabei, um zumindest einige der Wasserkollektoren der Stadt zu reparieren, und ich habe wesentlich mehr versteckt. Es könnte sein, dass ich euch auch Beleuchtung schenken kann.«

Mar Korssil musterte ihn mit blauen Augen, die so groß wie eine Schutzbrille waren. Sie hatte eindrucksvolle Klauen an ihren Fingern und Hasenzähne wie Äxte. Was war sie, eine nagetier-jagende Fleischfresserin? »Wenn du unsere Maschinen reparieren kannst«, sagte sie, »dann ist das gut. Was die Reparatur der anderen Gebäude angeht, so wird meine Herrin dies entscheiden. Was willst du?«

»Jede Menge Wissen. Zugriff auf alles, was die Stadt an gespeichertem Wissen birgt, Karten, Historie, Erzählungen ...«

»Du kannst nicht von uns erwarten, dich zur Bibliothek zu schicken. Wenn deine Behauptung wahr ist, bist du zu wertvoll. Unser Gebäude ist nicht wohlhabend, aber wir könnten Wissen von der Bibliothek kaufen, wenn du bestimmte Fragen hast.«

Allmählich wurde es offensichtlich: Die schwebende Stadt war nicht mehr eine Stadt, als Perikles' Griechenland eine Nation gewesen war. Die Gebäude waren unabhängig, und er war im falschen Gebäude. »Welches Gebäude ist die Bibliothek?«, fragte er.

»Am Rand auf der Backbord-spinwärts gelegenen Seite, ein Kegel, der mit der Spitze nach unten vertäut ist … Warum fragst du?«

Louis berührte seine Brust, erhob sich und schwebte hinaus in die Nacht draußen.

Mar Korssil feuerte. Louis stürzte. Flammen schossen an seiner Brust hoch. Er schrie auf, riss den Harnisch auf und wälzte sich davon. Die Kontrollen des Fluggürtels brannten, eine rauchende gelbe Flamme mit blau-weißen Blitzen darin.

Louis fand die Laserlampe in seiner Hand und richtete sie auf Mar Korssil. Die Nachtjägerin schien es nicht zu bemerken. »Lass mich das nicht noch einmal tun müssen«, sagte sie. »Bist du verletzt?«

Diese Worte retteten ihr das Leben; aber Louis musste *etwas* töten. »Lass die Waffe fallen, oder ich zerschneide dich in zwei Hälften«, sagte er, »wie das hier.« Er zog den Laserstrahl durch den Hinrichtungsstuhl; er flammte auf und fiel auseinander.

Mar Korssil rührte sich nicht.

»Ich möchte nur euer Gebäude verlassen«, sagte Louis. »Du hast mich hier stranden lassen. Ich muss euer Gebäude betreten, aber ich verlasse es über die erste Rampe, die ich finden kann. Lass die Waffe fallen oder stirb.«

Eine weibliche Stimme ertönte von der Treppe her. »Lass die Waffe fallen, Mar Korssil.«

Die Nachtjägerin tat es.

Die Frau kam die Stufen herab. Sie war größer als Louis und schlank. Ihre Nase war winzig, ihre Lippen unsichtbar dünn. Ihr Schädeldach war kahl, aber reiches weißes Haar floss ihr hinter den Ohren und vom Nacken über den Rücken hinab.

Louis vermutete, dass das weiße Haar Zeichen ihres Alters war. Sie zeigte keinerlei Furcht vor ihm. »Haben Sie hier das Sagen?«, fragte er.

»Ich und mein registrierter Partner regieren hier. Ich bin Laliskareerlyar. Hast du dich Luweewu genannt?«

»So in etwa.«

Sie lächelte. »Es gibt ein Spionauge. Mar Korssil hat aus der Garage ein Zeichen gegeben: ein ungewöhnlicher Vorfall. Ich bin hergekommen und habe zugeschaut und zugehört. Tut mir leid wegen deines Flugapparats. Es sind in der ganze Stadt keine mehr übrig.«

»Werden Sie mich freilassen, wenn ich Ihren Wasserkollektor repariere? Und ich benötige Ihren Rat.«

»Betrachte deine Verhandlungsposition. Kannst du meinen Wächtern Widerstand leisten, die draußen warten?«

Louis hatte sich fast entschlossen, sich seinen Weg nach draußen freizuschießen, die Leute zu töten. Er unternahm noch einen Versuch. Der Boden war anscheinend der übliche Gussstein. Er ließ den Laserstrahl langsam im Kreis laufen, und ein Stück Stein von einem Meter Durchmesser fiel in die Nacht hinab. Laliskareerlyars Lächeln erstarb. »Vielleicht kannst du es. Es soll sein, wie du sagst. Mar Korssil, komm mit uns. Halte jeden auf, der versucht, dazwischenzugehen. Lass deine Waffe liegen, wo sie liegt.«

Sie stiegen einen spiralförmigen Aufzug hinauf, der nicht länger funktionierte. Louis zählte vierzehn Schleifen, vierzehn Stockwerke. Er fragte sich, ob er sich hinsichtlich Laliskareerlyars Alter verschätzt hatte. Die Städtebauerin hatte einen forschen Schritt und dabei noch Atem für ein Gespräch übrig.

Aber ihre Hände und ihr Gesicht waren faltig, als ob sie zu lange getragen worden wären.

Ein beunruhigender Anblick. Louis war nicht daran gewöhnt. Intellektuell wusste er, was es war: Das Zeichen des Alters und das Zeichen ihrer Vorfahren, die Pak-Protektoren.

Sie stiegen im Licht von Louis' Laserlampe. Leute tauchten auf Türschwellen auf; Mar Korssil scheuchte sie zurück. Die meisten waren Städtebauer, aber es gab auch andere Spezies.

Diese Diener hatten der Familie Lyar viele Generationen lang gedient, erklärte Laliskareerlyar. Die Mar-Familie von Nachtwächtern waren Polizisten gewesen, die einem Lyar-Richter gedient hatten. Die Köche der Maschinenleute hatten fast ebenso lange gedient. Diener und Städtebauer-Herren betrachteten sich selbst als eine Familie, aneinander gebunden durch regelmäßiges *Rishathra* und alte Loyalitäten. Alles in allem beherbergte das Lyar-Gebäude eintausend Leute, die Hälfte davon in gegenseitiger Beziehung mit Städtebauern.

Louis blieb stehen und sah durch ein Fenster auf halber Höhe nach oben. Ein Fenster in einem Treppenhaus, das durch den Kern eines Gebäudes verlief? Es war ein Hologramm, ein Blick entlang einer der Ringmauern, und es zeigte eine weite Strecke der Ringweltlandschaft. Einer der letzten der Lyar-Schätze, berichtete ihm Laliskareerlyar mit Stolz und Wehmut. Andere waren über Hunderte von *Falans* verkauft worden, um Wassergebühren zu begleichen.

Louis ertappte sich dabei, ebenfalls zu reden. Er war vorsichtig, wütend und erschöpft, aber es war etwas an der alten Städtebauerin, das ihn aus der Reserve lockte. Sie wusste von Planeten. Sie stellte seine Aufrichtigkeit nicht infrage. Sie hörte zu. Sie war Halrloprillalar so ähnlich, dass Louis sich dabei ertappte, von ihr zu sprechen: über die uralte, unsterbliche Schiffshure, die ein Leben als halb wahnsinnige Göttin geführt hatte, bis Louis Wu und seine zusammengewürfelte Mannschaft eingetroffen waren; dass sie ihnen geholfen hatte, dass sie zusammen mit ihnen ihre zerstörte Zivilisation verlassen hatte, dass sie gestorben war.

»Hast du deswegen Mar Korssil nicht getötet?«, fragte Laliskareerlyar.

Die Nachtjägerin sah ihn mit großen blauen Augen an.

Louis lachte. »Vielleicht.« Er berichtete ihnen von seiner Eroberung des Sonnenblumenfelds. Er umging ein gefährliches Thema, denn er sah keinen Sinn darin, Laliskareerlyar zu erzählen, dass ihre Welt ihre Sonne streifen würde. »Ich möchte die Welt in dem Wissen verlassen, dass ich keinen Schaden angerichtet habe. Ich habe mehr von dem Tuch hier in der Nähe vergraben ... Tanj! Mir fällt jetzt keine Möglichkeit ein, wie ich darankommen kann.«

Sie hatten das obere Ende der Spirale erreicht. Louis keuchte. Mar Korssil schloss eine Tür auf; dahinter waren weitere Stufen. »Bist du ein Nachtwesen?«, fragte Laliskareerlyar.

»Was? Nein.«

»Wir warten am besten auf den Tag. Mar Korssil, gehe und schicke uns ein Frühstück. Schicke Whil, mit Werkzeugen. Dann lege dich schlafen.« Während Mar Korssil gehorsam nach unten trabte, ließ sich die alte Frau im Schneidersitz auf einem uralten Teppich nieder. »Ich gehe davon aus, dass wir draußen arbeiten müssen«, sagte sie. »Ich verstehe das Risiko nicht, das du eingegangen bist. Wozu? Wissen? Welches Wissen?«

Es war schwierig, sie anzulügen, aber der Hinterste konnte sehr wohl mithören. »Weißt du irgendetwas von einer Maschine, die eine Art von Materie in eine andere umwandeln kann? Luft zu Boden, Blei zu Gold?«

Sie zeigte Interesse. »Uralten Magiern wurde nachgesagt, imstande zu sein, Glas in Diamanten zu verwandeln. Aber das waren Geschichten für Kinder.«

So viel dazu. »Was ist mit einem Reparaturzentrum für die Welt? Gibt es Legenden darüber? Die seine Lage mitteilen?«

Sie starrte ihn an. »Als ob die Welt nichts weiter als ein gemachtes Ding wäre, eine größere Version der Stadt?«

Louis lachte. »Viel größer. Sehr, sehr, sehr viel größer. Nein?«

»Nein.«

»Was ist mit einer Unsterblichkeitsdroge? Ich *weiß*, dass sie wirklich existiert. Halrloprillalar hat sie benutzt.«

»Natürlich war sie wirklich. In der Stadt ist nichts verblieben, auch sonst nirgendwo, von dem ich weiß. Die Geschichte ist eine Lieblingsgeschichte von …« Der Übersetzer verwendete einen Interworld-Ausdruck. »… Con-Leuten.«

»Sagte die Geschichte, woher sie eventuell stammte?«

Eine junge Städtebauerin, die eine flache Schüssel trug, kam keuchend die Treppe herauf. Louis' Angst vor Vergiftung schwand sogleich. Das Zeug war lauwarm, so etwas wie Haferbrei, und sie aßen beide mit den Händen aus der Schüssel.

»Die Jugenddroge kommt von spinwärts«, erwiderte die alte Frau, »aber ich weiß nicht, wie weit spinwärts entfernt. Ist dies der Schatz des Wissens, wegen dem du hergekommen bist?«

»Einer von mehreren Schätzen. Das wäre ein guter.« Im Reparaturzentrum gäbe es bestimmt Lebensbaum, dachte Louis. Ich frage mich, wie sie damit umgehen? Gewiss würde kein Mensch ein Protektor sein *wollen?* Aber es könnte

Hominiden geben, die es wollten … Nun ja, diese Rätsel konnten warten.

Whil war ein stämmiger Hominide mit einem affenartigen Gesicht, gekleidet in ein Leintuch, dessen ursprüngliche Färbung längst verloren war. Jetzt war es der Regenbogen eines verrückten Gottes. Whil sprach nicht sehr viel. Seine Arme waren kurz und dick und wirkten sehr kräftig. Er führte sie die letzte Treppe hinauf, wobei er seinen Werkzeugkasten trug, und hinaus in die Dämmerung.

Sie befanden sich an der Kante eines Trichters, an der gekürzten Spitze eines Doppelkegels. Der Rand hatte einen Querschnitt von nur einem halben Meter. Louis Atem verfing sich seiner Kehle. Wind rauschte an ihm vorüber, peitschte Whils Leintuch zu einer vielfarbigen Fahne.

»Nun? Kannst du ihn reparieren?«, fragte Laliskareerlyar.

»Nicht von hier. Unten muss es eine Maschinerie geben.«

Es gab eine, aber sie war nicht leicht zu erreichen. Der Kriechraum war nur wenige Zentimeter weiter als Louis Wu. Whil kroch ihm voraus und öffnete Paneele, wie angewiesen.

Der Kriechraum war ringförmig und umging eine Maschinerie, die den Trichter umgehen musste. Und das Wasser sollte vom Trichter herabrieseln, zweifellos. Durch Kühlung? Oder hatten sie etwas Ausgeklügelteres?

Das Steuerelement, das von den Paneelen verborgen wurde, war dicht gepackt und Louis Wu ein völliges Rätsel. Es war sauber und glänzte, außer … ja. Atemlos sah er genauer hin. Eine wurmartige Staubspur, dünn wie ein Draht, war durch das Steuerelement gefallen. Louis versuchte zu erraten, von wo sie herabgefallen war. Er musste davon ausgehen, dass der Rest der Maschinerie immer noch funktionsfähig war.

Er wich zurück. Von Whil borgte er sich dicke Handschuhe und eine nadeldünne Zange. Er schnitt einen Streifen vom Rand des schwarzen Tuchs in seiner Weste ab und verdrillte ihn. Er spannte ihn zwischen zwei Kontakte und befestigte ihn.

Nichts Offensichtliches geschah. Er kroch weiter den Kreis entlang, folgte Whil. Alles in allem entdeckte er sechs Wurmspuren von Staub. Er befestigte sechs verdrillte Streifen des Supraleiters an den Stellen, wo sie seiner Ansicht nach hingehörten.

Er wandte sich aus dem Kriechraum heraus. »Natürlich könnte eure Energiequelle längst tot sein«, sagte er.

»Wir müssen abwarten«, erwiderte die alte Frau. Sie ging die Treppe zum Dach hinauf. Louis und Whil folgten ihr.

Die glatte Fläche des Trichters schien sich mit Feuchtigkeit zu überziehen. Louis kniete nieder und berührte sie. Feucht. Das Wasser war warm. Es bildeten sich bereits Perlen, die nach unten zu Röhren hinabrannen. Louis nickte nachdenklich. Eine weitere gute Tat, die in fünfzehn *Falans* keine Rolle mehr spielen würde.

Kapitel 20

Ökonomie in Lyar

Knapp unterhalb der dicken Taille des Lyar-Gebäudes befand sich so etwas wie eine Kombination aus Empfangsraum und Schlafzimmer. Ein riesiges kreisrundes Bett mit einem Baldachin, Sofas und Stühle um kleine und große Tische, eine Wand mit Bildfenstern gegenüber dem näheren Rand der Schattenfarm, eine Bar, die eine große Vielzahl an Getränken bot. Diese Vielzahl war verschwunden. Laliskareerlyar schenkte etwas aus einem Kristalldekanter in einen Kelch mit zwei Griffen ein, nippte daran und reichte ihn zu Louis hinüber.

»Halten Sie hier Audienzen ab?«, fragte er.

Sie lächelte. »So etwas in der Art. Familienversammlungen.«

Orgien? Sehr wahrscheinlich, falls *Rishathra* das war, was die Lyar-Familie zusammenhielt. Eine Familie, die in schwere Zeiten geraten war. Louis nippte an dem Kelch, schmeckte Nektar und Treibstoff. Das Teilen von Becher und Essgeschirr – stand die Furcht vor dem Vergiftet-Werden dahinter? Aber sie tat es so natürlich. Und auf der Ringwelt gab es keine Krankheiten.

»Was du für uns getan hast, wird unseren Status und unsere Geldmittel beträchtlich heben«, sagte Laliskareerlyar. »Stelle Fragen!«

»Ich muss zur Bibliothek und die Leute, die sie leiten, überzeugen, dass ich freien Gebrauch all ihres Wissens machen kann.«

»Das wäre sehr kostspielig.«

»Nicht unmöglich? Gut.«

Sie lächelte. »Zu kostspielig. Die Beziehung zwischen den Gebäuden ist kompliziert. Die Zehn beherrschen den Touristenhandel …«

»Zehn was?«

»Zehn große Gebäude, Luweewu, die mächtigsten unter uns. Neun haben immer noch Licht und Wasserkollektoren. Zusammen errichteten sie die Brücke zum Himmelsberg. Nun ja, sie beherrschen den Touristenhandel, und sie zahlen Gebühren an die geringeren Gebäude, um die Kosten zu begleichen: für die Aufnahme aller ihrer Alien-Gäste, für die Benutzung aller öffentlichen Orte, und eine besondere Gebühr für Veranstaltungen in Privatgebäuden. Sie treffen sämtliche Übereinkünfte mit anderen Spezies, wie zum Beispiel hinsichtlich des Wassers, das die Maschinenleute zu uns hochpumpen. Wir zahlen eine Gebühr an die Zehn für Wasser und für besondere Konzessionen. Deine wäre eine sehr spezielle Konzession … obwohl wir der Bibliothek eine Pauschalgebühr für Ausbildung zahlen.«

»Die Bibliothek ist eine der Zehn?«

»Ja. Luweewu, wir haben nicht das Geld. Besteht eine Möglichkeit, dass du der Bibliothek einen Dienst erweisen kannst? Vielleicht würde deine Recherche ihnen helfen.«

»Das ist möglich.«

»Sie würden etwas von der Gebühr für einen geleisteten Dienst zurückerstatten. Möglicherweise sogar mehr, als wir bezahlt haben. Aber wir haben es nicht. Würdest du ihnen deine Lichtwaffe oder die Maschine verkaufen, die für dich spricht?«

»Das wohl besser nicht.«

»Kannst du weitere Wasserkollektoren reparieren?«

»Vielleicht. Hast du nicht gesagt, dass einer der Zehn einen nicht funktionsfähigen Wasserkollektor hat? Warum sind sie dann einer der Zehn?«

»Das Gebäude Orlry ist seit dem Fall der Städte unter den Zehn gewesen. Tradition.«

»Was waren sie, als die Städte fielen?«

»Eine Militäreinrichtung, ein Lager für Waffen.« Sie ignorierte Louis' Gluckser. »Sie haben etwas für Waffen übrig. Dein Lichtprojektor …«

»Ich habe Angst, ihn wegzugeben. Aber vielleicht gefällt es ihnen, wenn ihr Wasserkollektor repariert wird.«

»Ich werde in Erfahrung bringen, wie groß die Gebühr ist, die sie fordern, um dich ins Orlry-Gebäude zu lassen.«

»Sie machen Witze.«

»Nein. Du musst bewacht werden, damit du keine Waffen mitnimmst. Du bezahlst ein Eintrittsgeld, damit du die uralten Waffen sehen kannst, und mehr, wenn sie demonstriert werden sollen. Wenn du ihre Wartungseinrichtung siehst, erkennst du vielleicht Schwächen. Ich werde nachfragen.« Sie erhob sich. »Sollen wir uns *Rishathra* widmen?«

Louis hatte so etwas erwartet, ein wenig zumindest, und es war nicht Laliskareerlyars altes Aussehen, das ihn zögern ließ. Es war die Angst, seinen Körperschutz und seine Werkzeuge abzulegen. Ihm fiel ein alter Sketch von einem König ein, der auf seinem Thron brütete. *Ich bin paranoid. Aber bin ich genügend paranoid?* Aber Schlaf war überfällig! Er würde schlicht und einfach den Lyars trauen müssen. »Gut«, sagte er und machte sich daran, den Körperschutz abzustreifen.

Das Alter war seltsam mit Laliskareerlyar umgesprungen. Louis kannte uralte Literatur, Schauspiele und Romane, die vor dem Boosterkraut entstanden waren. Das Alter war eine verkrüppelnde Krankheit ... aber diese Frau war nicht verkrüppelt. Ihre Haut hing lose an ihr herab, und ihre Gliedmaßen beugten sich nicht so weit wie die von Louis. Aber sie hatte ein endlose Interesse an Liebe und an der Seltsamkeit von Louis' Körper und Reflexen.

Es dauerte lange, bis er schlief. Er war ihr ausgewichen und hatte ihr nichts von dem Kunststoff unter seinem Haar erzählt. Er wünschte sich, sie hätte ihn nicht daran erinnert. Der Hinterste hatte einen funktionierenden Trafroh ... und er verabscheute sich selbst dafür, dass er ihn haben wollte.

Er wachte kurz vor Einbruch der Nacht auf. Das Bett ruckte zweimal, und er blinzelte und wälzte sich herum. Er sah sich Laliskareerlyar und einem männlichen Städtebauer gegenüber, der ebenfalls vom Alter berührt worden war.

Laliskareerlyar stellte ihn als Fortaralisplyar vor, ihr Mitbewohner und Louis' Gastgeber. Er dankte Louis für sein Werk an der alten Maschinerie des Gebäudes. Das Abendessen stand bereits auf einem der Tische, und Louis wurde eingeladen, es mit ihnen zu teilen: eine große Schüssel Eintopf, zu fade für Louis' Geschmack. Er aß.

»Das Orlry-Gebäude verlangt mehr, als wir haben«, berichtete Fortaralisplyar Louis. »Wir haben für dich das Recht erworben, drei unserer Nachbargebäude zu betreten. Wenn du auch nur einen ihrer Wasserkollektoren erfolgreich reparieren kannst, können wir dich ins Orlry-Gebäude bringen. Reicht das aus?«

»Ausgezeichnet. Ich benötige Maschinen, die seit elfhundert Jahren nicht funktioniert haben und mit denen auch nicht herumgepfuscht worden ist.«

»Das hat mir meine Gefährtin gesagt.«

Louis verließ sie, als die Dunkelheit einbrach und sie schlafen gingen. Sie hatten ihn eingeladen, zu ihnen zu kommen, und das große Bett war geräumig genug, aber Louis hatte ausgeschlafen, und er war rastlos.

Das große Gebäude war wie eine Grabstätte. Von den oberen Etagen suchte Louis nach Aktivität in dem Labyrinth aus Brücken. Er sah bloß gelegentlich einen großäugigen Nachtjäger.

Das passte. Wenn die Städtebauer zehn Stunden von dreißig schliefen, konnten sie das sehr wohl während der Dunkelheit tun. Er überlegte, ob sie auch in den erleuchteten Gebäuden alle schliefen.

»Rufe den Hintersten«, sagte er.

»Ja, Louis. Müssen wir übersetzen?«

»Nicht nötig, wir sind allein. Ich bin in der schwebenden Stadt. Ich werde einen oder zwei Tage benötigen, um in die Bibliothek zu kommen. Ich glaube, ich hänge hier fest. Mein Fluggürtel ist zerstört worden.«

»Chmee will nach wie vor nicht antworten.«

Louis seufzte. »Was gibt's sonst an Neuem?«

»In zwei Tagen wird meine erste Sonde ihre Umkreisung der Ringmauer beendet haben. Ich kann sie zur schwebenden Stadt lenken. Soll ich direkt mit den Einwohnern verhandeln?

Darin sind wir gut. Zumindest kann ich deiner Geschichte Glaubwürdigkeit verleihen.«

»Ich werde es dich wissen lassen. Was ist mit den Stabilisierungsdüsen der Ringwelt? Hast du weitere montierte gefunden?«

»Nein. Von denen, die dir bekannt sind, feuern alle einundzwanzig. Kannst du sie sehen?«

»Nicht von hier aus. Hinterster? Kannst du etwas über die physikalischen Eigenschaften von *Scrith* in Erfahrung bringen, dem Material des Ringweltbodens? Stärke, Flexibilität, magnetische Eigenschaften?«

»Daran habe ich gearbeitet. Die Ringmauer ist meinen Instrumenten zugänglich. *Scrith* ist um sehr Vieles dichter als Blei. Der *Scrith*-Boden der Ringwelt ist wahrscheinlich keine fünfzig Meter dick. Ich zeige dir meine Daten, wenn du zurückkehrst.«

»Gut.«

»Louis, ich kann dir eine Transportmöglichkeit bieten, wenn es sein muss. Es wäre einfacher, wenn ich Chmee schicken könnte.«

»Prächtig! Was für eine Art von Transport?«

»Du wirst auf meine Sonde warten müssen. Dann gebe ich dir weitere Anweisungen.« Nachdem der Hinterste aufgelegt hatte, beobachtete Louis eine Weile lang die fast leere Stadt. Er war deprimiert. Allein in einem verfallenden Gebäude in einer verfallenden Stadt, ohne seinen Trafroh …

Eine Stimme hinter ihm sagte: »Du hast meiner Herrin gesagt, dass du kein Nachtschwärmer bist.«

»Hallo, Mar Korssil. Wir nutzen elektrische Beleuchtung. Einige von uns sind zu seltsamen Stunden wach. Wie dem auch sei, ich bin einen kürzeren Tag gewöhnt.« Louis wandte sich um.

Die großäugige Humanoide richtete ihre Waffe nicht direkt auf Louis. »Während der letzten *Falans*«, sagte sie, »haben die Tage ihre Länge verändert. Es ist beunruhigend.«

»Ja.«

»Mit wem hast du gesprochen?«

»Einem zweiköpfigen Ungeheuer.«

Mar Korssil verließ ihn. Vielleicht war sie beleidigt. Louis Wu blieb am Fenster stehen und assoziierte frei durch die Erinnerungen eines langen und ereignisreichen Lebens. Er hatte die Hoffnung auf eine Rückkehr in den bekannten Raum aufgegeben. Er hatte den Trafroh aufgegeben. Vielleicht war es an der Zeit … mehr aufzugeben.

Das Chkar-Gebäude war eine Gussstein-Scheibe, übersät von Balkonen. Explosionen hatten eine Seite des Gebäudes zernarbt und an einigen Stellen das Metallskelett freigelegt. Der Wasserkollektor war eine leicht abgeschrägte Mulde entlang der Oberkante. Eine alte Explosion hatte Metalltröpfchen in die Maschinerie darunter versprüht. Louis erwartete nicht, dass sein Reparaturversuch glücken würde, und das tat er auch nicht.

»Die Schuld liegt bei mir«, sagte Laliskareerlyar. »Ich hatte vergessen, dass das Chkar-Gebäude vor zweitausend *Falans* mit dem Orlry-Gebäude gekämpft hat.«

Das Panth-Gebäude war wie eine Zwiebel gebaut, die auf der Spitze stand. Louis vermutete, dass das Gebäude als Fitnessclub ins Leben getreten war; er erkannte Swimmingpools, Spas, Saunas, Massagetische, eine Turnhalle. Der Bau schien über reichlich Wasser zu verfügen. Und ein schwacher, halb vertrauter Geruch kitzelte seine Erinnerung …

Panth hatte ebenfalls mit Orlry gekämpft. Es gab Krater. Ein kahlköpfiger junge Mann namens Arrivercompanth schwor, dass der Wasserkollektor niemals beschädigt worden war. Louis entdeckte die Staubspuren in der Maschinerie und die Kontakte darüber. Als er seine Reparatur beendet hatte, bildeten sich Wassertröpfchen auf dem runden Dach und liefen in eine Rinne.

Es gab einige Schwierigkeiten hinsichtlich der Bezahlung. Arrivercompanth und seine Leute wollten *Rishathra* und Versprechungen bieten. (Und *da* erkannte Louis den Duft wieder, der in seiner Nase und im Hinterkopf kitzelte. Er befand sich in einem Haus mit schlechtem Ruf, und irgendwo hier waren Vampire.) Laliskareerlyar wollte *sogleich* Bargeld. Louis versuchte, ihrer Debatte zu folgen. Er bekam mit, dass die Zehn nicht glücklich wären, wenn Panth kein Wasser mehr kaufen würde, und nur zu glücklich, eine Strafzahlung von ihnen zu erheben, wegen Täuschung. Arrivercompanth zahlte.

Gisk war beim Fall der Städte ein Appartementhaus oder etwas Ähnliches gewesen. Es war ein Würfel mit einem Luftschacht durch das Zentrum, und es war halb leer. Dem Geruch nach zu urteilen hatte Gisk sich dem übermäßigen Gebrauch von Wasser enthalten. Er führte seine Reparatur rasch durch, und sie war erfolgreich. Die Gisks zahlten sofort. Sie fielen Laliskareerlyar zu Füßen, um ihren Dank auszudrücken … und ignorierten ihren Werkzeug-schwingenden Diener. Oh, schon gut …

Fortaralisplyar war entzückt. Er schob eine doppelte Handvoll Metallmünzen in Louis‘ Weste und erklärte die knifflige

Etikette der Bestechung. Die gesichtswahrende Sprache würde seinen Übersetzer bis an dessen Grenzen beanspruchen. »Im Zweifelsfall lieber nicht«, sagte Fortaralisplyar zu ihm. »Morgen werde ich mit dir zum Orlry-Gebäude gehen. Lass mich die Verhandlung führen.«

Das Orlry-Gebäude lag auf der Backbordseite der Stadt. Louis und Fortaralisplyar ließen sich Zeit, besichtigten, gingen auf die höchsten Rampen, um einen besseren Blick zu erhalten. Fortaralisplyar war stolz auf seine Stadt. »Ein wenig Zivilisation ist selbst nach dem Fall geblieben«, sagte er. Er zeigte auf Rylo, ein Gebäude, das ein Schloss des Imperators gewesen war. Es war wunderschön, jedoch zernarbt. Der Imperator hatte etwa zu der Zeit versucht, die Stadt für sich zu vereinnahmen, als das Orlry-Gebäude eingetroffen war. Eine kannelierte Säule, geformt wie eine griechische Säule, von nichts anderem als sich selbst gestützt, war Chank, ein ehemaliges Einkaufszentrum. Ohne die Vorräte an Bord von Chank – aus Märkten, Restaurants, Bekleidungs- und Bettwäschegeschäften, sogar Spielwarenläden – zum Handel mit den Maschinenleuten wäre die Stadt früh gestorben. Aus dem Untergeschoss von Chank führte die luftige Straße spiralförmig hinab zum Himmelshügel.

Das Orlry-Gebäude war eine Scheibe von fünfzehn Metern Dicke und zehn Mal dieser Breite, gebaut wie eine Pastete. Der massige Turm am einen Ende, verziert mit Geschützstellungen und Plattformen mit Geländer sowie einem Drehkran, erinnerte Louis an die Brücke eines großen Schiffs – eines Schlachtschiffs. Der Übergang zu Orlry war breit, jedoch gab es nur einen Übergang und nur einen Eingang. Entlang des oberen Rands ragten Hunderte kleiner Objekte heraus. Louis vermutete, dass es sich dabei um Kameras oder andere Sensoren handelte und dass sie nicht mehr funktionierten. Nachdem das Gebäude angehoben worden war, hatte man in die Seiten Orlrys Fenster hineingeschlagen. Die Scheiben darin passten nur schlecht.

Fortaralisplyar war in gelbe und scharlachrote Gewänder gekleidet, die aus etwas bestanden, was anscheinend Pflanzenfasern waren: rau nach Louis' Maßstäben, jedoch prächtig aus der Entfernung. Louis folgte ihm nach Orlry hinein in einen großen Empfangsbereich. Es gab Beleuchtung, die jedoch flackerte: Dutzende von Alkohollampen brannten dicht unter der Decke.

Elf Städtebauertypen beider Geschlechter warteten auf sie. Sie waren fast identisch in lockere Hosen mit engen Aufschlägen und leuchtend gefärbte Umhänge gekleidet. Die Kanten der Umhänge waren sorgfältig geschnitten und asymmetrisch. Kennzeichen oder Rang? Der weißhaarige Mann, der lächelnd zur Begrüßung auf sie zukam, trug den am kunstvollsten geschnittenen Umhang und eine Schulterwaffe.

Er redete Fortaralisplyar an. »Ich musste es selbst sehen, dieses Wesen, das uns Wasser aus einer Maschinerie geben kann, die fünftausend *Falans* tot ist.«

Die Handfeuerwaffe in seinem abgenutzten Kunststoffschulterholster war klein mit sauberen, effizienten Umrissen; aber selbst eine Waffe konnte Filistranorlry nicht kriegerisch erscheinen lassen. Sein kleines Gesicht zeigte glückliche Neugier, während er Louis Wu musterte. »Er erscheint ziemlich ungewöhnlich, aber … nun ja. Du hast bezahlt. Wir werden sehen.« Er winkte den Soldaten zu.

Sie durchsuchten Fortaralisplyar, dann Louis. Sie fanden seine Laserlampe, prüften sie, gaben sie zurück. Sie rätselten über seinen Übersetzer, bis Louis sagte: »Der spricht für mich.«

Filistranorlry vollführte einen Satz. »Allerdings! Willst du den verkaufen?« Er sprach mit Fortaralisplyar, der zur Antwort gab: »Er gehört nicht mir.«

»Ohne ihn wäre ich stumm«, sagte Louis. Orlrys Herr schien dies zu akzeptieren.

Der Wasserkollektor lag tief in der Mitte von Orlrys breitem Dach. Die Zugangsröhren darunter waren zu klein für Louis. Selbst wenn er seinen Körperschutz abnähme, würde er nicht hineinpassen, und das hatte er nicht vor. »Was für Reparaturleute setzt ihr ein? Mäuse?«

»Hängeleute«, erwiderte Filistranorlry. »Wir müssen ihre Dienste mieten. Das Chilb-Gebäude sollte inzwischen nach ihnen geschickt haben. Siehst du irgendein anderes Problem?«

»Ja.« Inzwischen war ihm die Maschinerie ziemlich vertraut; Louis hatte drei Gebäude repariert und bei einem vierten war die Reparatur misslungen. Er sah etwas, was ein Paar Kontakte sein sollte. Er suchte nach dem Staub darunter, und er war nicht vorhanden. »Gab es frühere Reparaturversuche?«

»Ich vermute es. Woher sollten wir das wissen, nach fünftausend *Falans?*«

»Wir warten auf die Reparaturleute. Ich hoffe, sie können Anweisungen befolgen.« Tanj! Jemand, der schon längst tot war, hatte aufgeräumt, indem er die verräterischen Staubspuren weggepustet hatte. Aber Louis war sich gewiss, dass er seine Arme dort hineinbekäme …

»Möchtest du gern unser Museum sehen?«, fragte Filistranorlry. »Du hast das Recht gekauft.«

Louis war nie ein Waffennarr gewesen. Er erkannte einige der Prinzipien, wenn auch nicht die Formen, hinter den Tötungswerkzeugen in den Glaskästen und hinter den Glaswänden wieder. Die meisten davon verwendeten Projektile oder Explosionen oder beides. Einige warfen Fäden winziger Kugeln aus, die wie kleine Feuerwerkskörper im Fleisch des Feindes explodiertes. Die wenigen Laser waren massig und unhandlich. Sie mussten einst auf Traktoren oder schwebenden Plattformen montiert gewesen sein, aber diese waren für anderweitigen Gebrauch ausgeschlachtet worden.

Ein Städtebauer traf mit einem halben Dutzend Arbeiter ein. Die Hängeleute reichten bis zu Louis' fliegenden Rippen. Ihr Kopf erschien zu groß für ihre Körper; ihre Zehen zu lang und geschickt, und ihre Finger streiften fast den Fußboden. »Dies ist wahrscheinlich eine Zeitverschwendung«, sagte einer.

»Tut's richtig, und ihr werdet sowieso bezahlt«, sagte Louis zu ihm. Der kleine Mann grinste höhnisch.

Sie trugen ärmellose Gewänder voller Taschen, und die Taschen waren schwer von Werkzeugen. Als die Soldaten sie durchsuchen wollten, streiften sie die Gewänder ab und ließen die Soldaten diese durchsuchen. Vielleicht mochten sie es nicht, berührt zu werden.

So klein. Louis flüsterte Fortaralisplyar zu: »Vollführt deine Spezies *Rishathra* mit ihnen?«

Der Städtebauer kicherte. »Ja, aber vorsichtig.«

Die Hängeleute sammelten sich um Louis Wu und sahen zu, als er in die Zugangsröhre griff. Er trug isolierte Handschuhe, die er sich von Mar Korssil ausgeliehen hatte. »So sehen die Kontakte aus. Befestigt das Tuch so … und so. Ihr solltet sechs Paar Kontakte finden. Es könnte Staubspuren darunter geben.«

Nachdem sie um die Krümmung der Zugangsröhre verschwunden waren, sagte er zu den Herren von Orlry und Lyar: »Wir werden es nie erfahren, wenn sie einen Fehler begehen. Ich wünschte, wir könnten ihre Arbeit inspizieren.« Seine andere Befürchtung erwähnte er jedoch nicht.

Jetzt kamen die Hängeleute heraus. Alle scharten sich oben auf dem Dach: Arbeiter, Soldaten, Herren und Louis Wu. Dort sahen sie zu, wie sich Dunst formte und kondensierte und Wasser zur Mitte der Vertiefung floss.

Und sechs Hängeleute wussten jetzt, wie man Wasserkollektoren mit Streifen schwarzen Tuchs reparierte.

»Ich möchte dieses schwarze Tuch kaufen«, sagte Filistranorlry.

Die Hängeleute und ihr Herr, der Städtebauer, verschwanden bereits im Treppenhaus. Filistranorlry und zehn Soldaten versperrten Louis und Fortaralisplyar diesen Fluchtweg.

»Ich habe nicht die Absicht zu verkaufen«, sagte Louis.

Der silberhaarige Soldat sagte: »Ich hoffe, euch hierzubehalten, bis ich dich zum Verkauf überreden kann. Wenn ich dazu gedrängt werde, werde ich darauf bestehen, dass du auch das sprechende Kästchen verkaufst.«

Das hatte Louis halb erwartet. »Fortaralisplyar, würde das Orlry-Gebäude dich gewaltsam hierbehalten?«

Der Herr von Lyar sah dem Herrn von Orlry ins Auge, als er sagte: »Nein, Louis. Die Komplikationen wären unangenehm. Die geringeren Gebäude würden sich vereinen, um mich zu befreien. Die Zehn würden eher die Neun werden, statt einen Boykott seitens der Gäste zu riskieren.«

Filistranorlry lachte. »Die geringeren Gebäude würden durstig werden …«, und sein Lächeln schwand, während das von Fortaralisplyar breiter wurde. Das Lyar-Gebäude hatte jetzt Wasser abzugeben.

»Du könntest mich nicht festhalten. Gäste würde von den Rampen gestoßen. Die Theater in Chkar und die Fabriken in Panth wären für dich geschlossen …«

»Dann geh.«

»Ich nehme Louis mit.«

»Das tust du nicht.«

»Nimm das Geld und geh«, sagte Louis. »Das wird die Dinge für alle Betroffenen leichter machen.« Seine Hand steckte in seiner Tasche und lag auf der Laserlampe.

Filistranorlry hielt einen kleinen Beutel hin. Fortaralisplyar nahm ihn entgegen, zählte den Inhalt. Er schritt durch die Soldaten und stieg die Treppe hinab. Als er außer Sicht war, zog Louis die Kapuze des Körperschutzes über den Kopf.

»Ich biete einen hohen Preis. Zwölf …« etwas Nicht-Übersetztes. »Wir würden dich nicht beschwindeln«, sagte Filistranorlry. Aber Louis wich zum Rand des Dachs zurück. Er sah, wie Filistranorlry den Soldaten ein Zeichen gab, und lief los.

Der Rand des Dachs war ein brusthoher Zaun: zickzackförmig verlaufende Eisenspitzen, so geschnitten, dass sie einer Ellbogenwurzel glichen. Die Schattenfarm lag weit unten. Louis rannte am Zaun entlang auf den Übergang zu. Die Soldaten waren dicht hinter ihm, aber Filistranorlry hielt sich zurück und feuerte seine Pistole ab. Der Donner war beunruhigend, sogar erschreckend. Eine Kugel schlug in Louis' Fußknöchel; der Körperschutz wurde starr, und Louis wälzte sich wie eine umgestürzte Statue herum, kam wieder hoch und rannte weiter. Als sich zwei Soldaten auf ihn warfen, schwang er sich über den Zaun und ließ sich fallen.

Fortaralisplyar war auf dem Übergang. Überrascht wandte er sich um.

Louis landete flach auf dem Gesicht in einem Körperschutz, der so starr wie Stahl geworden war. Der an seine Gestalt angepasste Sarg stützte ihn, aber er war nach wie vor benommen. Hände halfen ihm auf die Beine, bevor er wirklich aufstehen wollte. Fortaralisplyar legte seine Schulter unter Louis' Achselhöhle und brachte sie beide weg.

»Verschwinde. Sie könnten schießen«, keuchte Louis.

»Das würden sie nicht wagen. Bist du verletzt? Deine Nase blutet.«

»Das war es wert.«

Kapitel 21

Die Bibliothek

Sie betraten die Bibliothek über einen kleinen Vorraum unten im Kegel, in der Spitze.

Hinter einem breiten, massiven Schreibtisch arbeiteten zwei Bibliothekare an Leseschirmen: klobige Maschinen in Form einer Ansammlung von Kästen. Buchkassetten liefen durch ein Lesegerät. Die Bibliothekare sahen aus wie ein Priester und eine Priesterin in identischen blauen Gewändern mit ausgerissenem Kragen. Es dauerte einige Minuten, bis die Frau aufschaute.

Ihr Haar war von einem reinen, sauberen Weiß. Vielleicht war sie mit weißem Haar geboren worden, denn sie war nicht alt. Eine irdische Frau wäre so weit gewesen, ihren erst Schuss Boosterkraut einzunehmen. Sie war gerade und schlank und hübsch, dachte Louis. Natürlich flachbrüstig, jedoch nett gebaut. Halrloprillalar hatte Louis gelehrt, einen kahlen Kopf und einen wohlgeformten Schädel sexy zu finden. Wenn sie lächeln würde … aber selbst Fortaralisplyar gegenüber war sie grob und herrisch. »Ja?«

»Ich bin Fortaralisplyar. Haben Sie meinen Vertrag?«

Sie tippte auf die Tastatur der Lesemaschine. »Ja. Ist es dieser?«

»Ja, das ist er.«

Jetzt sah sie Louis an. »Luweewu, kannst du mich verstehen?«

»Ich kann Sie verstehen, mithilfe von dem hier.«

Als der Übersetzer sprach, bekam ihre Ruhe einen Riss, aber nur für einen Augenblick. Sie sagte: »Ich bin Harkabeeparolyn. Dein Herr hat das Recht eingekauft, dass du drei Tage unbegrenzt recherchieren kannst, mit einer Option, zusätzliche drei Tage zu erwerben. Du kannst die Bibliothek nach Belieben durchstreifen, abgesehen von den Wohnbereichen, deren Türen golden gekennzeichnet sind. Du kannst jede Maschine benutzen, außer, sie ist so markiert.« Sie zeigte es ihm: ein orangefarbenes Tic-Tac-Toe-Gitter. »Für die Benutzung dieser benötigst du Hilfe. Komm zu mir oder zu jemandem, dessen Kragen wie der meine geschnitten ist. Du kannst den Essraum nutzen. Zum Schlafen oder Baden musst du ins Lyar-Gebäude zurückkehren.«

»Gut.«

Die Bibliothekarin wirkte verwirrt. Louis war selbst ein wenig überrascht. Warum hatte er das mit solcher Kraft gesagt? Es traf ihn, dass ihm das Lyar-Gebäude mehr wie ein Zuhause erschien, als es die Wohnung auf Cañon jemals getan hatte.

Fortaralisplyar zahlte in Silbermünzen, verneigte sich vor Louis und ging. Die Bibliothekarin kehrte an ihren Leseschirm zurück. (Harkabeeparolyn. Er war diese sechssilbigen Namen leid, aber er prägte ihn sich besser ein.) Harkabeeparolyn blickte sich um, als Louis sagte: »Es gibt einen Ort, den ich gern finden möchte.«

»In der Bibliothek?«

»Das hoffe ich. Ich habe einen ähnlichen Ort vor langer Zeit gesehen. Man stand inmitten eines Kreises, und der Kreis war die Welt. Der Bildschirm in der Mitte drehte sich, und man konnte sich jeden Teil der Welt groß anzeigen ...«

»Wir haben einen Kartenraum. Geh die Treppe bis ganz nach oben hoch.« Sie wandte sich ab.

Eine enge Wendeltreppe mit Metallstufen wand sich um die Achse der Bibliothek nach oben. Verankert lediglich oben und unten, federte sie beim Aufstieg unter seinem Gewicht. Er kam an Türen vorüber, die golden markiert und samt und sonders geschlossen waren. Weiter oben führten Öffnungen mit gebogener Oberschwelle zu Reihen von Leseschirmen mit Stühlen davor. Louis zählte sechsundvierzig Städtebauer, welche die Leseschirme benutzten, zwei ältliche Maschinenleute und einen kompakten, behaarten, männlichen Wer-Weiß-Was sowie einen weiblichen Ghul ganz für sich in einem Raum.

Die oberste Etage war der Kartenraum. Er wusste es, als er ihn erreicht hatte.

Den ersten Kartenraum hatten sie in einem verlassenen schwebenden Palast gefunden. Seine Wand war ein blauer Ring mit weißen Flecken. Globen von zehn Welten mit Sauerstoffatmosphäre waren zu sehen gewesen sowie ein Bildschirm, der einen vergrößerten Ausblick geboten hatte. Aber die Szenerien dort waren Tausende von Jahren alt. Sie zeigten eine blühende Ringwelt-Zivilisation: leuchtende Städte; Fahrzeuge, die durch rechteckige Schleifen entlang der Ringmauer sausten; Flugmaschinen so groß wie diese Bibliothek; noch größere

Raumschiffe. Damals hatten sie nicht nach einem Reparaturzentrum gesucht. Sie hatten nach einem Weg fort von der Ringwelt gesucht. Die alten Bänder waren eindeutig nahezu nutzlos gewesen.

Sie hatten es zu eilig gehabt. Also: dreiundzwanzig Jahre später, in einer anderen Art verzweifelter Lage, versuchen wir's erneut …

Louis Wu trat aus dem Treppenhaus herein, und die Ringwelt glänzte um ihn herum. Wo die Sonne gewesen wäre, dort war Louis Wus Kopf. Die Karte war über einen halben Meter hoch und hatte einen Durchmesser von mehr als hundert Metern. Die Schattenrechtecke waren von derselben Höhe, aber viel näher, und schwebten über einem einhundert Quadratmeter großen, pechschwarzen Fußboden, durchsetzt mit Tausenden von Sternen. Auch die Decke war schwarz und mit Sternen gesprenkelt.

Louis ging auf eines der Schattenrechtecke zu und hindurch. Hologramme, genau, wie in dem vorherigen Kartenraum. Aber diesmal gab es keine Globen erdähnlicher Welten.

Er drehte sich um und wollte die Rückseite eines Schattenvierecks studieren. Keine Details wurden gezeigt: nichts außer einem pechschwarzen, leicht gekrümmten Rechteck.

Der Vergrößerungsschirm war in Gebrauch.

Ein rechteckiger Bildschirm, ein Meter mal einen halben Meter, mit den Bedienknöpfen darunter, war auf einer kreisförmigen Schiene montiert, die zwischen den Schattenrechtecken und der Ringwelt verlief. Der Junge hatte einen erweiterten Blick auf eine der montierten Bussard-Ramdüsen. Sie zeigte sich als strahlendes bläuliches Licht. Der Junge versuchte, mit zusammengekniffenen Augen daran vorbeizusehen.

Er musste gerade das Erwachsenenalter erreicht haben. Sehr feines braunes Haar bedeckte seinen gesamten Schädel und wurde hinten dicker. Er trug die blauen Gewänder eines Bibliothekars. Sein Kragen war breit und viereckig, wie eine Kapuze, mit einer einzigen hineingeschnittenen Einkerbung.

»Darf ich dir über die Schulter sehen?«, fragte Louis.

Der Junge wandte sich um. Seine Züge waren klein und nahezu unlesbar, wie bei jedem Städtebauer. Das ließ ihn älter erscheinen. »Ist Ihnen solches Wissen erlaubt?«

»Das Lyar-Gebäude hat sämtliche Privilegien für mich erworben.«

»Oh.« Der Junge drehte sich zurück. »Wir können sowieso nichts erkennen. In zwei Tagen werden sie die Flammen abschalten.«

»Was beobachtest du?«

»Die Reparaturmannschaft.«

Louis blickte mit zusammengekniffenen Augen in den Glanz. Ein Sturm blau-weißen Lichts erfüllte den Bildschirm, Dunkelheit im Kern. Die Stabilisierungsdüse war ein schwach rosafarbener Punkt in der Mitte der Dunkelheit.

Elektromagnetische Feldlinien sammelten den heißen Wasserstoff des Sonnenwinds, lenkten und komprimierten ihn auf Fusionstemperaturen und feuerten ihn zurück zur Sonne. Maschinerie strebte mit starrsinniger Vergeblichkeit danach, die Ringwelt gegen die Schwerkraft ihres Sterns festzuhalten. Aber dies war alles, was sich zeigte: blau-weißes Licht und ein rosafarbener Punkt auf der Ringmauer.

»Sie sind fast fertig«, sagte der Junge. »Wir dachten, sie würden uns um Hilfe ersuchen, aber das geschah nicht.« Er klang wehmütig.

»Vielleicht habt ihr nicht die Werkzeuge, ihre Rufe zu hören.« Louis gab sich Mühe, die Stimme ruhig zu halten. *Reparaturmannschaft!* »Sie müssen sowieso fertig sein. Es gibt keine weiteren Antriebe mehr.«

»Nein. Sehen Sie hin.« Der Junge ließ die Aussicht an der Ringmauer entlanglaufen. Dann hielt er ruckartig inne, ein gutes Stück jenseits des blauen Glanzes. Louis sah, wie Metallteile an der Ringmauer herabfielen.

Er betrachtete sie genau, bis er sich gewiss war. Metallstangen, ein großer, spulenförmiger Zylinder – das waren die demontierten Komponenten dessen, was er durch das Teleskop der *Needle* gesehen hatte. Das war das Gerüst zum Wiederanbringen der Stabilisierungsdüsen der Ringwelt.

Die Reparaturmannschaft musste diese Ausrüstung auf die solare Orbitalgeschwindigkeit verlangsamt haben. Aber wie wollten sie die Prozedur umkehren? Die Maschinerie müsste an ihrem Ziel auf die Rotationsgeschwindigkeit der Ringwelt beschleunigt werden. Durch Reibung mit der Atmosphäre? Diese Materialien konnten ebenso haltbar wie *Scrith* sein. In diesem Fall wäre die Aufheizung wohl kein Problem.

»Und hier.« Die Aussicht glitt wieder weiter spinwärts entlang der Ringmauer zum Raumhafensims. Die vier großen Schiffe der Städtebauer zeigten sich deutlich. Die *Hot Needle of Inquiry* war ein kleiner Fleck. Er wäre Louis entgangen, hätte er nicht genau gewusst, wo er hätte hinschauen müssen: anderthalb Kilometer entfernt von dem einzigen Schiff, das immer noch eine Bussard-Ramdüse um seine Taille zeigte.

»Da, sehen Sie?« Der Junge zeigte auf die beiden kupferfarbenen Ringe. »Es ist nur eine Düse übrig. Wenn die Reparaturmannschaft diese anbringt, sind sie fertig.«

Megatonnen an Konstruktionsausrüstung fielen an der Ringmauer herab, zweifelsohne begleitet von den Horden der Konstrukteure einer unbekannten Spezies, und alles zielte auf den Parkplatz der *Needle.* Der Hinterste wäre nicht erfreut.

»Fertig, ja«, sagte Louis. »Es wird nicht ausreichen.«

»Ausreichen wofür?«

»Schon gut. Wie lange hat es gearbeitet, dieses Reparaturteam? Woher sind sie gekommen?«

»Niemand will mir etwas sagen«, erwiderte der Junge. *»Flup.* Wohlriechendes *Flup.* Worüber regen sich alle so auf? Warum frage ich Sie? Sie wissen es auch nicht.«

Louis ließ das durchgehen. »Wer sind sie? Wie haben sie das mit der Gefahr herausgefunden?«

»Niemand weiß es. Wir haben erst etwas von ihnen erfahren, als sie damit angefangen haben, die Maschinen aufzustellen.«

»Wie lange ist das her?«

»Acht *Falans.«*

Rasche Arbeit, dachte Louis. Nur etwas über anderthalb Jahre, dazu die Zeit, die sie für die Vorbereitung benötigten. Wer waren sie? Intelligent, schnell, entschlossen, nicht überwältigt von großen Projekten und großen Zahlen – sie könnten fast … aber die Protektoren waren längst verschwunden. Sie mussten verschwunden sein.

»Haben sie andere Reparaturarbeiten erledigt?«

»Lehrer Wilp glaubt, sie haben die Schüttrohre freigelegt. Wir sehen Nebel um einige der Schüttberge. Wäre das nicht eine große Sache, ein Schüttrohr freilegen?«

Louis dachte darüber nach. »Groß, na gut. Wenn du dafür sorgen könntest, dass die Schwimmbagger auf dem Meeresgrund wieder funktionieren ... müsstest du die Rohre immer noch erwärmen. Sie verlaufen *unter* der Welt. Der Schlamm des Meeresgrunds würde in einer blockierten Röhre erstarren, denke ich.«

»Flup«, sagte der junge Mann.

»Was?«

»Das braune Zeug, das aus einem Schüttrohr kommt, wird *Flup* genannt.«

»Oh.«

»Woher stammen Sie?«

Louis grinste. »Ich komme von den Sternen, in *dem da.«* Er streckte die Hand über die Schulter des jungen Mannes aus und zeigt auf den Flecken, der die *Hot Needle of Inquiry* war. Die Augen des Jungen wurden groß.

Unbeholfener, als es der Junge getan hatte, ließ Louis den Ausblick den Weg entlanglaufen, den das Landefahrzeug genommen hatte, seitdem es die Ringmauer verlassen hatte. Er entdeckte einen Bereich weißer Wolken von der Größe eines Kontinents, wo die Sonnenblumen gewesen waren. Weiter nach Backbord war ein ausgedehnter grüner Sumpf, dann ein Fluss, der sich selbst ein neues Bett gegraben und das alte als gewundene braune Spur durch die gelbbraune Wüste zurückgelassen hatte. Er folgte dem ausgetrockneten Flussbett. Er zeigte dem Jungen die Stadt der Vampire; der Junge nickte.

Der Junge *wollte* glauben. *Menschen von den Sternen, kommen her, um uns zu helfen!* Dennoch fürchtete er sich davor, leichtgläubig zu erscheinen. Louis grinste ihn an und machte weiter.

Das Land wurde wieder grün. Der Straße der Maschinenleute war leicht zu folgen; an den meisten Stellen unterschied sich das Land zu beiden Seiten deutlich voneinander. Hier schwang sich der Fluss zurück und vereinigte sich wieder mit seinem alten Bett. Er vergrößerte noch einmal den Maßstab und blickte auf die schwebende Stadt hinab. »Wir«, sagte er.

»Das habe ich schon gesehen. Erzählen Sie mir von den Vampiren.«

Louis zögerte. Aber die Mitglieder der Spezies des Jungen waren in dieser Welt schließlich die Experten für Sex zwischen den Spezies. »Sie können dich dazu bringen, *Rishathra* mit dir zu vollführen. Tust du es, beißen sie dich in den Hals.« Er zeigte dem Jungen die verheilte Wunde an seiner Kehle. »Chmee tötete die Vampirfrau, die, äh, mich angegriffen hat.«

»Warum haben die Vampire ihn nicht erwischt?«

»Chmee ist wie nichts in der Welt. Er würde ebenso wahrscheinlich von einer Würstchen-Pflanze verführt werden.«

»Wir stellen Parfüm von Vampiren her«, sagte der Junge.

»Was?« Stimmte da etwas nicht mit dem Übersetzer?

Der Junge lächelte allzu weise. »Eines Tages werden Sie es sehen. Ich muss gehen. Werden Sie später noch hier sein?«

Louis nickte.

»Wie heißen Sie? Ich bin Kawaresksenjajok.«

»Luweewu.«

Der junge Mann verließ ihn über das Treppenhaus. Louis stand stirnrunzelnd vor dem Bildschirm.

Parfüm? Der Geruch von Vampiren im Panth-Gebäude … und jetzt fiel Louis die Nacht ein, in der Halrloprillalar in sein Bett gekommen war, vor dreiundzwanzig Jahren. Sie hatte versucht, ihn zu kontrollieren. Sie hatte es *behauptet.* Hatte sie Vampirduft bei ihm eingesetzt?

Es konnte jetzt keine Rolle spielen. »Rufe den Hintersten«, sagte er. »Rufe den Hintersten.«

Nichts.

Der Bildschirm war nicht schwenkbar. Er war stets nach außen gerichtet, weg von den Schattenrechtecken. Ärgerlich, jedoch informativ: Es konnte bedeuten, dass das Bild von den Schattenrechtecken selbst gesendet wurde.

Er verringerte den Maßstab auf dem Bildschirm. Er ließ den Aussichtspunkt mit unmöglicher Geschwindigkeit nach spinwärts hinabfallen, bis er auf eine Welt des Wassers blickte. Er fiel wie ein Engel auf einem tödlichen Sprung. Das machte Spaß. Die Anlagen der Bibliothek waren beträchtlich besser als das Teleskop der *Needle.*

Die Karte der Erde war alt. Eine halbe Million Jahre hatte die Kontinente verzerrt. Oder mehr? Eine Million? Zwei? Ein Geologe hätte es gewusst.

Louis wechselte nach Steuerbord antispinwärts, bis die Karte von Kzin den Bildschirm erfüllte: Inseln, versammelt um eine Platte funkelnden Eises. Und wie alt war die Topographie dieser Karte? Chmee könnte es wissen.

Louis erweiterte den Blick. Er summte beim Arbeiten. Er huschte über einen gelben und orangefarbenen Dschungel. Sein Blick überquerte das breite silberne Band eines Flusses, und er folgte ihm zum Meer. An der Flussmündung sollte es Städte geben.

Er wäre beinahe darüber hinweggehuscht. Ein Delta, wo sich zwei Flüsse vereinigten; ein blasses Gittermuster auf Dschungelfarben. Einige menschliche Städte hatten »Grüngürtel«, aber in dieser Kzintistadt mussten sie mehr Territorium bedecken als die Gebäude. Bei maximaler Vergrößerung konnte Louis soeben Straßenmuster erkennen. Die Kzinti hatten *große* Städte nie gemocht. Ihre Geruchssinn war zu ausgeprägt. Diese Stadt war beinahe so groß wie der Regierungssitz des Patriarchen auf Kzin.

Sie hatten Städte. Was sonst noch? Wenn sie irgendeine Art von Industrie hatten, benötigten sie … Seehäfen? Bergbaustädte? Weitersuchen.

Hier war der Dschungel spärlich. Das Gelbbraun nackten Bodens zeigte sich in einem Muster hindurch, das ganz und gar nicht die Gestalt einer Stadt hatte. Es sah aus wie die geschmolzene Zielscheibe beim Bogenschießen. Zu vermuten war, dass es ein sehr großer und sehr alter Tagebau war.

Vor einer Million Jahre oder mehr war eine Stichprobe von Kzinti hier abgesetzt worden. Louis erwartete nicht, Bergbaustädte zu finden. Sie hätten Glück gehabt, wenn etwas zum Bergbau verblieben wäre. Eine halbe Million Jahre lang waren sie auf eine Welt beschränkt gewesen, eine Welt, deren Oberfläche wenige Hundert Meter weiter unten endete. Aber die Kzinti hatten ihre Zivilisation anscheinend aufrechterhalten.

Sie hatten Köpfchen, diese Beinahe-Katzen. Sie hatten eine respektable interstellare Zivilisation beherrscht. Tanj, es waren Kzinti, welche die Menschen den Gebrauch von Schwerkraftgeneratoren gelehrt hatten! Und Chmee musste auf seiner Suche nach Verbündeten gegen den Hintersten die Karte der Kzin vor Stunden erreicht haben.

Louis war dem Fluss zum Meer gefolgt. Jetzt ließ er seinen Blick wie durch das Auge Gottes »südlich« entlang der Küstenlinie des größten Kontinents der Karte gleiten. Er erwartete Häfen, obwohl die Kzinti nicht häufig Schiffe benutzten. Sie mochten das Meer nicht. Ihre Seehäfen waren Industriestädte;

niemand lebte zum Vergnügen dort. Aber das war im Imperium der Kzinti, wo Schwerkraftgeneratoren seit Jahrtausenden in Gebrauch waren. Louis merkte, dass er auf einen Seehafen hinabblickte, der dem Hafen von New York hätte Konkurrenz machen können. Er wimmelte vor Schiffen, die kaum groß genug waren, um sie zu erkennen. Der Hafen hatte das fast kreisrunde Aussehen eines Meteoritenkraters.

Louis verringerte die Vergrößerung, ließ den Blick in den Himmel zurückweichen, um einen Überblick zu erhalten.

Er war überrascht. Hatte sein erbärmlicher Sinn für Maßstab ihn erneut getrogen? Oder hatte er die Kontrollknöpfe falsch bedient?

Dort lag ein Schiff auf der anderen Seite des Hafens vor Anker. Dann war es echt. Er sah auf ein Schiff hinab, das so groß wie eine Stadt war. Es schloss fast den Bogen des natürlichen Hafens ab.

Sie würden es nicht oft in Bewegung setzen, dachte Louis. Die Motoren würden den Meeresboden sehr heftig aufwühlen. Wenn das Schiff verschwunden wäre, würden sich die Wellenmuster des Hafens verändern. Und mit was hatten die Kzinti etwas so Großes betankt? Wo fanden sie die Metalle?

Warum?

Louis hatte sich niemals ernsthaft gefragt, ob Chmee auf der Karte der Kzin das finden würde, was er suchte. Nicht bis jetzt.

Er drehte die Wählscheibe für die Vergrößerung. Sein Blickpunkt zog sich in den Raum zurück, bis die Karte von Kzin eine Ansammlung von Flecken auf einem weiten blauen Meer war. Andere Karten zeigten sich nahe des Bildschirmrands.

Die der Karte von Kzin nächstgelegene Karte war ein runder, rosafarbener Punkt. Mars … und er war so weit von Kzin entfernt wie der Mond von der Erde.

Wie konnte eine solche Entfernung überwunden werden? Selbst ein Teleskop würde nicht mehr als zweihundertfünfzigtausend Kilometer Atmosphäre durchdringen. Die Vorstellung, eine solche Entfernung in einem Schiff übers Meer zurückzulegen – selbst in einem Schiff von der Größe einer kleinen Stadt – tanj!

»Rufe den Hintersten. Louis Wu ruft den Hintersten.« Die Zeit lief Louis Wu davon, während sich eine Reparaturmannschaft der *Needle* näherte und Chmee die Karte von Kzin nach Kriegern auslas. Louis hatte nicht die Absicht, irgendetwas davon dem Hintersten gegenüber zu erwähnen. Es würde den Puppenspieler nur bestürzen.

Was *tat* der Hinterste, dass er einen Anruf nicht entgegennehmen konnte?

Könnte ein Mensch die Antwort auch nur erraten?

Dann setzte er die Erkundung fort.

Louis verringerte den Maßstab, bis er beide Ringmauern sehen konnte. Er suchte nach der »Faust Gottes« in der Nähe der Medianlinie der Ringwelt, Backbord vom großen Ozean. Nicht da. Er erweiterte den Maßstab. Ein Flecken Wüste größer als die Erde war immer noch klein im Verhältnis zur Ringwelt, aber dort war sie, rötlich und kahl, und der bleiche Punkt nahe der Mitte war … die »Faust Gottes«, anderthalbtausend Kilometer hoch, bedeckt mit nacktem *Scrith.*

Er glitt weiter nach Backbord, folgte dem Pfad, den sie nach dem Absturz der *Liar* gefolgt waren. Lange bevor er fertig war, hatte er Wasser erreicht, einen weit ins Land reichenden

Arm des großen Ozeans. Sie hatten in Sichtweite dieser Bucht angehalten. Louis trieb zurück, suchte nach dem, was eine ovale permanente Wolke wäre, von oben gesehen.

Aber das Auge des Sturms war nicht da.

»Rufe den Hintersten! Im Namen von Kdapt und Finagle und Allah rufe ich dich, Gott tanj! Rufe ...«

»Ich bin hier, Louis.«

»Okay! Ich bin in einer Bibliothek in der schwebenden Stadt. Sie haben einen Kartenraum. Sieh dir Nessus‘ Aufzeichnungen des Kartenraums an, den wir ...«

»Ich erinnere mich«, sagte der Puppenspieler kühl.

»Nun ja, jener Kartenraum zeigte alte Bänder. Dieses hier läuft in Echtzeit.«

»Bist du in Sicherheit?«

»Sicherheit? Oh, ja so ziemlich sicher. Ich habe Supraleitertuch verwendet, um mir Freunde zu machen und Leute zu beeinflussen. Aber ich sitze hier in der Falle. Selbst wenn ich durch Bestechung aus der Stadt hinauskäme, müsste ich immer noch an der Station der Maschinenleute auf dem Himmelshügel vorbei. Ich schieße mir meinen Weg lieber nicht hinaus.«

»Klug.«

»Was gibt's bei dir Neues?«

»Zwei Daten. Erstens, ich habe Hologramme von beiden anderen Raumhäfen. Alle elf Schiffe sind ausgeschlachtet worden.«

»Die Bussard-Ramdüsen verschwunden? Alle?«

»Ja, alle.«

»Was sonst?«

»Du kannst keine Rettung von Chmee erwarten. Das Landefahrzeug ist auf der Karte von Kzin im großen Ozean gelandet«, berichtete der Puppenspieler. »Ich hätte es mir denken können. Der Kzin ist desertiert und hat das Landefahrzeug mitgenommen.«

Louis fluchte schweigend. Er hätte diesen kühlen, emotionslosen Tonfall erkennen sollen.

Der Puppenspieler war äußerst verstört; er verlor die Kontrolle über die feineren Nuancen menschlicher Sprache. »Wo ist er? Was tut er?«

»Ich habe durch die Kameras des Landefahrzeugs zugeschaut, als er die Karte von Kzin umkreiste. Er fand ein geräumiges seetüchtiges Schiff …«

»Ich hab's auch gefunden.«

»Deine Schlüsse?«

»Sie haben versucht, die anderen Karten zu erkunden und zu kolonisieren.«

»Ja. Im bekannten Raum haben die Kzinti schließlich andere Sonnensysteme erobert. Auf der Karte von Kzin müssen sie über den Ozean geblickt haben. Natürlich war es nicht wahrscheinlich, dass sie die Raumfahrt entwickelt haben.«

»Nein.« Der erste Schritt bei der Entwicklung der Raumfahrt besteht darin, etwas in den Orbit zu bringen. Auf Kzin lag die Orbitalgeschwindigkeit für niedrige Höhen bei etwa neun Kilometern pro Sekunde. Auf der Karte von Kzin, dem Äquivalent, bei zwölfhundert Kilometern pro Sekunde. »Sie konnten auch nicht zu viele dieser Schiffe bauen. Woher hätten sie das Metall bekommen sollen? Und die Reisen würden mindestens Jahrzehnte dauern. Ich frage mich, woher sie überhaupt wussten, dass es andere Karten gab.«

»Wir können vermuten, dass sie Teleskopkameras an Bord von Raketen gestartet haben. Die Instrumente mussten schnell funktionieren. Ein Raketengeschoss konnte nicht in den Orbit gelangen. Es würde aufsteigen und zurückfallen.«

»Ich frage mich, ob sie die Karte der Erde erreicht haben. Sie liegt weitere hundertfünfzigtausend Kilometer hinter Mars … und der Mars würde eine gute Basis abgeben.« Was hätten die Kzinti auf der Karte der Erde vorgefunden? Allein *Homo habilis* oder auch Pak-Protektoren? »Es gibt eine Karte von Down an Steuerbord, und ich kenne die Welt antispinwärts nicht.«

»Wir kennen sie. Die Einheimischen sind eine Schwarmintelligenz. Wir erwarten nicht, dass sie jemals die Raumfahrt entwickeln werden. Ihre Schiffe müssten einen ganzen Bienenstock tragen.«

»Gastfreundlich?«

»Nein, sie hätten gegen die Kzinti gekämpft. Und die Kzinti haben es eindeutig aufgegeben, den großen Ozean zu erobern. Sie benutzen anscheinend das große Schiff, um einen Hafen zu versperren.«

»Ja. Ich vermute, es ist auch ein Regierungssitz. Du warst dabei, mir von Chmee zu berichten.«

»Nachdem er durch das Kreisen über der Karte von Kzin erfahren hatte, was er konnte, schwebte er über dem großen Schiff. Fluggeräte stiegen auf und griffen ihn mit Explosivwaffen an. Chmee ließ das zu, und die Geschosse richteten keinen Schaden an. Dann zerstörte Chmee vier Luftfahrzeuge. Die restlichen setzten den Angriff fort, bis Waffen und Treibstoff erschöpft waren. Als sie zu ihrem Schiff zurückkehrten, folgte ihnen Chmee hinab. Das Landefahrzeug ruht zurzeit auf einer Landeplattform auf dem Kommandoturm des Schiffs. Der Angriff geht weiter. Louis, sucht er Verbündete gegen mich?«

»Wenn es dich irgendwie tröstet, wird er nichts finden, was gegen eine General-Products-Hülle ankommt. Sie können nicht einmal das Landefahrzeug beschädigen.«

Lange Pause; dann: »Vielleicht hast du recht. Die Luftfahrzeuge verwenden Wasserstoff verbrennende Düsen und Geschosse, die von chemischen Explosivstoffen angetrieben werden. Auf jeden Fall muss ich dich selbst retten. Du musst die Sonde zur Abenddämmerung erwarten.«

»Was dann? Da ist immer noch die Randmauer. Du hast mir gesagt, Trittscheiben würden mich nicht durch das *Scrith* schicken.«

»Ich habe mittels der zweiten Sonde zwei Trittscheiben auf der Randmauer als Relais installiert.«

»Wenn du das sagst. Ich bin in einem Gebäude, das wie eine Spitze geformt ist, am spinwärts gelegenen Rand, Backbordseite. Stelle die Sonde so ein, dass sie schwebt, bis wir entscheiden, was damit zu tun ist. Ich weiß nicht genau, ob ich jetzt schon gehen möchte.«

»Du musst.«

»Aber die ganzen Antworten, die wir benötigen, könnten genau hier in der Bibliothek liegen!«

»Hast du irgendwelche Fortschritte gemacht?«

»Dies und das. Alles, was Halrloprillalars Leute wussten, ist irgendwo in diesem Gebäude. Ich möchte auch die Ghule befragen. Sie sind Straßenkehrer, und sie sind anscheinend überall.«

»Du lernst bloß, weitere Fragen zu stellen. Na gut, Louis. Du hast mehrere Stunden. Ich werde dir die Sonde zur Abenddämmerung schicken.«

Kapitel 22

Der grosse Diebstahl

Die Cafeteria befand sich auf halben Weg das Gebäude hinab. Louis dankte für ein bisschen Glück: die Städtebauer waren Allesesser. Der Fleisch-Pilz-Eintopf hätte Salz gebraucht, aber er füllte die Leere in seinem Bauch.

Niemand verwendete ausreichend Salz. Und sämtliche Seen waren Süßwasserseen, abgesehen von den großen Ozeanen. Er könnte durchaus der einzige Hominide auf der Ringwelt sein, der Salz brauchte, und er könnte ohne Salz nicht auf ewig leben.

Er aß rasch. Der Zeitdruck saß ihm im Nacken. Der Puppenspieler war bereits launisch. Überraschend, dass er nicht schon geflohen war und Louis und den abtrünnigen Chmee und die Ringwelt ihrem gleichartigen Schicksal überlassen hatte. Louis konnte den Puppenspieler fast dafür bewundern, dass er darauf wartete, seine gepressten Mannschaftsmitglieder zu retten.

Aber der Puppenspieler könnte seine Ansicht ändern, wenn er die Reparaturmannschaft kommen sah. Louis beabsichtigte, zurück an Bord der *Needle* zu sein, bevor der Hinterste sein Teleskop in diese Richtung drehte.

Er kehrte in die oberen Räume zurück.

Die Leseschirme, die er ausprobierte, zeigten ihm allesamt unleserliche Schrift und keine Bilder und keine Stimme. Schließlich erhaschte er an einer Reihe von Bildschirm einen vertrauten Kragen.

»Harkabeeparolyn?«

Die Bibliothekarin wandte sich um. Kleine flache Nase; Lippen wie ein Schlitz; kahle Schädeldecke und ein feiner, zierlicher Schädel; langes welliges Haar … und eine hübsche Schwellung ihrer Hüften und schöne Beine. In menschlichen Worten wäre sie etwa vierzig gewesen. Städtebauer alterten vielleicht langsamer als Menschen, oder rascher; Louis wusste es nicht.

»Ja?«

In ihrer Stimme lag etwas Schnippisches. Louis fuhr auf. Er sagte: »Ich brauche einen stimmgesteuerten Schirm und ein Band, das mir die Eigenschaften von *Scrith* erklärt.«

Sie runzelte die Stirn. »Ich weiß nicht, was du meinst. Stimmgesteuert?«

»Ich möchte, dass mir das Band laut vorgelesen wird.«

Harkabeeparolyn starrte ihn an und lachte dann. Sie bemühte sich, das Lachen zu unterdrücken, und konnte es nicht; und es war sowieso zu spät. Sie standen im Mittelpunkt der Aufmerksamkeit. »So etwas gibt es nicht. So etwas hat es nie gegeben.« Sie gab sich Mühe zu flüstern, aber das Kichern kam hoch und ließ ihre Stimme lauter werden, als sie wollte. »Warum, kannst du nicht lesen?«

Blut und tanj! Louis spürte die Hitze in Ohren und Hals. Lese- und Schreibfähigkeit war natürlich bewundernswert, und jeder lernte früher oder später das Lesen, zumindest Interworld. Aber es war keine Sache von Leben und Tod. Jede

Welt hatte Stimmboxen! Nun, ohne eine Stimmbox hätte sein Übersetzer nichts, mit dem er arbeiten könnte.

»Ich benötige mehr Hilfe, als ich dachte. Ich benötige jemanden, der mir laut vorliest.«

»Du benötigst mehr, als wofür du bezahlt hast. Lass deinen Herrn neu verhandeln.«

Louis war nicht auf das Risiko vorbereitet, diese peinliche und feindselige Frau zu bestechen. »Werden Sie mir helfen, die Bänder zu finden, die ich benötige?«

»Dafür hast du bezahlt. Du hast sogar für das Recht bezahlt, meine eigenen Recherchen zu unterbrechen. Sage mir nur, was du möchtest«, erwiderte sie brüsk. Sie tippte auf Tasten, und Seiten mit einer merkwürdigen Schrift sprangen auf ihren Bildschirm. »Eigenschaften von *Scrith?* Hier ist ein Text über die Physik. Dort gibt es Kapitel über die Struktur und die Dynamik der Welt, darunter eines über *Scrith.* Es könnte zu fortschrittlich für dich sein.«

»Den und einen Text über physikalische Grundlagen.«

Sie sah ihn zweifelnd an. »Na gut.« Sie tippte auf weitere Tasten. »Ein altes Band für Ingenieurstudenten über den Bau des Rand-Transportsystems. Nur von historischem Interesse, aber es könnte dir etwas mitteilen.«

»Ich möchte es. Sind Ihre Leute jemals *unter* die Welt gegangen?«

Harkabeeparolyn richtete sich auf. »Da bin ich mir sicher. Wir beherrschten die Welt und die Sterne mit Maschinen, welche dafür sorgen würden, dass die Maschinenleute uns verehrten, wenn wir sie jetzt hätten.« Wiederum spielte sie mit der Tastatur. »Aber wir haben keine Aufzeichnung dieses Vorfalls. Was willst du mit den ganzen Sachen?«

»Ich weiß es noch nicht so genau. Können Sie mir helfen, den Ursprung der alten Unsterblichkeitsdroge zurückzuverfolgen?«

Harkabeeparolyn lachte, diesmal leise. »Ich glaube kaum, dass du so viele Bücherspulen tragen kannst. Jene, welche die Droge herstellten, haben ihr Geheimnis nie offenbart. Jene, die Bücher darüber schrieben, haben es nie gefunden. Ich kann dir religiöse Spulen geben, Polizeiaufzeichnungen, Vertrauensspiele, Aufzeichnungen von Expeditionen zu verschiedenen Teilen der Welt. Hier ist die Geschichte eines unsterblichen Vampirs, der die Grasriesen eintausend *Falans* lang verfolgte und mit den Jahren unangenehm gerissen wurde, bis …«

»Nein.«

»Sein Drogenhort wurde nie gefunden. Nein? Lass mich schauen … das Ktistek-Gebäude ist den Zehn beigetreten, weil den anderen Gebäuden die Droge ausging, bevor das bei Ktistek der Fall war. Ein faszinierende Lektion in Politik …«

»Nein, schon gut. Wissen Sie denn etwas über den großen Ozean?«

»Es gibt *zwei* große Ozeane«, informierte sie ihn. »Sie sind nachts auf dem Bogen leicht auszumachen. In einigen der alten Geschichten heißt es, dass die Unsterblichkeitsdroge vom antispinwärts gelegenen Ozean stammt.«

»A-ha.«

Harkabeeparolyn grinste fies. Der kleine Mund konnte preziös aussehen. »Du bist naiv. Man kann mit dem bloßen Auge bloß zweihundert Merkmale des Bogens ausmachen. Wenn etwas Wertvolles von weither kommt und nicht mehr kommt, wird jemand sagen, es kam aus einem der großen

Ozeane. Wer kann es leugnen oder einen anderen Ursprung bieten?«

Louis seufzte. »Wahrscheinlich haben Sie recht.«

»Luweewu, wie können diese Fragen möglicherweise eine Verbindung aufweisen?«

»Vielleicht können sie's nicht.«

Sie besorgte die Spulen, die er angefordert hatte, und eine weitere: ein Buch für Kinder, Geschichten vom großen Ozean. »Ich kann mir nicht vorstellen, was du mit denen anstellen willst. Du wirst sie nicht stehlen. Du wirst durchsucht, wenn du gehst, und du kannst keine Lesemaschine mitnehmen.«

»Vielen Dank für Ihre Hilfe.«

Er brauchte jemanden, der ihm vorlas.

Er hatte nicht den Nerv, zufällige Fremde zu bitten. Vielleicht einen nicht zufälligen Fremden? In einem dieser Räume war ein Ghul gewesen. Wenn Ghule in der Schattenfarm von Louis Wu wussten, dann vielleicht auch dieser.

Aber der Ghul war verschwunden und hatte nur seinen Geruch zurückgelassen.

Louis ließ sich auf einen Stuhl vor einem Lesebildschirm fallen und schloss die Augen. Die nutzlosen Spulen beulten zwei seiner Westentaschen. *Ich bin noch nicht am Ende,* dachte er. *Vielleicht finde ich den Jungen wieder. Vielleicht kann ich Fortaralisplyar dazu bringen, mir vorzulesen oder jemanden zu schicken. Es wird natürlich mehr kosten. Alles kostet immer mehr. Und braucht länger.*

Die Lesemaschine war ein großes, klobiges Ding, mit einem dicken Kabel an der Wand vertäut. Der Hersteller hatte gewiss nicht über Supraleiterdraht verfügt. Louis fädelte eine Spule ein und funkelte die bedeutungslose Schrift an. Die Auflösung des Bildschirms war schlecht, und es gab keinen Platz für einen Lautsprecher. Harkabeeparolyn hatte die Wahrheit gesagt.

Ich habe nicht die Zeit dafür.

Louis stand auf. Ihm blieb keine andere Wahl mehr.

Das Dach der Bibliothek war ein ausgedehnter Garten. Von der Mitte, vom obersten Treppenabsatz, führten spiralförmig Spazierwege weg. Riesige, Nektar-produzierende Pflanzen wuchsen in dem reichen schwarzen Boden zwischen den Wegen. Es gab kleine dunkelgrüne Füllhörner mit winzigen blauen Blumen in der Öffnung, zudem einen Flecken mit Würstchen-Pflanzen, bei denen die meisten »Würstchen« aufgeplatzt waren und goldene Blüten hervorgebracht hatten, und Bäume, von denen Girlanden von grünlich-gelben Spaghetti herabhingen.

Die Pärchen auf den verstreut stehenden Bänken ließen Louis seinen Raum. Er sah eine gute Vielzahl an Bibliothekaren in blauen Gewändern und einen großen männlichen Bibliothekar, der eine lärmende Gruppe von Touristen, Hängeleute, herumführte. Niemand sah wie ein Wächter aus. Keine Rampen führten vom Bibliotheksdach weg: Es gab nichts zu bewachen, es sei denn, ein Dieb konnte fliegen.

Louis hatte eine armselige Vergeltung für die Gastfreundlichkeit im Sinn, die er erfahren hatte. Stimmte schon, er hatte diese Gastfreundschaft erkauft … aber es quälte ihn.

Der Wasserkollektor stieg aus der Dachkante herauf wie ein skulpturiertes Dreieckssegel. Das Wasser floss in einen halbmondförmigen Teich. Der Teich quoll über von Kindern der Städtebauer. Louis hörte seinen Namen: »Luweewu!«, und wandte sich rechtzeitig um, um einen aufgepumpten Ball vor seiner Brust aufzufangen.

Der braunhaarige Junge, den er im Kartenzimmer getroffen hatte, klatschte in die Hände und rief ihm zu, er solle den Ball zurückwerfen.

Louis zögerte. Sollte er ihn warnen, das Dach zu verlassen? Das Dach wäre bald ein gefährlicher Ort. Aber der Junge war helle. Er könnte helle genug sein, die Implikationen zu erkennen, und die Wachen rufen.

Louis warf ihm den nassen Ball zurück, winkte und machte sich davon.

Wenn ihm nur eine Möglichkeit einfallen würde, das Dach völlig zu räumen!

An der Kante des Dachs gab es kein schützendes Geländer. Louis bewegte sich vorsichtig. Gerade umging er einen Haufen kleiner Bäume, deren Stämme scheinbar ausgewrungen worden waren wie Waschlappen, und fand sich an einem Ort wieder, der relativ abgeschieden war. Dort benutzte er seinen Übersetzer.

»Hinterster?«

»Sprich. Chmee steht immer noch unter Beschuss. Er hat das Feuer einmal erwidert und dabei einen der großen schwenkbaren Raketenwerfer zerschmolzen. Die Motive sind mir völlig rätselhaft.«

»Wahrscheinlich lässt er sie sehen, wie gut seine Verteidigung ist. Dann wird er verhandeln.«

»Worüber wird er verhandeln?«

»Das weiß sogar er selbst im Moment nicht. Ich bezweifle, dass sie viel für ihn tun können, außer ihm ein Weibchen oder drei zuführen. Hinterster, ich kann hier unmöglich recherchieren. Ich kann die Bildschirme nicht lesen. Ich habe sowieso zu viel Material. Das wird eine Woche benötigen.«

»Was könnte Chmee in einer Woche vollbringen? Ich wage nicht zu bleiben, um das herauszufinden.«

»Ja. Was ich habe, sind einige Lesespulen. Sie werden uns das meiste dessen verraten, was wir wissen wollen, wenn wir sie lesen können. Kannst du etwas mit ihnen anfangen?«

»Das halte ich für unwahrscheinlich. Kannst du mir eine ihrer Lesemaschinen besorgen? Damit könnte ich die Bänder auf den Bildschirm überspielen und sie für den Computer der *Needle* abfotografieren.«

»Sie sind schwer. Sie haben dicke Kabel, die ...«

»Durchschneide die Kabel.«

Louis seufzte. »Okay. Was dann?«

»Ich sehe die schwebende Stadt bereits durch die Sondenkamera. Ich werde die Sonde zu dir lenken. Du musst den Deuteriumfilter entfernen, um die Trittscheiben freizulegen. Hast du einen Grippy?«

»Ich habe überhaupt keine Werkzeuge. Was ich habe, ist eine Laserlampe. Du sagst mir, wo ich durchschneiden soll.«

»Ich hoffe, das ist es wert, die Hälfte meiner Treibstoffquelle zu verlieren. Na schön. Wenn du eine Lesemaschine sichern kannst, und wenn sie durch die Öffnung der Trittscheibe passt, schön und gut. Ansonsten bring die Bänder mit. Vielleicht kann ich etwas tun.«

Louis stand am Rand des Bibliotheksdachs und sah an seinen Zehen vorbei nach unten in die strukturierte Abenddämmerung der Schattenfarm. An der Schattenkante herrschte Mittagslicht. Unter sich hatte er rechteckig gemustertes Ackerland. Der Schlangenfluss wand sich nach Backbord weg und verschwand zwischen niedrigen Bergen. Jenseits der Berge gab es Seen, Flachland, eine winzige Bergregion, noch winzigere Seen, und alles färbte sich mit der Entfernung bläulich … und schließlich der Bogen, der hinauf und weiter hinauf stieg. Halb hypnotisiert wartete Louis unter dem strahlenden Himmel. Sonst gab es nichts zu tun. Er war sich der verstreichenden Zeit kaum bewusst.

Die Sonde kam auf einem Hauch blauer Flamme aus dem Himmel. Wo das nahezu unsichtbare Feuer das Dach berührte, verwandelten sich Pflanzen und Boden in ein orangefarbenes Inferno. Kleine Hängeleute und Bibliothekare in blauen Gewändern und nasse Kinder rannten kreischend zur Treppe.

Die Sonde landete in der Flamme und kippte auf die Seite, verlangsamt von Stabilisierungsdüsen. Rings um den oberen Rand gab es winzige Düsen, und die große Düse darunter. Sie war sieben Meter lang und drei Meter dick, ein Zylinder, dessen ebenmäßige Fläche durch Kameras und andere Instrumente gestört wurde.

Louis wartete, bis das Feuer größtenteils erloschen war. Dann watete er durch die Schlacke zu der Sonde. Das Dach war leer, soweit er sagen konnte – leer sogar von Leichen. Keine Toten. Gut.

Die Stimme in seinem Übersetzer führte ihn, als er das dicke Molekülsieb oben auf der Sonde abschnitt. Jetzt hatte er eine Trittscheibe freigelegt. »Was jetzt?«, fragte er.

»Ich habe die Funktion der Trittscheibe in der anderen Sonde umgekehrt und den Filter entfernt. Kannst du eine Lesemaschine besorgen?«

»Ich werd's versuchen. Mir gefällt nichts hiervon.«

»In zwei Jahren wird das keine Rolle mehr spielen. Ich gebe dir dreißig Minuten. Dann komm und bring mit, was immer du auch hast.«

Ein Dutzend Bibliothekare in blauen Gewändern war fast so weit, auf ihn loszugehen, als Louis im Treppenhaus auftauchte. Er hatte sich die Kapuze übers Gesicht gezogen. Die Teilchen aus schweren Metall, die sie auf ihn feuerten, prallten von seinem Körperschutz ab, und er kam in einem ruckartigen Schritt-Halten-Schritt-Gang heran.

Die Salven wurden langsamer und hörten auf. Die Bibliothekare zogen sich zurück.

Als sie weit genug weg waren, schnitt Louis den oberen Teil des Treppenhauses unter sich durch. Das spiralförmige Treppenhaus war nur oben und unten befestigt worden. Jetzt schob es sich zusammen wie eine Feder, riss Seitenrampen aus Türschwellen heraus. Bibliothekare hielten sich um des lieben Lebens willen fest. Louis hatte die oberen beiden Etagen für sich.

Und als er sich zum nächstgelegenen Lesesaal umdrehte, versperrte ihm Harkabeeparolyn den Weg mit einer Axt in der Hand.

»Ich brauche wieder mal deine Hilfe«, sagte Louis.

Sie schwang die Axt. Louis fing sie auf, als sie vom Gelenk an seinem Hals und seiner Schulter abprallte. Sie schlug um sich und versucht, sie ihm aus dem Griff zu wringen.

»Sieh mal«, sagte er. Er zog den Laserstrahl durch das Kabel, das eine Lesemaschine speiste. Das Kabel spuckte eine Flamme aus und fiel, Funken sprühend, auseinander.

»Lyar-Gebäude wird teuer dafür bezahlen!«, schrie Harkabeeparolyn.

»Das lässt sich nicht ändern. Ich möchte, dass du mir dabei hilfst, eine Lesemaschine aufs Dach zu tragen. Ich hatte gedacht, ich würde eine Wand aufschneiden müssen. So ist es besser.«

»Das werde ich nicht tun.«

Louis zog den Strahl durch eine Lesemaschine. Sie brannte, nachdem sie auseinandergefallen war. Der Gestank war entsetzlich. »Sag wann.«

»Vampirliebhaber!«

Die Maschine war schwer, und Louis wollte den Laser nicht loslassen. Er ging rückwärts die Stufen hinauf; der größte Teil des Gewichts lag in Harkabeeparolyns Armen. »Wenn wir sie fallen lassen«, sagte er zu ihr, »werden wir zurückgehen müssen und eine neue holen.«

»Idiot! … Du hast bereits … das Kabel zerstört.«

Er gab keine Antwort.

»Warum tust du das?«

»Ich versuche, die Welt davor zu bewahren, gegen die Sonne zu streifen.«

Da hätte sie das Gerät beinahe fallen gelassen. »Aber … aber die Düsen! Sie sind alle wieder an Ort und Stelle!«

»So viel weißt du also bereits! Es ist zu wenig und zu spät. Der größte Teil eurer Raumschiffe ist nie zurückgekehrt. Es gibt nicht genug Düsen. Bleib in Bewegung.«

Als sie das Dach erreichten, hob die Sonde ab und landete neben ihnen auf Stabilisierungsdüsen. Sie setzten die Maschine ab. Sie würde nicht hineinpassen. Louis biss die Zähne zusammen und schnitt den Bildschirm vom Rest der

Maschine weg. Jetzt würde sie passen. Harkabeeparolyn sah ihn nur an. Sie war zu erschöpft, um etwas zu bemerken.

Der Bildschirm ging in die Lücke, wo der Molekülfilter sich befunden hatte, und verschwand. Was blieb, die Eingeweide der Maschine, war viel schwerer. Louis brachte es fertig, ein Ende in die Lücke zu hieven. Er legte sich auf den Rücken und stieß sie hinein, bis sie ebenfalls verschwand.

»Das Lyar-Gebäude hat nichts hiermit zu tun«, sagte er zu der Bibliothekarin. »Sie haben nicht gewusst, was ich vorhatte. Hier.« Er ließ ein Stück des mattschwarzen Tuchs neben ihr fallen. »Das Lyar-Gebäude kann dir sagen, wie man Wasserkollektoren und andere alte Maschinen damit repariert. Du kannst die ganze Stadt von den Maschinenleuten unabhängig machen.«

Sie beobachtete ihn, und ihr Blick war voller Entsetzen. Es war schwer zu sagen, ob sie zugehört hatte.

Er schob sich mit den Füßen voran in die Sonde.

Und kam mit dem Kopf voran im Frachtraum der *Needle* heraus.

TEIL DREI

Kapitel 23

LETZTES ANGEBOT

Er war in einer großen, hallenden Glasflasche, in fast völliger Dunkelheit. Ein in Zwielicht gehülltes, halb auseinandergenommenes Raumschiff zeigte sich durch die durchsichtigen Wände. Die Sonde war zu ihren Halterungen an der Rückwand des Frachtraums zurückgekehrt, zweieinhalb Meter über dem grau gestrichenen Boden. Und Louis kauerte in der Sonde, in der Lücke, wo der Deuteriumfilter gewesen war, wie ein Ei in einem Eierbecher.

Louis schwang sich hinaus, hielt sich an den Händen fest und ließ sich fallen. Er war todmüde. Jetzt noch eine letzte Komplikation, und dann könnte er sich ausruhen. Sicherheit war nur die andere Seite einer undurchdringlichen Wand. Er konnte die Schlafplatten erkennen …

»Gut.« Die Stimme des Hintersten ertönte von irgendwoher nahe der Decke.

»Ist das der Leseschirm? Ich habe nichts so Klobiges erwartet. Musstest du ihn entzweischneiden?«

»Ja.« Er hatte die Komponenten ebenfalls zweieinhalb Meter zu Boden fallen lassen. Zum Glück konnten die Puppenspieler gut mit Werkzeug umgehen … »Ich hoffe, du hast ein paar Trittscheiben hier drin.«

»Ich habe Notfälle erwartet. Wirf einen Blick nach links vorn ... *Louis?*« Ein Ächzen unirdischen Entsetzens ertönte hinter ihm. Louis fuhr herum.

Harkabeeparolyn lag dort in der Sonde, wo sich Louis noch vor einem Moment befunden hatte. In den Händen hielt sie den Schaft einer Projektilwaffe, als ob sie ihn erwürgen wollte. Ihre Lippen waren von den Zähnen zurückgezogen. Ihre Augen fanden keine Ruhe. Sie fuhren nach oben, nach unten, nach links, nach rechts und entdeckten nirgendwo Trost.

Mit monotoner Stimme fragte der Hinterste: »Louis, was ist das, was da in mein Raumschiff eindringt? Ist es gefährlich?«

»Nein, entspanne dich. Es ist bloß eine verwirrte Bibliothekarin. Harkabeeparolyn, geh zurück.«

Ihr Klagen wurde schriller. Plötzlich jammerte sie: »Ich kenne diesen Ort, ich habe ihn im Kartenzimmer gesehen! Es ist der Raumhafen außerhalb der Welt! Luweewu, was *bist* du?«

Louis richtete die Laserlampe auf sie. »Geh zurück.«

»Nein! Du hast das gestohlene Eigentum der Bibliothek beschädigt. Aber wenn – wenn die Welt bedroht ist, möchte ich helfen.«

»Wie helfen, du verrücktes Weibsstück? Sieh mal: Du kehrst in die Bibliothek zurück. Finde heraus, woher die Unsterblichkeitsdroge vor dem Fall der Städte kam. Das ist der Ort, den wir suchen. Wenn es irgendeine Möglichkeit gibt, die Welt ohne den großen Antrieb zu bewegen, werden wir die Kontrollen dort finden.« Sie schüttelte den Kopf. »Ich werde nicht ... Woher weißt du das?«

»Es ist ihre Heimatbasis. Die Pro ... die Ringwelt-Ingenieure mussten gewisse Pflanzen irgendwo in der Nähe wachsen lassen … Tanj … ich rate. Ich rate nur. Tanj verdammt!« Louis hielt sich den Kopf. Er pochte wie eine große Trommel. »Ich habe um nichts hiervon gebeten. Ich bin entführt worden.«

Harkabeeparolyn schwang sich aus der Sonde und ließ sich fallen. Ihr grobes blaues Gewand war nass von Schweiß. Sie sah Halrloprillalar ziemlich ähnlich. »Ich kann helfen. Ich kann dir vorlesen.«

»Dafür haben wir eine Maschine.«

Sie kam näher. Die Waffe fiel wie vergessen an ihre Seite. »Wir haben es selbst getan, nicht wahr? Meine Leute haben die Steuerung der Welt für unsere Sternenschiffe verwendet. Kann ich dabei helfen, das wieder zu richten?«

»Louis, die Frau kann nicht zurückkehren«, sagte der Hinterste. »Die Trittscheibe in der ersten Sonde ist nach wie vor ein Übermittler. Ist das eine Waffe in ihrer Hand?«

»Harkabeeparolyn, gibt das mir.«

Sie tat es. Louis hielt die Projektilwaffe ungeschickt fest. Sie sah aus wie von Maschinenleuten gefertigt.

»Bring sie zu der Ecke vorn links im Frachtbereich. Der Übermittler ist dort«, wies der Hinterste Louis an.

»Ich sehe ihn nicht.«

»Ich habe ihn übermalt. Lege die Waffe in die Ecke und tritt zurück. Frau, bleib dort stehen!«

Louis gehorchte. Die Waffe verschwand. Louis entging beinahe eine blitzschnelle Bewegung jenseits der Hülle, als die Waffe auf den Raumhafensims fiel. Der Hinterste hatte einen Trittscheiben-Empfänger auf der Außenseite der Hülle.

Louis staunte. Die Paranoia des Hintersten hatte Elemente der Renaissance Italiens.

»Gut. Jetzt … *Louis! Noch einer!*«

Ein Schädel mit wirrer brauner Mähne ragte aus der Sonde. Es war der Junge aus dem Kartenzimmer, splitternackt, triefend nass und dicht davor, herauszukippen, als er sich streckte, um sich umzuschauen. Seine Augen waren groß vor Staunen. Er war gerade im richtigen Alter für eine Konfrontation mit Magie.

»Hinterster! Schalte diese Trittscheiben auf der Stelle ab!«, brüllte Louis.

»Erledigt. Ich hätte es früher tun sollen. Wer ist das?«

»Ein Kind aus der Bibliothek. Er hat einen sechssilbigen Namen, und mir fällt er nicht ein.«

»Kawaresksenjajok«, rief der Junge lächelnd. »Wo sind wir, Luweewu? Was tun wir hier?«

»Das weiß Finagle allein.«

»Louis! Ich will diese Aliens nicht auf meinem Schiff haben!«

»Wenn du daran denkst, sie in den Raum hinauszuschicken, vergiss es. Das werde ich nicht zulassen.«

»Dann müssen sie im Frachtraum bleiben, und du auch. Ich glaube, ihr habt das geplant, du und Chmee. Ich hätte keinem von euch beiden jemals trauen sollen.«

»Das hast du auch nie getan.«

»Wiederhole, bitte?«

»Wir werden hier drin verhungern.«

Es folgte eine ausgedehnte Pause. Kawaresksenjajok fiel geschmeidig aus der Sonde. Er und Harkabeeparolyn flüsterten wild miteinander.

»Du kannst in deine Zelle zurückkehren«, sagte der Hinterste auf einmal. »Sie können hierbleiben. Ich werde eine Trittscheibenverbindung offenlassen, sodass du ihnen etwas zu essen bringen kannst. Das könnte sich als ganz gut erweisen.«

»Wie?«

»Louis, es ist gut, dass einige Einheimische der Ringwelt überleben.«

Die Ringweltler waren nicht nahe genug, um Louis' Übersetzer zu hören. »Du denkst doch nicht daran, jetzt aufzugeben, oder? Was auf diesen Bändern ist, könnte uns direkt zu dem magischen Umwandlungsapparat führen.«

»Ja, Louis. Und der Reichtum von den Karten mehrerer Welten könnte gerade jetzt in Chmees Händen sein. Wir können damit rechnen, dass uns die Entfernung noch zwei oder drei Tag schützt, aber nicht länger. Wir müssen bald weg.«

Die Einheimischen schauten sich um, als Louis herankam. Er sagte: »Harkabeeparolyn, hilf mir, die Lesemaschine zu tragen.«

Zehn Minuten später befanden sich die Spulen, die Lesemaschine und der abgetrennte Bildschirm beim Hintersten im Cockpit. Harkabeeparolyn und Kawaresksenjajok erwarteten weitere Anweisungen.

»Ihr werdet eine Weile lang hierbleiben«, erklärte ihnen Lois. »Ich weiß einfach nicht, was geschehen wird. Ich schicke euch etwas zu essen und Bettzeug. Vertraut mir.« Er spürte die Schuld auf seinem Gesicht, als er sich rasch abwandte und in die Ecke ging.

Einen Moment später war er zurück in seiner Zelle – Druckanzug, Weste und alles.

Louis zog sich aus und wählte einen legeren Schlafanzug. Schon fühlte er sich besser. Er war erschöpft, aber Harkabeeparolyn und Kawaresksenjajok mussten versorgt werden. Die Küche würde ihm keine Decken zur Verfügung stellen. Er wählte vier voluminöse Ponchos mit Kapuze und schickte sie ihnen über die Trittscheiben.

Er griff in seine Erinnerungen zurück. Was hatte Halrloprillalar gern gegessen? Sie war eine Allesesserin, aber sie bevorzugte frisches Essen. Er wählte Vorräte für die beiden. Durch die Wand beobachtete er, wie sie es mit zweifelndem Ausdruck untersuchten.

Er wählte Walnüsse und einen rassigen Burgunder für sich. Kauend und schluckend aktivierte er das Schlaffeld, taumelte hinein und streckte sich im freien Fall aus, um nachzudenken.

Das Lyar-Gebäude würde für seinen Raub bezahlen. Hatte Harkabeeparolyn das Supraleitertuch hinter sich in der Bibliothek zurückgelassen, damit es helfen konnte, den Schaden zu begleichen? Nicht einmal das wusste er.

Was tat Valavirgillin jetzt? War sie voller Angst um ihre ganze Spezies, um ihre ganze Welt und ohne eine Möglichkeit, etwas daran zu ändern, dank Louis Wu? Die Frau und der Junge im Frachtraum mussten ebenso verängstigt sein … und wenn Louis Wu in den nächsten paar Stunden starb, würden sie ihn nicht lange überleben.

Es war alles Teil des Preises. Sein eigenes Leben stand gleichfalls auf dem Spiel.

Schritt eins: Hole die Laserlampe an Bord der *Needle.* Erledigt.

Schritt zwei: Konnte die Ringwelt zurück in Position bewegt werden? In den nächsten Stunden könnte er *vielleicht* beweisen, dass es *nicht* möglich war. Es hinge von den magnetischen

Eigenschaften des *Scrith* ab. Wenn die Ringwelt nicht gerettet werden kann, dann fliehe.

Wenn die Ringwelt gerettet werden *kann,* dann …

Schritt drei: Triff eine Entscheidung. War es für Chmee und Louis Wu möglich, lebend in den bekannten Raum zurückzukehren? Wenn nicht, dann …

Schritt vier: Meuterei.

Er hätte dieses Stück Supraleitertuch im Lyar-Gebäude selbst zurücklassen sollen. Er hätte den Hintersten daran erinnern sollen, die Trittscheiben in der Sonde abzuschalten. Tatsache war, dass Louis Wu in letzter Zeit ein paar armselige Entscheidungen getroffen hatte. Das bereitete ihm Sorgen. Seine nächsten Züge würden wahnsinnig wichtig werden.

Aber für den Augenblick würde er sich ein paar Stunden Schlaf stehlen … ein Diebstahl, passend zu den anderen.

Schwach vernehmbare Stimmen. Louis regte sich, drehte sich im freien Fall und blickte sich um.

Jenseits der Heckwand befanden sich Harkabeeparolyn und Kawaresksenjajok in lebhaftem Gespräch mit der Decke. Für Louis war das Gebrabbel. Er hatte seinen Übersetzer nicht. Aber die Städtebauer zeigten auf ein rechteckiges Hologramm außerhalb der Hülle, das einen Teil des Raumhafensimses blockierte.

Durch dieses »Fenster« sah Louis den sonnenerhellten Innenhof eines grauen Steinschlosses. Grob behauene Steine in großen Mengen; viele rechte Winkel. Die einzigen Fenster waren senkrechte schmale Schlitze. Eine Art Efeu kroch eine der Mauern empor. Üppiger blassgelber Efeu mit scharlachroten Adern.

Louis schob sich aus dem Feld hinaus.

Der Puppenspieler war an seiner Konsole im Cockpit. Heute war seine Mähne von einem wolkigen phosphoreszierenden Schimmer. Er drehte einen Kopf bei Louis Herannahen. »Louis, wenn ich es recht verstehe, bist du ausgeruht?«

»Ja, und ich hab's auch gebraucht. Irgendwelcher Fortschritt?«

»Ich war imstande, die Lesemaschine zu reparieren. Der Computer der *Needle* versteht nicht genug von der Sprache der Städtebauer, um die Bänder über Physik zu lesen. Ich hoffe, ein Vokabular zu erwerben, indem ich mit den Einheimischen spreche.«

»Wie lange noch? Ich habe ein paar Fragen hinsichtlich des allgemeinen Designs der Ringwelt.« Konnte der Ringweltboden, die ganzen anderthalb Milliarden Quadratkilometer, genutzt werden, um die Position der Ringwelt elektromagnetisch zu beeinflussen? Wenn er das nur sicher wüsste!

»Zehn bis zwanzig Stunden, glaube ich. Wir alle müssen uns gelegentlich ausruhen.«

Zu lang, dache Louis, wo doch die Reparaturmannschaft ihnen im Nacken sitzt. Zu schlimm. »Woher stammt das Bild? Vom Landefahrzeug?«

»Ja.«

»Können wir Chmee eine Botschaft schicken?«

»Nein.«

»Warum nicht? Er muss seinen Übersetzer dabeihaben.«

»Ich habe den Fehler begangen, die Übersetzungsfunktion zwangsweise abzuschalten. Er hat ihn nicht dabei.«

»Was ist passiert?«, fragte Louis. *»Was tut er in einem mittelalterlichen Schloss?«*

»Es sind zwanzig Stunden her, seitdem Chmee die Karte von Kzin erreicht hat«, erwiderte der Hinterste. »Ich habe dir berichtet, dass er einen Erkundungsflug unternommen hat, dass er zugelassen hat, dass ihn Kzinti-Fluggeräte angriffen, dass er auf dem großen Schiff gelandet ist und abwartet, während sie ihre Angriffe fortsetzen. Die Angriffe dauerten etwa sechs Stunden, bevor Chmee selbst aufbrach und anderswohin flog. Ich wünschte, ich würde verstehen, was er zu gewinnen hofft, Louis.«

»Ich weiß es auch nicht, ehrlich. Weiter.«

»Das Fluggerät folgte ihm ein Stück des Wegs und kehrte dann zurück. Chmee setzte seine Suche fort. Er fand eine Strecke Wildnis mit einem kleinen, von Mauern umschlossenen steinernen Schloss auf dem höchsten Gipfel. Er landete im Innenhof. Natürlich wurde er angegriffen, aber die Verteidiger verfügten lediglich über Schwerter, Bögen und dergleichen. Als sie alle rund um das Landefahrzeug versammelt waren, besprühte er sie mit Betäubungskanonen. Dann …«

»Moment mal.«

Ein Kzin jagte auf allen vieren aus einem der Rundbögen und über die grauen Pflastersteine auf das Hologrammfenster zu. Es musste Chmee sein; er trug Körperschutz. Ein Pfeil ragte aus seinem Auge heraus, ein langer, hölzerner Pfeil mit papierartigen Blättern anstelle von Federn.

Andere Kzinti rannten hinter ihm her, wedelten mit Schwertern und Keulen. Pfeile fielen aus den Fensterschlitzen und prallten von seinem Körperschutz ab. Als Chmee die Luftschleuse des Landefahrzeugs erreichte, schoss ein Lichtfaden aus einem Fenster. Der Laserstrahl holte Flammen aus den Pflastersteinen und konzentrierte sich dann auf das Landefahrzeug. Chmee war verschwunden. Der Strahl blieb … und erlosch dann, als der Fensterschlitz in einer roten und weißen Flamme explodierte.

»Unvorsichtig«, murmelte der Hinterste. »Einem Feind eine solche Waffe zu überlassen!« Sein anderer Mund knabberte an den Kontrollen. Er schaltete auf eine Innenkamera um. Louis sah zu, wie Chmee die Luftschleuse schloss, dann zum Automed stolperte, darum kämpfte, den Körperschutz abzulegen und ihn fallenließ, während er weiterging. Das Bein des Kzin unter dem Körperschutz war aufgeschlitzt. Er hob den Deckel des Automed hoch und ließ sich mehr oder weniger hineinfallen.

»Tanj! Er hat die Monitore nicht eingeschaltet! Hinterster, wir müssen ihm helfen.«

»Wie, Louis? Wenn du versuchen würdest, ihn über die Trittscheiben zu erreichen, würdest du auf Fusionstemperatur erhitzt werden. Zwischen deiner Geschwindigkeit und der des Landefahrzeugs …«

»Ja.« Der große Ozean lag fünfunddreißig Grad um die Wölbung der Ringwelt herum. Die kinetische Energiedifferenz würde ausreichen, eine Stadt in die Luft zu jagen. Es gab keine Möglichkeit zu helfen.

Chmee lag blutend da.

Plötzlich schrie er auf. Er drehte sich halb herum. Seine dicken Finger drückten auf die Tastatur des Automeds. Er legte sich schwer auf den Rücken und zog die Abdeckung zu.

»Sehr gut«, sagte Louis. Der Pfeil war in einem spitzen, nach außen gerichteten Winkel in den Augapfel eingetreten. Er konnte so gerade vermieden haben, Gehirngewebe zu zerstören … oder auch nicht. »Er war unvorsichtig, na gut. Okay, weiter.«

»Chmee benutzte die Betäubungskanone, um das gesamte Schloss zu bestrahlen. Dann verbrachte er drei Stunden damit, bewusstlose Kzinti auf Repulserplattformen zu verladen und sie nach draußen zu befördern. Er verbarrikadierte die Tore. Er ging weg, ins Schloss hinein. Neun Stunden lang sah ich nichts von ihm. Warum grinst du?«

»Er hat keine Weibchen nach draußen befördert, nicht wahr?«

»Nein. Ich glaube, ich verstehe.«

»Er hatte tanj viel Glück, seinen Körperschutz rechtzeitig überzustreifen. Er hat diese Verletzung am Bein erhalten, bevor er damit fertig war.«

»Anscheinend ist Chmee für mich keine Bedrohung.«

Er würde zwanzig bis vierzig Stunden im Automed bleiben, schätzte Louis. Jetzt war es Louis Wu's Entscheidung allein. »Da ist etwas, was wir mit ihm besprechen sollten, aber ich schätze, da können wir nichts machen. Hinterster, bitte zeichne das folgende Gespräch auf. Schicke es auf einer Bandschleife zum Landefahrzeug. Ich möchte es in Chmees Ohren haben, wenn er aufwacht.«

Der Puppenspieler griff hinter sich; scheinbar kaute er an der Kontrolltafel. »Erledigt. Was haben wir zu besprechen?«

»Chmee und ich haben uns noch nicht davon überzeugen können, dass du uns zum bekannten Raum zurückbringen wirst. Oder dass du es auch nur kannst.«

Der Puppenspieler betrachtete ihn aus zwei Richtungen. Seine flachen Köpfe waren weit gespreizt, sodass er den maximalen binokularen Effekt erhielt, um seinen zweifelhaften Verbündeten und möglichen Feind besser studieren zu können. »Warum sollte ich nicht, Louis?«, fragte er.

»Erstens, wir wissen zu viel. Zweitens, du hast keinen Grund, zu irgendeiner Welt im bekannten Raum zurückzukehren. Mit oder ohne den magischen Umwandler ist der Ort, zu dem du hinwillst, die Flotte der Welten.«

Muskeln im Hinterteil des Puppenspielers spannten sich rastlos. (Das war das Bein, mit dem ein Puppenspieler kämpfte: dem Feind dein Hinterteil zuwenden, ihn mit weit auseinander liegenden Augen erfassen, zutreten!) »Wäre das so schlimm?«, fragte er.

»Es könnte besser sein, als hierzubleiben«, gab Louis zu. »Was *hast* du denn vor?«

»Wir können euch das Leben sehr bequem machen. Du weißt, dass wir die Langlebigkeitsdroge der Kzinti haben. Wir können dich auch mit Boosterkraut versorgen. Es ist Platz in der *Needle* für weibliche Hominiden und Kzinti, und wir haben tatsächlich einen weiblichen Städtebauer an Bord. Du würdest in Stasis fliegen, also ist Enge kein Problem. Du und deine Begleitung, ihr könntet euch auf einer der vier Agrarwelten der Flotte niederlassen. Ihr wäret praktisch die Besitzer.«

»Was, wenn uns das Landleben auf Dauer langweilen würde?«

»Unsinn. Du hättest Zugang zu den Bibliotheken der Heimatwelt. Zugang zu Dingen, welche die Menschheit erfahren wollte, seitdem wir uns zum ersten Mal gezeigt haben. Die Flotte bewegt sich mit nahezu Lichtgeschwindigkeit durch den Raum, um schließlich die Magellanschen Wolken zu erreichen. Mit uns werdet ihr der galaktischen Kernexplosion entkommen. Wahrscheinlich werden wir euch zur Erforschung brauchen … interessante Territorien vor uns auf unserem Weg.«

»Du meinst gefährliche.«

»Was würde ich sonst meinen?«

Louis war mehr in Versuchung, als er erwartet hatte. Wie würde Chmee ein solches Angebot aufnehmen? Rache hinausschieben? Eine Chance, der Heimatwelt der Puppenspieler in irgendeiner unbestimmten Zukunft Schaden zuzufügen? Oder einfach Feigheit?

»Gilt dieses Angebot auch, wenn wir einen magischen Umwandler finden?«, fragte er.

»Nein. Eure Talente werden ungeachtet dessen benötigt. Jedoch … jedes Versprechen, das ich jetzt abgebe, würde leichter unter einem Regime der Experimentalisten eingehalten. Konservative könnten deinen Wert vielleicht nicht anerkennen, geschweige denn Chmees.«

Das war nett ausgedrückt, gab Louis zu. »Apropos Chmee …«

»Der Kzin ist desertiert, aber ich lasse ihm mein Angebot offen. Er hat weibliche Kzinti gefunden, die er retten kann. Vielleicht kannst du ihn überzeugen.«

»Fraglich.«

»Und am Ende könntest du deine Welten wiedersehen. In eintausend Jahren könnte der bekannte Raum die Puppenspieler vergessen haben. Für dich sind bloß Jahrzehnte vergangen, da du mit nahezu Lichtgeschwindigkeit mit der Flotte der Welten geflogen bist.«

»Ich möchte Zeit, um mir das Angebot zu überlegen. Ich unterbreite es Chmee, wenn ich Gelegenheit dazu erhalte.« Louis warf einen Blick hinter sich. Die Städtebauer beobachteten ihn. Es war schade, dass er sie nicht konsultieren konnte, weil er auch über ihr Schicksal entscheiden musste.

Aber er hatte sich entschieden. »Was ich gern als Nächstes täte«, sagte er, »ist, zum großen Ozean zu fliegen. Wir könnten durch die ‚Faust Gottes' heraufkommen und ziemlich langsam …«

»Ich habe nicht die Absicht, die *Needle* überhaupt in Bewegung zu setzen. Es könnte noch andere Bedrohungen außer der Meteoritenabwehr geben, und die reicht gewiss aus.«

»Ich wette, du wirst deine Meinung ändern. Erinnerst du dich, dass du eine Winde gefunden hast, um die Bussard-Ramdüsen an der Ringmauer hochzuziehen? Wirf jetzt mal einen Blick darauf.«

Einen Augenblick lang verharrte der Puppenspieler wie erstarrt. Dann fuhr er herum und war hinter der unsichtbaren Wand seines Quartiers nicht mehr zu sehen.

Und das sollte ihn noch ziemlich lange beschäftigen.

Louis Wu ging gemächlich zu dem Haufen abgelegter Kleidung und Ausrüstung. Er fischte die Laserlampe aus seiner Weste. *Schritt vier: Meuterei.* Zu schade, dass sein Automed im Landefahrzeug war, einhundertfünfzig Millionen Kilometer außer Reichweite. Er könnte ihn bald benötigen.

Auf der äußeren Hülle der *Needle* gab es gewiss eine Abschirmung gegen Flares. Jedes Schiff hatte so eine, zumindest an den Fenstern. Unter dem Aufprall von zu viel Licht wurde die Abschirmung zu einem Spiegel und rettete dem Piloten möglicherweise das Augenlicht.

Sie hielt Flares ab, und sie hielt Laser auf. Wenn der Hinterste undurchdringliche Wände zwischen sich und seiner gefangenen Mannschaft errichtet hatte, hätte er bestimmt das gesamte Cockpit mit einer Abschirmung versehen.

Aber was war mit dem Boden? Louis kniete sich hin. Der Hyperdriveantrieb verlief über die ganze Länge des Schiffs; er war bronzefarben mit etwas Kupfer und Hüllenmetall. Maschinerie der Puppenspieler, sämtliche Ecken abgerundet, und so sah sie bereits halb zerschmolzen aus. Louis zwängte die Laserlampe hinein und feuerte durch den durchsichtigen Boden.

Grelles Licht wurde von der Bronzeoberfläche zurückgeworfen. Metalldampf schoss in die Höhe. Flüssiges Metall zerlief. Louis ließ den Strahl sich tief eingraben, dann spielte er damit herum, verbrannte oder zerschmolz alles, was interessant aussah. Zu schade, dass er niemals den Aufbau von Hyperdriveantrieben studiert hatte.

Der Laser wurde warm in seiner Hand. Er war einige Minuten zugange gewesen. Er richtete den Strahl auf eine der sechs Aufhängungen, die den Antrieb in seiner Vakuumkammer festhielten. Sie schmolz nicht; sie erweichte. Er ging eine andere an. Die große Masse des Antriebs sackte ab und verdrehte sich. Der schmale Strahl flackerte stroboskophaft und verblasste dann. Batterie erschöpft. Louis warf die Laserlampe weg, weil ihm einfiel, dass der Puppenspieler sie in seiner Hand explodieren lassen konnte.

Er schlenderte zur nach vorn gerichteten Wand seines Käfigs. Der Puppenspieler war nicht zu sehen, aber Louis hörte jetzt ein Geräusch, das sich anhörte wie von einer unter Qualen ersterbenden Dampforgel.

Der Puppenspieler trabte um die undurchsichtige grüne Trennwand herum und stellte sich ihm entgegen. Muskeln bebten unter seiner Haut.

»Komm schon«, sagte Louis Wu. »Reden wir vernünftig miteinander.«

Ohne Eile steckte der Puppenspieler beide Köpfe zwischen die Vorderbeine und faltete die Beine unter sich zusammen.

Kapitel 24

GEGENVORSCHLAG

Louis Wu erwachte mit klarem Kopf und hungrig. Ein paar Minuten lang blieb er liegen und genoss den freien Fall; dann schaltete er das Feld ab. Seine Uhr sagte, dass er sieben Stunden geschlafen hatte.

Die Gäste der *Needle* lagen unter einer der gewaltigen Klemmen, die das Landefahrzeug während des Flugs festgehalten hatten. Die weißhaarige Frau schlief unruhig, eingewickelt in ihre Ponchos, wobei ein bloßes Bein herausragte. Der braunhaarige Junge schlief wie ein Baby. Es gab keine Möglichkeit, sie zu wecken, und das hätte auch keinen Sinn. Die Wand übertrug kein Geräusch, und der Übersetzer funktionierte nicht. Und die Trittscheibenverbindung würde nicht mehr als ein paar Kilogramm tragen. Hatte der Puppenspieler tatsächlich eine Art komplizierter Verschwörung erwartet? Louis lächelte. Seine Meuterei war die Einfachheit selbst gewesen.

Er wählte einen Käsetoast auf die Hand und aß, während er die nach vorn weisende Wand seiner Zelle abklopfte.

In Ruhestellung war der Hinterste von einer glatten Eiform, bedeckt von Haut mit einer Wolke weißen Haars als Krönung seines dickeren Endes. Beine und Köpfe waren unter ihm verborgen. Er hatte sich seit sieben Stunden nicht gerührt.

Louis hatte das schon bereits Nessus gesehen. Es war die Reaktion eines Puppenspielers auf Schock: sich selbst in den Nabel zu stecken und das Universum verschwinden zu lassen. Gut und schön, aber neun Stunden erschien exzessiv. Wenn der Puppenspieler durch Louis' Schockbehandlung in Katatonie getrieben worden war, könnte dies das Ende von allem bedeuten.

Die Ohren des Puppenspielers befanden sich in seinen Köpfen. Louis' Worte mussten durch eine dicke Schicht Fleisch und Knochen tragen. Er rief: »Ich möchte dir mehrere Punkte zum Nachdenken bieten.«

Der Puppenspieler reagierte nicht. Louis hob die Stimme zu einem Selbstgespräch. »Diese Struktur gleitet in ihre Sonne. Es gibt etwas, was wir dagegen tun können, aber wir können nichts davon tun, solange du über deinen Nabel nachsinnst. Niemand außer dir kontrolliert eines der Instrumente, Sensoren, Antriebe et cetera der *Needle,* und du hast das genauso geplant. Also: Jede Minute, in der du einen Barhocker imitierst, kommen du, ich und Chmee eine Minute näher an eine Gelegenheit, der kein Astrophysiker widerstehen könnte.«

Er beendete seine Mahlzeit, während er wartete. Puppenspieler waren überragende Linguisten, und zwar in jeder Zahl von Alien-Sprachen. Würde ein Puppenspieler auf einen erzählerischen Aufhänger reagieren?

Und tatsächlich zeigte der Hinterste einen Kopf weit genug, um zu fragen: »Welche Gelegenheit?«

»Die Gelegenheit, die Sonnenflecken von unten zu studieren.«

Der Kopf zog sich in den Bauch des Puppenspielers zurück.

»Das Reparturteam kommt!«, brüllte Louis.

Kopf und Hals tauchten wieder auf und brüllten zur Antwort: »Was hast du uns angetan? Was hast du mir, dir selbst, zwei Einheimischen, die vielleicht vor dem Feuer hätten fliehen können, angetan? Hast du auch nur an etwas anderes als Vandalismus gedacht?«

»Habe ich. Du hast es einmal gesagt. Eines Tages müssen wir entscheiden, wer diese Expedition leitet. Dies ist der Tag«, sagte Louis Wu. »Ich will dir erzählen, warum du meine Befehle befolgen solltest.«

»Ich hätte nie vermutet, dass ein Drahtkopf bloße Machtgelüste haben könnte.«

»Das ist Punkt eins. Ich bin besser im Vermuten als du.«

»Weiter.«

»Wir bleiben hier. Selbst die Flotte der Welten ist bei Unterlichtgeschwindigkeit außer Reichweite. Wenn die Ringwelt geht, gehen wir alle. Wir müssen sie irgendwie wieder in Position zurückbringen. Dritter Punkt: Die Ringwelt-Ingenieure sind seit mindestens einer Viertelmillion Jahren tot«, sagte Louis vorsichtig. »Chmee würde sagen, ein paar Millionen. Die Hominiden konnten nicht mutiert und sich entwickelt haben, während die Ringwelt-Ingenieure am Leben waren. Es wäre ihnen nicht erlaubt worden. Es waren Pak-Protektoren.«

Louis hatte Entsetzen, Schrecken oder Überraschung erwartet. Der Puppenspieler zeigte lediglich Resignation. »Xenophobe«, sagte er. »Bösartig, kühn und sehr intelligent.«

Er musste es erwartet haben.

»Meine Vorfahren«, sagte Louis. »Sie erbauten die Ringwelt, und sie erbauten jegliches System, das sie an Ort und

Stelle halten sollte. Wer von uns hat eine bessere Chance wie ein Pak-Protektor zu denken? Einer von uns muss es versuchen.«

»Diese Argumente würden nichts bedeuten, wenn du uns die Chance gelassen hättest, wegzulaufen. Louis, ich habe dir vertraut.«

»Ich würde lieber nicht glauben, dass du so dumm gewesen bist. Wir sind nicht freiwillig auf diese Expedition mitgekommen. Kzin und Menschen, wir sind schlechte Sklaven.«

»Hast du ein viertes Argument?«

Louis verzog das Gesicht. »Chmee ist von mir enttäuscht. Er möchte dir seinen Willen aufzwingen. Wenn ich ihm sagen kann, dass du meinen Befehlen folgst, wird er beeindruckt sein. Und wir brauchen ihn.«

»Wir brauchen ihn, ja. Er denkt vielleicht mehr wie ein Pak-Protektor als du.«

»Nun?«

»Deine Befehle?«

Louis sagte es ihm.

Harkabeeparolyn hatte sich herumgewälzt und war auf den Füßen, bevor sie Louis aus der Ecke treten sah. Dann keuchte sie auf, kauerte sich hin und verschwand in den Ponchos. Ein Ponchobündel rutschte zu einem abgelegten blauen Gewand.

Seltsames Verhalten. Städtebauer mit einem Nackheits-Tabu? Hätte Louis Kleidung tragen sollen? Er tat das, was er für taktvoll hielt: Er kehrte ihr den Rücken zu und ging zu dem Jungen.

Der Junge stand an der Wand und blickte hinaus auf die großen, abgewrackten Sternenschiffe. Der Poncho, den er trug, war zu groß für ihn. »Luweewu«, fragte er, »waren das unsere Schiffe?«

»Ja.«

Der Junge lächelte. »Haben deine Leute so große Schiffe gebaut?«

Louis versuchte, sich zu erinnern. »Die langsamen Schiffe waren fast so groß. Wir brauchten sehr große Schiffe, bevor wir die Grenze der Lichtgeschwindigkeit durchbrachen.«

»Ist dies eines eurer Schiffe? Kann es schneller als das Licht fliegen?«

»Das konnte es einmal. Jetzt nicht mehr. Ich glaube, die Nummer-Vier-General-Products-Hüllen waren sogar noch größer als eure, aber wir haben diese nicht gebaut. Es waren Schiffe der Puppenspieler.«

»Das war ein Puppenspieler, mit dem du gestern gesprochen hast, nicht wahr? Er hat nach dir gefragt. Wir konnten ihm nicht viel sagen.«

Harkabeeparolyn war zu ihnen getreten. Sie hatte zusammen mit ihrem blauen Bibliotheksgewand ihre Fassung zurückgewonnen. »Hat sich unser Status geändert, Luweewu?«, fragte sie. »Uns wurde gesagt, dass dir nicht erlaubt wäre, uns zu besuchen.« Es kostete sie einige Mühe, ihm ins Gesicht zu sehen.

»Ich habe das Kommando übernommen«, sagte Louis.

»So leicht?«

»Ich habe einen Preis gezahlt …«

Die Stimme des Jungen ging dazwischen. »Luweewu? Wir sind in Bewegung!«

»Ist in Ordnung.«

»Kannst du es hier drin dunkler machen?«

Louis rief den Lichtern zu, sie sollten erlöschen. Sogleich fühlte er sich behaglicher. Die Dunkelheit verbarg seine Nacktheit. Harkabeeparolyns Haltung war ansteckend.

Die *Hot Needle of Inquiry* hob sich vier Meter über den Raumhafensims. Rasch, fast fluchtartig, ohne Zurschaustellung von Pyrotechnik, trieb das Schiff zur Kante der Welt und flog auf und davon.

»Wohin fliegen wir?«, wollte die Frau wissen.

»Unter die Welt. Wir enden am großen Ozean.«

Es gab kein Gefühl von Fallen, aber die Kante des Raumhafens fiel lautlos nach oben. Der Hinterste ließ sie mehrere Kilometer fallen, bevor er die Werfer einschaltete: die *Needle* verlangsamte und schob sich unter die Ringwelt.

Die Kante aus Schwärze glitt über sie und wurde zum Himmel. Unten war ein Meer von Sternen, heller als alles, was ein Einheimischer der Ringwelt durch die Tiefen der Luft und des gestreuten Bogenlichts jemals hätte sehen können. Aber der Himmel war die Essenz von Schwarz. Die schützende Hülle der Ringwelt aus geschäumten *Scrith* reflektierte kein Sternenlicht.

Louis fühlte sich nach wie vor unbehaglich in seiner Nacktheit. »Ich kehre in meinen Raum zurück«, sagte er. »Warum kommt ihr nicht zu mir? Dort gibt es etwas zu essen und Kleidung zum Wechseln und bessere Betten, wenn ihr sie haben wollt.«

Harkabeeparolyn tauchte ins Sein auf, die letzte in der Reihe auf der Trittscheibe, und zuckte heftig zusammen. Louis lachte laut auf. Sie bemühte sich, ihn anzufunkeln, aber ihre Augen glitten beiseite. *Nackt!*

Louis wählte einen überlangen Pullover und bedeckte sich. »Besser?«

»Ja, besser. Hältst du mich für töricht?«

»Nein, ich glaube, ihr habt keine Klimakontrolle. An den meisten Orten könnt ihr nicht nackt gehen, also sieht das seltsam für euch aus. Ich könnte mich irren.«

»Du könntest recht haben«, sagte sie überrascht.

»Ihr habt letzte Nacht auf einen harten Deck geschlafen. Versucht das Wasserbett. Es ist groß genug für euch beide und noch ein paar mehr, und Chmee benutzt es gerade nicht.«

Kawaresksenjajok warf sich auf das fellbedeckte Wasserbett. Er prallte ab, und Wellen rollten unter dem Fell nach außen. »Luweewu, ich mag es! Es ist wie schwimmen, jedoch im Trockenen.«

Mit steifem Rücken und voller Misstrauen setzte sich Harkabeeparolyn auf die unebene Oberfläche. Zweifelnd fragte sie: »Chmee?«

»Zweieinhalb Meter groß und mit orangefarbenem Fell bedeckt. Er ist … auf einer Mission im großen Ozean. Wir werden ihn jetzt holen. Ihr könnt ihn vielleicht überreden, es mit euch zu teilen.«

Der Junge lachte. Die Frau sagte: »Dein Freund muss eine andere Spielgefährtin finden. Ich mache mir nichts aus *Rishathra.*«

Louis kicherte. (Im Hinterkopf dachte er: *Tanj!)* »Chmee ist fremder, als du glaubst. Er würde ebenso wahrscheinlich *Rishathra* mit einer Würstchen-Pflanze treiben wollen. Ihr wäret ziemlich sicher, es sei denn, er möchte das ganze Bett, was durchaus möglich ist. Achtet darauf, ihn niemals wachzurütteln. Oder ihr könnt die Schlafplatten ausprobieren.«

»Benutzt du die Schlafplatten?«

»Ja.« Er rätselte über die Bedeutung ihres Gesichtsausdrucks. »Das Feld kann so eingestellt werden, dass zwei Körper getrennt voneinander bleiben.« *(Tanj!* Hemmt sie die Anwesenheit des Jungen?)

»Luweewu, wir haben uns mitten in deiner Mission dir aufgedrängt«, sagte sie. »Bist du einfach gekommen, um Wissen zu stehlen?«

Die korrekte Antwort hätte gelautet: *ja.* Louis' Antwort war zumindest wahr. »Wir sind hier, um die Ringwelt zu retten.«

Nachdenklich fragte sie: »Aber wie kann ich …?« Und dann starrte sie an Louis' Schulter vorbei.

Der Hinterste wartete an der vorderen Wand, und er war prächtig. Jetzt zeigten seine Klauen silbrige Spitzen, und er trug seine Mähne mit goldenen und silbernen Strähnen. Das kurze, bleiche Har über dem Rest seines Körpers war auf Hochglanz gestriegelt. »Harkabeeparolyn, Kawaresksenjajok, seid willkommen«, sang er. »Eure Hilfe ist dringend vonnöten. Wir sind eine weite Entfernung zwischen den Sternen in der Hoffnung gereist, eure Völker und eure Welt vor einem feurigen Tod zu bewahren.«

Louis schluckte ein Gelächter hinunter. Zum Glück hatten seine Gäste nur Augen für den Pierson's-Puppenspieler.

»Woher kommst du?«, wollte der Junge vom Puppenspieler wissen. »Wie ist das da?«

Der Puppenspieler versuchte, es ihnen zu beschreiben. Er sprach von Welten, die mit nahezu Lichtgeschwindigkeit durch den Raum fielen, fünf Welten zu einem Fünfeck arrangiert, einer Kemplerer-Rosette. Künstliche Sonnen umkreisten vier, um Nahrung für die Bevölkerung der fünf zu produzieren. Die fünfte Welt glühte im Licht der eigenen Straßen und Gebäude. Kontinente strahlten gelblich-weiß, Ozeane waren dunkel. Isolierte leuchtende Sterne, umgeben von Dunst, waren Fabriken, die auf dem Meer trieben und deren Abwärme das Wasser zum Kochen brachte. Industrielle Abwärme hielt die Welt auch davon ab zu erstarren.

Der Junge vergaß das Atmen, während er zuhörte. Aber die Bibliothekarin sprach leise zu sich selbst. »Er *muss* von den Sternen kommen. Er ist wie kein irgendwo bekanntes lebendes Ding geformt.«

Der Puppenspieler sprach von überfüllten Straßen, gewaltigen Gebäuden, Parks, die die letzte Zuflucht des einheimischen Lebens einer Welt waren. Er sprach von den Trittscheibenanlagen, über die man binnen Minuten um die Welt reisen konnte.

Harkabeeparolyn schüttelte heftig den Kopf. Ihre Stimme hob sich. »Bitte, wir haben keine Zeit. Tut mir leid, Kawa! Wir möchten mehr hören, wir *müssen* mehr hören, aber – die Welt, die Sonne! Louis, ich hätte nie an dir zweifeln sollen. Was kann ich tun, um zu helfen?«

»Lies mir vor«, sagte der Hinterste.

Kawaresksenjajok lag auf dem Rücken und sah zu, wie die Rückseite der Welt an ihm vorüberrollte.

Die *Needle* flog unter einem konturlosen schwarzen Dach dahin, in das der Hinterste zwei holografische »Fenster« eingesetzt hatte. Ein breites Rechteck zeigte einen lichtverstärkten Ausblick; das andere untersuchte die Unterseite der Ringwelt mit Infrarotlicht. Im Infrarot glänzte die Unterseite des Tags nach wie vor heller als nachtbeschattetes Land; und Flüsse und Seen waren dunkel am Tag und hell in der Nacht.

»Wie die Rückseite einer Maske, siehst du?« Louis sprach gedämpft, um Harkabeeparolyn nicht zu unterbrechen. »Diese sich verzweigende Flusskette: Siehst du, wie sie hervorragt? Die Seen beulen sich ebenfalls nach außen aus. Und dort diese gekerbte Linie – das ist ein ganzer Gebirgszug.«

»Sind eure Welten auch so?«

»Oh, nein. Auf einer meiner Welten wäre das alles von unten fest, und die Oberfläche entstünde durch Zufall. Hier wurde die Welt skulpturiert. Sieh mal, die Seen sind alle von derselben Tiefe, und sie sind so verteilt, dass überall ausreichend Wasser vorhanden ist.«

»Jemand hat die Welt wie ein Basrelief geschnitzt?«

»Genau so.«

»Luweewu, das ist unheimlich. Wie waren sie so?«

»Sie dachten groß, und sie liebten ihre Kinder, und sie sahen aus wie Rüstungen.« Louis entschloss sich, nicht mehr über die Protektoren zu sagen.

Der Junge zeigte auf etwas. »Was ist das?«

»Ich weiß es nicht.« Es war eine Delle in der Unterseite der Ringwelt … mit Nebel darin. »Ich glaube, es ist ein Meteoriteneinschlag. Darüber wird ein Sturmauge liegen.«

Der Leseschirm befand sich im Cockpit hinter der Wand, Harkabeeparolyn gegenüber. Der Hinterste hatte den Schaden repariert und ein geflochtenes Kabel hinzugefügt, das in die Kontrolltafel führte. Während Harkabeeparolyn laut las, las der Schiffscomputer das Band und korrelierte es mit ihrer Stimme und mit seinem eigenen gespeicherten Wissen von Halrloprillalars Sprache. Diese Sprache hätte sich über die

Jahrhunderte hinweg verändert, aber nicht allzu sehr, nicht in einer Alphabeten-Gesellschaft. Die Hoffnung war, dass der Computer bald übernehmen konnte.

Was den Hintersten betraf, so war er im verborgenen Bereich verschwunden. Der Alien hatte wiederholt Schocks erlitten. Louis missgönnte ihm seine Auszeit für Hysterie nicht.

Die *Needle* beschleunigte weiter. Jetzt jagte die umgekehrte Landschaft beinahe zu rasch vorüber, um Details zu erkennen. Und Harkabeeparolyns Stimme wurde heiser. Zeit für eine Essenspause, entschied Louis.

Ein Problem entstand. Louis wählte Filet Mignon und gebackene Kartoffeln mit anschließendem Brie und französischem Weißbrot. Der Junge betrachtete es voller Entsetzen. Ebenso die Frau, aber sie starrte Louis an.

»Tut mir leid. Habe ich vergessen. Ich denke immer, ihr seid Allesesser.«

»Allesesser, ja. Wir essen sowohl Pflanzen als auch Fleisch«, erwiderte die Bibliothekarin. »Aber kein *verfaultes* Fleisch.«

»Sei nicht so bestürzt. Da sind keine Bakterien dran beteiligt.« Angemessen gealtertes Steak, Milch, von Schimmelpilz attackiert ... Louis warf ihre Teller in die Toilette und wählte erneut. Obst, Rohkost mit einem separaten Sauerrahmdip, den er wegwarf, und Meeresfrüchte, darunter Sashimi. Seine Gäste hatten nie zu vor Salzwasserfische gesehen. Er schmeckte ihnen, aber er machte sie durstig.

Und Louis beim Essen zuzusehen, machte sie unglücklich. Was sollte er tun, verhungern?

Sie könnten verhungern. Woher würde er frisches rotes Fleisch für sie bekommen? Nun, von Chmees Seite der Autoküche natürlich. Brate es mit einem weitgefächerten Laserstrahl, hohe Intensität. Er müsste den Hintersten dazu bringen, den Laser wieder aufzuladen. Das könnte nicht leicht sein in Anbetracht dessen, wozu er ihn das letzte Mal eingesetzt hatte.

Ein weiteres Problem: Sie könnten zu viel Salz zu sich nehmen. Louis wusste nicht, was er in dieser Hinsicht unternehmen sollte. Vielleicht konnte der Hinterste die Autoküche neu einstellen.

Nach dem Essen las Harkabeeparolyn weiter vor. Inzwischen strömte die Ringwelt bei weitem zu schnell vorüber, um Details zu erkennen. Kawaresksenjajok wanderte rastlos von der Zelle zum Frachtraum und wieder zurück.

Louis selbst war ebenfalls unruhig. Er hätte studieren sollen: Sich die Aufzeichnungen der ersten Reise ansehen, oder die von Chmees heutigen Abenteuern auf der Karte von Kzin. Aber der Hinterste war nicht verfügbar.

Nach und nach wurde er sich einer weiteren Quelle des Unbehagens bewusst.

Er verspürte Lust auf die Bibliothekarin.

Er liebte ihre Stimme. Sie hatte seit Stunden gesprochen, dennoch war der singende Tonfall noch immer vorhanden. Sie hatte ihm gesagt, dass sie manchmal blinden Kindern vorlas: Kindern, die nicht sehen konnten. Louis wurde allein beim Gedanken daran übel. Er mochte ihre Würde und ihren Mut. Er mochte, wie das Gewand ihre Gestalt umriss; und er hatte einen Blick auf ihre Nacktheit erhascht.

Es war Jahre her, seitdem Louis Wu eine absolut menschliche Frau geliebt hatte. Harkabeeparolyn kam einer solchen allzu nahe. Und sie hatte keine Lust. Als der Puppenspieler schließlich wieder auftauchte, war Louis froh um die Ablenkung.

Sie sprachen leise auf Interworld, leiser als das Geräusch von Harkabeeparolyn, die dem Computer vorlas.

»Woher kamen sie, diese Amateur-Reparaturleute?«, fragte sich Louis. »Wer auf der Ringwelt wüsste genügend, um die Stabilisierungsdüsen wieder anzubringen? Dennoch wussten sie anscheinend nicht, dass es nicht ausreicht.«

»Kümmere dich nicht um sie«, sagte der Hinterste.

»Vielleicht *wissen* sie, dass es nicht ausreicht? Vielleicht haben die armen Trottel keine Ahnung, was sie sonst tun könnten. Und da ist die Frage, woher sie ihre Ausrüstung hatten. Sie könnte aus dem Reparaturzentrum stammen.«

»Wir sehen uns gegenwärtig genügend Komplikationen gegenüber. Kümmere dich nicht um sie.«

»Einmal wenigstens glaube ich, dass du recht hast. Aber ich muss mich das einfach fragen. Teela Brown hatte ihre Ausbildung im menschlichen Raum erhalten. Große, im Raum erbaute Strukturen sind für sie nichts Neues. Sie würde wissen, was es bedeutete, wenn die Sonne anfängt, herumzurutschen.«

»Könnte Teela Brown eine so große Bemühung organisiert haben?«

»Vielleicht nicht. Aber der Sucher wäre bei ihr. War der Sucher auf deinen Bändern? Er war ein Einheimischer der Ringwelt und vielleicht unsterblich. Teela hat ihn gefunden. Ein wenig verrückt, aber er könnte die Organisation erledigt haben. Er war mehr als einmal ein König, hat er gesagt.«

»Teela Brown war ein fehlgeschlagenes Experiment. Wir haben versucht, einen Menschen zu züchten, der ständig Glück hat, weil wir das Gefühl hatten, dass Verbündete der Puppenspieler das Glück teilen würden. Teela hatte Glück gehabt oder auch nicht, aber ihr Glück war sicherlich nicht ansteckend. Wir möchten Teela Brown nicht begegnen.«

Louis schauderte. »Nein.«

»Dann müssen wir die Aufmerksamkeit der Reparaturmannschaft meiden.«

»Füge dem Band, dass du an Chmee schickst, ein Postskriptum hinzu«, sagte Lous. »Louis Wu weist dein Angebot eines Zufluchtsorts auf der Flotte der Welten zurück. Louis Wu hat das Kommando auf der *Hot Needle of Inquiry* übernommen und den Hyperdriveantrieb zerstört. Das sollte ihn aufrütteln.«

»Das war bei mir schon so. Louis, meine Sensoren können *Scrith* nicht durchdringen. Deine Botschaft wird warten müssen.«

»Wie lange noch, bis wir ihn erreichen?«

»Etwa vierzig Stunden. Ich habe auf anderthalbtausend Kilometer pro Sekunde beschleunigt. Bei dieser Geschwindigkeit benötigen wir mehr als 5 g Beschleunigung, um uns auf unserem Weg zu halten.«

»Wir können dreißig g aushalten. Du bist übervorsichtig.«

»Ich nehme deine Ansicht zur Kenntnis.«

»Deine Entgegennahme von Befehlen ist keinen Tanj wert«, sagte Louis. »So oder so.«

Kapitel 25

Die Samen des Imperiums

Draußen strömte die geschwungene Decke des Ringweltbodens vorüber.

Es war kein allzu großartiger Anblick, nicht aus fünfundvierzigtausend Kilometern Entfernung und mit einer Geschwindigkeit von anderthalbtausend Kilometern pro Sekunde und eingehüllt in Schaumpolster. Im Augenblick schlief der Junge auf dem orangefarbenen Fell. Louis setzte seine Beobachtungen fort. Die Alternative bestand darin, hier herumzuschweben und sich zu fragen, ob er sie alle dem Untergang geweiht hatte.

Und schließlich sagte der Hinterste zu der Städtebauerfrau: »Genug.«

Louis taumelte von der sich bewegenden Oberfläche.

Harkabeeparolyn massierte sich die Kehle. Sie sahen zu, wie der Hinterste vier gestohlene Bänder durch die Lesemaschine laufen ließ.

Es benötigte nur wenige Minuten. »Das wird jetzt das Problem des Computers«, sagte der Puppenspieler. »Ich habe die Fragen einprogrammiert. Wenn die Antworten in den Bändern liegen, werden wir sie in maximal ein paar Stunden haben. Louis, was ist, wenn uns die Antworten nicht gefallen?«

»Hören wir erst mal die Antworten.«

»Gibt es eine Geschichte von Reparaturarbeiten auf der Ringwelt? Falls ja, stammen die Reparaturmaschinen aus einer einzigen Quelle? Findet die Reparatur bei irgendwelchen Einheimischen häufiger statt? Ist irgendein Teil der Ringwelt in besserem Reparaturzustand als der Rest? Suche alle Bezüge auf Pak-ähnliche Wesen. Unterscheidet sich der Stil von Rüstungen mit der Entfernung von einem zentralen Punkt? Wie sind die magnetischen Eigenschaften des Ringweltbodens und von *Scrith* im Allgemeinen?«

»Gut.«

»Habe ich etwas vergessen?«

»Ja. Wir möchten die wahrscheinlichste Quelle der Unsterblichkeitsdroge kennen. Es wird der große Ozean ein, aber fragen wir trotzdem.«

»Werde ich. Warum der große Ozean?«

»Oh, zum Teil, weil er so gut zu sehen ist. Und zum Teil, weil wir ein überlebendes Exemplar der Unsterblichkeitsdroge gefunden haben, und nur eines. Halrloprillalar hatte sie. Wir fanden sie in der Nachbarschaft des großen Ozeans.« *Und zum Teil, weil wir dort abgestürzt sind,* dachte Louis. *Das Glück von Teela Brown verzerrt die Wahrscheinlichkeit. Teelas Glück hätte uns bei diesem ersten Mal direkt zum Reparaturzentrum bringen können.* »Harkabeeparolyn? Fällt dir etwas ein, was wir vergessen haben?«

Ihr Stimme war kratzig. »Ich verstehe nicht, was ihr tut.«

Wie sollte er es ihr erklären? »Unsere Maschine erinnert sich an alles auf deinen Bändern. Wir weisen sie an, ihr Gedächtnis nach Antworten auf gestellte Fragen zu durchsuchen.«

»Frage sie, wie man die Ringwelt retten kann.«

»Wir müssen etwas spezifischer sein. Die Maschine kann sich erinnern, korrelieren und addieren, aber sie kann nicht selbst denken. Sie ist nicht groß genug.«

Sie schüttelte den Kopf.

»Was, wenn die Antworten falsch sind?«, beharrte der Hinterste. »Wir können nicht fliehen.«

»Wir versuchen etwas anderes.«

»Ich habe darüber nachgedacht. Wir müssen in einen polaren Orbit um die Sonne gehen, um das Risiko zu minimieren, dass ein Bruchstück der sich auflösenden Ringwelt uns trifft. Ich werde die *Needle* in Stasis versetzen, um auf Rettung zu warten. Die Rettung wird nicht kommen, aber das Risiko ist geringer als das, dem wir uns jetzt gegenübersehen.«

Wenn es so weit kommt, dachte Louis.

»Schön. Wir haben ein paar Jahre, um bessere Möglichkeiten zu finden.«

»Weniger als das. Wenn …«

»Halt den Mund.«

Die erschöpfte Bibliothekarin fiel aufs Wasserbett. Imitiertes Kzinfell wellte sich unter ihr. Sie erstarrte für einen Moment, dann ließ sie sich zurückfallen. Das Fell wellte sich weiterhin. Jetzt löste sich ihre Erstarrung, und sie ließ sich mit der Tide umherrollen. Kawaresksenjajok legte schläfrig murmelnd Protest ein und drehte sich um.

Die Bibliothekarin sah äußerst anziehend aus. Louis widerstand dem Drang, sich zu ihr aufs Bett zu legen. »Wie fühlst du dich?‘«

»Müde. Erbärmlich. Werde ich meine Heimat jemals wiedersehen? Wenn das Ende kommt – wenn es kommt –, würde ich es gern auf dem Bibliotheksdach erwarten. Aber die Blumen werden bis dahin tot sein, nicht wahr? Verbrannt und erfroren.«

»Ja.« Louis war angerührt. Gewiss würde er seine eigene Heimat nie mehr wiedersehen. »Ich werde versuchen, dich zurückzubringen. Im Augenblick brauchst du jedoch Schlaf. Und eine Rückenmassage.«

»Nein.«

Seltsam. War Harkabeeparolyn nicht eine der Städtebauer, von Halrloprillalars Leuten, die die Ringwelt größtenteils über ihren Sexappeal beherrscht hatten? Manchmal fiel es schwer, sich daran zu erinnern, dass die Individuen innerhalb einer Alien-Spezies sich so grundlegend unterscheiden konnten wie bei Menschen.

»Die Angestellten der Bibliothek erscheinen mehr wie Priester denn Professionelle. Praktiziert ihr Enthaltsamkeit?«

»Während wir in der Bibliothek arbeiten, sind wir enthaltsam. Aber ich war freiwillig enthaltsam.« Sie stützte sich auf einen Ellbogen und sah ihn an. »Wir lernen, dass alle anderen Spezies Lust darauf haben, *Rishathra* mit den Städtebauern zu praktizieren. Ist dies der Fall bei dir?«

Er gab es zu.

»Ich hoffe, du kannst das unter Kontrolle halten.«

Er seufzte. »Oh, tanj, ja. Ich bin eintausend *Falans* alt. Ich habe gelernt, mich selbst zu zerstreuen.«

»Wie?«

»Gewöhnlich mache ich mich auf die Suche nach einer anderen Frau.«

Die Bibliothekarin lachte nicht. »Was, wenn eine andere Frau nicht zu bekommen ist?«

»Oh … Training bis zur Erschöpfung. Sich mit ‚Treibstoff' betrinken. Auf ein Sabbatjahr fliegen, in einem Einmannschiff hinaus in den interstellaren Raum. Ein anderes Vergnügen finden, in dem ich schwelgen kann. Sich in die Arbeit stürzen.«

»Du solltest dich nicht betrinken«, sagte sie, und sie hatte recht damit. »Welches Vergnügen könntest du ausprobieren?«

Den Trafroh! Ein Hauch von Strom, und ihm wäre es gleichgültig, ob Harkabeeparolyn sich vor seinen Augen in grünen Schleim verwandeln würde. Warum sollte es ihm jetzt etwas ausmachen? Er bewunderte sie nicht … na ja, vielleicht tat er es ein wenig. Aber sie hatte ihren Teil erledigt. Er könnte die Ringwelt ohne weitere Hilfe ihrerseits retten oder sie verlieren.

»Du bekommst deine Massage auf jeden Fall«, sagte er. Er machte einen weiten Bogen um sie und berührte einen Knopf am Wasserbett. Harkabeeparolyn wirkte überrascht, dann lächelte sie und entspannte sich völlig, als die akustischen Vibrationen im Wasser sie umschlossen. Binnen weniger Minuten war sie eingeschlafen. Er stellte die Einheit so ein, dass sie nach zwanzig Minuten abschaltete.

Dann brütete er.

Wenn er nicht ein Jahr mit Halrloprillalar verbracht hätte, würde er Harkabeeparolyn unansehnlich finden – mit ihrem kahlen Kopf und den messerscharfen Lippen und der kleinen flachen Nase. Aber er hatte …

Er hatte Haar, wo kein Städtebauer Haar hatte. War es das? Oder der Geruch seiner Nahrung in seinem Atem? Oder ein gesellschaftliches Signal, das er nicht kannte?

Ein Mann, der ein Sternenschiff gekapert hatte, ein Mann, der sein Leben auf die Chance verwettet hatte, Trillionen anderer Leben zu retten, ein Mann, der das Äußerste an Drogenabhängigkeit besiegt hatte, sollte sich nicht wegen einer so geringfügigen Ablenkung wie ein Jucken nach einer lieblichen Zimmergenossin Sorgen machen. Ein Hauch des Drahts würde ihm die leidenschaftslose Klarheit verleihen, dies zu erkennen.

Ja.

Louis ging nach vorn zur Wand. »Hinterster!«

Der Puppenspieler trabte heran.

»Lass die Aufzeichnungen von den Pak für mich durchlaufen. Interviews und medizinische Berichte über Jack Brennan, Studien des Alien-Leichnams, alles, was du hast.« Er würde es mit Arbeit versuchen.

Louis Wu schwebte in der Luft in Lotusposition, und seine lockere Kleidung trieb um ihn herum. Auf einem Bildschirm, der reglos außerhalb der Hülle der *Needle* trieb, hielt ein längst verstorbener Mann einen Vortrag über den Ursprung der Menschheit.

»Protektoren haben sehr wenig freien Willen«, sagte er gerade. »Wir sind zu intelligent, um nicht die richtigen Antworten zu erkennen. Abgesehen davon gibt es Instinkte. Wenn ein Pak-Protektor keine lebenden Kinder hat, stirbt er im Allgemeinen. Er stellt die Nahrungsaufnahme ein. Einige Protektoren können verallgemeinern; sie können einen Weg finden, etwas für ihre gesamte Spezies zu tun, und das hält sie am Leben. Ich glaube, das war leichter für mich als für Phssthpok.«

»Was hast du gefunden? Was ist der Grund, der dich weiter Nahrung aufnehmen lässt?«

»Euch vor den Pak-Protektoren zu warnen.«

Louis nickte, als ihm die Autopsiedaten des Aliens wieder einfielen. Phssthpoks Gehirn war größer als das einen Menschen, aber die Schwellung schloss die Frontallappen nicht mit ein. Jack Brennans Kopf war wegen der menschlichen frontalen Entwicklung und der aufwärts gehenden Schwellung des Hinterkopfs in der Mitte eingedellt.

Brennans Haut war eine tief gefurchte ledrige Rüstung. Seine Gelenke waren abnorm geschwollen. Seine Lippen und sein Gaumen hatten sich zu einem harten Schnabel vereinigt. Nichts davon schien den drastisch veränderten Belter zu stören.

»Alle Symptome des Alters sind Überbleibsel der Veränderung vom Erzeuger zum Protektor«, erzählte er einem längst verstorbenen Befrager von der ARM. »Die Haut wird dicker und runzliger; sie soll so werden, hart genug, ein Messer zu verbiegen. Du verlierst die Zähne, damit du Platz bekommst, damit der Gaumen sich verhärten kann. Dein Herz kann schwächer werden, weil du ein zweites Herz im Lendenbereich wachsen lassen sollst, mit zwei Kammern.«

Brennans Stimme war ein Krächzen. »Deine Gelenke sollen sich erweitern, um ein größeres Armmoment für die Muskeln zu erhalten. Zunehmende Stärke. Aber nichts davon funktioniert so richtig ohne den Lebensbaum, und seit drei Millionen Jahren hat es keinen Lebensbaum auf Erden gegeben ...«

Louis vollführte einen Satz, als Finger an seinem Pullover zupften. »Luweewu? Ich habe Hunger.«

»Okay.« Er hatte sowieso keine Lust mehr aufs Studium; es sagte ihm nicht viel, was nützlich war.

Harkabeeparolyn schlief immer noch. Der Duft nach Fleisch, das in einem Laserlampenstrahl briet, weckte sie. Louis wählte Früchte und gekochtes Gemüse für sie und zeigte ihnen, wo sie alles wegwerfen konnten, was sie nicht mochten.

Er nahm seine eigene Mahlzeit mit in den Frachtraum.

Es machte ihm Sorgen, dass er von ihm Abhängige hatte. Zugegeben, beide waren Louis Wus Opfer. Aber er konnte ihnen nicht mal beibringen, sich ihre eigenen Mahlzeiten zu verschaffen! Die Einstellung waren in Interworld und der Heldensprache markiert.

Gab es eine Möglichkeit, sie an irgendeine Arbeit zu setzen?

Morgen. Er würde sich etwas einfallen lassen müssen.

Allmählich lieferte der Computer Resultate. Der Hinterste war beschäftigt. Als Louis die Aufmerksamkeit des Puppenspielers für einen Moment gewinnen konnte, fragte er nach den Aufzeichnungen von Chmees Invasion in das Schloss.

Das Schloss lag auf dem Gipfel eines felsigen Hügels. Herden schweineähnlicher Tiere, gelb mit orangefarbenen Streifen, grasten auf dem gelben Grasgebiet darunter. Das Landefahrzeug umkreiste das Schloss und landete dann inmitten einer Wolke aus Pfeilen im Innenhof.

Mehrere Minuten lang geschah nichts.

Dann raste etwas Orangefarbenes aus mehreren Bogengängen auf einmal, zu schnell, um es zu erkennen.

An der Basis des Landefahrzeugs blieben sie stehen, plattgedrückt wie Teppiche und Waffen umklammernd. Es waren Kzinti, die jedoch verzerrt erschienen. Im Verlauf von mehr als einer Viertelmillionen Jahre hatten sich Unterschiede entwickelt.

Harkabeeparolyn ergriff das Wort an Louis‘ Seite. »Sind die von der Art deines Gefährten?«

»Ziemlich nah dran. Sie erscheinen ein wenig kleiner und etwas dunkler, und … die untere Kinnlade erscheint massiger.«

»Er hat dich im Stich gelassen. Warum verlässt du ihn nicht?«

Louis lachte. »Warum, damit du ein Bett bekommst? Wir waren in einer Schlacht, als ich mich von einer Vampirin verführen ließ. Er war angewidert. Was Chmee betrifft, so habe *ich ihn* im Stich gelassen.«

»Kein Mann oder keine Frau kann einem Vampir widerstehen.«

»Chmee ist kein Mann. Er könnte unmöglich mit einem Vampir oder mit irgendeinem Hominiden *Rishathra* vollführen wollen.«

Jetzt jagten weitere der großen orangefarbenen Katzen auf Posten unterhalb des Landefahrzeugs. Zwei trugen rostige Metallzylinder. Das Dutzend Katzen kroch zum anderen Ende des Landefahrzeugs.

Der Zylinder verschwand in einem Ausbruch gelb-weißer Flamme. Das Landefahrzeug rutschte einen oder zwei Meter weiter. Die Kzinti warteten, dann krochen sie zurück, um das Ergebnis zu untersuchen.

Harkabeeparolyn schauderte. »Es erscheint wahrscheinlicher, dass sie mich als Mahlzeit haben möchten.«

Louis wurde immer gereizter. »Könnte sein. Aber ich erinnere mich an eine Zeit, als Chmee am Verhungern war, und er hat mich nicht angerührt. Was ist überhaupt dein Problem? Habt ihr keine Fleischfresser in der Stadt?«

»Doch.«

»Und die Bibliothek?«

Er dachte, sie würde keine Antwort geben. (Pelzige Gesichter zeigten sich an vielen der Fensterschlitze. Die Explosion hatte keinen sichtbaren Schaden angerichtet.) Dann sagte sie: »Ich war eine Zeitlang im Panth-Gebäude.« Sie konnte ihm nicht ins Auge sehen.

Einen Moment lang fiel es ihm nicht ein. Dann: Panth-Gebäude. Gebaut wie eine Zwiebel, die auf dem Kopf schwebte. Reparaturen am Wasserkollektor. Der Herrscher wollte den Lohn in Sex bezahlen. Geruch nach Vampiren in den Fluren.

»Du hattest *Rishathra* mit Fleischessern?«

»Mit Herdenleuten und Grasleuten, Hängeleuten und Nachtleuten. Man erinnert sich daran.«

Louis zog sich ein wenig zurück. »Mit Nachtleuten? Ghulen?«

»Die Nachtleute sind für uns sehr wichtig. Sie haben Informationen für uns und für die Maschinenleute. Sie halten das zusammen, was von der Zivilisation übriggeblieben ist, und wir tun gut daran, sie nicht zu beleidigen.«

»A-ha.«

»Aber es waren die – Luweewu, die Nachtjäger haben einen ausgeprägten Geruchssinn. Der Geruch der Vampire jagt sie davon. Mir wurde aufgetragen, dass ich mit einem Nachtjäger *Rishathra* haben musste. Ohne Vampirgeruch. Ich bat um eine Versetzung in die Bibliothek.«

Louis dachte an Mar Korssil. »Sie sind anscheinend nicht abstoßend.«

»Aber zum *Rishathra?* Wir, die wir keine Eltern haben, wir müssen die Schuld an die Gesellschaft zurückzahlen, bevor wir uns zusammentun und einen Haushalt gründen können. Ich habe mein angesammeltes Erspartes verloren, als ich versetzt wurde. Die Versetzung erfolgte nicht schnell genug.« Sie sah ihm in die Augen. »Es machte keinen Spaß. Aber andere Zeiten waren ebenso schlimm gewesen. Zwar geht der Vampirgeruch verloren, aber nicht die Erinnerung. Man erinnerte sich an die Gerüche. Blut im Atem der Nachtjäger. Verderbnis auf dem der Nachtleute.«

»Du bist nicht gut da rausgekommen«, bemerkte Louis.

Einige der Kzinti versuchten aufzustehen. Dann fielen sie alle in Schlaf. Zehn Minuten später ging die Luke auf. Chmee kam herab, um das Kommando zu übernehmen.

Es war spät, als der Hinterste wieder auftauchte. Er wirkte zerknautscht und müde. »Anscheinend war deine Vermutung korrekt«, sagte er. »Nicht nur, dass das *Scrith* ein Magnetfeld hat, sondern auch die Struktur der Ringwelt ist mit Supraleiterkabeln kreuz und quer durchzogen.«

»Das ist gut«, sagte Louis. Eine große Last hob sich von seinen Schultern. »Das ist *gut!* Aber woher sollten die Städtebauer das wissen? Ich kann mir nicht vorstellen, dass sie in das *Scrith* hineingruben, um das herauszufinden.«

»Nein. Sie haben Magnete für Kompasse hergestellt. Sie folgten einem Netzwerk aus Supraleiterlinien, die in hexagonalen Mustern durch das Fundament der Ringwelt verliefen, achtzigtausend Kilometer im Querschnitt. Es unterstützte sie dabei, ihre Karten anzufertigen. Jahrhunderte vergingen, bevor die Städtebauer genügend Physik erlernt hatten, um zu vermuten, was sie da verfolgten, aber ihre Vermutung führte sie zur Entwicklung ihres eigenen Supraleiters.«

»Die Bakterien, die ihr ausgesät habt …«

»Sie hätten den Supraleiter nicht berührt, der im *Scrith* vergraben war. Mir ist klar, dass der Ringweltboden Meteoriten gegenüber verwundbar ist. Wir müssen darauf hoffen, dass keiner jemals das Supraleiternetz durchbrochen hat.«

»Die Chancen stehen gut.«

Der Puppenspieler überlegte. »Louis, suchen wir immer noch nach dem Geheimnis massiver Umformung?«

»Nein.«

»Es würde unser Problem sehr schön lösen«, sagte der Hinterste. »Der Apparat muss in einem gewaltigen Maßstab operiert haben. Materie zu Energie umzuwandeln, muss weitaus leichter sein, als Materie in andere Materie umzuwandeln. Angenommen, wir feuerten einfach eine … nenne sie Umwandlungskanone auf die Unterseite der Ringwelt ab, wenn sie am weitesten von der Sonne entfernt ist. Als Reaktion würde die Struktur sehr schön an ihren Ort zurückgeschoben. Natürlich gäbe es Probleme. Die Schockwelle würde viele Einheimische töten, aber viele würden auch überleben. Die ausgebrannte Meteoritenabschirmung könnte zu einem späteren Zeitpunkt ersetzt werden. Warum lachst du?«

»Du bist brillant. Das Problem ist, wir haben keinen Grund für die Annahme, dass es jemals eine Umwandlungskanone gegeben hat.«

»Das verstehe ich nicht.«

»Halrloprillalar hat bloß Geschichten erfunden. Das hat sie uns später gesagt. Und schließlich: Woher würde *sie* etwas über die Methode wissen, wie die Ringwelt erbaut wurde? Ihre Vorfahren waren nicht viel mehr als Affen, als das geschah.«

Louis sah die Köpfe herabfallen und fauchte: »Rolle dich nicht wegen mir ein. Dafür haben wir keine Zeit.«

»Aye, aye.«

»Was hast du sonst erfahren?«

»Wenig. Die Musteranalyse ist immer noch unvollständig. Die Fantasien hinsichtlich des großen Ozeans bedeuten mir nichts. Du kannst es damit probieren.«

»Morgen.«

Geräusche, die zu leise waren, um sie zu interpretieren, hielten ihn wach. Louis drehte sich in der Dunkelheit und im freien Fall um.

Es gab genügend Licht, um etwas zu erkennen. Kawaresksenjajok und Harkabeeparolyn lagen einander in den Armen, murmelten einander etwas in die Ohren. Louis' Übersetzer erfasste es nicht. Es hörte sich nach Liebe an. Der jähe Stich von Neid brachte ihn dazu, über sich selbst zu lächeln. Er hatte gedacht, der Junge sei zu jung; er hatte gedacht, die Frau hätte abgeschworen. Aber dies war nicht *Rishathra.* Sie waren von derselben Spezies.

Louis wandte ihnen den Rücken zu und schloss die Augen. Seine Ohren erwarteten eine rhythmische, wellenartige Handlung; aber sie folgte nicht, und dann war er eingeschlafen.

Er träumte, dass er auf einem Sabbatjahr sei.

Fallend, fallend zwischen den Sternen. Wenn die Welt zu reich wurde, zu verschieden, zu fordernd, kam eine Zeit, alle Welten zurückzulassen. Louis hatte das zuvor schon getan. Allein in einem kleinen Raumschiff war er in die unerforschten Klüfte jenseits des bekannten Raums geflogen, um zu sehen, was es dort zu sehen gab, und zu erfahren, ob er sich selbst immer noch liebte. Jetzt trieb Louis zwischen Schlafplatten und träumte glückselige Träume davon, zwischen den Sternen zu fallen. Keine Verpflichtungen, keine Versprechen, die er einhalten musste. Dann heulte eine Frau voller Panik auf, genau in sein Ohr. Eine Ferse traf ihn heftig, genau unter seinen schwebenden Rippen, und Louis schnappte mit einem keuchenden Schrei vornüber. Umherschlagende Arme trafen ihn, schlossen sich dann um seinen Hals in einem Würgegriff. Das Jammern ging weiter.

Louis drückte an den Armen, um seine Kehle zu befreien. Er rief: »Schlaffeld aus!«

Die Schwerkraft kehrte zurück. Louis und sein Angreifer landeten auf der unteren Platte. Harkabeeparolyn hörte auf zu kreischen. Sie ließ sich ihre Arme wegdrücken.

Der Junge, Kawaresksenjajok, kniete neben ihr, verwirrt und erschrocken. Er stellte drängende Fragen in der Sprache der Städtebauer. Die Frau knurrte.

Der Junge sprach erneut. Harkabeeparolyn antwortete ihm ausführlich. Der Junge nickte widerstrebend. Was er auch immer gehört hatte, es gefiel ihm nicht. Er ging in die Ecke und verschwand aus dem Frachtraum.

Louis griff nach dem Übersetzer. »Okay, was soll das Ganze?«

»Ich bin gestürzt«, schluchzte sie.

»Davor musst du keine Angst haben«, sagte Louis zu ihr. »So schlafen einige von uns.«

Sie sah ihm ins Gesicht. »Fallend?«

»Ja.«

Ihr Ausdruck war leicht zu interpretieren. *Wahnsinn. Absoluter Wahnsinn …* und ein Achselzucken. Sie nahm sich sichtlich zusammen und sagte: »Ich habe mir eingestanden, dass meine Nützlichkeit vorüber ist, da deine Maschinen jetzt schneller lesen können als ich. Ich kann eines tun, um unsere Mission einfacher zu machen, und dass ist, den Schmerz deiner vereitelten Lust zu lindern.«

»Was für eine Erleichterung«, sagte Louis. Er meinte es sarkastisch; würde sie es so verstehen? Louis sollte tanjed sein, wenn er diese Art von Wohltätigkeit akzeptieren würde.

»Wenn du badest und deinen Mund sehr sorgfältig reinigst ...«

»Hör auf. Dein Opfer für ein höheres Ziel ist lobenswert, aber es würde meinerseits von schlechten Manieren zeugen, wenn ich es annähme.«

Sie war verwirrt. »Luweewu? Möchtest du kein *Rishathra* mit mir?«

»Vielen Dank, nein. Schlaffeld ein.« Louis trieb von ihr weg. Aus vorheriger Erfahrung spürte einen Schreiwettkampf kommen, und dagegen ließe sich nichts tun. Aber falls sie es mit körperlicher Gewalt versuchte, würde sie entdecken, dass es ihr misslingen würde.

Sie überraschte ihn durch ihre Worte: »Luweewu, es wäre schrecklich für mich, wenn ich jetzt Kinder hätte.«

Er sah auf ihr Gesicht hinab: nicht erzürnt, sondern sehr ernst. »Wenn ich mich jetzt mit Kawaresksenjajok vereinige, könnte ich ein Baby hervorbringen, das im Feuer der Sonne sterben wird.«

»Dann tu's nicht. Er ist sowieso zu jung.«

»Nein, ist er nicht.«

»Oh. Na gut. Hast du kein – nein, du hättest kein Verhütungsmittel dabei. Nun ja, kannst du nicht deine fruchtbaren Tag abschätzen und sie meiden?«

»Das verstehe ich nicht. Nein, warte, ich verstehe es. Luweewu, unsere Spezies beherrscht den größten Teil der Welt aufgrund unserer Beherrschung der Nuancen und Varianten von *Rishathra.* Weißt du, wie wir so viel über *Rishathra* gelernt haben?«

»Einfach Glück, vermute ich?«

»Luweewu, einige Spezies sind fruchtbarer als andere.«

»Oh.«

»Vor Beginn der Geschichte haben wir gelernt, dass *Rishathra* die Methode ist, keine Kinder zu haben. Wenn wir uns paaren, gibt es vier *Falans* später ein Kind. Luweewu, kann die Welt gerettet werden? *Weißt* du, dass die Welt gerettet werden kann?« Oh, auf einem Sabbatjahr zu sein! Allein in einem Einmannschiff, Lichtjahre von aller Verantwortung irgendwem gegenüber entfernt. Oh, unter dem Draht zu sein … »Ich kann überhaupt nichts garantieren.«

»Dann mache *Rishathra* mit mir, damit ich nicht länger an Kawaresksenjajok denke!«

Es war nicht der schmeichelhafteste Antrag in Louis Wus jungem Leben. »Wie beruhigen wir *ihn?*«

»Es gibt keine Möglichkeit. Armer Junge, er muss leiden.«

Dann könnt ihr beide leiden, dachte Louis. Aber er brachte es nicht über sich, diese Worte auszusprechen. Die Frau meinte es ernst, und es schmerzte sie, und sie hatte recht. Dies war keine Zeit, ein Baby der Städtebauer zur Welt zu bringen.

Und er wollte sie.

Er stieg aus dem freien Fall und brachte sie zum Wasserbett hinüber. Er war froh, dass Kawaresksenjajok sich in den Frachtraum zurückgezogen hatte. Was hätte der Junge morgen früh zu sagen?

Kapitel 26

Unter dem Wasser

Louis erwachte unter Schwerkraft mit einem Lächeln auf dem Gesicht und einem angenehmen Schmerz in jedem Muskel und Sand in den Augen. Vergangene Nacht hatte er sehr wenig geschlafen. Harkabeeparolyn hatte ihre Bedrängnis nicht übertrieben. Er hatte nicht gewusst (trotz seiner Zeit mit Halrloprillalar), dass Städtebauer in Hitze gerieten.

Er rückte zurecht, und das große Bett wellte sich unter ihm. Ein Körper rollte gegen ihn: Kawaresksenjajok, auf dem Bauch, Arme und Beine ausgebreitet wie ein Seestern und leise schnarchend.

Harkabeeparolyn, eingerollt in orangefarbenes Fell am Fuß des Bettes, regte sich und setzte sich auf. Vielleicht als Entschuldigung, ihn verlassen zu haben, sagte sie: »Ich bin immer wieder aufgewacht und wusste nicht, wo ich war, während das Bett unter mir auf und nieder ging.«

Kulturschock, dachte er. Ihm fiel ein, dass Halrloprillalar das Schlaffeld gemocht hatte, aber nicht zum Schlafen. »Es gibt reichlich Fußboden. Wie fühlst du dich?«

»Im Augenblick viel besser. Danke sehr.«

»Danke *dir.* Hast du Hunger?«

»Noch nicht.«

Er vollführte seine Übungen. Seine Muskeln waren immer noch hart, aber er war aus der Übung. Die Städtebauerin beobachtete ihn verwirrt. Anschließend wählte er das Frühstück: Melone, Soufflé Grand Marnier, Muffins, Kaffee. Seine Gäste wiesen den Kaffee zurück, was vorherzusehen war, und auch die Muffins.

Als der Hinterste auftauchte, wirkte er zerknittert und erschöpft. »Die Muster, die wir gesucht haben, zeigen sich nicht in den Aufzeichnungen der schwebenden Stadt«, sagte er. »Alle Spezies fertigten ihre Rüstungen in Form eines Pak-Protektors an. Die Rüstung ist nicht überall dieselbe, nicht ganz, aber die Gestaltung unterscheidet sich in keinem Muster. Vielleicht können wir die Schuld an der Ausbreitung der Kultur der Städtebauer darauf zurückführen. Ihr Imperium vermischte Ideen und Erfindungen, bis wir ihren Ursprung vielleicht nie mehr zurückverfolgen können.«

»Was ist mit der Unsterblichkeitsdroge?«

»Du hattest recht. Der große Ozean wird als Quelle von Entsetzen und Entzücken angesehen, darunter Unsterblichkeit. Die Gabe ist nicht immer eine Droge. Manchmal kommt sie ohne Vorwarnung, verliehen von launischen Göttern. Louis, die Legenden ergeben für mich, einen Nicht-Menschen, keinen Sinn.«

»Stelle die Bänder für uns ein. Ich lasse sie auch von unseren Gästen mit ansehen. Vielleicht können sie erklären, was ich nicht erklären kann.«

»Aye, aye.«

»Was ist mit den Reparaturen?«

»Es hat in der aufgezeichneten Geschichte keine Reparaturaktivität auf der Ringwelt gegeben.«

»Du machst Witze.«

»Eine wie große Region wird von den Aufzeichnungen der Stadt abgedeckt? Eine wie lange Zeit? Klein und kurz. Abgesehen davon habe ich die alten Verhöre von Jack Brennan studiert. Wenn ich es recht verstanden habe, dann haben die Protektoren ein langes Leben und eine sehr lange Aufmerksamkeitsspanne. Sie ziehen es vor, keine Servomechanismen einzusetzen, wenn sie eine Aufgabe selbst erledigen können. So gab es zum Beispiel an Bord von Phssthpoks Raumschiff keinen Autopiloten.«

»Das ist nicht stimmig. Das Schüttrohrsystem läuft gewiss automatisch.«

»Eine sehr einfache Herangehensweise mit brutaler Gewalt. Wir wissen nicht, warum die Protektoren gestorben sind oder die Ringwelt zurückgelassen haben. Ist es möglich, dass sie ihr Schicksal kannten, dass sie Zeit hatten, das Schüttrohrsystem zu automatisieren? Louis, wir *müssen* nichts davon wissen.«

»Oh, ja? Das Meteoritenabwehrsystem läuft wahrscheinlich auch automatisch. Möchtest du nicht mehr über die Meteoritenabwehr wissen?«

»Natürlich.«

»Und die Stabilisierungsdüsen waren automatisch. Vielleicht gab es für alles einen manuellen Override. Aber eintausend hominide Spezies haben sich entwickelt, seitdem die Pak verschwunden sind, und die Automaten laufen nach wie vor. Entweder hatten die Protektoren immer die Absicht zu verschwinden – was ich nicht glauben kann …«

»Oder es hat viele Jahre zum Sterben gebraucht«, vollendete der Hinterste den Satz. »Ich habe in dieser Hinsicht meine eigenen Vorstellungen.« Und mehr wollte er nicht sagen.

An diesem Morgen fand Louis eine nette Unterhaltung. Die Geschichten vom großen Ozean waren gut, mit Helden und Königen und Heldentaten der Entdeckung, mit Magie und furchterregenden Ungeheuern und einem Geschmack, der sich von den Märchen jeder menschlichen Kultur unterschied. Liebe war nicht ewig. Die Gefährten der Helden (oder weiblichen Helden) der Städtebauer waren immer vom anderen Geschlecht, ihre Loyalität wurde durch anschaulich beschriebenes *Rishathra* aufrechterhalten, und ihre bequemerweise seltsamen Kräfte wurden vorausgesetzt. Zauberer waren nicht automatisch böse; sie waren zufällige Gefahren, die es zu meiden galt, nicht zu bekämpfen.

Louis fand den gemeinsamen Nenner, nach dem er gesucht hatte. Immer gab es die Weite des Meeres und den Schrecken der Stürme und der Meeresungeheuer. Einige davon waren Haie, Pottwale, Killerwale, Zerstörer von Gummidgy, Schattenfische von Wunderland oder Fanggras-Dschungel. Einige waren intelligent. Es gab kilometerlange Seeschlangen mit dampfenden Nüstern (was Lungen implizierte?) und großen Mäulern, die gesäumt waren von scharfen Zähnen. Es gab ein Land, das jedes Schiff verbrannte, was sich ihm näherte, und unausweichlich einen Überlebenden zurückließ. (Fantasie oder Sonnenblumen?) Gewisse Inseln waren Seeungeheuer mit einer Neigung zur Sesshaftigkeit, sodass sich auf dem Rücken des Untiers eine ganze Ökologie entwickeln konnte, bis eine Schiffsladung Seeleute die Kreatur aufstörte. Dann tauchte sie ab. Louis hätte das glauben können, hätte er nicht dieselbe Legende in der irdischen Literatur gesehen.

Er glaubte an die wilden Stürme. Über eine so lange Strecke konnten sich schreckliche Stürme entwickeln, sogar ohne den

Coriolis-Effekt, der auf jeder normalen Welt Hurrikane entstehen ließ. Auf der Karte von Kzin hatte er ein Schiff so groß wie eine Stadt gesehen. Es mochte ein Schiff dieser Größe erfordern, die Stürme des großen Ozeans zu überstehen.

Die Erwähnung von Zauberern fand er glaubhaft, allerdings nicht völlig. Sie (in drei Legenden) schienen von der Spezies der Städtebauer zu sein. Aber anders als die Zauberer der irdischen Legenden waren sie mächtige Kämpfer. Und alle drei trugen Rüstung.

»Kawaresksenjajok? Tragen Zauberer immer eine Rüstung?«

Der Junge sah ihn seltsam an. »Du meinst in Geschichten, nicht wahr? Nein. Außer, schätze ich, um den großen Ozean herum. Warum?«

»Kämpfen Zauberer? Sind sie große Kämpfer?«

»Das müssen sie nicht sein.« Die Befragung verursachte dem Jungen Unbehagen.

Harkabeeparolyn ging dazwischen. »Luweewu, ich weiß vielleicht mehr über Kindergeschichten als Kawa. Was versuchst du zu erfahren?«

»Ich suche nach der Heimat der Ringwelt-Ingenieure. Es könnten diese Zauber in Rüstung sein, nur dass sie zu spät in der Geschichte erscheinen.«

»Dann sind sie es nicht.«

»Aber was hat die Legenden entzündet? Statuen? Mumien, die aus einer Wüste hervorgezogen wurden? Rassengedächtnis?«

Sie überlegte. »Zauberer gehören gewöhnlich zu der Spezies, die die Geschichte erzählt. Die Beschreibungen variieren: Größe, Gewicht, was sie essen. Dennoch haben sie gemeinsame Züge. Sie sind schreckliche Kämpfer. Sie nehmen keinen moralischen Standpunkt ein. Sie werden nicht bekämpft, sondern gemieden.«

Wie ein Unterseeboot unter dem Polareis kreuzte die *Hot Needle of Inquiry* unter dem großen Ozean.

Der Hinterste hatte das Schiff abgebremst. Sie hatten einen guten Blick auf das lange, kompliziert geschwungene Band des Kontinentalschelfs, das hinter ihnen abfiel. Jenseits davon war der Grund des großen Ozeans aktiv wie das Land: Berge, die hoch genug waren, um übers Wasser zu reichen; unterseeische Cañons, die sich als Kämme von acht oder zehn Kilometern Höhe zeigten.

Was jetzt über ihnen war – ein steiniges Dach, dunkelgrün unter der Lichtverstärkung, das aufdringlich nahe erschien, obwohl es viereinhalbtausend Kilometer über ihnen war – sollte die Karte von Kzin sein. Der Computer sagte es so. Kzin musste tektonisch aktiv gewesen sein, als die Karte ausgemeißelt worden war. Der Meeresboden beulte stark; die Bergregionen waren tief und scharf im Umriss.

Louis konnte nichts identifizieren. Schaumbedeckte Konturen reichten nicht aus. Er musste Sonnenlichtmuster und gelb-orangefarbenen Dschungel sehen. »Halte die Kameras in Bewegung. Erhältst du ein Signal vom Landefahrzeug?«

Von seinem Posten an den Kontrollen drehte der Hinterste einen Kopf zurück. »Nein, Louis, das *Scrith* blockiert es. Siehst du die fast kreisrunde Bucht dort, wo der große Fluss endet? Das große Schiff ist über dessen Mündung vertäut. Fast über der Karte, an der Y-Form, wo zwei Flüsse sich vereinen – dort ist das Schloss, wo das Landefahrzeug gegenwärtig steht.«

»Okay. Lass uns ein paar Tausend Kilometer herabfallen. Verschaffe mir einen Überblick … oder Unterblick.«

Die *Nadel* sank unter das ausgeschnittene Dach. Der Hinterste sagte: »Du hast dieselbe Tour in der *Lying Bastard* unternommen. Erwartest du, jetzt eine Veränderung vorzufinden?«

»Nein. Wirst du ungeduldig?«

»Natürlich nicht, Louis.«

»Ich weiß jetzt mehr, als ich damals wusste. Vielleicht erfasse ich Details, die uns entgangen sind. Wie – was ist das, was da in der Nähe des Südpols herausragt?«

Der Hinterste verschaffte ihnen ein erweitertes Blickfeld. Ein langes, schmales, völlig schwarzes Dreieck mit einer reliefierten Oberfläche fiel gerade vom Zentrum der Karte von Kzin herab. »Eine Radiatorflosse«, sagte der Puppenspieler. »Die Antarktis muss natürlich gekühlt werden.«

Die Ringweltler waren völlig verwirrt. »Das verstehe ich nicht«, sagte Harkabeeparolyn. »Ich dachte, ich würde etwas von Wissenschaft verstehen, aber … was ist das?«

»Zu kompliziert. Hinterster …«

»Luweewu, ich bin keine Närrin oder ein Kind!«

Sie konnte nicht weit über vierzig sein, dachte Louis. »Na gut. Der ganze Sinn und Zweck besteht darin, einen Planeten nachzuahmen. Eine sich drehende Kugel, nicht? Sonnenlicht fällt fast waagerecht auf die Pole einer rotierenden Kugel, also ist es kalt. Daher muss diese imitierte Welt an den Polen gekühlt werden. Hinterster, gib uns mehr Vergrößerung!«

Die strukturierte Oberfläche der Flosse wurde zu einer Myriade einstellbarer horizontaler Klappen, oben silbern, unten schwarz. Sommer und Winter, dachte er; und er hörte sich sagen: »Ich fasse es nicht.«

»Luweewu?«

Er breitete hilflos die Arme aus. »Immer wieder verliere ich den Verstand. Ich glaube, ich habe alles akzeptiert, und dann ist es ganz plötzlich zu groß. Zu tanj groß.«

Tränen stand Harkabeeparolyn in den Augen. »Ich glaube es jetzt. Meine Welt ist eine Nachahmung einer wirklichen Welt.«

Louis legte die Arme um sie. »Sie ist wirklich. Spürst du das? Du bist ebenso wirklich wie ich. Stampfe mit dem Fuß auf. Die Welt ist ebenso wirklich wie dieses Schiff. Nur größer. Viel, viel größer.«

»Louis?«, fragte der Hinterste.

Ein wenig Arbeit mit dem Teleskop hatte weitere Flossen entdeckt, kleinere, um die Karte herum. »Natürlich müssen die arktischen Regionen ebenfalls gekühlt werden.«

»Ja. Alles wird gleich in Ordnung sein. Bring uns zur Faust Gottes, aber lasse dir Zeit. Der Computer kann sie finden?«

»Ja. Finden wir sie verstopft vor? Du hast gesagt, dass das Sturmauge verstopft oder repariert wurde.«

»Die Faust Gottes zu verstopfen, fiele nicht leicht. Das Loch ist größer als Australien und liegt deutlich über der Atmosphäre.« Er rieb sich heftig die geschlossenen Augen.

Ich darf nicht zulassen, dass mir das zustößt, dachte er. *Was geschieht, ist wirklich. Was wirklich ist, kann ich mit meinem Gehirn manipulieren. Tanj, ich hätte niemals den Draht benutzen sollen. Er hat mein Gefühl für die Wirklichkeit verpfuscht. Aber … kühlende Flossen unter den Polen?*

Sie hatten die Karte von Kzin hinter sich gelassen. Das Tiefenradar zeigte nichts von den Rohren unter dem konturierten Meeresboden. Was bedeuten musste, dass der Meteoritenschirm geschäumtes *Scrith* war. Die Rohre müssten dort sein, oder das *Flup* würde sonst den Grund des Ozeans füllen.

Diese Grate auf der Unterseite der Ringwelt – jene langen, langen unterseeischen Cañons. Ein Schwimmbagger in jedem der tiefsten Cañons, ein Ausfluss an einem Ende: Man konnte das gesamte Bett des Ozeans sauber halten.

»Schwenke ein wenig ab, Hinterster. Bring uns unter die Karte des Mars. Dann unter die der Erde. Es wird uns nicht weit von unserer Route wegführen.«

»Fast zwei Stunden.«

»Geh das Risiko ein.«

Zwei Stunden. Louis döste im Schlaffeld. Er wusste, dass ein Abenteurer bei jeder sich bietenden Gelegenheit ein Schläfchen einlegt. Er erwachte weit vor der Zeit, während noch immer Meeresboden über dem Dach der *Needle* dahinglitt. Er sah, wie er langsamer wurde und stehenblieb.

»Mars fehlt«, sagte der Hinterste.

Louis schüttelte heftig den Kopf. *Aufwachen!* »Was?«

»Mars ist eine kalte, trockene, nahezu luftlose Welt, nicht wahr? Die gesamte Karte sollte gekühlt und auch entwässert werden, irgendwie, und fast über die Atmosphäre angehoben sein.«

»Ja. Das alles.«

»Dann schau auf. Wir sollten unter der Karte des Mars sein. Erkennst du eine Flosse, die weitaus größer ist als unter der Karte von Kzin? Siehst du eine nahezu kreisrunde Höhlung, die sich fünfundzwanzig Kilometer nach innen beult?«

Über ihren Köpfen war nichts weiter als die umgekehrten Konturen eines Meeresgrunds.

»Louis, das ist beunruhigend. Wenn uns das Gedächtnis unseres Computer im Stich lässt …« Die Beine des Hintersten falteten sich zusammen. Seine Köpfe tauchten nach unten, nach innen.

»Das Computergedächtnis ist in Ordnung«, sagte Louis. »Entspann dich. Der Computer ist in Ordnung. Sieh mal nach, ob die Temperatur des Ozeans über uns erhöht ist.«

Der Hinterste zögerte, halb in Fötusposition. Dann sagte er: »Aye, aye.« Der Puppenspieler machte sich an den Kontrollen zugange.

»Verstehe ich dich richtig?«, fragte Harkabeeparolyn. »Eine deiner Welten fehlt?«

»Eine der kleineren. Reine Achtlosigkeit, meine Liebe.«

»Das sind keine Kugeln«, sagte sie nachdenklich.

»Nein. Eine runde Frucht geschält, die Schale flach ausgebreitet.«

»Die Temperaturen in dieser Umgebung sind variabel«, rief der Hinterste. »Lasse ich die Gebiete um die Finnen unberücksichtigt, dann finde ich Temperaturen von fünf bis fünfundzwanzig Grad Celsius.«

»Das Wasser um die Karte des Mars sollte wärmer sein.«

»Es gibt kein Anzeichen für die Karte des Mars, und das Wasser ist nicht wärmer.«

»Wa … as? Aber das ist *merkwürdig.«*

»Wenn ich dich recht verstehe – ja, da gibt's ein Problem.« Die Hälse des Puppenspielers bogen sich nach außen und herum, bis er sich selbst in die Augen sah.

Louis hatte dies bei Nessus gesehen und sich gefragt, ob es das Gelächter eines Puppenspielers war. Es konnte Konzentration sein. Es sorgte dafür, dass Harkabeeparolyn mulmig zumute wurde, aber sie konnte anscheinend den Blick nicht abwenden.

Louis ging auf und ab. Der Mars *musste* gekühlt werden. Wo dann …?

Der Puppenspieler pfiff eine seltsame Harmonie. »Das Gitternetz?«

Louis blieb mitten im Schritt stehen. »Das Gitternetz. Genau. Und das würde bedeuten … futz! So einfach?«

»Wir machen gewisse Fortschritte. Unser nächster Zug?«

Sie hatten ziemlich viel erfahren beim Blick auf die Unterseiten der Welten. Also … »Bring uns zur Karte der Erde, Kellergeschoss, bitte.«

»Aye, aye«, sagte der Hinterste. Die *Needle* flog spinwärts weiter.

So viel Ozean, dachte Louis. So wenig Land. Warum hatten die Ringweltingenieure so viel Salzwasser in zwei einzelnen Körpern haben wollen? Zwei natürlich fürs Gleichgewicht, aber warum so groß?

Reservoirs? Teilweise. Reservate für das Meeresleben auf einer verlassenen Pak-Welt? Ein Konservativer würde das lobenswert nennen; aber dies waren Pak-Protektoren. Was auch immer sie taten, es wurde für die eigene Sicherheit und die ihrer eigenen Nachkommen getan.

Die Karten, überlegte Louis, waren ein prächtiges Stück falscher Richtung.

Trotz des konturierten Meeresbodens war die Erde leicht wiederzuerkennen. Louis wies auf die flachen Kurven der kontinentalen Platten, während sie unter Afrika, Australien, Grönland dahinflogen … Flossen unter der Antarktis und dem arktischen Ozean … Die Ringweltler schauten zu und nickten höflich. Warum sollte es ihnen etwas bedeuten? Es war nicht *ihre* Heimat.

Ja, er würde sein Bestes tun, um Harkabeeparolyn und Kawaresksenjajok nach Hause zu bringen, wenn er schon sonst nichts für sie tun könnte. Louis Wu war jetzt so nahe der Erde, wie er jemals käme.

Weiterer Meeresgrund strich über ihnen vorüber.

Dann Küstenlinie: Die flache Kurve einer Kontinentalplatte, ein Irrgarten aus Golfen, Buchten und Flussdeltas, Halbinseln und Inselgruppen und zerklüftete Details, die zu fein für das menschliche Auge waren. Sie kamen unter hohlen Bergregionen und flachen Seen vorüber. Eine fein ausgeführte Linie verlief gerade nach spinwärts, und an ihrem nächstgelegenen Ende ein Schimmer von Licht …

Die Faust Gottes.

Etwas Riesiges hatte die Ringwelt vor langer Zeit getroffen. Der Feuerball hatte den Ringweltboden nach oben zur Form eines Kegels gedrückt und ihn dann aufgerissen. Fast von jedem großen Trichter wegweisend war die Spur eines viel späteren Meteoriten: Ein verkrüppeltes General-Products-Raumschiff, dessen Passagiere in Stasis erstarrt waren, war mit knapp tausendzweihundert Kilometern pro Sekunde horizontal aufgeschlagen. Futz, sie hatten tatsächlich das *Scrith* verbogen!

Die *Hot Needle of Inquiry* stieg in einen Scheinwerferstrahl: ungefiltertes Sonnenlicht flutete senkrecht durch den Krater in der Faust Gottes. Fetzen von *Scrith,* dünn gezogen, als der alte Feuerball durchgebrochen war, standen wie kleine Hügel rund um einen Vulkankegel. Das Schiff stieg über sie hinaus.

Wüste zog sich nach unten und in die Ferne. Der Aufprall, der die Faust Gottes erschaffen hatte, hatte sämtliches Leben über ein Gebiet verbrannt, das gut und gern größer als die Erde war. Weit, weit entfernt, einhundertsechzigtausend Kilometer entfernt, wurde die blaue Ferne zum Blau des Meeres; und dank der Höhe von fünfzehnhundert Kilometern konnten sie in der *Needle* so weit blicken.

»Flieg weiter«, sagte Lois. »Dann verschaffe uns einen Blick aus den Kameras des Landefahrzeugs. Sehen wir mal, was Chmee anstellt.«

»Aye, aye.«

Kapitel 27

Der grosse Ozean

Sechs rechteckige Fenster schwebten jenseits der Hülle. Sechs Kameras zeigten das Cockpit des Landefahrzeugs, das Unterdeck und vier Blicke nach draußen.

Das Cockpit war leer. Louis suchte nach Alarmlämpchen und fand keine. Der Automed war nach wie vor ein großer, geschlossener Sarg.

Etwas stimmt nicht mit den Außenkameras. Das Bild waberte und verschob sich und war überströmt von leuchtenden Farben. Louis konnte den Innenhof ausmachen, die Schießscharten, mehrere Kzinti, die in Lederrüstung Wache standen. Andere Kzinti jagten auf allen vieren hin und her: verwischte Streifen.

Flammen! Die Verteidiger hatten ein Feuer rund um das Landefahrzeug errichtet!

»Hinterster? Kannst du das Landefahrzeug von hier aus starten? Du hast gesagt, du hättest Fernkontrollen.«

»Ich könnte starten«, erwiderte der Hinterste, »aber es wäre gefährlich. Wir sind … zwölf Minuten vom Bogen nach spinwärts und ein wenig nach Backbord von der Karte von Kzin – fast eine halbe Millionen Kilometer. Würdest du erwarten, dass ich das Landefahrzeug mit einer Lichtgeschwindigkeitsverzögerung von dreieinhalb Sekunden fliege? Das Lebenserhaltungssystem hält sich gut.«

Vier Kzinti schossen über den Innenhof, um massive Tore aufzuwerfen. Ein Fahrzeug auf Rädern kam herein und blieb stehen. Es war größer als das Fahrzeug der Maschinenleute, das Louis zur schwebenden Stadt gebracht hatte. Auf den vier Kotflügeln waren Projektilwaffen montiert. Kzinti kamen heraus und stellten sich vor das Landefahrzeug, um es zu studieren. Hatte der Herr des Schlosses einen Nachbarn zu Hilfe gerufen? Oder war ein Nachbar gekommen, um Rechte an einer undurchdringlichen fliegenden Festung in Anspruch zu nehmen?

Die Waffen des Fahrzeugs schwenkten herum, zeigten auf die Kameras und schossen. Flammen erblühten; die Kameras bebten. Die großen orangefarbenen Katzen duckten sich, erhoben sich dann wieder und studierten die Ergebnisse.

Keine Alarmleuchten zeigten sich im Cockpit.

»Diese Wilden haben nicht die Mittel, um dem Landefahrzeug Schaden zuzufügen«, sagte der Hinterste.

Erneut flogen Explosivgeschosse auf das Landefahrzeug.

»Ich nehme dich einfach beim Wort«, sagte Louis. »Behalte die Überwachung bei. Sind wir nahe genug, dass ich über eine Trittscheibe zum Landefahrzeug gelangen kann?«

Der Puppenspieler sah sich selbst in die Augen. Diese Pose behielt er für mehrere Sekunden bei.

Dann ergriff er das Wort. »Wir sind dreihundertfünfzigtausend Kilometer spinwärts von der Karte von Kzin und einhundertachtzigtausend Kilometer nach Backbord. Die Backbordentfernung ist irrelevant. Die spinwärtige Entfernung wäre tödlich. Es verleiht der *Needle* und dem Landefahrzeug eine Relativgeschwindigkeit vom zwölf Zehntel eines Kilometers pro Sekunde.«

»Zu viel?«

»Unsere Technologie kann keine Wunder wirken, Louis! Trittscheiben können kinetische Energie bis zu sechzig Metern pro Sekunde absorbieren, mehr nicht.«

Die Explosionen hatten das Feuer zerstreut. Kzintiwächter in Rüstungen errichteten es wieder neu.

Louis verbiss sich ein schlimmes Wort. »Na gut. Die schnellste Möglichkeit, mich dorthin zu bringen, besteht darin, uns direkt spinwärts zu fliegen, bis ich die Trittscheiben benutzen kann. Dann können wir uns Zeit nehmen, nach Steuerbord zu fliegen.«

»Aye, aye. Welche Geschwindigkeit?«

Louis öffnete den Mund und ließ ihn offenstehen, während er überlegte. »Nun, das ist eine faszinierende Frage«, sagte er. »Was hält die Meteoritenabwehr der Ringwelt für einen Meteoriten? Oder ein eindringendes Raumschiff?«

Der Puppenspieler griff hinter sich und kaute an den Kontrollen. »Ich habe unsere Beschleunigung zurückgenommen. Wir sollten darüber sprechen, Louis. Ich verstehe nicht, woher die Städtebauer wissen sollten, dass es ungefährlich war, ein Rand-Transportsystem zu bauen. Sie hatten recht, aber woher wussten sie es?«

Louis schüttelte den Kopf. Er erkannte, weswegen die Ringwelt-Protektoren die Meteoritenabwehr so programmiert hatten, dass sie nicht auf die Ringmauern feuerte. Ein Sicherheitskorridor für ihre eigenen Schiffe – oder vielleicht hatten sie entdeckt, dass der Computer immer dann auf die Stabilisierungsdüsen feuerte, wenn die Stabilisierungsdüsen eine Hochgeschwindigkeits-Gaswolke abfeuerten. »Ich würde sagen, die Städtebauer haben mit kleinen Schiffen angefangen und immer größere gebaut. Sie versuchten es, und es funktionierte.«

»Dumm. Gefährlich.«

»Wir wissen bereits, dass sie so etwas getan haben.«

»Und du kennst meine Meinung. Nach deinen Befehlen, Louis: welche Geschwindigkeit?«

Die hohe Wüste fiel sanft ab: Ein zusammengebackenes und lebloses Land, eine Ökologie, zerschmettert und zur Weißglut erhitzt vor Tausenden von *Falans.* Was lag diesem Schlag von der Unterseite der Ringwelt zu Grunde? Ein Komet wäre normalerweise nicht so groß. Es gab keine Asteroiden, keine Planeten; während des Baus der Ringwelt hatten sie das System gesäubert. Die Geschwindigkeit der *Needle* war bereits respektabel. Das Land vor ihnen wurde allmählich grün. Es gab Silberfäden: Flüsse.

»Auf der ersten Expedition flogen wir mit Mach 2 und benutzten Flugräder«, sagte Louis. »Das würde uns … acht Tage kosten, bevor ich die Trittscheiben benutzen kann. Zu tanj lang. Ich vermute, die Meteoritenabwehr feuert auf Dinge, die sich relativ zur Oberfläche schnell bewegen. Wie schnell ist schnell?«

»Die einfachste Möglichkeit, das herauszufinden, besteht darin, zu beschleunigen, bis etwas passiert.«

»Ich kann's nicht glauben, dass ich einen Pierson's-Puppenspieler so etwas sagen höre.«

»Hab Vertrauen zur Ingenieurskunst der Puppenspieler, Louis. Das Stasisfeld wird funktionieren. Keine Waffe kann uns in Stasis etwas anhaben. Schlimmstenfalls werden wir zum normalen Status zurückkehren, nachdem wir auf die

Oberfläche aufgeschlagen sind, und anschließend mit niedrigerer Geschwindigkeit weiterfliegen. Es gibt Hierarchien bei Risiken, Louis. Das Gefährlichste, was wir in den nächsten beiden Jahren tun können, ist, uns zu verstecken.«

»Ich weiß nicht – wenn das *Chmee* sagen würde – aber ein Pierson's … gibt mir eine Minute.« Louis schloss die Augen und versuchte nachzudenken. Dann sagte er: »Wie klingt das für dich? Zuerst heben wir die zerstörte Sonde, diejenige, die wir in der Bibliothek zurückgelassen haben …«

»Ich habe sie losgeschickt.«

»Wohin?«

»Zum nächstgelegenen hohen Berg mit einer freigelegten *Scrith*-Kruste. Der sicherste Ort, der mir einfallen wollte. Die Sonde ist immer noch wertvoll, obwohl sie keinen Treibstoff mehr herstellen kann.«

»Das ist ein guter Ort. Versuche nicht, sie zu fliegen. Schalte lediglich jeden Sensor auf der Sonde an und jeden Sensor an Bord der *Needle* und des Landefahrzeugs. Drehe den größten Teil in die Richtung der Schattenrechtecke. Nun, wohin sonst würdest du eine Meteoritenabwehr setzen? Behalte im Hinterkopf, dass sie anscheinend auf nichts *unterhalb* des Ringweltbodens feuern kann.«

»Ich habe keine Ahnung.«

»Okay. Wir richteten Kameras über den gesamten Bogen. Kameras auf die Schattenrechtecke. Kameras auf die Sonne. Kameras auf die Karte von Kzin und die Karten von Mars.«

»Bestimmt.«

»Wir bleiben auf einer Höhe von anderthalbtausend Kilometern. Sollen wir die Sonde im Frachtraum entfernen? Sie so einstellen, dass sie uns folgt?«

»Unsere einzige Treibstoffquelle? Nein.«

»Dann beschleunige langsam, bis etwas geschieht. Wie hört sich das an?«

»Aye, aye«, sagte der Hinterste, und er wandte sich den Kontrollen zu. Und Louis, dem weitere Diskussionen lieb gewesen wären, weitere Zeit, um sich zu wappnen, wahrte sein Schweigen.

Die Kameras fingen es auf, aber keiner der Passagiere in der *Needle* bemerkte es. Selbst wenn sie aufgeschaut hätten, wäre es ihnen nicht aufgefallen. Sie hätten grellweiße Sterne und den gescheckten blauen Bogen gesehen, der vor einem schwarzen Raum glühte, und einen schwarzen Kreis an der Spitze des Bogens, wo die Flare-Abschirmung der *Needle* die nackte Sonne blockierte.

Aber sie schauten nicht mal auf.

Unter der Ruine des Hyperdriveantriebs war das Land grün vor Leben. Dschungel und Sumpfgebiete und wildes Land herrschten vor, gelegentlich unterbrochen von einem abgerissenen verrückten Quilt kultivierten Ackerlands. Von den Hominiden der Ringwelt, die sie bisher gesehen hatten, waren nicht viele Bauern gewesen.

Auf den flachen Seen gab es Bootshäuser. Einmal überquerten sie ein Spinnennetz aus Straßen, die eine halbe Stunde breit waren, zehntausend Kilometer breit. Das Teleskop zeigte Pferde, die Reiter trugen oder kleine Wagen zogen. Keine Motorfahrzeuge. Eine Städtebau-Kultur musste hier gefallen und liegengeblieben sein.

»Ich komme mir vor wie eine Göttin«, sagte Harkabeeparolyn. »Niemand sonst hätte einen solchen Ausblick.«

»Ich kannte eine Göttin«, sagte Louis. »Zumindest hielt sie sich für eine. Sie war auch eine Städtebauerin. Sie war Teil einer Raumschiffbesatzung; wahrscheinlich sah sie, was du jetzt siehst.«

»Aha.«

»Lass dir das nicht zu Kopfe steigen.«

Die Faust Gottes schrumpfte langsam. Der irdische Mond hätte sich in dieser breiten Hülle einschmiegen können. Man musste den Berg über eine solche Entfernung sehen, wie er hinter einer Landschaft stand, die weiter als die bewohnbaren Flächen aller bekannten Welten des bekannten Raums war, um seine Größe würdigen zu können. Louis fühlte sich nicht gottgleich. Er kam sich winzig vor. Verletzlich.

Der Automeddeckel an Bord des Landefahrzeugs hatte sich nicht bewegt. »Hinterster, könnte Chmee andere Verletzung haben?«, fragte Louis.

Der Puppenspieler war irgendwo außer Sicht, aber seine Stimme ertönte klar und deutlich. »Natürlich.«

»Er könnte da drin im Sterben liegen.«

»Nein. Louis, ich habe zu tun. Belästige mich nicht!«

Der Teleskopausblick war verschwommen. Das helle Land anderthalbtausend Kilometer weiter unten war jetzt sichtlich in Bewegung; die Geschwindigkeit der *Needle* hatte acht Kilometer pro Sekunde überschritten. Orbitalgeschwindigkeit für die Erde.

Wolkendecken waren hell genug, dass es in den Augen schmerzte. Weit heckwärts dünnte ein Schachbrettmuster kultivierten Landes allmählich aus. Direkt unter ihnen kippte das Land ab, dann wurde es wieder zu einem ebenen flachen Grasland von Hunderten von Kilometern Länge. Das flache

Land erstreckte sich nach links und rechts, soweit das Auge reichte. Flüsse, die in das Flachland strömten, wurden zu Sümpfen und waren plötzlich grün.

Man konnte eine abgerissene Linie konturierter Buchten, Zuflüsse, Inseln, Halbinseln verfolgen; die charakteristische Küstenlinie der Ringwelt, so entworfen, dass sie für Schiffe und Schifffahrt gut geeignet waren. Aber das war die *spinwärts* gelegene Grenze. Daran anschließend kamen mehrere hundert Kilometer flachen, salzverseuchten Landes. Dann die blaue Linie des Ozeans. Louis spürte, wie sich die Härchen in seinem Nacken aufrichteten bei dieser frischen Erinnerung an den Einschlag der Faust Gottes. Selbst so weit entfernt hatte sich die Küstenlinie des großen Ozeans gehoben; das Meer war tausend oder zwölfhundert Kilometer weit zurückgewichen.

Louis rieb sich die geblendeten Augen. Da unten war es einfach zu hell. Violette Streifen …

Dann Schwärze.

Louis schloss fest die Augen. Als er sie öffnete, war es, als ob er sie geschlossen gelassen hätte: schwarz wie die Innenseite eines Magens.

Harkabeeparolyn kreischte. Kawaresksenjajok schlug um sich. Sein Arm traf Louis an der Schulter, und der Junge packte Louis' Arm mit beiden Händen und hielt fest. Der Aufschrei der Frau brach abrupt ab. Dann sagte sie mit belegter Stimme: »Luweewu, wo sind wir?«

»Ich rate mal wild herum und sage, wir sind am Grund des Ozeans«, erwiderte Louis.

»Du hast recht«, sagte die Altstimme des Hintersten. »Ich habe über das Tiefenradar einen guten Blick. Soll ich einen Scheinwerfer einschalten?«

»Natürlich.«

Das Wasser war schlammig. Die *Needle* war nicht so tief, wie sie es vielleicht hätte sein können. Fische schwärmten umher; in der Nähe war sogar ein Wald aus Seegras verankert.

Der Junge ließ Louis los und drückte die Nase an die Wand. Harkabeeparolyn starrte ebenfalls hin, aber sie zitterte. »Luweewu«, fragte sie, »kannst du mir sagen, was passiert ist? Kannst du dem einen Sinn entnehmen?«

»Wir werden's rausfinden«, entgegnete Louis. »Hinterster, bring uns hoch. Zurück zu einer Höhe von anderthalbtausend Metern.«

»Aye, aye.«

»Wie lange waren wir in Stasis?«

»Das kann ich nicht sagen. Der Chronometer der *Needle* ist natürlich stehen geblieben. Ich werde die Sonde anfunken, Daten zu senden, aber die Lichtgeschwindigkeitsverzögerung beträgt sechzehn Minuten.«

»Wie schnell sind wir geflogen?«

»Neun Komma drei Kilometer pro Sekunde.«

»Dann bringe uns auf acht und halte uns dort, während wir sehen, was wir haben.«

Die Signale vom Landefahrzeug erreichten sie wieder, als die *Needle* sich der Oberfläche näherte. Noch immer umgab Feuer das Landefahrzeug. Der Automed war immer noch geschlossen. Chmee hätte inzwischen herauskommen sollen, dachte Louis.

Blaues Licht entstand um sie herum. Die *Needle* löste sich vom Ozean und schwang sich hinauf ins Sonnenlicht. Das Deck bebte kaum, als der Ozean mit zwanzig g Beschleunigung unter ihnen wegfiel.

Das Aussicht nach hinten war lehrreich.

Sechzig oder achtzig Kilometer hinter ihnen wälzten sich riesige Wogen über den flachen Strand, der einst eine unterseeische Kontinentalplatte gewesen war. Eine gefurchte Linie verlief gerade zurück von der Küste. Die *Needle* war nicht auf dem Wasser aufgeschlagen. Der Feuerball hatte das Land getroffen und war immer weitergeflogen.

Weiter hinten wurde der Strand zu Grasland. Noch weiter zu Wald. Alles brannte. Tausende von Quadratkilometern eines Feuersturms, und Flammen strömten von allen Seiten herein, ergossen sich direkt ins Zentrum, wie der Dampf, der über einen Sonnenblumenflecken weit, weit entfernt hinwegrollte. Der Aufschlag der *Needle* allein konnte das nicht alles verursacht haben.

»Jetzt wissen wir es«, sagte der Hinterste. »Die Meteoritenabwehr ist dazu programmiert, auf unbewohntes Gebiet zu feuern. Louis, ich bin erstaunt. Die aufgewendete Energie lässt sich mit nichts weniger vergleichen als dem Projekt, das die Flotte der Welten in Bewegung gesetzt hat. Dennoch muss die Automatik dies wiederholt tun.«

»Wir wissen, dass die Pak groß dachten. Wie wurde das erledigt?«

»Störe mich eine Weile lang nicht. Ich lasse es dich wissen.« Der Hinterste verschwand.

Es war ärgerlich. Der Puppenspieler verfügte über alle Instrumente. Er konnte sie nach Strich und Faden belügen, und woher würde es Louis wissen? An diesem Punkt konnte der Puppenspieler nicht einmal das Abkommen ändern …

Harkabeeparolyn zupfte ihn am Arm. Er fauchte: »Was ist?«

»Louis, ich frage das nicht leichtfertig. Mein gesunder Verstand zuckt davor zurück. Kräfte schlagen auf mich ein, und ich kann sie nicht einmal beschreiben. Bitte, was ist mit uns passiert?«

Louis seufzte. »Ich würde dir von Stasisfeldern und der Meteoritenabwehr des Ringsystems berichten müssen. Auch über Pierson's-Puppenspieler und General-Products-Hüllen und Pak.«

»Ich bin bereit.«

Und er redete, und sie nickte und stellte Fragen, und er redete. Er konnte sich nicht sicher sein, wie viel sie verstand, und natürlich wusste er selbst wesentlich weniger, als ihm lieb gewesen wäre. Größtenteils erzählte er ihr, dass Louis Wu wusste, wovon er sprach. Und als sie sich dessen sicher war, wurde sie auch ruhiger, und das hatte er erreichen wollen.

Jetzt nahm sie ihn mit zum Wasserbett – ignorierte die Gegenwart von Kawaresksenjajok, der sie über die Schulter hinweg angrinste, einmal, und sich dann wieder daran machte, den großen Ozean zu beobachten, wie er vorüberflog.

Im *Rishathra* lag eine Vergewisserung. Fadenscheinig, vielleicht. Aber was sollte es?

Da unten war gewiss eine Menge Wasser.

Aus anderthalbtausend Kilometern Höhe konnte man eine lange Strecke weit sehen, bevor die Decke aus Luft einem den Blick versperrte. Und auf dem größten Teil dieser Distanz lag keine einzige Insel! Die Konturen des Meeresgrundes zeigten sich, und einiges davon war ziemlich flach. Aber die einzigen Inseln lagen weit zurück, und alle waren wahrscheinlich Unterwassergipfel gewesen, bevor die Faust Gottes das Land verzerrt hatte. Es gab Stürme. Man suchte vergebens nach den spiralförmigen Mustern, die Hurrikane oder Taifune bedeuteten. Aber es gab Wolkenformationen, die in der Luft wie Flüsse aussahen. Während man sie beobachtete, bewegten sie sich: selbst aus dieser Höhe bewegten sie sich.

Die Kzinti, die sich in diese Weite wagten, waren keine Feiglinge gewesen, und jene, die zurückkehrten, keine Narren. Die Inselformation am Horizont an Steuerbord – man musste die Augen zusammenkneifen, um sicher zu sein, dass es wirklich dort war – musste die Karte der Erde sein. Und sie war *verloren* in all dem Blau.

Eine kühle, präzise Altstimme drang in seine Gedanken. »Louis? Ich habe unsere Maximalgeschwindigkeit auf sechs Kilometer pro Sekunde reduziert.«

»Okay.« Sechs, acht – was sollte es?

»Louis, wo war das Meteoritenabwehrsystem lokalisiert, hast du gesagt?«

Irgendetwas im Tonfall des Puppenspielers ... »Ich habe es nicht gesagt. Ich weiß es nicht.«

»Die Schattenrechtecke, hast du gesagt. Du bist auf der Aufzeichnung. Es müssen die Schattenrechtecke sein, wenn die Meteoritenabwehr die Unterseite der Ringwelt nicht verteidigen kann.« Kein Obertöne, keine Emotionen zeigten sich in dieser Stimme.

»Verstehe ich das richtig, dass ich falsch lag?«

»Jetzt höre gut zu, Louis. Als wir acht Komma drei Kilometer pro Sekunde überschritten haben, flammte die Sonne auf. Ich hab's auf der visuellen Aufzeichnung. Wir haben es wegen der Flare-Abschirmung nicht gesehen. Die Sonne schickte einen Plasmastrahl von einigen Millionen Kilometern Länge aus. Es ist schwer zu beobachten, weil er direkt auf uns zukam. Er krümmte sich nicht im Magnetfeld der Sonne, wie es Flares gewöhnlich tun.«

»Das war kein solarer Flare, der uns getroffen hat.«

»Der Flare erstreckte sich über eine Zeitspanne von zwanzig Minuten über mehrere Millionen Kilometer hinweg. Dann wurde er zu einem violetten Laser.«

»Oh, mein Gott!«

»Ein Gaslaser in sehr großem Maßstab. Der Boden glüht noch immer dort, wo der Strahl auftraf. Ich schätze, dass er ein Gebiet von zehn Kilometern Querschnitt abdeckte: kein besonders gebündelter Strahl, aber das wäre normalerweise auch nicht nötig. Mit selbst bescheidener Effizienz würde ein Flare von solcher Größe einen Gaslaserstrahl von drei mal zehn bis siebenundzwanzig erg pro Sekunde speisen, und das für die Größenordnung von einer Stunde.«

Schweigen.

»Louis?«

»Gib mir eine Minute. Hinterster, das ist eine beeindruckende Waffe.« Dann traf es ihn: Das Geheimnis der Ringwelt-Ingenieure. *»Deswegen* fühlten sie sich sicher. Deswegen konnten sie eine Ringwelt bauen. Sie konnten jede Art von Invasion fernhalten. Sie hatten eine Laserwaffe, die größer als Welten war, größer als das Erde-Mond-System, größer … Hinterster? Ich glaube, ich werde ohnmächtig.«

»Louis, dafür haben wir keine Zeit.«

»Was hat das verursacht? Etwas hat die Sonne dazu gebracht, Plasma auszustoßen. Magnetisch, es muss magnetisch sein. Könnte es eine Funktion der Schattenrechtecke sein?«

»Ich glaube nicht. Kameras zeichnen auf, dass der Ring aus Schattenrechtecken zur Seite rückt, um den Strahl den Durchgang zu erlauben, und sich woanders zusammenzieht, vermutlich, um das Land vor zunehmender Sonneneinstrahlung zu schützen. Wir können nicht davon ausgehen, dass derselbe Schattenviereck-Ring die Photosphäre magnetisch manipuliert. Ein intelligenter Ingenieur würde zwei separate Systeme entwerfen.«

»Du hast recht. Absolut recht. Überprüfe es trotzdem, ja? Wir haben sämtliche möglichen magnetischen Effekte aus drei unterschiedlichen Winkeln aufgezeichnet. Finde heraus, was die Sonneneruption herbeigeführt hat.« Allah, Kdapt, Brahma, Finagle, lasst es die Schattenrechtecke sein! »Hinterster? Gleich, was du herausfindest, roll dich nicht vor mir zusammen.«

Es folgte eine spezielle Pause. Dann: »Unter diesen Umständen wären wir alle dem Untergang geweiht. Das täte ich erst, wenn keine Hoffnung mehr bleibt. Was meinst du?«

»Es ist *niemals* keine Hoffnung übrig. Vergiss das nicht.«

Endlich kam die Karte des Mars in Sicht. Sie war weiter entfernt als die Karte der Erde – hundertsechzigtausend Kilometer direkt nach Steuerbord –, aber anders als die Karte der Erde war sie eine kompakte Masse. Aus diesem Blickwinkel zeigte sie sich als schwarze Linie: dreißig Kilometer über dem Meer, wie der Hinterste vorausgesagt hatte.

Ein rotes Lämpchen blinkte auf der Instrumententafel des Landegeräts. Temperatur: dreiundvierzig Grad Celsius, genau richtig für ein Spa. Keine Lämpchen blinkten auf dem großen Sarg, in dem Chmee lag. Der Automed hatte seine eigene Temperaturkontrollen. Den Kzinti-Verteidigern war anscheinend die Munition ausgegangen. Ihr Vorrat an Feuerholz schien unendlich groß zu sein.

Noch dreißigtausend Kilometer, und das mit sechs Kilometern pro Sekunde.

Louis rollte sich aus dem Schlaffeld heraus. Der Hinterste, dachte er, sah schrecklich aus. Die Mähne zerzaust, die Granate an einer Seite abgerieben. Er stolperte, als ob seine Knie aus Holz gemacht wären.

»Wir werden uns etwas anderes überlegen«, sagte Louis zu ihm. Er wünschte, er könnte die Hand durch die Wand ausstrecken und dem Puppenspieler die Mähne streicheln, irgendeinen Trost spenden. »Vielleicht gibt es eine Art Bibliothek in diesem Schloss. Vielleicht weiß Chmee bereits etwas, was wir nicht wissen. Tanj, vielleicht kennt die Reparaturmannschaft bereits die Antwort.«

»Wir kennen dieselbe Antwort. Eine Chance, Sonnenflecken von der Unterseite aus zu studieren.« Die Stimme des Puppenspielers war eisig kalt, die Stimme eines Computers. »Du hast geraten, nicht wahr? Hexagonale Muster auf einem Supraleiter, eingebettet im Ringweltboden. Das *Scrith* kann magnetisiert werden, um Plasmaströme in der Photosphäre der Sonne zu manipulieren.«

»Ja.«

»Es könnte einfach ein solches Ereignis gewesen sein, das die Ringwelt aus der Mitte geschoben hat. Ein Plasmastrom formte sich, um auf einen Meteoriten zu feuern, einen verirrten Kometen, sogar eine Flotte von der Erde oder von Kzin. Das Plasma ist auf die Ringwelt getroffen. Es gab keine Stabilisierungsdüsen, um sie zurück an Ort und Stelle zu schieben. Ohne den Plasmastrom hätte der Meteor selbst vielleicht ausgereicht. Die Reparaturmannschaft kam später: zu spät.«

»Hoffentlich nicht.«

»Das Gitternetz ist keine Unterstützung für die Stabilisierungsdüsen.«

»Nein. Geht's dir gut?«

»Nein.«

»Was wirst du tun?«

»Ich werde Befehlen folgen.«

»Gut.«

»Wenn ich immer noch der Hinterste dieser Expedition wäre, dann würde ich jetzt aufgeben.«

»Ich glaub's dir.«

»Hast du das Schlimmste davon erraten? Ich berechne, dass die Sonne wahrscheinlich bewegt werden kann. Die Sonne kann dazu gebracht werden, Plasma auszustoßen, und das Plasma kann dazu gebracht werden, als Gaslaser zu fungieren und einen Photonenantrieb für die Sonne selbst zu bilden. Die Ringwelt würde von der Schwerkraft der Sonne mitgezogen. Aber selbst der maximale Schub wäre winzig, zu wenig, um uns zu helfen. Bei allem über zwei Mal zehn hoch minus vier g Beschleunigung würde die Ringwelt zurückbleiben. Auf jeden Fall würde die Strahlung vom Plasmastrom die Ökologie ruinieren. Louis, *lachst* du etwa?«

Louis lachte. »Ich hätte nie daran gedacht, die Sonne zu bewegen. Das hätte ich niemals getan. Du bist tatsächlich vorausgegangen und hast *die Berechnungen durchgeführt?«*

Eisig kalt und mechanisch, diese Stimme. »Allerdings. Es kann uns nicht helfen. Was bleibt?«

»Folge Befehlen. Halte uns auf sechs Kilometer pro Sekunde antispinwärts. Sag mir Bescheid, wenn ich hinüber zum Landefahrzeug kann.«

»Aye, aye.« Der Puppenspieler wandte sich ab.

»Hinterster?«

Ein Kopf drehte sich zurück.

»Manchmal hat es keinen Sinn, aufzugeben.«

Kapitel 28

Die Karte von Kzin

Alle Lämpchen leuchteten grün. Wie auch immer die medizinische Lage war, der Automed handhabte sie irgendwie. Chmee war da drin am Leben – am Leben, wenn auch nicht gesund. Aber das Cockpitthermometer zeigte eine Temperatur von einundsiebzig Grad Celsius an.

»Louis, bist du bereit zum Übertritt?«, fragte der Hinterste.

Die Karte des Mars war ein schwarzer Strich unter der Linie von Hologramm-»Fenstern«, unmittelbar an Steuerbord. Die Karte von Kzin war wesentlich schwieriger zu erkennen. Vor dem Mars, mehrere Bogengrade und achtzigtausend Kilometer weiter entfernt machte Louis die blaugrau verwischten Linien vor einem blaugrauen Meer aus.

»Wir stehen noch nicht genau gegenüber«, erwiderte er.

»Nein. Der Spin der Ringwelt wird eine Geschwindigkeitsdifferenz zwischen der *Needle* und dem Landefahrzeug überstülpen. Aber der Vektor ist senkrecht. Wir können das lange genug kompensieren.«

Louis benötigte einen Augenblick, um diese Worte in ein Diagramm zu übersetzen. Dann sagte er: »Du tauchst aus einer Höhe von fünfzehnhundert Kilometern zum Ozean hinab.«

»Ja. Jetzt ist kein Risiko wahnsinnig, angesichts der Lage, in die dein Wahnsinn uns gebracht hat.«

Louis brach in schallendes Gelächter aus (ein Puppenspieler, der Louis Wu Höflichkeitsregeln beibrachte?) und wurde ebenso plötzlich wieder nüchtern. Wie sonst könnte ein Ex-Hinterster etwas von seiner Autorität zurückgewinnen? Er sagte: »Reicht aus. Setze zu deinem Sturzflug an.«

Er wählte und zog sich ein Paar Holzclogs an. Er streifte sich den langen Pullover ab und rollte ihn um den Körperschutz und die Werkzeugweste, behielt jedoch die Laserlampe in der Hand. Die leere Meereslandschaft hatte begonnen, sich zu erweitern.

»Bereit.«

»Los!«

Louis überquerte einhundertachtzigtausend Kilometer mit einem gewaltigen Schritt.

Kzin, vor zwanzig Jahren:

Louis lümmelte sich auf einer abgenutzten steinernen *Fooch* und war von sich überzeugt.

Diese merkwürdig geformten steinernen Sofas, *Foochesth* genannt, waren ebenso überall zu finden wie Parkbänke in den Jagdparks von Kzin. Sie waren fast nierenförmig, so gebaut, dass ein männlicher Kzin halb zusammengerollt darauf liegen konnte. Die Jagdparks der Kzinti waren halb wild und sowohl mit Raubtieren als auch Fleischtieren bestückt: orange-gelber Dschungel, in dem die *Foochesth* den einzigen Hauch von Zivilisation darstellten. Mit einer Bevölkerung von mehreren Hundert Millionen war der Planet nach Kzinti-Maßstäben überfüllt. Die Parks waren auch überfüllt.

Louis war seit dem Morgen durch den Dschungel gestreift. Er war erschöpft. Er ließ die Beine baumeln und sah zu, wie die Bevölkerung an ihm vorüberzog.

Innerhalb des Dschungels waren die orangefarbenen Kzinti fast unsichtbar. Im einen Moment nichts. Im nächsten eine Vierteltonne intelligenter Fleischfresser etwas Schnellem und Erschrockenem heiß auf der Spur. Der männliche Kzin kam ruckartig zum Stehen und starrte – Louis an, der mit geschlossenen Lippen lächelte (weil ein Kzin seine Zähne bei der Herausforderung zeigt), und dessen Abzeichen des Schutzes des Patriarchen auf der Schulter (Louis hatte dafür gesorgt, dass es deutlich zu erkennen war). Der Kzin kam zum Entschluss, dass es ihn nichts anging, und verschwand.

Seltsam, wie so viele Raubtiere sich nur als ein Gefühl von Anwesenheit in dem spärlichen gelben Blattwerk zeigen konnten. Beobachtende Augen und spielerischer Mord, irgendwo. Dann beobachteten ein riesiger männlicher Kzin und ein pelziger, knuddeliger Heranwachsender, halb so groß wie er, den Eindringling.

Louis hatte ein rudimentäres Verständnis der Heldensprache. Er verstand die Frage des Kzinti-Kinds, als es zu seinem Elternteil aufblickte: »Ist das gut zu essen?«

Der Blick des Erwachsenen begegnete dem von Louis. Louis ließ sein Lächeln breiter werden, um die Zähne zu zeigen.

Der Erwachsene erwiderte: »Nein.«

Mit der Zuversicht von vier Kriegen zwischen Menschen und Kzin sowie einigen »Vorfällen« – alle Jahrhunderte in der Vergangenheit, aber alle vom Menschen gewonnen –, grinste Louis und nickte. *Sag's ihm, Papa! Es ist allemal sicherer, weißes Arsen zu essen als Menschenfleisch!*

Ringwelt, zwanzig Jahre später:

Die Wände badeten ihn in Hitze. Ihm brach der Schweiß aus. Es machte ihm nichts aus. Er war an Saunas gewöhnt. Siebzig Grad Celsius ist nicht heiß für eine Sauna.

Die aufgezeichnete Stimme des Hintersten knurrte und spuckte in der Heldensprache und bot Zuflucht auf der Flotte der Welten an. »Schalte diese Sendung ab!«, befahl Louis, und es wurde erledigt.

Aufwärts strömende Flammen verdeckten die Fenster. Das Fahrzeug, das die Kanone trug, war weggefahren worden. Zwei verzerrte Kzinti jagten über den Innenhof, legten einen Kanister unter das Landefahrzeug und jagten zurück in einen Eingang. Sie waren nicht völlig Kzinti: nicht so zivilisiert wie Chmee. Wenn sie Louis Wu in die Pfoten bekämen – aber hier drin sollte er so ziemlich in Sicherheit sein.

Louis blickte durch die Flammen hinab. Es waren sechs dieser Kanister um die Basis des Landefahrzeugs gelegt worden. Bomben, zweifelsohne. Sie würden jetzt jede Sekunde gezündet, bevor die Flammen sie jeweils einzeln zur Explosion bringen könnten.

Louis grinste. Seine Hände schwebten über der Kontrolltafel, während er gegen die Versuchung ankämpfte. Dann: Er tippte Anweisungen ein, und zwar rasch. Die Knöpfe waren unangenehm heiß. Er stemmte die Beine auf den Boden und packe die Stuhllehne mit dem langen Pullover, um seine Hände abzupolstern.

Das Landefahrzeug erhob sich aus den Flammen. Ein Ring aus Feuerbällen loderte unten auf, und dann war das Schloss ein schrumpfendes Spielzeug. Louis grinste noch immer. Er fühlte sich tugendhaft; er hatte der Versuchung widerstanden.

Wenn er auf dem Fusionsantrieb gestartet wäre anstelle des Repulserantriebs, wären die Kzinti *erstaunt* über die Gewalt ihrer Sprengstoffe gewesen.

Hagel prasselte auf die Hülle und Fenster. Louis blickte überrascht auf, als ein Dutzend geflügelter Spielzeuge sich auf ihn herabschwang. Dann fielen die Luftfahrzeuge weg. Louis schürzte die Lippen; er stellte den Autopiloten neu so ein, dass er seinen Aufstieg auf acht Kilometer beibehielt. Vielleicht wollte er diese Flugzeuge verlieren. Vielleicht nicht.

Er stand auf und wandte sich der Treppe zu.

Louis schnaubte, als er die Anzeigen las. Er rief den Hintersten. »Chmee ist vollkommen geheilt und schläft friedlich im 'med. Der 'med wird ihn nicht wecken und hinauslassen, weil die Bedingungen außerhalb nicht bewohnbar sind.«

»Nicht bewohnbar?«

»Es ist zu heiß. Der Automed ist nicht so eingestellt, dass er den Patienten in ein Feuer aussteigen lässt. Die Dinge sollten sich jetzt abkühlen, nachdem wir aus den Flammen heraus sind.« Louis strich sich mit der Hand über die Stirn; Wasser strömte seinen Ellbogen herab. »Wenn Chmee herauskommt, wirst du ihm die Lage erklären? Ich brauche eine kalte Dusche.«

Er war in der Dusche, da fiel der Boden unter ihm weg. Louis schnappte sich ein Handtuch und schlang es sich um die Taille, während er die Treppe hinaufrannte. Er hörte Hagel auf die Hülle knallen.

Langsam und vorsichtig, so, als ob er immer noch Schmerzen hätte, wandte sich Chmee von seinem Platz an den Kontrollen um. Er kniff seltsam die Augen zusammen. Haar war um die Augen herum abrasiert worden. Ersatzhaut bedeckte einen rasierten Streifen, der von seinem Schenkel bis zur Leiste verlief. »Hallo Louis. Wie ich sehe, hast du überlebt«, sagte er.

»Ja. Was tust du da?«

»Ich hinterlasse schwangere Weibchen in der Festung.«

»Werden sie in diesem Augenblick getötet? Oder können wir eine Minute lang schweben bleiben?«

»Haben wir etwas zu besprechen? Ich gehe davon aus, dass du es besser weißt, als dich einzumischen.«

»So, wie die Dinge jetzt stehen, werden deine Weibchen in zwei Jahren tot sein.«

»Sie können in Stasis an Bord der *Hot Needle of Inquiry* nach Hause fliegen. Ich hoffe immer noch, den Hintersten davon überzeugen zu können …«

»Überzeuge mich. Ich haben das Kommando auf der *Needle* übernommen.«

Chmees Hände bewegten sich. Der Boden sackte wild ab. Louis packte eine Stuhllehne und ritt es aus. Ein Blick auf die Instrumententafel sagte ihm, dass der Abstieg der *Needle* aufgehört hatte. Der Regen aus Projektilen hatte ebenfalls aufgehört, obwohl ein Dutzend Luftfahrzeuge jenseits der Fenster kreiste. Die Festung befand sich einen knappen Kilometer unter ihnen.

»Wie hast du das hinbekommen?«, fragte Chmee.

»Ich habe aus dem Hyperdriveantrieb Mus gemacht.«

Der Kzin bewegte sich unglaublich schnell. Bevor Louis mehr als zusammenzucken konnte, war er in orangefarbenes Fell gehüllt. Der Kzin zog Louis mit einem Arm gegen seinen Brustkorb, während der andere vier Klauen vor Louis' Augenbrauen ausfuhr.

»Schlau«, sagte Louis. »Sehr schlau. Wohin führen dich deine Pläne von hier aus?«

Der Kzin rührte sich nicht. Blut tröpfelte an Louis' Augen vorbei. Er hatte das Gefühl, dass sein Rücken brach. »Anscheinend musste ich dich wieder mal retten«, sagte Louis.

Der Kzin ließ ihn los und trat vorsichtig zurück, als hätte er Angst, sich aus einem Impuls heraus zu bewegen. »Hast du uns alle dem Untergang geweiht?«, fragte er. »Oder hast du eine Idee, die gesamte Ringwelt zurück in Position zu bewegen?«

»Letzteres.«

»Wie?«

»Vor ein paar Stunden hätte ich es dir sagen können. Jetzt müssen wir eine andere Antwort finden.«

»Warum hast du es getan?«

»Ich wollte die Ringwelt retten. Es gab nur eine Möglichkeit, den Hintersten zur Zusammenarbeit zu bewegen. Sein Leben steht jetzt auf dem Spiel. Wie kann ich *dich* zur Zusammenarbeit bewegen?«

»Du Blödmann! Ich möchte auf jeden Fall erfahren, wie die Ringwelt bewegt werden kann, wenn auch nur, um meine Kinder zu retten. Dein Problem ist, mich davon zu überzeugen, dass ich *dich* brauche.«

»Die Pak, die die Ringwelt bauten, waren meine Vorfahren. Wir haben versucht, wie sie zu denken, nicht wahr? Mit was haben sie gebaut, sodass das geschehen konnte? Abgesehen davon habe ich zwei Bibliothekare der Städtebauer mit einer guten Kenntnis der Ringwelthistorie. Sie würden nicht mit dir zusammenarbeiten. Sie sehen in dir bereits ein Ungeheuer, und du selbst hast mich noch nicht getötet.«

Chmee durchdachte die Sache. »Wenn sie mich fürchten, werden sie gehorchen. Ihre Welt steht auf dem Spiel. Ihre Vorfahren waren ebenfalls Pak.«

Die Temperatur im Landefahrzeug war unangenehm kalt für einen nackten Mann geworden, aber Louis geriet erneut ins Schwitzen. »Ich habe bereits das Reparaturzentrum geortet.«

»Wo?«

Louis dachte kurz daran, diese Information zurückzuhalten. »Die Karte des Mars.«

Chmee setzte sich. »Also, das ist äußerst beeindruckend. Diese vertriebenen Kzinti haben während ihrer Zeit der Erforschung ziemlich viel über die Karte des Mars erfahren, aber das nie.«

»Ich wette, einige Schiffe sind um die Karte des Mars herum verschwunden.«

»Der Pilot des Luftfahrzeugs sagte mir, dass viele Schiffe verschwunden sind, und nichts von Wert ist je von der Karte des Mars mitgenommen worden. Die Forscher brachten Reichtum von einer Karte weiter spinwärts mit, aber sie brachten niemals so viel mit, wie sie für den Bau der Schiffe hineinsteckten. Brauchst du den Automed?«

Louis wischte sich das Blut mit dem langen Pullover aus dem Gesicht. »Gerade nicht. Diese Karte spinwärts klingt nach der Erde. Also ist sie letztlich nicht verteidigt worden.«

»Anscheinend nicht. Aber nach Backbord ist eine Karte, und Schiffe, die dorthin gefahren sind, kehrten nie zurück. Könnte das Reparaturzentrum dort liegen?«

»Nein, das ist die Karte von Down. Sie sind auf Grogs gestoßen.« Louis wischte sich erneut das Gesicht. Die Klauen hatten nicht tief eingeschnitten, dachte er, aber ein Schnitt im Gesicht blutet lange. »Unternehmen wir etwas hinsichtlich deiner schwangeren Weibchen. Wie viele?«

»Ich weiß es nicht. Sechs waren in ihrer Begattungsperiode.«

»Nun ja, wir haben keinen Platz für sie. Sie werden im Schloss bleiben müssen. Es sei denn, du bist der Ansicht, der örtliche Herr wird sie töten.«

»Nein, aber er könnte sehr wohl meine männlichen Kinder töten. Eine weitere Gefahr … Nun ja, damit kann ich umgehen.« Chmee wandte sich den Kontrollen zu. »Die mächtigste Zivilisation ist um eines der alten Forschungsschiffe herum entstanden, die *Behemoth.* Wenn sie mich hierher verfolgen, könnten sie einen Krieg gegen die Festung anzetteln.«

Die Luftfahrzeuge brannten wie Fackeln, als sie abstürzten. Chmee überprüfte den Himmel mit Radar, Tiefenradar und Infrarot. Leer. »Louis, gab es mehr? Sind welche gelandet?«

»Ich glaube nicht. Falls doch, ist ihnen der Treibstoff ausgegangen, und es gibt keine Landebahnen … Straßen? Überprüfe die Straßen. Du kannst ihnen nicht erlauben, das große Schiff anzufunken.« Funk wäre eine Verbindung, und die Atmosphäre der Ringwelt hatte wahrscheinlich eine Heaviside-Schicht.

Es gab eine Straße und tanj wenig gerade Stellen darauf. Dort waren flache Felder … Es dauerte einige Minuten, ehe Chmee zufriedengestellt war. Die Luftwaffe war tot, die gesamte.

»Nächster Schritt«, sagte Louis. »Du kannst nicht einfach jeden in der Festung auslöschen. Wenn ich es recht verstehe, können weibliche Kzinti nicht für sich selbst sorgen.«

»Nein … Louis, das ist seltsam. Die Weibchen des Schlosses sind viel intelligenter als die des Patriarchats.«

»Ebenso intelligent wie du?«

»Nein! Aber sie hatten sogar ein kleines Vokabular.«

»Ist es möglich, dass dein eigenes Volk eure Weibchen auf Fügsamkeit gezüchtet hat? Sich Hunderte von Tausenden von Jahren nicht mit den Intelligenten vereinigt hat? Schließlich trefft ihr eine Auslese bei Sklavenspezies.«

Chmee rückte unruhig umher. »Mag sein. Die Männer hier sind ebenfalls anders. Ich habe versucht, mit den Herrschern des Forschungsschiffs zu verhandeln. Ich zeigte ihnen meine Macht und wartete dann darauf, dass sie versuchten zu verhandeln. Sie versuchten nichts in dieser Hinsicht. Sie verhielten sich, als ob es nichts gäbe, außer zu kämpfen, bis sie oder ich vernichtet wären. Ich musste Chjarri verspotten und seinen Stolz auf seine Vorfahren beleidigen, bevor er mir irgendetwas sagen wollte.«

Aber Puppenspieler haben diese Kzinti niemals zur Fügsamkeit gezüchtet, dachte Louis. »Nun ja, wenn du die Weibchen nicht aus der Festung bringen und die Männer nicht töten kannst, dann wirst du tanj gut mit ihnen verhandeln müssen. Gottesspiel?«

»Vielleicht. Versuchen wir es auf diese Weise …«

Weit über Reichweite der Pfeile, knapp über der Reichweite der Kanone auf dem Fahrzeug der Eindringlinge schwebte das Landefahrzeug. Sein Schatten bedeckte die Asche des Feuers im Innenhof. Louis hörte den Stimmen aus Chmees Übersetzer zu und wartete auf Chmees Zeichen.

Chmee lud die Bogenschützen ein, auf ihn zu schießen. Chmee drohte, versprach, bedrohte. Stakkato-Donner von einem Laserstrahl, der Fels zerschnitt, gefolgt von einem Donnerschlag. Zischen, knurren, spucken.

Keinerlei Erwähnung von Chmees *wirklich* gefährlichem Herrn.

Vier Stunden war er dort unten. Dann trat Chmee aus einem der schmalen Fenster und trieb nach oben. Louis wartete, bis er an Bord war, und hob dann ab.

Jetzt erschien Chmee hinter ihm, ohne Fluggürtel und Körperschutz. »Du hast mir kein Zeichen für das Gottesspiel gegeben«, sagte Louis.

»Bist du beleidigt?«

»Nein, natürlich nicht.«

»Es wäre schlecht ausgegangen. Und … ich hätte es nicht geschehen lassen können. Dies ist meine eigene Spezies. Ich konnte sie nicht mit einem Menschen bedrohen.«

»Okay.«

»Kathakt wird meine Kinder zu Helden erziehen. Er wird sie den Gebrauch der Waffen lehren und sie gut bewaffnen, und wenn sie alt genug sind, wird er sie losschicken, damit sie ihre eigenen Länder erobern. Sie werden keine Bedrohung seines eigenen Herrschaftsgebiets sein, siehst du, und sie werden eine gute Überlebenschance haben, wenn ich nicht zurückkehre. Ich habe Kathakt meine Laserlampe zurückgelassen.«

»Sollte reichen.«

»Ich hoffe es.«

»Sind wir fertig mit der Karte von Kzin?«

Chmee überlegte. »Ich habe einen Piloten eines Luftfahrzeugs erwischt. Sie sind alle von Adel mit Namen und umfassender Bildung. Chjarri berichtete mir viel über das Zeitalter der Erforschung, nachdem ich mich über die Errungenschaften seiner Vorfahren lustig gemacht hatte. Wir können davon ausgehen, dass es innerhalb der *Behemoth* eine umfangreiche historische Bibliothek gibt. Sollen wir sie uns schnappen?«

»Sag mir, was Chjarri dir berichtet hat. Wie weit sind sie auf Mars gekommen?«

»Sie fanden eine Mauer aus herabstürzendem Wasser. Spätere Generationen erfanden Druckanzüge und Luftfahrzeuge für große Höhen. Sie erforschten die Ränder der Karte, und ein Team erreichte das Zentrum, wo es Eis gab.«

»Dann denke ich, dass wir die Bibliothek der *Behemoth* sausen lassen. Sie sind nie reingekommen. Hinterster, bist du da?«

Ein Lautsprecher sagte: »Ja, Louis.«

»Wir nehmen Ziel auf die Karte des Mars. Du tust dasselbe, aber halte dich auf Backbord von uns, falls wir hinübersteigen müssen.«

»Aye, aye. Hast du etwas zu berichten?«

»Chmee hat ein paar Informationen aufgesammelt. Kzinti haben die Oberfläche der Karte des Mars erforscht, und sie haben nichts Un-Marsähnliches gefunden. Also wissen wir immer noch nicht, wo wir nach einer Öffnung suchen müssen.«

»Vielleicht von unten.«

»Ja, könnte sein. Das wäre ärgerlich. Wie halten sich unsere Gäste?«

»Du solltest bald zu ihnen zurückkehren.«

»Dann sobald ich kann. Sieh nach, ob es Daten über den Mars im Computer der *Needle* gibt. Und über *Marsianer.* Louis Ende.« Er drehe sich um. »Chmee, möchtest du dieses Ding fliegen? Gehe nicht über sechs Kilometer pro Sekunde hinaus.«

Auf eine Berührung des Kzin hin schwang sich das Landefahrzeug gehorsam nach oben. Sie durchbrachen eine graue Wolkenwand; dann gab es bloß noch blauen Himmel, der dunkler wurde, je höher sie stiegen. Die Karte von Kzin strömte unter ihnen dahin. Dann lag sie hinter ihnen.

»Der Puppenspieler erscheint ziemlich fügsam«, bemerkte Chmee.

»Ja.«

»Du scheinst dir der Karte des Mars sehr sicher zu sein.«

»Ja.« Louis grinste. »Es ist ein sehr hübsches Stückchen Irreleitung, aber es kann nicht vollkommen sein, oder? Sie hatten vom Volumen her viel zu verbergen. Auf dem Weg hierher sind wir unter den großen Ozean geflogen. Rate mal, was wir fanden, als wir unter der Karte des Mars waren?«

»Spiel keine Spielchen.«

»Nichts. Nichts außer Meeresboden. Nicht einmal Radiatorflossen. Die meisten der anderen Karten haben Radiatorflossen, um die Pole abzukühlen. Passives Kühlsystem. Es musste ein System geben, um die Karte des Mars abzukühlen. Wohin geht die Wärme? Ich dachte, sie würde vielleicht ins Meerwasser gehen, aber so war es nicht. Wir glauben, die Wärme wird direkt in das Supraleiternetz im Ringweltboden gepumpt.«

»Supraleiternetz?«

»Großes Netz, aber es kontrolliert magnetische Effekte im Fundament der Ringwelt. Es wird dazu benutzt, Effekte in der Sonne zu kontrollieren. Wenn die Karte des Mars sich ins Netz einstöpselt, muss es das Kontrollzentrum der Ringwelt sein.«

Chmee dachte darüber nach. Er sagte: »Sie konnten keine Wärme ins Meerwasser pumpen. Die warme, feuchte Luft würde aufsteigen. Wolken würden aus großen Entfernung herein und hinaus strömen. Aus dem Raum würde die Karte des Mars wie eine große Zielscheibe erscheinen. Kannst du dir vorstellen, dass die Pak-Protektoren einen solchen Fehler begehen würden?«

»Nein.« Obwohl ihn Louis begangen hätte.

»Ich erinnere mich an zu wenig vom Mars. Der Planet war für unser Volk nie sehr wichtig, nicht wahr? Er war nicht mehr als eine Quelle von Legenden. Ich weiß allerdings, dass die Karte dreißig Kilometer hoch liegt, um die sehr dünne Luft des Planeten nachzuahmen.«

»Dreißig Kilometer hoch und einhundertfünfzig Millionen Quadratkilometer Fläche. Das sind fünf mal zehn hoch neun Kubikkilometer Platz zum Verstecken.«

»Arr«, sagte Chmee. »Du musst recht haben. Die Karte des Mars ist das Reparaturzentrum, und die Pak taten ihr Bestes, um es zu verstecken. Chjarri erzählte mir von den Ungeheuern und den Stürmen und den Entfernungen auf dem großen Ozean. Das wären gute passive Wächter gewesen. Eine Flotte von Invasoren hätte das Geheimnis niemals dort vermutet.«

Louis rieb sich geistesabwesend über die vier juckenden Stellen über seinen Augenbrauen. »Fünf mal zehn hoch neun Kubikkilometer. Ich muss zugeben, diese Zahl lässt mich wie betäubt. Was *bewahrten* sie dort auf? Pflaster, die groß genug waren, um die Faust Gottes zuzustopfen? Maschinen, die groß genug waren, diese Pflaster zu tragen und sie aufzulegen und sie fest zu verschweißen? Diese Winschanlage, die wir an der Randmauer gesehen haben, für die Stabilisierungsdüsen? Ersatz-Stabilisierungsdüsen? Tanj, ich würde liebend gern Ersatz-Stabilisierungsdüsen finden. Aber sie hätten *immer noch* Platz zum Verschwenden.«

»Kriegsflotten.«

»Ja. Wir wissen bereits von ihren *großen* Waffen, aber ... Kriegsflotten, natürlich, und auch Schiffe, um Flüchtlinge zu transportieren. Vielleicht ist die ganze Karte ein großes Flüchtlingsschiff. Es musste groß genug sein, um die Ringwelt zu evakuieren, bevor die Bevölkerung jede Nische der Ökologie ausfüllt.«

»Ein Raumschiff? Vielleicht ein Raumschiff, das groß genug ist, um die Ringwelt an ihren Platz zu schleppen? Ich habe Probleme, in diesem Maßstab zu denken, Louis.«

»Ich auch. Ich glaube nicht, dass ich groß genug bin.«

»Was hattest du dann im Sinn, als du unseren Hyperdriveantrieb zerstört hast?« Plötzlich knurrte der Kzin.

Louis entschied sich, nicht zurückzuweichen. »Ich dachte, die Ringwelt wäre vielleicht so eingestellt, dass sie magnetisch auf die Sonne reagiert. Ich hatte beinahe recht. Das Problem ...«

Die Stimme des Hintersten dröhnte aus dem Lautsprecher. »Louis! Chmee! Stellt das Landefahrzeug auf Autopilot und kommt sofort zu mir rüber!«

Kapitel 29

Die Karte des Mars

In einem gewaltigen Satz erreichte Chmee die Scheibe vor Louis. Auch der Kzin konnte Befehle entgegennehmen, dachte Louis. Er verkniff sich eine Bemerkung über diese Tatsache.

Die Städtebauer sahen durch die Hülle hinaus, und zwar nicht auf die vorüberstreichende Meereslandschaft – die aus nichts weiter als blauer See und wolkengestreiften Himmel bestand, die am unendlichen Horizont ineinander verschmolzen –, sondern auf ein Hologramm, das groß war wie eine Kinoleinwand. Als Chmee auf der Empfängerscheibe auftauchte, drehten beide sich um, zuckten zusammen und versuchten dann, es zu verbergen.

»Chmee, dies sind Harkabeeparolyn und Kawaresksenjajok, Bibliothekare aus der schwebenden Stadt«, sagte Louis. »Sie waren eine großartige Hilfe beim Sammeln von Informationen.«

»Gut«, sagte der Kzin. »Hinterster, was ist das Problem?«

Louis zupfte am Fell des Kzin und zeigte hin.

»Ja«, sagte der Puppenspieler. »Die Sonne.«

Die im Hologramm gezeigte Sonne schwächte sich ab und vergrößerte sich. Ein strahlender Fleck nahe des Zentrums rückte hin und her, verdrehte sich, veränderte die Form, während sie zuschauten.

»Hat die Sonne das nicht getan, kurz bevor wir den Raumhafensims erreichten?«, fragte Chmee.

»Genau. Du siehst auf die Meteoritenabwehr der Ringwelt. Hinterster, was tun wir jetzt? Wir können verlangsamen, aber ich sehe keine Möglichkeit, das Landefahrzeug zu retten.«

»Mein erster Gedanke war, euer wertvolles Selbst zu retten«, erwiderte der Hinterste.

Das Meer warf einen Strahl von direkt unterhalb der flüchtenden *Needle* zurück. Jetzt wurde er anscheinend heller, mit einem Hauch von Violett. Plötzlich, kurzzeitig, war er unerträglich hell. Dann war er ein schwarzer Fleck auf der Hülle unter ihnen.

Und ein pechschwarzer Faden, umrissen in violett-weiß, stand am spinwärtigen Horizont. Eine senkrechte Säule, die vom Boden bis in den Himmel reichte. Oberhalb der Atmosphäre war sie unsichtbar.

Der Kzin sprach Worte in der Heldensprache.

»Alles sehr schön und gut«, sagte der Hinterste auf Interworld, »aber worauf feuert sie? Ich hatte vermutet, dass wir das Ziel waren.«

»Liegt nicht die Karte der Erde in dieser Richtung?«, fragte Louis.

»Ja. Und eine gute Strecke Wasser und beträchtlich viel Ringwelt-Landschaft.«

Wo der Strahl auf den Boden traf, glühte der Horizont weiß. Chmee flüsterte etwas in der Heldensprache, aber Louis bekam den Sinn mit. »Mit einer solchen Waffe könnte ich die Erde zu Dampf verkochen.«

»Halt den Mund.«

»Es war ein natürlicher Gedanke, Louis.«

»Ja.«

Der Strahl brach abrupt ab. Dann berührte er erneut den Boden, ein paar Grad nach Backbord.

»Tanj verdammt! Na gut, Hinterster, bring uns hoch. Bring uns hoch genug, um das Teleskop einzusetzen.«

Auf der Karte der Erde war ein glühender, gelb-weißer Punkt. Er hatte das Aussehen eines größeren Asteroideneinschlags.

Ein ähnlicher Glanz war weiter entfernt zu erkennen, an der anderen Küste des großen Ozeans.

Der solare Flare war schwächer geworden und verlor an Kohärenz.

»Gab es in dieser Richtung Luft- oder Raumfahrzeuge?«, fragte Chmee. »Rasch sich bewegende Objekte?«

»Die Instrumente haben vielleicht etwas aufgezeichnet«, erwiderte der Hinterste.

»Find's raus. Und bringe uns auf anderthalb Kilometer Höhe runter. Ich glaube, wir möchten uns der Karte des Mars von unterhalb der Oberfläche annähern.«

»Louis?«

»Tu's.«

»Hast du eine Ahnung, wie dieser Laserstrahl erzeugt wurde?«, fragte Chmee.

»Das kann Louis dir sagen«, erwiderte der Puppenspieler. »Ich habe zu tun.«

Die *Needle* und das Landefahrzeug trafen sich auf der Karte des Mars aus zwei Richtungen. Der Hinterste hielt die beiden

Fahrzeuge parallel, sodass es möglich war, zwischen ihnen zu pendeln. Louis und Chmee traten für ein Essen zum Landefahrzeug hinüber. Chmee hatte Hunger. Er schlang mehrere Kilogramm rotes Fleisch hinab, einen Lachs, vier Liter Wasser. Louis eigener Appetit litt. Er war froh, dass seine Gäste nicht zuschauten.

»Ich verstehe nicht, warum du diese Passagiere mitgenommen hast«, sagte Chmee. »Es sei denn, um dich mit der Frau zu paaren. Aber warum den Jungen?«

»Es sind Städtebauer«, erwiderte Louis. »Ihre Spezies beherrschte den größten Teil der Ringwelt. Und ich habe diese beiden aus der Bibliothek gepflückt. Lerne sie kennen, Chmee. Stelle ihnen Fragen.«

»Sie fürchten mich.«

»Du bist ein Diplomat der leisen Töne, schon vergessen? Ich werde den Jungen einladen, sich das Landefahrzeug anzusehen. Erzähle ihm Geschichten. Erzähle ihm von Kzin, den Jagdparks und dem Haus der Vergangenheit des Patriarchen. Erzähle ihm, wie Kzinti sich begatten.«

Louis trat zur *Needle* hinüber, sprach mit Kawaresksenjajok und war mit ihm im Landefahrzeug zurück, bevor Harkabeeparolyn so richtig klar wurde, was geschah.

Chmee zeigte ihm, wie man flog. Das Landefahrzeug schoss nach unten, schlug Purzelbäume und schoss auf sein Kommando himmelwärts. Der Junge war bezaubert. Chmee zeigte ihm die Magie der Binokularbrille und Supraleitertuch und Körperschutz. Der Junge fragte, wie Kzinti sich vermehrten. Chmee hatte eine Frau begattet, die sprechen konnte! Es hatte ihm neue Aussichten eröffnet. Er berichtete Kawaresksenjajok, was der wissen wollte – was in Louis‘ Augen ziemlich langweiliges Zeug war – und brachte dann den Jungen dazu, über Begatten und *Rishathra* zu erzählen.

Kawaresksenjajok hatte nicht viel Praxis, aber jede Menge Theorie. »Wir machen Aufzeichnungen, wenn es eine Spezies zulässt. Wir haben Archive mit Bändern. Einige Spezies haben Dinge, die sie anstelle von *Rishathra* tun können, oder sie sehen gerne zu oder reden darüber. Einige begatten sich nur in einer Stellung, andere nur in einer Jahreszeit, und dies überträgt sich. All dies beeinflusst Handelsbeziehungen. Es gibt verschiedene Arten von Hilfen. Hat Luweewu dir vom Vampirduft erzählt?«

Sie bemerkten es kaum, als Louis ging und allein zur *Needle* zurückkehrte. Harkabeeparolyn war bestürzt. »Luweewu, er könnte Kawa *verletzen!«*

»Sie kommen gut miteinander aus«, berichtete ihr Louis. »Chmee ist mein Mannschaftsmitglied, und er mag Kinder aller Spezies. Er ist völlig in Sicherheit. Wenn du auch seine Freundin sein willst, kraule ihn hinter den Ohren.«

»Wie hat er deine Stirn verletzt?«

»Ich habe nicht aufgepasst. Sieh mal, ich weiß, wie ich dich beruhigen kann.« Sie liebten sich – nun ja, machten *Rishathra* – auf dem Wasserbett, während die Massageeinheit lief. Die Frau hatte vielleicht das Panth-Gebäude gehasst, aber sie hatte ziemlich viel gelernt. Zwei Stunden später, als Louis sich sicher war, dass er sich nie mehr rühren könnte, streichelte ihm Harkabeeparolyn die Wange und sagte: »Meine Zeit der Begattung sollte morgen enden. Dann kannst du dich erholen.«

»Dahingehend habe ich gemischte Gefühle.« Er kicherte.

»Luweewu, ich würde mich besser fühlen, wenn du wieder zu Chmee und Kawa gehen würdest.«

»Okay. Sieh zu, wenn ich auf die Füße stolpere. Siehst du mich auf der Trittscheibe? Da, ich gehe: Puff, weg.«

»Luweewu …«

»Oh, schon gut.«

Die Karte des Mars war eine dunkle Linie, die wuchs und zu einer Wand über ihrem Weg wurde. Als Chmee abbremste, fingen Mikrofone auf der Hülle des Landefahrzeugs ein stetiges Flüstern auf, lauter als ihr Fahrtwind.

Sie erreichten eine Wand aus herabstürzendem Wasser.

Aus anderthalb Kilometern Entfernung wirkte sie völlig grade und unendlich lang. Die Oberkante des Wasserfalls war dreißig Kilometer über ihnen. Die Basis war verborgen in Nebel. Wasser donnerte in ihren Ohren, bis Chmee die Mikrofone abschalten musste, und dann konnten sie es durch die Hülle hören.

»Es ist wie die Wasserkollektoren in der Stadt«, sagte der Junge. »Es muss hier gewesen sein, wo die Leute lernten, wie man Wasserkollektoren macht. Chmee, habe ich dir von den Wasserkollektoren erzählt?«

»Ja. Wenn die Städtebauer so weit kamen, fragt man sich, ob sie einen Weg hinein gefunden haben. Berichten deine Geschichten irgendetwas über ein hohles Land?«

»Nein.«

»Ihre Magier sind alle wie Pak-Protektoren gebaut«, sagte Louis.

»Luweewu, dieser großen Wasserfall – warum gibt es so viel davon?«, fragte der Junge.

»Er muss um die ganze Oberfläche der Karte herumlaufen. Er entfernt den Wasserdampf. Die Oberfläche des Mars muss trocken gehalten werden«, erwiderte Louis. »Hinterster, hörst du zu?«

»Ja. Deine Befehle?«

»Wir umkreisen mit dem Landefahrzeug und benutzen Tiefenradar und die anderen Instrumente. Vielleicht finden wir einen Eingang unter dem Wasserfall. Wir verwenden die *Needle* zur Erforschung der Oberfläche. Wie steht's mit unserem Treibstoffvorrat?«

»Genügend, angesichts dessen, dass wir nicht nach Hause fliegen.«

»Gut. Wir werden die Sonde herabholen und sie so einstellen, dass sie der *Needle* in … fünfzehn Kilometern Entfernung und dicht über der Oberfläche folgt, denke ich. Halte die Trittscheibenverbindungen und die Mikrofone offen. Chmee, möchtest du das Landefahrzeug fliegen?«

»Aye, aye«, entgegnete der Kzin.

»Okay. Komm schon, Kawa.«

»Ich würde gern hierbleiben«, sagte der Junge.

»Harkabeeparolyn würde mich umbringen. Komm schon.«

Die *Needle* stieg auf dreißig Kilometer, und der rote Mars erstreckte sich vor ihnen.

»Er sieht schrecklich aus«, sagte Kawaresksenjajok.

Louis überhörte das. »Zumindest wissen wir, dass wir nach etwas Großem Ausschau halten. Stell dir einen Durchbruch vor, der groß genug ist, um die Faust Gottes zu verstopfen. Wir möchten eine Luke, die für dieses Pflaster und das dazugehörige Fahrzeug, das es anheben soll, groß genug ist. Wo würdest du die auf der Karte des Mars anlegen? Hinterster?«

»Unter dem Wasserfall«, erwiderte der Hinterste. »Wer würde sie sehen? Der Ozean ist leer. Das herabstürzende Wasser würde alles verbergen.«

»Ja. Erscheint sinnig. Aber Chmee sucht den ab. Wo sonst?«

»Ich muss die Linien einer gigantischen Luke in einer marsianischen Landschaft verstecken? Vielleicht eine unregelmäßige Form mit Angeln in einem langen, geraden Cañon. Vielleicht würde ich sie unter dem Eis verstecken, den Nordpol schmelzen und wieder zufrieren lassen, um mein Kommen und Gehen zu verbergen.«

»Gibt es einen derartigen Cañon?«

»Ja. Ich habe meine Hausarbeit erledigt. Louis, die Pole sind die beste Wette. Marsianer haben sich niemals den Polen genähert. Wasser hat sie getötet.«

Die Karte war eine Polprojektion; der Südpol war um den Rand herum gespreizt. »Okay. Bring uns zum Nordpol. Wenn wir nichts finden, fliegen wir spiralförmig von dort aus weiter. Bleibe hoch und halte alle Instrumente am Laufen. Es kümmert uns nicht sonderlich, wenn etwas auf die *Needle* feuert. Chmee, hörst du mit?«

»Ich höre.«

»Sag uns alles. Die Chancen stehen gut, dass du finden wirst, wonach wir suchen. Versuche nicht, etwas damit anzustellen.« Würde er gehorchen? »Wir dringen nicht im Landefahrzeug ein. Wir sind Einbrecher. Wir lassen uns lieber in einer General-Products-Hülle beschießen.«

Das Tiefenradar hielt am *Scrith*-Boden inne. Über dem *Scrith* zeigten sich die Berge und Täler durchsichtig. Es gab Seen aus Marsstaub, der fein genug war, um wie Öl zu fließen. Unter dem Staub lagen eine Art Städte: Steingebäude, die dichter waren als der Staub, mit gekrümmten Wänden und abgerundeten Ecken und jeder Menge Öffnungen. Die Städtebauer sahen mit großen Augen hin, und Louis Wu tat es ihnen nach. Marsianer waren im menschlichen Raum seit Hunderten von Jahren ausgestorben.

Die Luft war klar wie im Vakuum. Jenseits von Steuerbord, weit hinter dem Horizont, stand ein Berg, der höher war als alle auf Erde. Natürlich der Mons Olympus. Und ein Splitter von Weiß trieb über dem Krater.

Die *Needle* fiel herab und fing sich knapp über den halbmondförmigen Dünen wieder. Die Struktur war immer noch sichtbar. Sie schwebte etwa fünfzig bis sechzig Meter über dem Gipfel; und die *Needle* musste für ihre Insassen deutlich zu erkennen sein.

»Chmee?«

»Ich höre?«

Louis kämpfte gegen eine Tendenz zu flüstern an. »Wir haben einen schwebenden Wolkenkratzer entdeckt. Vielleicht dreißig Stockwerke hoch, mit Erkerfenstern und einem Landesims für Fahrzeuge. Gebaut wie ein Doppelkegel. Er ähnelt sehr dem Gebäude, das wir bei unserer ersten Fahrt mitgenommen haben, dem guten Schiff *Improbable.*«

»Identisch?«

»Nicht ganz, aber nahe dran. Und es schwebt über dem höchsten Berg des Mars, genau wie ein gott-tanjed Signalposten.«

»Klingt nach einem Zeichen, das für uns gedacht ist. Soll ich rüberkommen?«

»Noch nicht. Hast du etwas gefunden?«

»Ich glaube, ich habe die Linien einer gewaltigen Luke innerhalb des Wasserfalls nachgezogen. Sie würde eine Kriegsflotte oder ein Pflaster durchlassen, um den Krater in der Faust Gottes zu flicken. Vielleicht gibt es Signale, wie sie zu öffnen ist. Ich hab's nicht probiert.«

»Lass es. Standby. Hinterster?«

»Ich habe Strahlungs- und Tiefenradarmessungen durchgeführt. Das Gebäude strahlt wenig Energie ab. Magnetische Levitation erfordert keine großen Mengen an Energie.«

»Was ist im Innern?«

»Hier.« Der Hinterste gab ihnen einen Blick. Im Tiefenradar zeigte sich die Struktur in einem durchsichtigen Grau. Es war anscheinend ein schwebendes Gebäude, das zum Reisen umgebaut worden war, mit im fünfzehnten Stockwerk eingebauten Treibstofftanks und einem Motor, der Luft benötigte. Der Puppenspieler sagte: »Solide Konstruktion: Mauern aus Beton oder etwas ähnlich Dichtem. Keine Fahrzeuge in der Garage. Das da sind Teleskope oder andere sensorische Apparate im Turm und im Keller. Ich kann nicht sagen, ob die Struktur bewohnt ist.«

»Das ist das Problem, na gut. Ich möchte eine Strategie umreißen. Ihr sagt mir, wie sie sich anhört. Eins: Wir gehen rein, so schnell wie möglich, knapp über dem Gipfel.«

»Sodass wir perfekte Ziele werden.«

»Wir sind jetzt schon Ziele.«

»Nicht für Waffen innerhalb des Mons Olympus.«

»Was soll's, wir tragen eine General-Products-Hülle. Wenn nichts auf uns feuert, gehen wir zum zweiten Schritt: Wir führen ein Tiefenradar des Kraters durch. Wenn wir etwas anderes finden außer festem *Scrith*boden, gehen wir zu Schritt drei über: Dieses Gebäude verdampfen. Können wir das? Schnell?«

»Ja. Wir haben nicht genügend Energievorräte, um es zweimal zu tun. Wie lautet Schritt vier?«

»Alles, um uns rasch hineinzubringen. Chmee bleibt draußen, um uns auf jede Art und Weise zu retten, wie es ihm möglich ist. Jetzt sagt mir, ob ihr auf halbem Weg durch dieses Prozedere aufhört.«

»Ich würde es nicht wagen.«

»Warte einen Augenblick.« Louis ging auf, dass ihre einheimischen Gäste die Hosen gestrichen voll hatten vor Angst. Zu Harkabeeparolyn sagte er: »Wenn es einen Ort in der Welt gibt, wo die Welt gerettet werden kann, dann ist dieser Ort unter uns. Wir glauben, den Zugang gefunden zu haben. Jemand anders hat ihn gleichfalls gefunden. Wir wissen nichts von ihm, oder ihnen. Verstehst du?«

»Ich habe Angst«, sagte die Frau.

»Ich auch. Kannst du den Jungen ruhig halten?«

»Kannst du *mich* ruhig halten?« Sie lachte abgerissen. »Ich geb mir Mühe.«

»Hinterster. Los.«

Die *Needle* vollführte mit zwanzig g einen Satz in den Himmel, wälzte sich herum und blieb umgekehrt stehen, fast entlang des schwebenden Gebäudes. Louis' Magen drehte sich ebenfalls um. Beide Städtebauer kreischten. Kawaresksenjajok hatte seinen Arm in einem tödlichen Griff.

Mit dem Auge war zu erkennen, dass der Krater von alter Lava verstopft war. Louis beobachte das Bild des Tiefenradars.

Es war dort! Ein Loch im *Scrith,* ein umgekehrter Trichter, der nach oben (unten) durch den Krater im Mons Olympus führte. Er war weitaus zu klein, um die Reparaturausrüstung der Ringwelt durchzulassen. Dies war bloß eine Notluke, aber es war Platz genug für die *Needle.*

»Feuern!«, ordnete Louis an.

Der Hinterste hatte diesen Strahl zuletzt als Scheinwerfer eingesetzt. Auf kurze Entfernung war er vernichtend. Das schwebende Gebäude wurde zu einem Streifen Glut mit einem kometengleichen Kopf aus kochendem Beton. Dann war es nur noch eine Staubwolke.

»Abtauchen«, sagte Louis.

»Louis?«

»Wir sind hier eine Zielscheibe. Wir haben keine Zeit. Abtauchen. Zwanzig g. Wir schaffen uns unseren eigenen Zugang.«

Die ockerfarbene Landschaft war ein Dach über ihnen. Das Tiefenradar zeigte ein Loch im *Scrith,* das hinabfiel, um sie zu umschlingen. Aber jeder andere Sinn zeigte den festen Lavakrater im Mons Olympus, der mit schrecklicher Geschwindigkeit auf sie herabschoss, um sie zu zerschmettern.

Kawaresksenjajok grub seine Fingernägel so fest in Louis' Arm, dass dieser blutete. Harkabeeparolyn schien wie erstarrt. Louis wappnete sich für den Aufprall.

Dunkelheit.

Vom Tiefenradarschirm kam ein formloser, milchiger Schein. Irgendwo anders glühte etwas anderes: grüne und rote und orangefarbene Sterne. Das waren die Anzeigen im Cockpit.

»Hinterster!« Keine Antwort.

»Hinterster, gib uns etwas Licht! Benutze den Scheinwerfer! Sehen wir nach, was uns bedroht!«

»Was ist passiert?«, fragte Harkabeeparolyn klagend. Louis' Augen passten sich an; er konnte sie auf dem Fußboden sitzen sehen, die Arme um die Knie gelegt.

Das Kabinenlicht schaltete sich ein. Der Hinterster wandte sich von den Kontrollen ab. Er wirkte eingeschrumpft: bereits halb eingerollt. »Ich kann das nicht mehr, Louis.«

»Wir können die Kontrollen nicht bedienen. Das weißt du. Gib uns einen Scheinwerfer, damit wir nach draußen sehen können.«

Der Puppenspieler berührte Kontrollknöpfe. Ein weißes, diffuses Licht badete die Hülle vor dem Cockpit.

»Wir sind in etwas eingebettet.« Ein Kopf blickte nach unten; der andere sagte. »Lava. Die äußere Hülle ist vierhundert Grad heiß. Lava wurde über uns ausgegossen, während wir in Stasis waren, und kühlt jetzt ab.«

»Hört sich nach jemandem an, der auf uns vorbereitet war. Liegen wir immer noch umgekehrt da?«

»Ja.«

»Dann können wir nicht nach oben beschleunigen. Nur nach unten.«

»Ja.«

»Möchtest du es versuchen?«

»Was fragst du da? Ich möchte ganz von vorn anfangen, einfach vor dem Augenblick, als du den Hyperdriveantrieb verbrannt hast ...«

»Jetzt komm schon.«

»... oder einfach vor dem Augenblick, als ich mich entschied, einen Menschen und einen Kzin zu entführen. Das war wahrscheinlich ein Fehler.«

»Wir verschwenden Zeit.«

»Es gibt keinen Ort, wohin sich die überschüssige Hitze der *Needle* abstrahlen lässt. Der Einsatz der Schubdüsen würde uns eine Stunde oder zwei näher an den Moment heranführen, wo wir in Stasis gehen und die weitere Entwicklung abwarten müssen.«

»Dann warte mal eine Weile lang ab. Was erhältst du vom Tiefenradar?«

»Vulkangestein in allen Richtungen, beim Abkühlen aufgesplittert. Lass mich das Feld erweitern … Louis? *Scrith*boden etwa neun Kilometer unter uns, unter dem Dach der *Needle.* Eine viel dünnere *Scrith*decke zwanzig Kilometer über uns.«

Louis geriet allmählich in Panik. »Chmee, verstehst du das alles?«

Er erhielt auf unerwartete Weise Antwort.

Er hörte ein Geheul unmenschlichen Schmerzes und Zorns, als Chmee von der Trittscheibe herabkam und losrannte, wobei er die Arme über die Augen schlug. Harkabeeparolyn wich ihm aus dem Weg. Das Wasserbett erwischte den Kzin über den Knien, und er wälzte sich über das Bett und auf den Boden.

Louis war zur Dusche gesprungen. Er stellte sie in voller Stärke an, sprang aufs Wasserbett, drückte seine Schulter in Chmees Achselhöhle und hob ihn an. Chmees Haut war heiß unter dem Fell.

Der Kzin stand auf und folgte dem Zug in den Strom kalten Wassers. Er drehte und wandte sich, bekam Wasser über jeden Teil seiner selbst; dann kauerte er sich hin und hielt das Gesicht in den Wasserstrom. Jetzt fragte er: »Woher hast du das gewusst?«

»Du wirst es in einer Minute riechen«, erwiderte Lois. »Angesengtes Fell. Was ist passiert?«

»Plötzlich stand ich in Flammen. Ein Dutzend roter Lämpchen glühte auf dem Armaturenbrett. Ich sprang zur Trittscheibe. Das Landefahrzeug ist immer noch auf Autopilot, wenn der nicht zerstört wurde.«

»Das müssen wir vielleicht herausfinden. Die *Needle* ist in Lava eingebettet. Hinterster!« Louis wandte sich dem Cockpit zu.

Der Puppenspieler war zusammengerollt, und die Köpfe steckten unter seinem Bauch.

Ein Schock zu viel. Der Grund hierfür war leicht zu erkennen. Ein Bildschirm im Cockpit zeigte ein halb-vertrautes Gesicht.

Dasselbe Gesicht, vergrößert, zeigte sich auf dem Rechteck, das eine Tiefenradar-Projektion gewesen war. Eine Maske von Gesicht, wie ein menschliches Gesicht, das aus altem Leder geformt worden war, aber nicht ganz. Es war haarlos. Die Kieferknochen waren harte, zahnlose Halbmonde. Tief unter einer hervorspringenden Stirn blickten die Augen Louis Wu abschätzend an.

Kapitel 30

RÄDER IN RÄDERN

Anscheinend habt ihr euren Piloten verloren«, sagte der ledergesichtige Eindringling zu ihnen. Er schwebte außerhalb der Hülle: Der verzerrte Kopf und die melonenförmigen Schultern eines Protektors, ein Geist innerhalb des schwarzen Gesteins, das sie umschloss.

Louis konnte nur nicken. Die Schocks waren zu schnell gekommen, aus den falschen Richtungen. Er war sich bewusst, dass Chmee neben ihm stand, triefend nass, und schweigend einen möglichen Feind studierte. Die Städtebauer waren verstummt. Wenn Louis ihren Gesichtsausdruck richtig las, waren sie der Ehrfurcht oder Verzückung näher als der Furcht.

Der Protektor sagte: »Das hält euch voll und ganz in der Falle. Ziemlich bald müsst ihr in Stasis gehen, und wir müssen nicht debattieren, was danach geschieht. Ich bin erleichtert. Ich frage mich, ob ich mich dazu hätte überwinden können, euch zu töten.«

»Wir dachten, ihr seid alle tot«, sagte Louis.

»Die Pak sind vor einer Viertelmillion Jahren ausgestorben.« Die zusammengeschweißten Lippen und Gaumen des Protektors verzerrten einige der Konsonanten, aber er sprach Interworld. Warum Interworld? »Eine Seuche hat sie erwischt.

Ihr habt recht mit der Annahme gehabt, dass die Protektoren alle tot waren. Aber der Lebensbaum lebt und gedeiht unterhalb der Karte des Mars. Manchmal wird er entdeckt. Ich vermute, dass die Unsterblichkeitsdroge hier hergestellt wurde, als ein Protektor Mittel für ein Projekt benötigte.«

»Wie hast du Interworld gelernt?«

»Ich bin damit aufgewachsen. Louis, erkennst du mich nicht?«

Es war wie ein Messer in die Eingeweide. »Teela. Wie?«

Ihr Gesicht war eine harte Maske. Wie konnte es Ausdruck zeigen? »Ein wenig Wissen«, entgegnete sie. »Du kennst den Spruch? Der Sucher war auf der Suche nach der Basis des Bogens. Ich prahlte vor ihm mit meiner überlegenen Ausbildung: Ich erzählte ihm, dass der Bogen keine Basis hatte, dass die Welt ein Ring war. Er geriet heftig durcheinander. Ich erzählte ihm, dass er, wenn er nach dem Ort suchte, von wo aus die Welt beherrscht werden konnte, nach der Bauhütte suchen müsste.«

»Reparaturzentrum«, sagte Lois. Ein Blick zum Cockpit zeigte den Hintersten als einen verlängerten weißen Barhocker, der mit Rubinen und lavendelfarbenen Steinen verziert war.

»Natürlich würde sie zum Reparaturzentrum werden, und auch zum Zentrum der Macht«, sagte der Protektor. »Der Sucher erinnerte sich an Erzählungen vom großen Ozean. Er erschien als die wahrscheinlichste Wahl, so, wie er geschützt war durch die natürlichen Barrieren der Entfernung, durch Sturm und ein Dutzend räuberischer Ökologien. Astronomen hatten den großen Ozean von Aussichtspunkten über den ganzen Bogen verstreut studiert, und der Sucher erinnerte sich an genügend davon, um eine Karte zu zeichnen.

Wir haben den großen Ozean für sechzehn Jahre kreuz und quer befahren. Es sollte Legenden von dieser Fahrt geben. Hast du gewusst, dass die Karten auf Lager sind? Die Kzinti haben die Karte der Erde kolonisiert. Wir hätten nicht weitergekonnt, wenn wir nicht ein Kolonisierungsschiff der Kzinti gekapert hätten. Es gibt Inseln im großen Ozean, die große Lebensformen sind, deren Rücken von Vegetation bedeckt ist, die abtauchen, wenn es ein Seemann zuallerletzt erwartet …«

»Teela! Wie? Wie konntest du zu so etwas werden?«

»Ein wenig Wissen, Louis. Ich habe den Ursprung der Ringwelt-Ingenieure erst herausbekommen, als es zu spät war.«

»Aber du hattest *Glück.*«

Der Protektor nickte. »Gezüchtet zum Glück, von Pierson's-Puppenspielern, die mit dem Fruchtbarkeitsgesetz der Erde herumgepfuscht hatten, um die Geburtsrechtslotterien zu machen. Du hast vermutet, dass es funktionierte. Es kam mir immer schon dumm vor. Louis, *möchtest* du glauben, dass sechs Generationen von Gewinnern der Geburtsrechtslotterie einen Menschen hervorbrachten, der Glück hatte?«

Er gab keine Antwort.

»Nur einen?« Anscheinend lachte sie ihn aus. »Berücksichtige mal das Glück all der Nachkommen von allen Gewinnern der Geburtsrechtslotterien. In zwanzigtausend Jahren müssen sie wohl auf ihrem Weg hinaus in die Galaxis sein, auf der Flucht vor der Explosion des galaktischen Kerns. Warum nicht an Bord der Ringwelt? Drei Millionen Mal die bewohnbare Oberfläche der Erde, und sie lässt sich bewegen, Louis. Die Ringwelt ist das Glück für jene ungeborenen Nachkommen von Menschen, die für das Glück gezüchtet wurden. Wenn ich die Ringwelt retten kann, dann ist es ein Glück für sie, dass wir vor dreiundzwanzig Jahren herkamen, und Glück für sie, dass der Sucher und ich den Eingang zum Mons Olympus gefunden haben. Ihr Glück. Niemals das meine.«

»Ist ihm das auch geschehen?«

»Der Sucher ist natürlich gestorben. Wir sind beide wahnsinnig vor Hunger nach der Wurzel des Lebensbaums geworden, aber der Sucher war eintausend Jahre zu alt. Sie hat ihn umgebracht.«

»Ich hätte dich niemals verlassen sollen«, sagte Louis.

»Ich habe dir keine Wahl gelassen. Ich hatte selbst keine – wenn du an Glück glaubst. Ich habe jetzt wenig Wahl. Die Instinkte in einem Protektor sind sehr stark.«

»Glaubst du an Glück?«

»Nein. Ich wünschte, ich könnte es«, erwiderte sie.

Louis schlug mit den Armen – eine Geste der Hilflosigkeit – und wandte sich ab. Er hatte immer gewusst, dass er Teela Brown wiedersehen würde. Aber nicht so! Er schaltete mit einem Wink das Schlaffeld ein und schwebte.

Der Hinterste hatte die richtige Idee. Sich im eigenen Nabel verkriechen. Aber Menschen können ihre Ohren nicht vergraben. Louis schwebte halb zusammengerollt mit den Armen über dem Gesicht. Doch er hörte:

»Sprecher-mit-Tieren, ich gratuliere dir dazu, deine Jugend wiedergewonnen zu haben.«

»Mein Name ist Chmee.«

»Entschuldige bitte«, sagte der Protektor. »Chmee, wie bist du hierhergekommen?«

»Ich bin dreimal in die Falle geraten«, erwiderte der Kzin. »Entführt vom Hintersten, die Fluchtmöglichkeit von der

Ringwelt durch Louis genommen, von Teela Brown unter der Erde festgehalten. Das ist eine Gewohnheit, die ich aufgeben muss. Wirst du mit mir kämpfen, Teela?«

»Erst, wenn du mich erreichen kannst, Chmee.«

Der Kzin wandte sich ab.

»Was willst du von uns?« Das war Kawaresksenjajok, der schüchtern in der Sprache der Städtebauer gesprochen hatte. Ein Echo in Interworld ertönte aus dem Übersetzer.

»Nichts.« Teela, in der Sprache der Städtebauer.

»Was tun wir dann hier?«

»Nichts. Ich habe dafür gesorgt, dass ihr nichts tun könnt.«

»Das verstehe ich nicht.« Der Junge war den Tränen nahe. »Warum willst du uns unter der Erde begraben?«

»Kind, ich tue, was ich tun muss. Ich muss eins Komma fünf hoch zehn bis zwölf Morde verhindern.«

Louis öffnete die Augen.

»Aber wir sind hier, um Tode zu verhindern!«, widersprach Harkabeeparolyn hitzig. »Weißt du nicht, dass die Welt aus dem Lot geraten ist und in die Sonne gleitet?«

»Das weiß ich. Ich habe das Team zusammengestellt, das die Stabilisierungsdüsen der Ringwelt wieder angebracht und den Schaden wiedergutgemacht hat, den deine Spezies angerichtet hatte.«

»Luweewu sagt, das reicht nicht aus.«

»Es reicht auch nicht aus.«

Jetzt hatten sie Louis Wus volle Aufmerksamkeit.

Die Bibliothekarin schüttelte den Kopf. »Das verstehe ich nicht.«

»Wenn die Stabilisierungsdüsen laufen, strecken wir die Lebensspanne der Ringwelt etwa um ein Jahr. Ein zusätzliches Jahr für drei hoch zehn bis dreizehn intelligente Wesen ist gleich zu setzen damit, jedem auf Erden zusätzliche tausend Jahre Leben zu schenken. Eine würdige Leistung. Meine Mitarbeiter waren einverstanden, selbst jene, die keine Protektoren sind.«

Louis konnte die Züge von Teela Browns Gesicht in der Ledermaske des Protektors nachverfolgen. Ausstülpungen an der Kinnlade, ein Schädel, der angeschwollen war, um sich an mehr Gehirnmasse anzupassen ... aber es war Teela, und es schmerzte schrecklich. *Warum verschwindet sie nicht?*

Gewohnheiten sterben schwer, und Louis hatte einen analytischen Geist. Er dachte: *Warum verschwindet sie nicht? Ein sterbender Protektor auf einer Welt, die dem Untergang geweiht ist! Sie hat keine Minute zu verschwenden, um mit einer Ansammlung gefangener Erzeuger zu sprechen. Was glaubt sie da zu tun?«*

Er wandte sich ihr zu. »Du hast die Reparaturmannschaft zusammengestellt, nicht wahr? Wer ist das?«

»Mein Aussehen hat geholfen. Die meisten Hominiden werden mir zumindest zuhören. Ich sammelte eine Mannschaft von mehreren Hunderttausend aus verschiedenen Spezies. Ich habe drei hierhergebracht, die Protektoren werden sollen: von den Schüttberg-Leuten, den Nachtleuten und den Vampiren. Ich habe gehofft, dass sie eine mir verborgene Lösung sehen würden. Ihre Sichtweisen wären andere. Der Vampir zum Beispiel war vor der Veränderung nicht intelligent.

Sie haben versagt«, fuhr Teela fort. *Sie verhält sich gewiss so, als ob sie Zeit hätte. Zeit, Aliens und Erzeuger zu unterhalten, die in der Falle sitzen, bis die Ringwelt die Schattenrechtecke streift!* »Sie sahen keine bessere Lösung. Und daher haben wir die verbliebenen Bussard-Ramdüsen auf die Randmauer montiert. Wir haben jetzt alle bis auf die letzte anmontiert. Unter der Anleitung des verbliebenen Protektors wird meine Mannschaft das verbliebene Raumschiff der Ringwelt ausrüsten, um sie in die Sicherheit um einen Stern in der Nähe zu bringen. Einige Ringweltler werden überleben.«

»Was uns zurück zur ursprünglichen Frage bringt«, sagte Louis. »Deine Mannschaft ist hart an der Arbeit. Was tust du hier?« *Ich habe recht! Sie versucht, uns etwas zu sagen.*

»Ich bin hergekommen, um den Mord an fünfzehnhunderttausend Millionen intelligenter Hominiden zu verhindern. Ich erkannte den Neutrinoausstoß von den Schubdüsen, die im menschlichen Raum gebaut wurden, und ich bin zum einzig möglichen Tatort gekommen. Ich habe gewartet. Jetzt seid ihr da.«

»Jetzt sind wir da«, stimmte Louis zu. »Aber du weißt tanj gut, dass wir nicht hergekommen sind, um irgendeinen Mord zu begehen.«

»Ihr hättet ihn begangen.«

»Warum?«

»Das kann ich dir nicht sagen.«

Dennoch zeigte sie keinerlei Absicht, das Gespräch zu beenden. Ein merkwürdiges Spiel, das Teela spielte. Sie würden die Regeln erraten müssen. »Angenommen, du könntest die Ringwelt dadurch retten, dass du eineinhalb Millionen Bewohner von dreißig Trillionen umbringst. Ein Protektor täte das, nicht wahr? Fünf Prozent, um 95 Prozent zu retten. Das erscheint so ... effizient.«

»Kannst du mit so vielen denkenden Wesen mitfühlen, Louis? Oder kannst du dir nur einen Tod auf einmal vorstellen, mit dir selbst in der Hauptrolle?«

Er gab keine Antwort.

»Dreißig Milliarden Menschen bewohnen den menschlichen Raum. Stell sie dir alle tot vor. Stelle dir fünf Mal diese Bevölkerung vor, wie sie, sagen wir, an Strahlungsvergiftung stirbt. Spürst du ihren Schmerz, ihr Leid, ihre Gedanken umeinander? Von so vielen? Die Zahlen sind zu groß. Dein Gehirn wird nicht damit zurechtkommen. Meines hingegen schon.«

»Oh.«

»Ich kann es nicht zulassen. Ich kann es nicht geschehen lassen. Ich habe gewusst, dass ich euch aufhalten muss.«

»Teela. Stelle dir ein Schattenrechteck vor, das mit rund zwölfhundert Kilometern pro Sekunde über die ganze Ringwelt herabfährt. Stelle dir eintausend Mal die Bevölkerung des menschlichen Raums vor, die stirbt, während die Ringwelt sich auflöst.«

»Ich tu's.«

Louis nickte. Teile eines Puzzles. Teela würde ihnen so viele Teile geben, wie sie konnte. Sie konnte sich nicht dazu überwinden, ihnen ein fertiges Bild zu überreichen. Also fische weiter nach Teilen. »Hast du gesagt, der verbliebene Protektor? Es waren vier, und jetzt der eine und du? Was ist mit den anderen passiert?«

»Zwei Protektoren haben die Reparaturmannschaft zur gleichen Zeit verlassen wie ich. Sie müssen getrennt weggegangen sein. Vielleicht haben sie die Hinweise auf eure Ankunft gefunden. Ich spürte die Notwendigkeit, sie zu verfolgen und aufzuhalten.«

»Wirklich? Wenn sie Protektoren waren, konnten sie ebenso wenig über eine Trillion denkender Hominiden töten wie du.«

»Sie konnten vielleicht irgendwie dafür sorgen, dass es geschah.«

»Irgendwie.« Sorgfältig jetzt die Worte wählend. Er war froh, dass niemand versuchte, dazwischenzugehen. Nicht einmal Chmee, der leise auftretende Diplomat. »Lasse die Erzeuger irgendwie den einzigen Ort auf der Ringwelt erreichen, wo das Verbrechen begangen werden kann. Wäre das ihre Strategie gewesen, wenn du sie nicht aufgehalten hättest?«

»Vielleicht.«

»Lasse diese sorgfältig ausgewählten Erzeuger irgendwie vor dem duftenden Lebensbaum geschützt sein.« *Druckanzüge! Deswegen hatte Teela nach einem interstellaren Raumschiff gesucht.* »Lasse sie sich der Situation bewusst werden, irgendwie. Und irgendwie muss ein Protektor den Widerspruch denken können, sie zu töten, bevor sie die Lösung sehen und sie anwenden, astronomische Zahlen an Erzeugern töten, um noch mehr zu retten. Ist es das, was du glaubst, verhindert zu haben?«

»Ja.«

»Und dies hier ist der richtige Ort?«

»Warum sonst würde ich hier warten?«

»Es ist ein Protektor übrig. Wird er dich jagen?«

»Nein. Der Nachtleute-Protektor weiß, dass sie allein übriggeblieben ist, um die Evakuierung zu überwachen. Wenn sie versucht, mich zu töten, und ich töte sie, könnten die Erzeuger unterwegs allein sterben.«

»Du tötest anscheinend sehr leicht«, sagte Louis bitter.

»Nein. Ich kann nicht fünf Prozent der Bevölkerung der Ringwelt töten, und ich weiß nicht, ob ich dich töten kann, Louis. Du bist ein Erzeuger meiner Spezies. Auf der Ringwelt bist du in dieser Hinsicht allein.«

»Ich habe mir Möglichkeiten überlegt, die Ringwelt zu retten«, sagte Louis Wu. »Wenn du von einem Umwandlungsapparat im großen Maßstab weißt, wissen wir, wie er anzuwenden ist.«

»Die Pak hatten bestimmt keinen. Das war nicht deine schlaueste Schlussfolgerung, Louis.«

»Wenn wir ein Loch unter den großen Ozean bohren könnten, dann den Ausfluss kontrollieren, könnten wir den Rückstoß dazu nutzen, die Ringwelt an Ort und Stelle zurückzusetzen.«

»Schlau. Aber du kannst kein Loch bohren, und du kannst es nicht verstopfen. Weiterhin gibt es eine Lösung, die weniger Schaden anrichtet, dennoch ist der Schaden zu groß, und ich kann ihn nicht zulassen.«

»Wie würdest du die Ringwelt retten?«

»Ich kann's nicht«, erwiderte der Protektor.

»Wo sind wir? Was ist in diesem Teil des Reparaturzentrums vorgegangen?«

Ein langer Moment verstrich. Der Protektor erwiderte: »Ich darf dir nicht mehr sagen, als du weißt. Ich sehe keine Fluchtmöglichkeit für dich, aber ich muss die Möglichkeit in Betracht ziehen.«

»Ich höre auf«, sagte Louis Wu. »Ich gebe nach. Tanj über dein blödes Spiel.«

»Na gut, Louis. Wenigstens wirst du niemals sterben.«

Louis schloss die Augen und rollte sich im freien Fall zusammen. *Gottselige Hure!*

»Ich werde euch Gesellschaft leisten, bis ihr in Stasis gehen müsst«, sagte Teela. »Ich kann sonst wenig für eure Bequemlichkeit tun. Ihr, wie heißt ihr und woher kommt ihr? Ihr seid von der Spezies, die die Ringwelt und die Sterne erobert hat.«

Plaudertasche. Warum wurden die Leute hier nicht mit Klappen über den Ohren geboren? Gab es einen Hominiden mit diesem Charakteristikum?

»Wie ist die Position eines Magiers hinsichtlich *Rishathra?«*, fragte Kawaresksenjajok.

»Das ist wichtig, wenn du auf eine neue Spezies triffst, nicht wahr, Kind? Meine Position ist, dass *Rishathra* für Erzeuger ist. Aber wir lieben durchaus.«

Der Junge hatte einen gewaltigen Spaß. Sein Gefühl für Wunder stieß nirgendwo an seine Grenzen. Teela erzählte von ihrer großartigen Reise. Ihre Schar von Forschern war von den Grogs auf der Karte von Down gefangen genommen, dann von den merkwürdigen Einwohnern befreit worden. Auf Kzin waren sie hominide Tiere, die vor langer Zeit von der Karte der Erde importiert worden waren, gezüchtet auf spezielle Charakteristika, bis sie sich so gründlich voneinander unterschieden, wie es Hunde im menschlichen Raum taten. Teelas Mannschaft hatte sich unter ihnen versteckt. Sie hatten ein Kolonieschiff der Kzinti gestohlen. Sie hatten eines der Krill-fressenden Inseltiere aus Nahrungsgründen getötet, hatten das Fleisch in einem leeren Tank mit flüssigem Wasserstoff eingefroren. Es hatte sie monatelang ernährt.

Schließlich hörte er sie sagten: »Ich muss jetzt essen, aber ich werde bald zurück sein.« Und dann herrschte Ruhe.

Die wenigen Minuten der Stille endeten, als sich stumpfe Zähne sanft um Louis' Handgelenk schlossen. »Louis, wach auf. Wir haben keine Zeit, dich zu verwöhnen.«

Louis drehte sich um; er schaltete das Schlaffeld ab. Er nahm sich einen Augenblick, um den interessanten Anblick eines Puppenspielers zu genießen, der gleich neben einem Kzin stand, der vor Gesundheit strotzte. »Ich dachte, du wärst raus aus der Sache.«

»Eine wertvolle Illusion, die der Wirklichkeit zu nahekam. Ich war versucht, den Ereignissen ihren eigenen Lauf zu lassen«, erwiderte der Puppenspieler. »Teela Brown sprach die Wahrheit, als sie sagte, wir werden nicht sterben. Der größte Teil der Ringwelt wird zerbrechen und umherfliegen, über den Kometenhalo hinaus. Wir könnten sogar eines Tages gefunden werden.«

»Ich habe allmählich dasselbe Gefühl. Bereit zur Aufgabe.«

»Die Protektoren müssen seit einer Viertelmillion Jahren tot sein. Wer hat mir das gleich gesagt?«

»Wenn du ein bisschen Vernunft hättest, würdest du aufhören, auf mich zu hören.«

»Noch nicht völlig, wenn es dir gefällt. Ich habe den Eindruck, dass der Protektor uns etwas sagen wollte. Pak waren deine Vorfahren, und Teela ist aus deiner eigenen Kultur. Gib uns einen Rat!«

»Sie möchte, dass wir die schmutzige Arbeit für sie erledigen«, sagte Louis. »Es ist die ganze Zeit über Zwiedenken. Futz, du hast die Interviews mit Brennan studiert, nachdem er zum Protektor wurde. Protektoren haben sehr starke Instinkte und übermenschliche Intelligenz. Da sind Konflikte zwischen diesen beiden Eigenschaften vorprogrammiert.«

»Ich verstehe die Natur der schmutzigen Arbeit nicht.«

»Sie weiß, wie sich die Ringwelt retten lässt. Das wissen sie alle. Töte fünf Prozent, rette 95 Prozent – aber das können sie nicht eigenhändig tun. Sie können nicht einmal jemand anderen das tun lassen, sondern sie müssen jemand anderen dahin bringen, es zu tun. Zwiedenken.«

»Genauer?«

Etwas hinsichtlich dieser Zahlen kitzelte Louis im Hinterkopf. Warum? … Verdammt! »Teela hat dieses Gebäude ausgewählt, weil es wie Halrloprillalars schwebendes Gefängnis aussah, dasjenige, welches wir bei der ersten Expedition gesteuert haben. Sie wählte es aus, um unsere Aufmerksamkeit zu erregen. Sie ließ es dort, wo sie uns haben wollte. Ich weiß nicht, was dieser Teil des Reparaturzentrums tut, aber es ist die richtige Stelle in einer Milliarden-Kubikmeter-Schachtel. Wir sollen den Rest selbst herausfinden.«

»Was dann? Ist sie sicher, dass wir in der Falle sitzen?«

»Was wir auch immer versuchen, sie wird versuchen, uns daran zu hindern. Wir müssen sie töten. Das hat sie uns mitgeteilt. Wir haben nur einen Vorteil. Sie kämpft, um zu verlieren.«

»Ich kann dir nicht folgen«, sagte der Puppenspieler.

»Sie möchte, dass die Ringwelt lebt. Sie möchte, dass wir sie töten. Sie hat uns so viel gesagt, wie sie konnte. Aber selbst, wenn wir alles herausbekommen – können *wir* so viele intelligente Wesen töten?«

»Mir tut Teela leid«, sagte Chmee.

»Ja.«

»Wie können wir sie töten? Wenn du recht hast, dann muss sie etwas für uns geplant haben.«

»Das möchte ich bezweifeln. Ich schätze, sie hat ihr Bestes getan, nicht an irgendetwas zu denken, was wir tun können. Sie musste es blockieren. Wir sind auf uns selbst gestellt.

Und sie wird Aliens instinktmäßig töten. Bei mir zögert sie vielleicht diese kritische halbe Sekunde.«

»Sehr schön«, sagte der Kzin. »Die großen Waffen sind allesamt auf dem Landefahrzeug. Wir sind im Fels eingebettet. Ist die Trittscheibenverbindung zum Landefahrzeug immer noch offen?«

Der Hinterste kehrte ins Cockpit zurück, um es herauszufinden. Er berichtete: »Die Verbindung ist offen. Die Karte des Mars ist aus *Scrith,* aber nur Zentimeter dick. Sie muss nicht den entsetzlichen Stress des Ringweltbodens aushalten. Meine Instrumente durchdringen sie, und das gilt auch für die Trittscheiben. Unser einziger Glücksfall bis jetzt.«

»Gut. Louis, kommst du mit?«

»Natürlich. Wie ist die Temperatur an Bord des Landefahrzeugs?«

»Einige der Sensoren sind ausgebrannt. Ich kann's nicht sagen«, erwiderte der Hinterste. »Wenn das Landefahrzeug benutzt werden kann, schön und gut. Ansonsten sammelt eure Ausrüstung ein und kehrt eilig zurück. Wenn die Bedingungen unerträglich sind, kehrt augenblicklich zurück. Wir müssen wissen, mit was wir zu arbeiten haben.«

»Der offensichtliche nächste Schritt«, stimmte Chmee zu. »Was ist, wenn das Landefahrzeug funktionsuntüchtig ist?«

»Wir haben immer noch einen Weg nach draußen«, entgegnete Louis, »aber wir müssen Druckanzüge haben. Hinterster, warte nicht auf uns. Finde heraus, wo wir sind, und finde Teela. Sie wird sich in einem offenen Raum aufhalten, etwas, das geeignet ist, Getreide anzubauen.«

»Aye, aye. Ich erwarte, dass wir uns in einiger Entfernung vom Mons Olympus aufhalten.«

»Rechne nicht damit. Sie könnte einen schweren Laserstrahl auf uns gerichtet haben, um die *Needle* in Stasis zu halten, und uns dann dorthin geschleppt haben, wo sie geschmolzenes Gestein zur Verfügung hatte, das sie ausgießen konnte. Und dieser Ort wird sich als der Tatort erweisen.«

»Louis, hast du irgendeine Vorstellung davon, was sie von uns erwartet?«

»Kaum eine Idee. Lassen wir das für den Augenblick.« Louis wählte ein paar Badetücher und reichte eines an Chmee weiter. Er fügte ein Paar hölzerner Clogs hinzu. »Sind wir bereit?«

Chmee jagte zu der Trittscheibe. Louis folgte ihm.

Kapitel 31

Das Reparaturzentrum

Es war wie der Übertritt in einen Ofen. Louis hatte seine Clogs, aber das Einzige, was Chmees Füße schützte, war der Teppichbelag. Der Kzin verschwand die Treppe hinab, wobei er einmal knurrte, als er Metall streifte.

Louis hielt den Atem an. Er hoffte, dass Chmee dasselbe tat. Es fühlte sich so heiß an: Heiß genug, um die Lungen zu versengen. Der Boden war um vier oder fünf Grad geneigt. Der Blick aus dem Fenster war ein Fehler: Er ließ ihn ungläubig erstarren. In der schlammigen Finsternis draußen: ein Sandhai auf Suche? *Meerwasser?*

Er hatte zwei oder drei Sekunden verloren. Er nahm die Treppe vorsichtiger als Chmee, kämpfte gegen den Drang zu atmen an, schnaubte ein paar Mal durch die Nase, um die ofenheiße Luft auszustoßen, die doch eingedrungen war. Er roch Verbranntes, Schalheit, Rauch, Hitze.

Chmee versorgte verbrannte Hände; das Fell um seinen Hals war stark aufgeplustert. Die Griffe an den Spinden waren aus Metall. Louis schlang das Handtuch um seine Hände und machte sich daran, die Spinde zu öffnen. Chmee benutzte sein eigenes Tuch, um den Inhalt herauszuheben. Druckanzüge. Fluggürtel. Desintegrator. Supraleitertuch. Louis holte seinen

Druckanzughelm aus den Sachen heraus und schaltete die Luftzufuhr ein, schlang sich sein Handtuch um den Hals als Polsterung und setzte den Helm auf. Der Wind, der ihm um das Gesicht blies, war kaum warm. Er holte reine Luft, und seine Brust hob und senkte sich.

Chmees Anzug verfügte nicht über einen separaten Helm; Er musste ihn überstreifen und versiegeln. Das Kratzen seines jähen Keuchens tönte furchterregend in Louis Ohrhörern.

»Wir sind unter Wasser«, keuchte Louis. »Warum ist es so futzy heiß?«

»Frag mich das später. Hilf mir, das hier zu tragen.« Chmee hob seinen Fluggürtel und den Körperschutz auf, dazu eine Spule schwarzen Draht und einen gesunden Anteil des Supraleitertuchs, dazu den schweren beidhändigen Desintegrator. Er machte sich zur Treppe auf.

Louis stolperte ihm nach, mit Prills Fluggürtel, Laserlampe und zwei Druckanzügen und Körperschutz. Sein Fleisch fing allmählich an zu kochen.

Chmee blieb vor den Cockpit-Instrumenten stehen. Blubberndes, dunkelgrünes Wasser zeigte sich durch die Fenster. Kleine Fische wanden sich ihren Weg durch einen ausgedehnten Wald aus Seegras. Der Kzin schnaubte. »Dort, die Anzeigen ... zeichne deine Antwort auf. Teela hatte mich mit ... einem Schwall Mikrowellen mit Hitze übergossen. Lebenserhaltung ausgefallen. *Scrith*-Repulser ausgefallen. Das Landefahrzeug ist gesunken. Wasser hat ... die Mikrowellen aufgehalten. Landefahrzeug blieb heiß, weil ... Hitzepumpen als erste ausgefallen ... Isolation zu gut. Wir können das Fahrzeug jetzt nicht benutzen.«

»Futz.« Louis benutzte die Trittscheibe.

Er ließ fallen, was er trug. Schweiß strömte ihm in Augen und Mund. Er zog den heißen Helm aus und sog kühle Luft ein. Harkabeeparolyn hatte ihre Schulter unter seiner Achselhöhle und trug ihn halb um Bett, wobei sie tröstende Worte in der Sprache der Städtebauer murmelte.

Chmee war nicht aufgetaucht.

Louis zog sich los. Er streifte den Helm über den Kopf und stolperte zur Trittscheibe zurück. Chmee arbeitete an den Kontrollen. Er schob Louis die eigene Ausrüstung in die Arme. »Nimm das. Komme gleich nach.«

»Aye, aye.«

Louis steckte halb in seinem Druckanzug, als Chmee wieder in der *Needle* auftauchte. Der Kzin zog sich seinen eigenen Anzug aus. »Wir haben keine große Eile, Louis. Hinterster, das Landefahrzeug ist nutzlos. Ich habe es so eingestellt, dass es mit Fusionsantrieb startet und zum Mons Olympus fliegt, rein als Ablenkung. Teela könnte ein paar Sekunden mit seiner Vernichtung vergeuden.«

Der Lautsprecher antwortete: »Gut. Ich kann einigen Fortschritt vermelden, aber ich werde ihn euch nicht zeigen. Wir wissen, dass Teela meine Kommunikation abhören kann.«

»Nun?«

Der Hinterste kam vom Cockpit herein. Jetzt konnte er ohne mechanische Hilfe sprechen. »Der größte Teil meiner Instrumente ist natürlich nutzlos. Ich kenne unsere Ausrichtung. Es gibt eine massive Quelle von Neutrinoemissionen, wahrscheinlich eine Fusionsanlage, irgendwo auf Backbord, spinwärts, in dreihundert Kilometern Entfernung. Tiefenradar zeigt rings um uns her Aussparungen. Die meisten sind lediglich von Zimmergröße. Einige sind gewaltig, und diese bergen schwere Maschinen. Ich glaube, ich habe die leere Höhle mit dem Gerüst der Reparaturmannschaft entdeckt, und zwar anhand der Größe, der Form und den Gestelle auf dem Boden. Deren Ausgang ist die massive runde Tür in der Wand der Karte, verborgen vom Wasserfall. Ich fand das Vorratslager für das, was die Pflaster für größere Meteoriteneinschläge sein müssen, und eine weitere Luke. Kleines Raumschiff, möglicherweise Kriegsschiff – ich kann's nicht sagen – und noch eine weitere Luke. Alles in allem sind sechs Luken unter dem Wasserfall. Es ist mir gelungen …«

»Hinterster, du solltest Teela Brown finden!«

»Habe ich gehört, dass du Louis Wu den Rat erteilt hast, Geduld zu zeigen?«

»Louis Wu ist ein Mensch; er kennt Geduld. Du, du Gras essendes Tier, du hast weitaus zu viel davon.«

»Und du schlägst vor, die menschliche Variante eines Pak-Protektors zu ermorden. Ich hoffe nicht, dass du eine Art Duell erwartest? Schreien und springen, und Teela Brown wird mit bloßen Händen kämpfen? Wir müssen Teela mit unserem Geist bekämpfen. Geduld, Kzin. Erinnere dich, was auf dem Spiel steht.«

»Mach weiter.«

»Es ist mir gelungen, den Ort des Mons Olympus ausfindig zu machen, eintausend Kilometer antispinwärts und Backbord von uns. Ich vermute, dass Teela einen schweren Laser hat, den sie ständig auf die *Needle* abfeuerte, oder einen ähnlichen Apparat, um uns in Stasis zu halten, während sie uns tausend Kilometer weit geschleppt hat. Den Grund hierfür kann ich nicht erraten.«

»Sie hat uns dorthin geschleppt«, erwiderte Louis, »wo sie geschmolzenes Gestein zur Verfügung hatte, das sie über uns gegossen hat. Dieser Ort wird sich als der Ort ihres hypothetischen vielfachen Mordes erweisen. Wie, das müssen mir immer noch herausfinden. Tanj, vielleicht hat sie unsere Intelligenz überschätzt!«

»Schließe nicht von dir auf andere, Louis. Wahrscheinlich ist es unter uns.« Ein Puppenspielerkopf beugte sich nach oben. »Fast über uns, der Ausrichtung des Schiffs nach, ist ein Komplex von Räumen, in denen jede Menge elektrischer Aktivität gespürt werden kann, ganz zu schweigen von genügend pulsierenden Neutrinoemissionen, um auf ein halbes Dutzend Tiefenradaranlagen hinzudeuten.

Ich fand ebenfalls eine Halbkugel von zweiundsechzig Komma vier Kilometern Durchmesser mit einer weiteren Neutrinoquelle ein Stück weit oben in der Wand. Eine bewegliche Quelle. Ausstoß erfolgt zufällig, wie bei einer Fusionsanlage. In den wenigen Minuten, die ihr weg gewesen seid, hat sie sich nicht weit bewegt, aber sie könnte die vollen einhundertachtzig Grad der Kuppel in fünfzehn plus minus drei Stunden durchqueren. Fleischesser, Krieger, sagt dir das irgendetwas?«

»Eine künstliche Sonne. Agrikultur. Wo?«

»Viertausend Kilometer Richtung Steuerbordrand der Karte. Aber da du durch Mons Olympus eindringst, muss du zwölf Grad antispinwärts Steuerbord suchen. Dort gibt es vielleicht Wände, die durchdrungen werden können. Hast du den Hand-Desintegrator mitgebracht?«

»Da ich nicht völlig blöde bin, habe ich ihn. Hinterster, wenn das Landefahrzeug den Mons Olympus erreichen sollte, dann können wir vielleicht durch die Trittscheiben hinaus und direkt durch die Frachtraumtür des Landefahrzeugs. Aber Teela wird ihn zuvor abschießen.«

»Warum sollte sie? Wir sind noch nicht an Bord. Sie hat Tiefenradar; sie wird das wissen.«

»Arr. Dann wird sie das Landefahrzeug verfolgen, warten, bis wir auftauchen, und uns dann vernichten. Ist dies die Weisheit, die deinem Volk dabei geholfen hat, ein Blatt zu beschleichen?«

»Ja. Ihr werdet den Mons Olympus Stunden, bevor das Landefahrzeug eintrifft, erreichen. Ich habe die Sonde so eingestellt, dass sie uns folgt. In der Sonde ist ein Trittscheibenempfänger. Natürlich werdet ihr keine Möglichkeit haben, zur *Needle* zurückzukehren.«

»Arr. Klingt brauchbar.«

»Welche Ausrüstung werdet ihr verwenden?«

»Druckanzüge, Fluggürtel, Laserlampen und den Desintegrator. Ich habe auch das hier mitgebracht.« Chmee zeigte auf das Supraleitertuch. »Teela weiß nichts davon. Das könnte uns helfen. Wir können es in die Gewänder einnähen, um unsere Druckanzüge zu verbergen. Du, Harkabeeparolyn, kannst du nähen?«

»Nein.«

»Ich kann nähen«, sagte Louis.

»Ich auch«, sagte der Junge. »Du musst mir zeigen, was du willst.«

»Werde ich. Es muss nicht elegant sein. Wir müssen darauf hoffen, dass Teela Laser benutzt statt Projektile oder einer Streitaxt. Unser Körperschutz wird nicht über Druckanzüge passen.«

»Stimmt nicht ganz«, sagte Louis. »Dein Körperschutz, Chmee, wird zum Beispiel über meinen Druckanzug passen.«

»So aufgeplustert wirst du dich nicht schnell genug bewegen können.«

»Vielleicht nicht. Harkabeeparolyn, wie hältst du dich?«

»Ich bin verwirrt, Louis. Kämpfst du mit oder gegen den Protektor?«

»Sie kämpft gegen uns, aber sie hofft zu verlieren«, erwiderte Louis sanft. »Das kann sie nicht aussprechen. Die Regeln, nach denen sie spielt, sind so in ihr Gehirn und ihre Drüsen eingebaut. Kannst du irgendetwas davon glauben?«

Harkabeeparolyn zögerte. Dann sagte sie: »Der Protektor hat gehandelt wie … wie jemand, der befürchtete, dass jemand alles überwachte, was er sagte und tat. So war es im Panth-Gebäude bei meiner Ausbildung.«

»Stimmt genau. Der Überwacher ist Teela selbst. Kannst du gegen einen Protektor kämpfen und wissen, dass die ganze Welt sterben könnte, wenn du verlierst?«

»Ich glaube schon. Schlimmstenfalls könnte ich den Protektor ablenken.«

»Okay. Wir nehmen dich mit. Wir haben die Ausrüstung, die für eine andere Frau der Städtebauer gedacht war. Ich bringe dir so viel bei über das, was du trägst, wie ich kann. Chmee, sie wird deinen Körperschutz zwischen ihrem Druckanzug und dem Supraleitertuch haben.«

»Sie kann Halrloprillalars Laserlampe haben. Ich habe meine durch Achtlosigkeit verloren. Ich werde den Desintegrator nehmen. Ich weiß auch, wie man Ersatzbatterien manipuliert, um ihre Energie in einer Millisekunde freizusetzen.«

»Diese Batterien gehören meinem Volk. Wir haben sie so ausgelegt, dass sie sicher sind«, sagte der Hinterste zweifelnd.

»Zeige sie mir trotzdem. Als Nächstes musst du sämtliche Kommunikationswege sperren. Wir müssen davon ausgehen, dass Teela gegessen hat und zurückkehrt, bevor wir hier fertig sind. Ich wünschte, wir hätten mehr Zeit. Louis, zeige Kawaresksenjajok, wie er unsere Tarngewänder nähen soll. Verwende Supraleiter als Faden.«

»Ja, daran habe ich gedacht. Tanj, ich wünschte, wir hätten mehr Zeit.«

Sie stürmten zu den Trittscheiben, eingewickelt in ihre Ausrüstung.

Harkabeeparolyn in ihren Tuchschichten war völlig formlos. Ihr Gesicht im Helm zeigte konzentrierte Anspannung. Druckanzug, Fluggürtel, Laser – sie hätte Glück, wenn sie sich daran erinnerte, wie das funktionierte, was sie trug, ganz zu schweigen davon zu kämpfen. Aus der Entfernung hätte es Louis unter all dem Tuch sein können. Teela könnte zögern. Alles könnte zählen.

Sie war weg. Louis folgte und schaltete seinen Fluggürtel ein.

Chmee, Harkabeeparolyn, Louis Wu: Sie schwebten wie Kugeln aus schwarzem Krepppapier über dem rostfarbenen Hang des Mons Olympus. Die Sonde schwebte nicht. Sie musste geschwebt haben, bis ihr der Treibstoff ausging, dann abgestürzt und weitergerollt sein. Sie war schwer beschädigt. Die Trittscheibe hatte überlebt.

Die Anzeigen unter Louis‘ Kinn sagten ihm, dass die Luft sehr dünn war, sehr trocken und reich an Kohlendioxid. Eine gute Nachahmung des Mars, aber dies war nahezu irdische Schwerkraft. Wie hatten die Marsianer überlebt? Sie mussten sich angepasst haben, aufrechtgehalten von dem Meer aus Staub, in dem sie lebten. Stärker als ihre ausgestorbenen Vettern … *Nicht abschweifen!*

Der Kraterrand befand sich sechzig Kilometer weiter oben. Sie benötigten fünfzehn Minuten. Harkabeeparolyn flog hinterdrein. Ihr Flug verlief ruckartig; sie fummelte wohl beständig an den Kontrollen herum.

Die Luke am Grund des Kraters war gesteins- und rostfarben und hatte eine raue Oberfläche. Sie war nach innen explodiert, nach unten. Sie fielen in Dunkelheit hinab.

Ihre Fluggürtel hielten sie. Das hätte nicht funktionieren sollen. Die Repulser-Einheiten stießen flache *Scrith*-Platten über und unter ihnen ab. Aber die *Scrith*-Decke war nicht tragfähig. Sie war viel dünner als der Ringweltboden unter ihnen.

Louis schaltete auf Infrarot um (und hoffte, dass Harkabeeparolyn sich erinnerte; ansonsten wäre sie blind). Wärme strahlte von unten herauf – ein kleiner, heller Kreis. Ihre Umgebung war ausgedehnt, verschwommen. Säulen aus Scheiben und schmale Leitern an drei Wänden entlang. Und aus der Mitte des großen Raums erhob sich ein schief stehender Turm aus Ringen. Sie fielen daran vorüber, Ring um Ring. Ein Linearbeschleuniger, der auf die Öffnung des Mons Olympus oben zielte? Dann könnten jene Scheiben Ein-Protektor-Kampfplattformen sein, die darauf warteten, in den Himmel geschossen zu werden.

Ein Loch war unten durch den Boden getrieben worden. Sie fielen hindurch. Harkabeeparolyn war immer noch bei ihnen. Der warme Fleck war immer noch unten und wurde größer.

Zwölf eng beieinander liegende Stockwerke, jedes mit einem Loch. Die *Needle* hatte schon eine ziemliche Schneise geschlagen. Selbst der letzte der Risse war ein großer ... und infrarotes Licht schimmerte hindurch. Die Kammer darunter war kaum weniger als glühend heiß. Chmee fiel ein gutes Stück vor Louis hinein. Einen Augenblick später schwebte er wieder herauf und ließ sich dann auf den Boden darüber sinken.

Sie behielten Funkstille bei. Louis ahmte Chmee nach: Er ließ sich durch das letzte Loch fallen und fand sich in gleißendem Infrarot wieder. Gewaltige Hitze war hier freigesetzt worden. Und der Tunnel, der von hier wegführte, glühte noch heller.

Louis stieg wieder hinauf zu Chmee. Er winkte Harkabeeparolyn, und sie ließ sich mit einem dumpfen Knall neben ihm nieder.

Ja. Die *Needle* war durch diesen Tunnel weggeschleppt worden, wobei ausreichend Hitze auf das Schiff eingewirkt hatte, um das Stasisfeld auszulösen. Leicht nachzuverfolgen ... nur dass sie gebraten würden. Was jetzt?

Jetzt Chmee folgen, der ziemlich schnell davonschwebte. Was hatte er vor? Wenn sie nur sprechen könnten!

Sie bewegten sich durch Wohnbereiche. Sie waren für Leute gedacht, die versuchten, schnell zu fliegen. Würfel ohne Türen, oder ansonsten Türen wie die Türen eines Safes; nirgendwo ein Vorhang für reine Privatsphäre. Wie lebten die Pak-Protektoren? Blicke in die Würfel offenbarten spartanische Einfachheit. Auf dem Boden eines Würfels ein Skelett mit geschwollenen Gelenken und einem überkrusteten Schädel. Ein großer Raum war voll von etwas, was Trainingsausrüstung gewesen sein musste, darunter ein Klettergerüst, das anscheinend anderthalb Kilometer hoch war.

Sie flogen stundenlang. Manchmal gab es Kilometer an schnurgeraden Korridoren. Diese konnten sie mit Höchstgeschwindigkeit nehmen. Zu anderen Zeiten mussten sie sich ihren Weg suchen.

Türen versperrten ihnen den Weg. Chmee kümmerte sich darum: Der Desintegratorstrahl blies die Türen in einer Wolke monoatomaren Staubs davon.

Staub stieg von einer großen Türe auf, und dann hörte der Staub auf und die Türe war nach wie vor dort. Ein kahles Rechteck. Es musste *Scrith* sein, dachte Louis.

Chmee nahm sie mit nach links, um das herum, was die Tür auch immer bewachte. Louis ließ sich hinter Harkabeeparolyn zurückfallen und flog rückwärts, auf der Hut, ob Teela Brown hervorkam. Die große Türe blieb verschlossen. Wenn sie Teela Brown verborgen hatte, konnte sie sie nicht durch das *Scrith* entdecken. Selbst für Protektoren gab es Grenzen.

Sie hätten dem Tunnel zur *Needle* folgen können, und zwar darüber, aber sie taten es nicht. Wenn sie sich anhand der Position der *Needle* orientierten, führte Chmee sie etwa zwölf Grad antispinwärts von Steuerbord … zu einer großen halbkugelförmigen Höhle mit einer beweglichen Neutrinoquelle auf halber Höhe einer Wand. Auch gut.

Als es ihnen möglich war, schwenkten sie nach rechts ab. Sie kamen an einer weiteren *Scrith*-Tür vorüber, aber sie versperrte ihnen nicht den Weg. Was sie auch immer umkreist hatten, es war groß. Ein Notfall-Kontrollraum? Vielleicht wollten sie ihn wiederfinden.

Vierzehn Stunden waren verstrichen, und fast eintausend Kilometer waren sie geflogen, bevor sie für eine Ruhepause anhielten. Sie schliefen in einer Art hüfthohem metallenem Ring mitten auf einer weiten Fläche Fußboden. Zweck unbekannt – aber nichts konnte sich an sie heranschleichen. Louis bekam allmählich Appetit auf etwas anderes als Nährsirup. Er überlegte: Hatte Teela gegessen und war ihren Geschäften nachgegangen und hatte sie Zeit gehabt, erneut hungrig zu werden?

Sie flogen weiter. Sie hatten jetzt den Wohnbereich verlassen, obwohl es hier und da immer noch Würfel mit leeren Vorratsbehältern, Toiletten und netten flachen Fußböden für Nickerchen gab. Aber diese befanden sich in riesigen Kammern, die vielleicht alles oder nichts enthalten mochten.

Sie umflogen etwas, was eine riesige Pumpe gewesen sein musste, dem gewaltigen Lärm nach zu urteilen, der auf ihre Trommelfelle eingeschlagen hatte, bis sie sie hinter sich gebracht hatten. Chmee führte sie nach links, zerschoss eine Wand und brachte sie in einen Kartenraum, der so riesig war, dass Louis in sich selbst zusammenschrumpfte. Als Chmee die Wand auf der anderen Seite zerschoss, blitzte das riesige Hologramm auf und erstarb, und sie bewegten sich weiter.

Jetzt waren sie nahe dran. Sie schliefen auf einem Fusionsgenerator, der nicht lief. Vier Stunden; dann setzten sie den Flug fort.

Ein Korridor, und dahinter ein Licht, und Wind fegte sie weiter.

Sie kamen im Licht heraus.

Die Sonne an einem wolkenlosen Himmel hatte gerade ihren Zenit überschritten. Eine endlose, sonnenerhellte Landschaft erstreckte sich vor ihnen: Teiche, Baumhaine, Kornfelder und Reihen dunkelgrüner Pflanzen. Louis kam sich vor wie eine Zielscheibe. Eine schwarze Drahtschlinge war an seiner Schulter befestigt. Jetzt zog er sie herab und warf sie hinaus. Ein Ende war nach wie vor an seinem Anzug befestigt. Er würde die Hitze abstrahlen, falls sie jetzt schoss.

Wo war Teela Brown?

Nicht hier, wie es schien.

Chmee führte sie über ein Gebiet mit kleinen Hügeln. Er ging neben einem stehenden Gewässer nieder. Louis folgte, Harkabeeparolyn hinter ihm. Der Kzin öffnete seinen Raumanzug. Als Louis den Boden berührte, hielt Chmee beide Handflächen nach außen und vollführte dann die Pantomime, dass er seinen Anzug fest geschlossen hielt.

Öffne nicht deinen Anzug. Das meinte er für Harkabeeparolyn. Sie war gewarnt worden, aber Louis beobachtete sie, bis er sich sicher war, dass sie ihn nicht öffnete.

Was jetzt?

Das Land war zu flach. Verstecke gab es offenbar nur spärlich – Baumgruppen, eine Handvoll Hügel mit weichen Kanten dahinter; zu offensichtlich. Unter Wasser versteckt? Vielleicht. Louis holte den Supraleiterdraht ein, den er ausgeworfen hatte. Wahrscheinlich blieben ihnen Stunden zur Vorbereitung, aber wenn Teela käme, käme sie wie ein Blitz.

Chmee hatte sich nackt ausgezogen. Jetzt legte er den Anzug aus Supraleitertuch wieder an. Er ging zu Harkabeeparolyn und half ihr dabei, seinen eigenen Körperschutz abzulegen, und streifte ihn selbst über. Ließ sie umso hilfloser zurück. Louis ging nicht dazwischen.

Hinter der Sonne versteckt? Die kleine, fusionsgespeiste, Neutrinos emittierende Sonne – zumindest war sie kein offensichtliches Versteck. Könnte es getan werden? Wenn der Supraleiterdraht in den Teich liefe, könnte er nur bis zum Siedepunkt des Wassers erhitzt werden. Tanj, das war schlau! Es hätte sogar funktionieren können, wären sie der Marsoberfläche näher gewesen, wo das Wasser bei irgendeiner vernünftigen Temperatur sieden würde. Aber sie befanden sich zu nahe am Ringweltboden; der Luftdruck war fast so hoch wie auf Meereshöhe.

Sie könnten gut und gern tagelang warten. Das Wasser in den Anzügen würde reichen, ebenso der Zuckersirup, und wahrscheinlich Louis Wus Geduld. Chmee war bereits aus seinem Anzug heraus. Es könnte sogar Beute für ihn geben.

Aber was war mit Harkabeeparolyn? Wenn sie ihren Anzug öffnete, würde sie Lebensbaum riechen.

Chmee hatte seinen Druckanzug wieder aufgepumpt. Jetzt zog er seinen Fluggürtel darüber. Er befestigte einen Stein an jedem Zeh, fummelte dann mit dem Fluggürtel herum, bis er nach oben zog. Na, *das* war jetzt schlau. Tritt die Steine davon, schalte den Schub ein, und ein leerer Anzug würde zum Angriff fliegen.

Louis hatte an nichts Vergleichbares gedacht.

Vielleicht kam Teela nur alle paar Wochen hier vorbei. Vielleicht bewahrte sie Lebensbaumwurzeln anderswo auf.

Wie sahen Lebensbäume überhaupt aus? Diese schimmernden Klumpen dunkelgrüner Blätter? Louis hob eines auf. Darunter waren fette Wurzeln, die eine vage Ähnlichkeit mit

Süßkartoffeln hatten. Er erkannte diese Pflanze nicht wieder, aber er erkannte nichts von dem wieder, was hier lebte. Das meiste dessen, was auf der Ringwelt lebte, und alles, was hier lebte, musste aus dem galaktischen Kern importiert worden sein.

Teela lachte in Louis‘ Ohren.

Kapitel 32

Protektor

Louis vollführte nicht bloß einen Satz; er kreischte in seinem Helm.

Es war ein Gelächter in Teelas Stimme, und sie verschliff die Konsonanten, wogegen sie nichts tun konnte: Lippen und Gaumen waren zu einem harten Schnabel verschmolzen. »Ich wollte nie wieder gegen einen Pierson's-Puppenspieler kämpfen! Chmee, hältst du dich für gefährlich? Dieser Puppenspieler hätte mich fast erwischt.«

Irgendwie schaltete sie ihre toten Ohrhörer ein. Konnte sie sie durch dasselbe Mittel aufspüren? Dann waren sie tot. Also annehmen, dass sie es nicht konnte.

»Es gab keine Signale von eurem Schiff. Kommunikation tot. Ich musste wissen, was im Innern geschah. Also habe ich etwas zusammengeschustert, um mich in die Trittscheiben einzuhaken. Ich kann dir sagen, das war nicht leicht. Zunächst musste ich erraten, dass ein Puppenspieler vielleicht Trittscheiben von seinem Heimatplaneten mitbringen würde, dann musste ich ableiten, wie sie funktionierten, und sie bauen … und als ich mich einhakte und hinüberschritt, griff der Puppenspieler nach seinem Stasisfeldschalter! Ich musste erraten, wo die Übertragungsscheibe war, und zwar tanj schnell. Aber ich bin rausgekommen, und dein Schiff muss in Stasis sein, und niemand wird dir zur Hilfe kommen. Jetzt komme ich euch holen«, sagte Teela, und Louis hörte das Bedauern aus ihren Worten heraus.

Jetzt gab es nichts als abzuwarten. Der Hinterste war von der Bildfläche verschwunden, zusammen mit aller Ausrüstung an Bord der *Needle.* Nichts war geblieben außer dem, was sie in Händen hielten.

Es hörte sich jedoch an, als würde sie eine Weile brauchen – wenn sie nicht log. Louis stieg mit seinem Fluggürtel auf.

Einen Kilometer, zwei Kilometer, und das Dach war immer noch weit oben. Teiche, Flüsse, sanfte Hügel: zweieinhalbtausend Quadratkilometer Garten wandelten sich zur Wildnis. Bäume mit spitzenartigen Blättern in Glockenform bildeten Richtung Backbord einen Dschungel. Hunderte von Quadratkilometern gelber Büsche spinwärts und Richtung Steuerbord hatten immer noch Spuren der Reihen beibehalten, in denen sie gepflanzt worden waren.

Er entdeckte spinwärts einen großen Eingang und mindestens drei kleinere, darunter den Tunnel antispinwärts, der sie hergebracht hatte.

Louis ließ sich bis dicht über die Oberfläche herabfallen. Sie müssten sich aus allen vier Richtungen verteidigen. Wenn er eine Art Schüsselform finden könnte … da, abseits des Zentrums, ein Fluss mit niedrigen Hügeln ringsum. Warum *nicht* inmitten eines Flusses? Er studierte ihn von oben mit dem Gefühl, dass ihm ein anderer kritischer Punkt entging.

Ja.

Louis flog dorthin zurück, wo Chmee Deckung gesucht hatte. Er rüttelte Chmees Arm und zeigte hin.

Chmee nickte. Er rannte zu dem Korridor, durch den sie hereingekommen waren, und vertäute seinen Druckanzug wie einen Ballon. Louis stieg mit seinem Fluggürtel auf und winkte Harkabeeparolyn zu folgen.

Ein gekerbter Bergrücken aus niedrigen Hügeln, dahinter ein Teich. Könnte ein netter Hinterhalt sein. Louis ließ sich auf dem Kamm nieder. Er streckte sich flach dort aus, wo er den Eingang beobachten konnte. Einen Moment lang drehte er sich um, spulte seinen Supraleiterdraht zum Teich hin ab und achtete darauf, dass er das Wasser erreichte.

Es gab nur einen Weg aus der Needle *heraus. Die einzige Trittscheibe, die Teela hätte erreichen können, führte zu einer Sonde am Hang des Mons Olympus. Teelas Route war die Route, der sie gefolgt waren, und sie führte hierher.*

Mehrere Schlucke vom Zuckersirup; mehrere Schlucke Wasser. Versuche, dich zu entspannen. Louis konnte Chmee nicht sehen; er hatte keine Ahnung, wohin der Kzin verschwunden war. Harkabeeparolyn sah ihn an. Louis zeigte auf den Korridor, dann winkte er sie weg. Sie verstand. Sie schlüpfte um die Rundung eines Hügels. Louis war allein.

Diese Hügel waren tanj zu flach. Die schenkelhohen Klumpen dunkler, glänzender grüner Blätter würden einen reglosen Mann verbergen, würden jedoch die Bewegung behindern.

Die Zeit verstrich. Louis benutzte die Sanitäreinrichtung in seinem Anzug und kam sich hilflos und getrieben vor. Wieder auf seinem Posten. *Bleib in Bereitschaft. Mit ihrem Wissen vom inneren Transportsystem des Reparaturzentrums kann sie sehr schnell kommen. Stunden von jetzt an, oder jetzt …*

Jetzt! Teela kam wie eine Lenkwaffe, knapp unter dem Dach des Korridors. Louis erhaschte einen Blick auf sie, als er sich herumrollte, um zu feuern. Sie stand aufrecht auf einer Scheibe von zwei Metern Durchmessen, hielt sich an einem aufrechtstehenden Pfahl mit Handgriffen und Kontrollen daran fest. Louis feuerte. Chmee feuerte von dort aus, wo auch immer er sich versteckte. Zwei Stränge rubinroten Lichts berührten dasselbe Ziel. Teela hatte sich inzwischen hingehockt, verborgen von der Scheibe. Sie hatte alles gesehen, was sie wollte, ihre Positionen zentimetergenau festgestellt.

Aber aus der fliegenden Scheibe schossen rubinrote Flammen, und sie stürzte ab. Louis erwischte einen letzten Blick auf Teela, bevor sie sich hinter die seltsamen Spitzenbäume fallen ließ. Sie hatte einen winzigen Fallschirm geöffnet.

Nimm also an, sie ist lebendig und unverletzt, und verschwinde schnell von hier. Louis wälzte sich, weil es am ökonomischsten war, über den Hügelkamm und beobachtete von der anderen Seite aus. Es könnte funktionieren, und sein Schwanz aus Supraleiterdraht war immer noch im Teich.

Wo war sie?

Etwas sprang vom Kamm des nächstgelegenen Hügel herüber. Grünes Licht zerteilte es mitten in der Luft und blieb, während das Ding aufflammte und starb. So viel für Chmees Raumanzug. Aber ein Schwall handgroßer Geschosse flog zu der Basis des grünen Laserstrahls hinüber. Ein halbes Dutzend weißer Blitze hinter der Erhebung und das *Krack!* von Blitzen, die in der Nähe einschlugen, zeigten, dass Chmee erfolgreich aus von Puppenspielern gefertigten Batterien Bomben hergestellt hatte.

Teela war nahe, und sie benutzte einen Laser. Und wenn sie den Teich umrundete, knapp hinter dem Hügelkamm … Louis rückte auf seiner Position zurecht.

Chmees verbrannter Anzug war zu langsam herabgefallen. Ein Protektor würde wissen, dass er leer war. Cthulhu und Allah! Wie konnte jemand gegen einen Protektor mit Glück kämpfen?

Teela kam hoch, weiter unten am Hügel, als Louis erwartet hatte, schoss eine Lanze grünes Licht auf Louis ab und war verschwunden, bevor Louis' Daumen sich rühren konnte. Louis blinzelte. Der Flare-Schild in seinem Helm hatte ihm das Augenlicht gerettet. Aber Instinkte oder nicht, Teela versuchte, Louis Wu zu töten.

Erneut tauchte sie auf, woanders. Grünes Licht erlosch auf schwarzem Tuch. Diesmal feuerte Louis zurück. Sie war weg; aber er wusste nicht, ob er sie getroffen hatte. Er hatte einen Blick auf Körperschutz aus geschmeidigem Leder erhascht, der etwas locker saß, und gewaltig angeschwollene Gelenke: Knöchel und Fingergelenke wie Walnüsse, Knie und Ellbogen wie Melonen. Sie trug keinen anderen Körperschutz als ihre eigene Haut.

Louis wälzte sich zur Seite und den Hügel hinab. Er kroch rasch weiter. Kriechen war harte Arbeit. Wo wäre sie beim nächsten Mal? Er hatte dieses Spiel nie gespielt. In den zweihundert Jahren seines Lebens war er niemals Soldat gewesen.

Zwei Rauchwolken trieben über dem Teich.

Links von ihm stand Harkabeeparolyn plötzlich auf und schoss. Wo war Teela? Ihr Laser antwortete nicht. Harkabeeparolyn stand dort wie eine Zielscheibe in schwarzem Gewand; dann duckte sie sich und rannte den Hügel hinab. Legte sich flach hin und kroch nach links oben.

Der Felsbrocken kam von links, und wie hätte Teela so schnell dort sein können? Er traf Harkabeeparolyn hart genug am Arm, dass er den Knochen brach und den Ärmel aufriss. Die Städtebauerin stand heulend auf, und Louis erwartete zu sehen, wie sie niedergeschossen wurde. *Futzfutzfutz! aber verfolge den Strahl zurück …*

Kein Strahl kam. Und er hätte nicht zuschauen sollen; er hätte handeln sollen. Er hatte gesehen, von wo der Felsbrocken gekommen war. Da gab es einen Spalt zwischen zwei Hügeln, und er kroch so schnell, wie er sich getraute, um den Hügel zwischen sich und Teela zu bringen. Dann herum … Tanj, wo war Chmee jetzt? Louis riskierte einen Blick über den Kamm.

Harkabeeparolyn hatte aufgehört zu kreischen. Sie schniefte. Sie ließ den Fluggürtel fallen und riss einhändig das schwarze Tuch weg. Ihr andere Arm hing locker, gebrochen, herab. Sie versuchte, ihren Anzug abzustreifen.

Teela war *dort* gewesen. Wohin würde sie weitergehen? Sie ignorierte Harkabeeparolyn.

Deren Helm wollte sich nicht lösen lassen. Sie tanzte den Hügel hinab und bemühte sich dabei, den Stoff einhändig zu zerreißen, dann schlug sie mit einem Stein gegen die Gesichtsplatte.

Zu viel Zeit verstrich. Teela konnte mittlerweile überall sein. Louis setzte sich erneut in Bewegung, diesmal zu einer Spalte, die ein inzwischen ausgetrockneter Bach gebildet hatte. Wenn er versuchte, zu einer Hügelkuppe zu gelangen, würde sie das sehen.

Konnte sie tatsächlich jede seiner Bewegungen erraten? Protektor! Wo war sie jetzt?

Hinter mir? Louis spürte Spinnen auf seinem Nacken. Er wirbelte herum, aus keinem besonderen Grund, und feuerte auf Teela, als ein kleines Metallwerkzeug seine Rippen entlangfuhr. Das Geschoss riss seinen Anzug und seine Haut auf und störte ihn beim Zielen. Er drückte den linken Arm über den aufgerissenen Stoff, während er den Strahl des Rubinlasers dort spielen ließ, wo Teela zuletzt gewesen war. Dann sprang sie auf und war verschwunden, bevor der Strahl sie erreichen konnte, und eine dichte Metallkugel schlug Teile von seinem Helm ab.

Er wälzte sich den Hügel hinab, wobei er seinen Anzug mit dem linken Arm geschlossen hielt. Durch die geplatzte Helmscheibe sah er Teela wie eine große schwarze Fledermaus auf sich zukommen, und er richtete den Rubinlaser rascher auf sie, als sie sich wegducken konnte.

Tanj verdammt, sie duckte sich nicht! Und warum sollte sie auch? Teela Brown trug jetzt Harkabeeparolyns Anzug aus schwarzen Supraleitertuch. Er richtete den Strahl mit beiden Händen auf sie. Ihr würde es wärmer werden, als ihr lieb wäre, bevor sie ihn tötete. Der gepanzerte Dämon jagte auf ihn zu, wobei das schwarze Tuch um sie herum wie nasses Gewebe zerfetzt wurde.

Zerfetzt wurde? Warum? Und *was war das für ein Geruch?*

Sie schwenkte ab und schleuderte den Laser wie ein Geschoss zur Seite auf Chmee. Desintegrator und Laserlampe flogen aus Chmees Hand. Sie krachten zusammen.

Der Geruch des Lebensbaums war in Louis‘ Nase und in seinem Gehirn. Es war nicht wie der Draht. Der Strom war in sich selbst genügend, eine Erfahrung, die nichts weiter verlangte, als sie perfekt zu machen. Der Geruch des Lebensbaums war Ekstase, aber durchsetzt mit einem rasenden Hunger. Louis wusste jetzt, was der Lebensbaum war. Er hatte schimmernde dunkelgrüne Blätter und Wurzeln wie eine Süßkartoffel, und er war rings um ihn her, und der Geschmack – etwas in seinem Gehirn erinnerte ihn an den Geschmack des Paradises.

Er war rings um ihn her, und er konnte nicht essen. Er konnte nicht essen. Er konnte nicht essen wegen seines Helms, und er konnte die Hände nicht von den Klammern wegreißen, die seinen Helm lösen würden, weil er nicht essen konnte, während die menschliche Variante eines Pak-Protektors Chmee tötete.

Er stabilisierte den Laser mit beiden Händen, als ob es einen Rückstoß geben könnte. Der Kzin und der Protektor waren unentwirrbar ineinander verstrickt und wälzten sich den Hügel hinab, wobei sie Fetzen schwarzen Tuchs zurückließen. Er folgte ihnen mit einem Faden rubinroten Lichts hinab. *Zuerst feuern, dann zielen. Du bist nicht wirklich hungrig. Es würde dich töten, du bist zu alt, um die Verwandlung zum Protektor durchzumachen, es würde dich töten.*

Tanj, der Duft! Sein Gehirn tanzte darin. Die Anstrengung, ihm zu widerstehen, war entsetzlich. Es war ebenso schlimm wie, seinen Trafroh während dieser achtzehn vergangenen Jahre des Abends nicht neu einzustellen. Unerträglich! Louis hielt den Strahl stabil und wartete.

Teelas Tritt, der Eingeweide herausgerissen hätte, ging fehl. Einen Moment lang war ihr Beine gerade ausgestreckt. Der rote Faden berührte es, und Teelas Schienbein blitzte sengend rot auf.

Er sah eine weitere Schussmöglichkeit, die verschwand, noch während er feuerte. Ein Teil von Chmees nacktem rosigen Schwanz flammte auf und fiel ab, wand sich dabei wie ein verwundeter Wurm. Chmee bemerkte es anscheinend nicht. Aber Teela wusste, wo der Strahl war. Sie versuchte, Chmee hineinzuwerfen. Louis bewegte den roten Lichtstab zur Seite und wartete ab.

Chmee war verwundet; er blutete an mehreren Stellen; aber er war über dem Protektor und setzte seine Masse ein. Louis bemerkte einen scharfkantigen Stein in der Nähe, wie eine sorgfältig gehämmerte Axt, die Chmee den Schädel einschlagen würde. Er ließ den Abzug los und zielte auf den Stein. Teelas Hand schoss darauf zu und brach in Flammen aus.

Überraschung, Teela!

Tanj, der Duft! Ich werde dich für diesen Duft des Lebensbaums umbringen!

Eine Hand war weg und der untere Teil eines Beins: Teela hätte dadurch gehandicapt sein sollen, aber wie schlimm hatte sie Chmee zugerichtet! Sie mussten müde werden, weil Louis einen deutlichen Blick auf Teelas harten Schnabel in Chmees Hals bekam. Chmee drehte und wand sich, und einen Augenblick lang war nichts hinter Teelas missgestaltetem Schädel außer blauem Himmel. Louis lenkte den Strahl in ihr Gehirn.

Louis und Chmee mussten gemeinsam ziehen, um Teelas Kinnlade zu öffnen, wo sie sich in Chmees Hals geschlossen hatte. »Sie ließ ihre Instinkte für sich kämpfen«, keuchte Chmee. »Nicht ihren Geist. Du hast recht gehabt, sie kämpfte, um zu verlieren. Kdapt möge mir helfen, wenn sie gekämpft hätte, um zu gewinnen.«

Und dann war es vorüber, von dem Blut abgesehen, das in Chmees Fell leckte; von Louis' zerschrammten und möglicherweise gebrochenen Rippen abgesehen und von dem Schmerz, der ihn zur Seite drehte; von dem Duft, dem Duft des Lebensbaums abgesehen, und der ging immer weiter. Von Harkabeeparolyn abgesehen, die jetzt bis zu den Knien im Teich stand, mit Wahnsinn in den Augen und Schaum um den Mund, während sie darum kämpfte, ihren Helm aufzuschlagen.

Sie nahmen sie bei den Armen und führen sie weg. Sie kämpfte. Louis kämpfte auch: Er kämpfte darum, von den Reihen um Reihen des Lebensbaums wegzugehen.

Chmee bliebt im Korridor stehen. Er löste Louis' Helm und zog ihn weg. »Atme, Louis. Der Wind bläst zur Farm hin.«

Louis schnüffelte. Der Duft war weg. Sie nahmen Harkabeeparolyn den Helm ab, um den Duft aus ihrem Anzug herauszulassen. Es schien keine Rolle zu spielen. In ihren Augen stand der Wahnsinn. Louis wischte ihr den Schaum vom Mund.

»Kannst du ihm widerstehen?«, fragte der Kzin. »Kannst du sie davon abhalten zurückzukehren? Und dich selbst?«

»Ja. Niemand außer einem bekehrten Drahtkopf hätte das tun können.«

»Arr?«

»Das wirst du nie verstehen.«

»Werde ich nie. Gib mir deinen Fluggürtel.«

Die Riemen saßen fest. Sie mussten ihm Schmerzen zufügen, da sie über Chmees Verletzungen gingen. Chmee war nur wenige Minuten weg. Er kehrte mit Harkabeeparolyns Fluggürtel, seinem eigenen Desintegrator und zwei Laserlampen zurück.

Harkabeeparolyn war ruhiger, wahrscheinlich aufgrund von Erschöpfung. Louis kämpfte gegen eine fürchterliche

Depression an. Er hörte kaum Chmees Worte: »Wir haben anscheinend eine Schlacht gewonnen und den Krieg verloren. Was sollen wir als Nächstes tun? Deine Frau und ich, wir beide benötigen eine Behandlung. Vielleicht können wir das Landefahrzeug erreichen.«

»Wir gehen durch die *Needle.* Was meinst du damit, wir hätten den Krieg verloren?«

»Du hast Teela gehört. Die *Needle* befindet sich in Stasis, und uns bleiben nur unsere Hände. Wie können wir ohne die Instrumente der *Needle* erfahren, was irgendeine dieser Maschine tut?«

»Wir haben gewonnen.« Louis fühlte sich schon fürchterlich genug ohne den Pessimismus des Kzin. »Teela ist nicht unfehlbar. Sie ist tot, nicht wahr? Woher könnte sie wissen, dass der Hinterste nach dem Stasisschalter gegriffen hat? Warum sollte er?«

»Mit einem Protektor im Schiff, nur eine Wand entfernt?«

»Hatte er nicht einen Kzin in eben demselben Raum gefangen? Die Wand ist eine General-Products-Hülle. Ich würde sagen, der Hinterste hat nach dem Schalter gegriffen, um die Trittscheiben abzustellen. Er war ein wenig langsam.«

Chmee überlegte. »Wir haben den Desintegrator.«

»Und nur zwei Fluggürtel. Sehen wir mal, wie weit wir von der *Needle* weg sind? Etwa zweihundertfünfzigtausend Kilometer, fast der Weg zurück, den wir gekommen sind. Futz.«

»Was unternehmen Menschen bei einem gebrochenen Arm?«

»Schienen.« Louis stand auf. Es war nicht leicht, in Bewegung zu bleiben. Er fand ein Stück Aluminiumstange und musste daran erinnert werden, was er damit wollte. Sie hatten nichts anderes zum Verbinden als Supraleitertuch. Harkabeeparolyns Arm schwoll unheilvoll an. Louis verband ihren Arm. Er benutzte den schwarzen Faden, um Chmee dort zu nähen, wo die Schnitt am tiefsten waren.

Ohne Behandlung könnten sie beide sterben, und es gab keine Behandlung. Und so, wie er sich fühlte, könnte er sich einfach hinsetzen und sterben. *Bleib in Bewegung. Futz, es wird nicht weniger wehtun, wenn du aufhörst, dich zu bewegen. Du musst irgendwann darüber hinwegkommen. Warum nicht jetzt?*

»Muss eine Schlinge zwischen den Fluggürteln zusammenflicken. Was können wir verwenden? Supraleiter ist nicht fest genug.«

»Wir müssen etwas finden. Louis, ich bin zu schwer verletzt, um auf die Suche zu gehen.«

»Das müssen wir nicht. Hilfe mir dabei, diesen Anzug von Harkabeeparolyn herunterzubekommen.«

Er benutzte den Laser. Er schnitt die Vorderseite des Druckanzugs weg. Er schnitt den lockeren Stoff in Streifen. Er drückte Löcher um die Kanten dessen, was vom Anzug übriggeblieben war, und fädelte Streifen des gummierten Materials hindurch. Die anderen Enden befestigte er an den Riemen seines Fluggürtels.

Der Anzug war eine Schlinge in Form von Harkabeeparolyn geworden. Sie legten sie wieder hinein. Sie war jetzt fügsam, aber sie wollte nicht sprechen.

»Schlau«, sagte Chmee.

»Danke. Kannst du fliegen?«

»Ich weiß es nicht.«

»Versuch's. Wenn du zwischendrin aufgeben musst und du dich später besser fühlst, hast du immer noch einen Fluggürtel. Vielleicht finden wir eine Landmarke, die groß genug ist, dass ich später zurückkommen und dich wiederfinden kann.«

Sie machten sich auf den Weg den Korridor hinab, der sie hergebracht hatte. Chmees Schnitte bluteten wieder, und Louis wusste, dass er Schmerzen hatte. Nach drei Minuten auf ihrer Fahrt erreichten sie eine Scheibe von zwei Metern Durchmesser, die einen halben Meter hoch in der Luft schwebte und auf der ein Haufen Ausrüstungsgegenstände lag. Sie setzten sich daneben.

»Wir hätten es wissen sollen. Teelas Frachtscheibe, ein weiterer dieser interessanten Zufälle«, sagte Louis.

»Ein weiterer Teil ihres Spiels?«

»Ja. Wenn wir überlebten, würden wir sie finden.« Alles auf der Scheibe war seltsam fürs Auge, fremdartig, abgesehen von einer schweren Kiste, deren Schrauben abgeschmolzen worden waren. »Erinnerst du dich daran? Es ist der Erste-Hilfe-Kasten von Teelas Flugrad.«

»Er wird einem Kzin nicht helfen. Und die Arzneien sind dreiundzwanzig Erdjahre alt.«

»Besser als nichts für sie. Du, du hast Allergiepillen, und hier ist nichts, womit du dir einen Infekt zuziehen kannst. Wir sind der Karte von Kzin nicht nahe genug, dass du dir Kzinti-Bakterien einfangen könntest.«

Der Kzin sah schlimm aus. Er hätte nicht aufstehen sollen. »Kannst du diese Kontrollen lernen?«, fragte er. »Ich habe nicht genug Vertrauen in mich, um sie auszuprobieren.«

Louis schüttelte den Kopf. »Warum sich die Mühe geben? Du und Harkabeeparolyn, ihr geht auf die Scheibe. Sie schwebt bereits. Ich schleppe sie. Ihr schlaft.«

»Gut.«

»Verbinde sie zunächst mit dem Taschen-Med. Und bindet euch am Steuerknüppel fest, euch beide.«

Kapitel 33

1,5 x 10 hoch 12

Sie beide schliefen die nächsten dreißig Stunden durch, während Louis die Scheibe schleppte. Sein Brustkorb auf der rechten Seite war eine große rote und purpurfarbene Quetschung.

Er hielt an, als er sah, dass Harkabeeparolyn erwacht war.

Sie plapperte von dem fürchterlichen Zwang, der sie gepackt hatte, von dem Entsetzen und Entzücken des heimtückischen Bösen, das der Lebensbaum war. Louis hatte versucht, nicht daran zu denken. Sie wurde verdammt poetisch, und sie wollte nicht den Mund halten, und Louis wollte ihr nicht sagen, sie solle den Mund halten. Sie musste reden.

Sie wollte den Trost von Louis' Armen um sich, und er konnte ihr auch das bieten.

Er hakte auch eine Stunde lang Teelas alten Erste-Hilfe-Kasten an seinen eigenen Arme. Als die Qual in seinem Brustkorb etwas zurückgegangen war, und als er sich etwas weniger benommen fühlte, gab er ihn zurück. Es schmerzte immer noch genügend, um ihn von dem Duft abzulenken, der immer noch bei ihm war. Sein Fluggürtel war vielleicht gegen einen Lebensbaum gestreift. Oder … vielleicht war er in seinem Kopf. Auf immer.

Chmee war ins Delirium gefallen. Louis ließ Harkabeeparolyn Chmees Körperschutz tragen. Teela hatte ihn während des Kampfs aufgerissen, aber er war besser als Haut für eine Frau, die vorhatte, sich neben einen Kzin im Delirium zu legen.

Der Körperschutz rettete ihr mindestens einmal das Leben, als Chmee nach ihr schlug, weil sie Teela zu sehr ähnelte. Sie pflegte den Kzin, so gut sie konnte, flößte ihm Wasser und Nährstoffe aus dem Helm ihres Druckanzugs ein. Am vierten Tag war Chmee wieder vernünftig, jedoch immer noch schwach … und heißhungrig. Der Sirup in einem menschlichen Druckanzug reichte nicht aus.

Alles in allem benötigten sie vier Tage, um die ungefähre Position der *Needle* zu erreichen, und einen weiteren Tag, um sich durch Wände zu schneiden, bis sie auf einen soliden Block zusammengeschmolzenen Basalts trafen.

Eine Woche, nachdem er sich verfestigt hatte, war der Stein immer noch warm. Louis ließ seine schwebende Scheibe und die Passagiere weit unten im Tunnel zurück, durch den Teela die *Needle* gezogen hatte. Er trug den Helm seines Druckanzugs, in den saubere Luft geblasen wurde, als er den Desintegrator beidhändig festhielt und den Auslöser drückte.

Ein Hurrikan aus Staub fegte um ihn herum. Ein Tunnel formte sich vor ihm, und er ging hinein.

Es gab nichts zu sehen und weiter kein Geräusch außer dem Heulen des sich auflösenden Basalts, und der Wind, der um ihn fegte, und irgendwo hinter ihm Blitze, wo die elektrischen Ladungen ihre Vorrechte wieder beanspruchten. Also, wie viel Lava hatte Teela ausgegossen? Anscheinend war er schon Stunden bei dieser Arbeit.

Er stieß gegen etwas.

Ja. Er schaute durch ein Fenster in einen seltsamen Ort. Ein Wohnzimmer mit Sofas und einem schwebenden Sofatisch. Aber alles wirkte irgendwie weich; es gab nirgendwo eine einzige scharfe Kante oder harte Oberfläche – nichts, woran sich ein Lebewesen das Knie hätte stoßen können. Durch ein weiteres Fenster sah er riesige Gebäude und den Schimmer eines schwarzen Himmels dazwischen. Pierson's-Puppenspieler schwärmten über die Straßen. Alles stand auf dem Kopf.

Das, was er für eines der Sofas gehalten hatte, war keines. Louis setzte seine Laserlampe mit niedriger Intensität ein. Er schaltete sie ein und aus. Eine gute Minute lang tat sich nichts. Dann tauchten ein flacher weißer Kopf und ein Hals auf, um von einer flachen Schale zu trinken, zuckten erstaunt zusammen und schossen unter ihren Bauch zurück.

Louis wartete ab.

Der Puppenspieler stand auf. Er führte Louis um die Hülle – langsam, weil Louis sich seinen Weg mit dem Desintegrator freiräumen musste – dorthin, wo er einen Trittscheibenüberträger auf die Außenseite der Hülle gesetzt hatte. Louis nickte. Er kehrte zu seinen Gefährten zurück.

Zehn Minuten später war er im Innern. Elf Minuten später aßen er und Harkabeeparolyn wie die Kzinti. Chmees Hunger war jenseits aller Beschreibung. Kawaresksenjajok sah ihm voller Ehrfurcht zu. Harkabeeparolyn hatte es nicht einmal bemerkt.

Schiffsmorgen für ein Raumschiff, das in zusammengeschmolzener Lava begraben war, -zig Kilometer unterhalb des Sonnenlichts.

»Unsere medizinischen Apparate sind beschädigt«, sagte der Hinterste. »Chmee und Harkabeeparolyn müssen heilen, so gut sie können.«

Er war im Cockpit und sprach über die interne Sprechanlage; und das konnte bedeutsam sein oder auch nicht. Teela war weg, und die Ringwelt könnte überleben. Der Puppenspieler hatte plötzlich eine lange, lange Lebensspanne zu schützen. Enger Kontakt mit Aliens war nicht zuträglich.

»Ich habe den Kontakt sowohl mit dem Landefahrzeug als auch der Sonde verloren«, sagte der Puppenspieler. »Die Meteoritenabwehr flammte etwa zu der Zeit auf, als das Landefahrzeug seine Sendungen eingestellt hat, was das auch immer zu bedeuten hat. Signale von der beschädigten Sonde hörten auf, kurz nachdem Teela Brown versuchte, in die *Needle* einzudringen.«

Chmee hatte geschlafen (auf dem Wasserbett, völlig allein) und gegessen. Sein wiederhergestellter Pelz würde erneut interessante Narben aufweisen, aber die Verletzungen heilten. »Teela musste die Sonde zerstört haben, sobald sie sie sah«, sagte er. »Sie konnte sich nicht dazu zwingen, einen gefährlichen Feind hinter sich zu haben.«

»Hinter sich? Wen?«

»Hinterster, sie hat dich gefährlicher als einen Kzin bezeichnet. Zweifellos eine taktische List, um uns beide zu beleidigen.«

»Das hat sie allerdings.« Zwei flache Köpfe sahen einander einen Moment lang in die Augen. »Na gut. Unsere Ressourcen sind auf die *Needle* selbst und eine einzige Sonde zusammengeschrumpft. Wir haben diese Sonde auf einem Gipfel nahe der schwebenden Stadt zurückgelassen. Sie verfügt immer noch über funktionsfähige Sensoren, und ich habe ihr ein Signal zur Rückkehr geschickt, falls wir der Ansicht sind, wir könnten einen Nutzen für sie haben. Sie sollte uns in sechs hiesigen Tagen zur Verfügung stehen.

Inzwischen haben wir anscheinend wieder unser ursprüngliches Problem, mit zusätzlichen Hinweisen und zusätzlichen Komplikationen. Wie die Stabilität der Ringwelt wiederherstellen? Wir glauben, dass wir hier am richtigen Ort sind, um damit anzufangen«, sagte der Hinterste. »Oder? Teelas Verhalten, inkonsistent für ein Wesen von anerkannter Intelligenz …?«

Louis Wu bemerkte nichts dazu. Louis war still an diesem Morgen.

Kawaresksenjajok und Harkabeeparolyn saßen einander genügend nahe im Schneidersitz an der Wand, dass sich ihre Arme berührten. Harkabeeparolyns Arm war verbunden und lag in einer Schlinge. Von Zeit zu Zeit warf ihr der Junge einen Blick zu. Sie verwirrte ihn und bereitete ihm Sorgen. Natürlich stand sie unter Schmerzmitteln, aber das reichte nicht aus, um ihre Starre zu erklären. Louis wusste, dass er mit dem Jungen reden sollte … wenn er gewusst hätte, was er hätte sagen sollen.

Die Städtebauer hatten im Frachtraum geschlafen. Die Angst vor dem Fallen hätte Harkabeeparolyn sowieso vom Schlaffeld ferngehalten. Sie hatte ohne Dringlichkeit *Rishathra* angeboten, als Louis zum Frühstück zu ihnen gekommen war. »Aber pass auf meinen Arm auf, Luweewu.«

Sex zu verweigern, erforderte Takt in Louis‘ Kultur. Er hatte ihr gesagt, er habe Angst, ihren Arm zu erschüttern, was auch stimmte. Es stimmte gleichermaßen, dass er anscheinend kein

Interesse dafür aufbringen konnte. Er fragte sich, ob der Lebensbaum ihn so berührt hatte. Aber er verspürte keine Lust in sich nach gelben Wurzeln, nicht einmal nach einem Draht, der elektrischen Strom einsickern ließ.

An diesem Morgen hatte er anscheinend überhaupt keine starken Bedürfnisse.

Fünfzehnhundert Billionen Wesen …

»Akzeptieren wir Louis' Urteil über Teela Brown«, sagte der Hinterste. »Teela hat uns hierhergebracht. Ihre Absicht entsprach unserer eigenen. Sie gab uns so viele Hinweise, wie sie konnte. Aber welche Hinweise? Sie kämpfte auf beiden Seiten einer Schlacht. War es wichtig für sie, drei weitere Protektoren zu erschaffen, und dann zwei davon zu töten? Louis?«

Louis, in Gedanken verloren, spürte vier scharfe Spitzen, die sich in die Haut über seiner Halsschlagader bohrten. »Bitte?«, fragte er.

Der Hinterste wollte sich schon wiederholen. Louis schüttelte heftig den Kopf. »Sie hat sie mit der Meteoritenabwehr getötet. Sie feuerte die Meteoritenabwehr ab, zweimal, und zwar auf Ziele außerhalb unseres lebensnotwendigen Selbst. Wir durften zusehen, ohne zu der Zeit in Stasis zu sein. Nur eine weitere Botschaft.«

»Meinst du, dass sie andere Waffen hätte verwenden können?«, fragte Chmee.

»Waffen, Zeiten, Umstände, Anzahl der handelnden Protektoren – sie hatte eine umfangreiche Auswahl.«

»Spielst du Spielchen mit uns, Louis? Wenn du etwas weißt, warum sagst du es uns nicht?«

Louis' schuldbewusster Blick auf die Städtebauer zeigte Harkabeeparolyn, die sich Mühe gab, wach zu bleiben, Kawaresksenjajok, der intensiv lauschte. Zwei selbst erwählte Helden, die auf ihre Chance warteten, bei der Rettung der Welt zu helfen. *Tanj.* »Eins Komma fünf Trillionen Wesen«, sagte er.

»Um achtundzwanzig Komma fünf Trillionen und uns selbst zu retten.«

»Du hast sie nie kennengelernt, Chmee. Auf jeden Fall nicht so viele. Ich hatte gehofft, dass einer von euch daran denken würde. Ich habe wild im Kopf herumüberlegt und versucht, einige zu sehen ...«

»Sie kennen? Wen kennen?«

»Valavirgillin. Ginjerofer. Den Riesenkönig. Mar Korssil. Laliskareerlyar und Fortaralisplyar. Herdenleute, Grasriesen, Amphibienleute, Hängeleute, Nachtleute, Nachtjäger ... Wir sollen fünf Prozent töten, um 95 Prozent zu retten. Kommen euch diese Zahlen nicht bekannt vor?«

Es war der Puppenspieler, der Antwort gab. »Das Stabilisierungssystem der Ringwelt ist zu fünf Prozent funktionsfähig. Teelas Reparaturmannschaft hat die Düsen über fünf Prozent des Bogens der Ringwelt wieder angebracht. Sind dies die Leute, die sterben müssen, Louis? Die Leute auf diesem Bogen?«

Harkabeeparolyn und Kawaresksenjajok starrten ihn ungläubig an. Louis breitete hilflos die Arme aus. »Tut mir leid.«

»Luweewu! Warum?«, schrie der Junge.

»Ich hab's versprochen«, sagte Louis. »Wenn ich es nicht versprochen hätte, dann hätte ich vielleicht eine Entscheidung treffen können. Ich habe Valavirgillin gesagt, dass ich die Ringwelt retten würde, gleich, was dazu erforderlich wäre. Ich habe ihr auch versprochen, sie zu retten, wenn ich es könnte, aber ich kann's nicht. Wir haben keine Zeit, sie zu suchen. Je länger wir warten, desto größer ist die Kraft, die die Ringwelt aus der Mitte schiebt. Also ist sie auf dem Bogen. Ebenso die schwebende Stadt und das Imperium der Maschinenleute und die kleinen roten Fleischesser und die Grasriesen. Also sterben sie.«

Harkabeeparolyn knallte ihre Handballen zusammen. »Aber das sind alle, die wir auf der Welt kennen, selbst dem Ruf nach!«

»Ich auch.«

»Aber da bleibt nichts zurück, was es wert ist, gerettet zu werden! Warum müssen sie sterben? Wie?«

»Tot ist tot«, erwiderte Louis und sagte dann: »Strahlungsvergiftung. Fünfzehnhundert Milliarden Leute von zwanzig oder dreißig Spezies. Aber nur, wenn wir alles genau richtig machen. Zunächst müssen wir herausfinden, wo wir sind.«

»Wo müssen wir sein?«, fragte der Puppenspieler sachlich.

»An zwei Orten. Orten, die die Meteoritenabwehr kontrollieren können. Wir müssen in der Lage sein, die Plasmaströme zu lenken, die solaren Flares. Und wir müssen das Subsytem abkoppeln, das die Plasmaströme veranlasst zu feuern.«

»Diese Orte habe ich bereits gefunden«, sagte der Hinterste. »Während ihr weg wart, hat die Meteoritenabwehr gefeuert, möglicherweise, um das Landefahrzeug zu zerstören. Magnetische Effekte haben die Hälfte meiner Sensoren lahmgelegt. Trotzdem habe ich den Ursprung des Impulses nachverfolgen können. Die gewaltigen Ströme im Ringweltboden, die die solaren Flares hervorrufen und manipulieren, stammen von einem Punkt unterhalb des Nordpols der Karte des Mars.«

»Vielleicht muss der Apparat gekühlt werden …«, sagte Chmee.

»Futz! Was ist mit dem Lasereffekt?«

»Aktivität dort kam Stunden später: kleinere, strukturierte elektrische Effekte. Ich habe euch schon gesagt, wo die Quelle liegt. Sie befindet sich genau über uns, so, wie das Schiff orientiert ist.«

»Wir müssen also dieses System abtrennen«, sagte Chmee.

Louis schnaubte. »Das ist einfach. Ich könnte es mit einer Laserlampe hinbekommen oder einer Bombe oder dem Desintegrator. Der schwierige Teil wird sein zu lernen, wie die solaren Flares gemacht werden. Die Kontrollen waren wahrscheinlich nicht für Idioten gedacht, und wir haben nicht allzu viel Zeit.«

»Und anschließend?«

»Dann richten wir einen Schneidbrenner auf bewohntes Land.«

»Louis! Einzelheiten!«

Er würde ein Todesurteil für ein Dutzend Spezies aussprechen.

Kawaresksenjajok verbarg sein Gesicht. Harkabeeparolyns Gesicht war steinern. »Tu, was du tun musst«, sagte sie.

Er tat es. »Die Stabilisierungsdüsen sind nur zu fünf Prozent funktionsfähig.«

Chmee wartete.

»Der Treibstoff für den Betrieb sind heiße Protonen, die von der Sonne strömen. Der Sonnenwind.«

»Aha«, sagte der Puppenspieler. »Wir verursachen einen Flare, um die Treibstoffaufnahme um das Zwanzigfache zu erhöhen. Die Lebensformen unter dem Flare sterben oder mutierten drastisch. Der Schub steigert sich um denselben Faktor. Die Stabilisierungsdüsen bringen uns entweder in Sicherheit oder explodieren.«

»Wir haben wirklich nicht die Zeit, sie neu zu justieren, Hinterster.«

»Das ist irrelevant«, sagte Chmee, »es sei denn, Louis liegt völlig falsch. Teela hat diese Düsen während der Montage inspiziert.«

»Ja. Wenn sie nicht stark genug wären, hätte sie sich dazu überwunden, einen übergeordneten Sicherheitsfaktor einzufügen. Ein Schutz gegen das Missgeschick eines größeren Flares. Sie wusste, dass das möglich war. Zwiedenken.«

»Den Flare zu lenken, ist für uns nicht nötig, bloß bequem«, fuhr der Kzin fort. »Lasst das Laser-erzeugende Subsystem abgetrennt. Dann kann die *Needle,* falls nötig, dorthin gebracht werden, wo der Flare auftreffen soll, anschließend als Ziel verwendet werden: beschleunigt, bis die Meteoritenabwehr feuert. Die *Needle* ist unverwundbar.«

Louis nickte. »Wir hätten gern etwas Genaueres. Wir würden die Arbeit gern schneller erledigen und weniger Leute töten. Aber … ja. Wir können das alles tun. Wir können es tun.«

Die Sonde war immer noch weit weg auf der anderen Seite der Ringwelt, Lichtminuten entfernt. Ein Hologrammfenster, das innerhalb der schwarzen Basaltmauer draußen vor der *Needle* flimmerte, blickte durch die Kamera der Sonde: ein abgedimmter Teleskopblick auf eine Sonne, die etwas weniger aktiv als Sol war. Der Hinterste musste das eingestellt haben, bevor er gegangen war.

Der Knochen in Harkabeeparolyns Arm verheilte etwas krumm; Teelas alter tragbarer Erste-Hilfe-Kasten konnte ihn nicht richten. Aber er verheilte. Louis machte mich mehr Sorgen um ihren emotionalen Zustand.

Ohne etwas aus ihrer eigenen Welt um sie her und mit Flammen, die dabei waren, ihr alles zu nehmen, woran sie sich erinnerte – nenne es Kulturschock. Er fand sie auf dem Wasserbett liegend, wie sie die vergrößerte Sonne beobachtete. Sie nickte, als er sie begrüßte. Stunden später hatte sie sich nicht bewegt.

Louis versuchte, sie zum Reden zu bringen. Es funktionierte nicht. Sie bemühte sich, ihre Vergangenheit zu vergessen, alles davon.

Er fand eine bessere Annäherung, als er die physikalische Situation zu erklären versuchte. Sie verstand etwas von Physik. Er hatte keinen Zugriff auf den Computer der *Needle* und die Hologrammvorrichtungen, also zeichnete er Diagramme an die Wände. Er wedelte viel mit den Armen. Sie verstand es anscheinend.

In der zweiten Nacht nach seiner Rückkehr erwachte er und sah sie im Schneidersitz auf dem Wasserbett sitzen, ihn nachdenklich beobachtend und die Laserlampe im Schoß festhaltend. Er erwiderte ihren glasigen starren Blick, schwang daraufhin den Arm kreisförmig herum, um sich umzudrehen, und schlief wieder ein. Er erwachte am folgenden Morgen, also was sollte es, tanj.

An jenem Nachmittag beobachteten er und Harkabeeparolyn, wie eine Flamme von der Sonne aufstieg und immer weiter und weiter hinausleckte. Sie sprachen nur wenig.

Epilog

Einen *Falan* später: zehn Ringwelt-Umdrehungen.

Weit oben auf dem Bogen der Ringwelt brannten einundzwanzig Kerzen hell, so hell wie die Korona der hyperaktiven Sonne, die sich um die Kanten der Schattenrechtecke herum zeigte. Die *Needle* lag immer noch eingebettet im Basalt unter der Karte des Mars. Die Mannschaft der *Needle* blickte durch ein Hologrammfenster, bereitgestellt von den Kameras der Sonde. Die Sonde war auf dem Felsrand der Karte des Mars aufgesetzt worden, auf Kohlendioxidschnee, wo Marsianer kaum mit ihr herumpfuschen würden.

Zwischen diesen beiden Reihen von Kerzenflammen lägen Pflanzen und Tiere und Leute im Sterben. In Größenordnungen, die den menschlichen Raum leer aussehen lassen würden, verwelkten die Pflanzen oder wüchsen seltsam. Insekten und Tiere würden sich vermehren, aber nicht nach ihrer Art. Valavirgillin würde sich fragen, warum ihr Vater gestorben war und warum sie sich so oft übergeben musste und ob das Teil des allgemeinen Niedergangs war und was der Mann von den Sternen dagegen täte.

Aber nichts davon zeigte sich aus hundertzwanzigtausend Kilometern Entfernung. Sie sahen nur die Flammen der Bussard-Ramdüsen, die angereicherten Treibstoff verbrannten.

»Es freut mich anzukündigen«, sagte der Hinterste, »dass das Zentrum der Masse der Ringwelt sich zurück zur Sonne bewegt. In weiteren sechs oder sieben Umdrehungen können wir die Meteoritenabwehr wieder so einstellen, wie wir sie vorgefunden haben, sodass sie wieder auf Meteore schießt. Fünf Prozent Schubdüseneffizienz wird ausreichen, die Struktur an Ort und Stelle zu halten.«

Chmee grunzte zufrieden. Louis und die Städtebauer starrten weiterhin auf das Hologramm, das in der Tiefe des schwarzen Basalts glühte.

»Wir haben gewonnen«, sagte der Hinterste. »Louis, du hast mich an eine Aufgabe gesetzt, deren Größenordnung nur mit dem Bau der Ringwelt selbst vergleichbar ist, und du hast mein Leben aufs Spiel gesetzt. Ich kann jetzt, da wir gewonnen haben, deine Arroganz akzeptieren, aber es gibt Grenzen. Ich möchte hören, dass du mir gratulierst, oder ich drehe dir die Luftzufuhr ab.«

»Glückwunsch«, sagte Louis Wu.

Die Frau und der Junge zu beiden Seiten von ihm brachen in Tränen aus. Chmee schnaubte. »Dem Sieger gehört das Recht zu prahlen, mindestens. Kümmern euch die Toten und Sterbenden? Diejenigen, die euren Respekt verdienen, hätten sich freiwillig gemeldet.«

»Ich habe ihnen dazu keine Chance gelassen. Sieh mal, ich bitte nicht *dich,* Schuldgefühle zu haben …«

»Warum sollte ich auch? Ich will dich nicht beleidigen, aber die Toten und Sterbenden sind allesamt Hominide. Sie sind nicht von deiner Spezies, Louis, und sie sind gewiss nicht von meiner, auch nicht von der des Hintersten. Ich bin ein Held. Ich habe das Äquivalent zweier bewohnter Welten gerettet, und deren Bevölkerungen *sind* von meiner Spezies, oder zumindest annähernd.«

»Schon gut, ich verstehe deine Sichtweise.«

»Und jetzt, mit fortgeschrittener Technik, die mich unterstützt, beabsichtige ich, ein neues Imperium zu gründen.«

Louis ertappte sich dabei zu lächeln. »Natürlich, warum nicht? Auf der Karte von Kzin?«

»Daran habe ich gedacht. Ich glaube, ich bevorzuge die Karte der Erde. Teela hat uns gesagt, dass Kzintiforscher die Karte der Erde beherrschen. Vom Geiste ähneln sie vielleicht meinem Welten erobernden Volk mehr als die Nachfahren der Karte von Kzin.«

»Weißt du, wahrscheinlich hast du recht.«

»Weiterhin haben diejenigen auf der Karte der Erde einen uralten Tagtraum meines Volks erfüllt.«

»Ach, ja?«

»Die Erde erobert, du Idiot.«

Es war lange her, seitdem Louis Wu gelacht hatte. Schlichte Affen erobern! »*Sic transit gloria mundi.* Wie willst du dorthin kommen?«

»Es sollte kein großer Umstand sein, die *Needle* loszulösen und sie zurück zum Mons Olympus zu lenken …«

»Mein Schiff«, sagte der Hinterste sanft, aber seine Stimme übertönte die von Chmee. »Meine Kontrollen. Die *Needle* fliegt dorthin, wohin ich will.«

Eine Schärfe in Chmees Stimme. »Und wohin könnte das sein?«

»Nirgendwohin. Ich verspüre keinen starken Drang, mich zu rechtfertigen«, erwiderte der Hinterste. »Du bist nicht von meiner Spezies, und wie kannst du mir etwas antun? Wirst du meinen Hyperdriveantrieb erneut verbrennen? Doch ihr seid Verbündete. Ich werde es erklären.«

Chmee stand vor der Wand und widmete dem Puppenspieler seine volle Aufmerksamkeit. Die Klauen ausgefahren. Das Fell um den Hals gesträubt. Natürlich.

»Ich habe die Tradition verletzt«, sagte der Hinterste. »Ich habe weiterhin funktioniert, als der Tod mich jede Sekunde treffen konnte. Mein Leben hat seit fast zwei Jahrzehnten auf dem Spiel gestanden, wobei das Risiko fast asymptotisch angestiegen ist. Das Risiko ist vorüber, und ich bin exiliert, aber ich lebe. Ich möchte mich ausruhen. Könnt ihr mit meinem Verlangen mitfühlen, eine lange Ruhepause einzulegen? In der *Needle* habe ich so viele der Annehmlichkeiten meiner Heimat, wie ich jemals sehen werde. Mein Schiff ist sicher im Felsgestein vergraben, zwischen zwei Schichten von *Scrith,* was mit der Stärke der eigenen Hülle der *Needle* vergleichbar ist. Ich habe Ruhe und Sicherheit. Wenn ich später das Bedürfnis verspüre zu erforschen, liegen eine Milliarde Kubikkilometer Ringwelt-Reparaturzentrum gleich draußen. Ich bin einfach genau dort, wo ich sein möchte, und ich werde bleiben.«

Louis und Harkabeeparolyn vollzogen *Rishathra* in jener Nacht. (Nein: Sie liebten sich.) Das hatten sie seit einiger Zeit nicht mehr getan. Louis hatte befürchtet, dass das Bedürfnis verschwunden war. Hinterher sagte sie es ihm.

»Ich habe mich mit Kawaresksenjajok gepaart.«

Er hatte es bemerkt. Aber sie meinte es auf immer, nicht wahr? »Glückwunsch.«

»Dies ist kein Ort, um ein Kind großzuziehen.« Sie hatte sich nicht die Mühe gegeben zu sagen *Ich bin schwanger.*

Natürlich war sie schwanger. »Es muss auf der ganzen Ringwelt Städtebauer geben. Du kannst dich überall niederlassen. Tatsächlich würde ich gern mit dir mitkommen«, sagte Louis. »Wir haben die Welt gerettet. Wir sind alle Helden, vorausgesetzt, jemand glaubt uns.«

»Aber, Louis, wir können nicht weg! Wir können nicht einmal auf der Oberfläche atmen, unsere Druckanzüge liegen in Fetzen, und wir sind inmitten des großen Ozeans!«

»Wir dürfen nicht verzweifeln«, sagte Louis. »Du redest, als ob wir nackt zwischen den Magellanschen Wolken zurückgelassen worden wären. Es gibt Tausende dieser schwebenden Scheiben. Es gibt ein Raumschiff, das so groß ist, dass der Hinterste die Einzelheiten mit Tiefenradar erkennen konnte. Wir finden etwas irgendwo dazwischen.«

»Wird dein zweiköpfiger Verbündeter versuchen, uns aufzuhalten?«

»Im Gegenteil. Hinterster, hörst du zu?«

Die Decke sagte: »Ja«, und Harkabeeparolyn vollführte einen Satz.

»Du bist am sichersten denkbaren Ort auf der Ringwelt«, sagte Louis. »Das hast du selbst gesagt. Die unvorhersehbarste Bedrohung, der du dich gegenübersiehst, müssen die Aliens an Bord deines Schiffes sein. Wie würde es dir gefallen, uns loszuwerden?«

»Sehr. Ich habe einen Vorschlag. Soll ich Chmee wecken?«

»Nein, wir reden morgen.«

Genau am Felsrand war es, wo das Wasser kondensierte. Von dort aus strömte es nach unten. Es wurde zu einem senkrechten Fluss, einem Wasserfall von dreißig Kilometern Höhe. Der

Grund war ein See aus Dunst, der Hunderte von Kilometern weit über das Meer reichte.

Die Kamera der Sonde, die an der Seite des Mars hinabblickte, zeigte ihnen nichts als stürzendes Wasser und weißen Dunst.

»Aber im Infrarotlicht ist das Bild ein anderes«, sagte der Hinterste. »Seht mal …«

Der Dunst verbarg ein Schiff. Ein schmales Dreieck eines Schiffs, seltsam geformt. Keine Masten. Eine Sekunde mal, dachte Louis. Dreißig Kilometer abwärts … »Das Ding muss volle anderthalb Kilometer lang sein!«

»Fast so lang«, stimmte der Hinterste zu. »Teela hat uns gesagt, sie habe ein Kolonistenschiff der Kzinti gestohlen.«

»Okay.« Louis hatte bereits einen schnellen Entschluss gefasst.

»Ich habe einen intakten Deuteriumfilter von der Sonde gelöst, die Teela später zerstörte«, sagte der Hinterste. »Ich kann dieses Schiff betanken. Teelas Fahrt war grässlich, aber eure muss es nicht sein. Ihr könnt Schwebescheiben zur Erkundung verwenden und zum Handel mit Gütern, wenn ihr die Küste erreicht.«

»Gute Idee.«

»Möchtest du einen funktionierenden Trafroh?«

»Frage mich das niemals mehr, okay?«

»Okay. Deine Antwort ist ausweichend.«

»Stimmt. Kannst du ein Paar Trittscheiben aus der *Needle* ausbauen und sie auf dem Schiff installieren? Das würde uns etwas geben, worauf wir zurückfallen können, falls wir wirklich in Schwierigkeiten geraten.« Er sah den Puppenspieler Auge in Auge mit sich selbst, und er fügte hinzu: »Es könnte *dein* Leben retten. Hier ist nach wie vor irgendwo ein Protektor, und er müsste jetzt die Ringwelt nicht verlassen, dank uns.«

»Das kann ich tun«, sagte der Hinterste. »Nun ja, ist dies ein adäquates Mittel, um das Festland zu erreichen?«

»Ja«, erwiderte Chmee. »Ja. Eine sehr lange Fahrt ... eine Fahrt von hundertsechzigtausend Kilometern. Louis, deine Leute fanden eine Seefahrt sehr beruhigend.«

»Auf diesem Meer wird sie eher unterhaltsam werden. Wir müssten uns nicht direkt spinwärts halten. Antispinwärts liegt die Karte einer unbekannten Welt, und sie ist weniger als doppelt so weit entfernt.« Louis lächelte die Städtebauer an. »Kawaresksenjajok, Harkabeeparolyn, sollen wir selbst ein paar Legenden überprüfen? Und vielleicht ein paar neue erschaffen.«

Glossar

Antispinwärts: Die Richtung entgegengesetzt der Drehung der Ringwelt.
ARM: Die Polizei der Vereinten Nationen. Jurisdiktion ist begrenzt auf das Erde-Mond-System.
Backbord: Links, wenn man spinwärts blickt.
Bekannter Raum: Die Sternregionen, die der Menschheit durch Erforschung bekannt sind.
Belter: Bewohner des Asteroidengürtels, Sol-System.
Bogen: Die Ringwelt, gesehen von der Oberfläche. Einige Einheimische glauben, dass ihre Welt flach ist und von einem schmalen parabolischen Bogen überspannt wird.
Cziltang Brone: Eine Vorrichtung der Städtebauer, ein Beamer, der festen Objekten, Fracht, Passagieren etc. erlaubt, *Scrith* zu durchdringen.
Ellbogenwurzel: Pflanze der Ringwelt, die als Umzäunung angebaut wird.
Flotte der Welten: Die fünf Puppenspieler-Planeten.
Flugrad: Einsitzerfahrzeug, verwendet zur Erforschung auf der ersten Ringwelt-Expedition.
Flup: Schlamm auf dem Meeresgrund.
Fooch (Foochesth): Steinsofas, stehen in den Jagdparks der Kzinti.

Ihm (Ihr) den Tag versüßen: Einen Tasp auf ihn (sie) anwenden, insbesondere aus einem Versteck heraus.
Kontrollzentrum: siehe Reparaturzentrum.
Landefahrzeug: Allgemeiner Ausdruck für Boden-zu-Orbit Fahrzeuge.
Long Shot: Siehe Quanten-II-Hyperdrive
Menschlicher Raum: Der Haufen von Sternsystem, die von der Menschheit bewohnt werden.
Outsider: Intelligente Lebensform, deren Biochemie auf flüssigem Helium und dem thermoelektrischen Effekt beruht. Outsider-Schiffe durchstreifen die Sterne mit Unterlichtgeschwindigkeit und verkaufen Informationen.
Outsider-Hyperdrive: Ein Überlichtgeschwindigkeitsantrieb, der niemals von den Outsidern verwendet wird, sondern ausschließlich von sternreisenden Spezies des bekannten Raums.
Quanten-II-Hyperdrive: Entwickelt von Pierson's-Puppenspielern, eine Art des Flugs, die wesentlich schneller ist als der Outsider-Hyperdrive. Die *Long Shot* war der Prototyp, der erste, der den galaktischen Kern besuchte.
Reparaturzentrum: (Hypothetisches) Zentrum der Wartung der Ringwelt und der Kontrollen.
Rishathra: Sexpraktik außerhalb der eigenen Spezies (aber innerhalb von Hominiden)
Schubdüse: Reaktionsloser Antrieb; hat Fusionsraketen auf allen Raumschiffen ersetzt, abgesehen von Kriegsschiffen.
Schüttberge: Berge, die vor der Ringmauer stehen. Sie haben ihre eigene Ökologie. Eine Station im Kreislauf des *Flup.*
Scrith: Das Strukturmaterial der Ringwelt. *Scrith* liegt der ganzen terraformten und konturierten inneren Oberfläche der Ringwelt zugrunde. Die Randmauern sind gleichfalls aus

Scrith. Sehr dicht, mit einer Dehnfestigkeit in der Größenordnung der Kraft, welche die Atomkerne zusammenhält.

Spaghetti-Pflanze: Ringwelt-Pflanze, Beschreibung offensichtlich. Essbar.

Spinwärts: In Richtung der Umdrehung der Ringwelt.

Stasis: Ein Zustand, in dem die Zeit sehr langsam verläuft. Die Größenordnung kann von einer halben Milliarde Jahre Echtzeit bis hin zu wenigen Sekunden in Stasis sein. Ein Objekt in Stasis ist nahezu unverwundbar.

Steuerbord: Rechts, wenn man spinwärts blickt.

Sturmauge: Das Muster der Winde, die sich um einen Meteoriteneinschlag im Ringweltboden bildet.

Tanj: Slang-Akronym aus »There Ain't No Justice« (»Es gibt keine Gerechtigkeit«). Verwendet als Kraftausdruck.

Tasp: Ein Apparat, in der Hand gehalten, der das Lustzentrum eines menschlichen Gehirns aus der Ferne kitzelt.

Terraformen: Eine Umgebung so weit formen, dass sie an die Erde erinnert.

Trafroh: Ein kleiner Apparat, der in den Schädel eines Stromsüchtigen eingestöpselt wird. Sein Zweck: Den Stromfluss zum Lustzentrum des Gehirns des Süchtigen zu dosieren. Ein *Tra*nsformator, der *froh* macht.

Trittscheiben: Teleportationssystem, das auf der Flotte der Welten verwendet wird. (Andere bekannte Spezies verwenden eine weniger ausgefeilte Methode, die umschlossenen Transferkabinen)

Würstchen-Pflanze: Ringwelt-Pflanze, die Melonen oder Gurken ähnelt, jedoch in Ketten wächst. Ansammlungen von Wurzeln entspringen den Knoten. Wächst in Feuchtgebieten. Essbar.

RINGWELT-PARAMETER

30 Stunden = 1 Ringwelttag
1 Umdrehung = 7 ½ Tage = Eine Ringweltumdrehung
75 Tage = 10 Umdrehungen = 1 Falan
Masse = 2 x 10^{30} Gramm
Radius = 1,6 x 10^{8} Kilometer
Umfang = 10 x 10^{8} Kilometer
Breite = 1 604 516 Kilometer
Oberfläche = 15,6 x 10^{14} Quadratkilometer = 3 x 10^{6} mal die Erdoberfläche (annähernd)
Oberflächenschwerkraft = 9,45 m/s
Höhe der Ringmauer innen beträgt rd. 1600 Kilometer.
Stern: G3, fast G2, kaum kleiner und kühler als Sol

Dave Morris

VULCANVERSE

– *Die verborgenen Tempel* –

Willkommen im Vulcanverse!

Bekämpfe Monster, schmiede Freundschaften, erfülle Aufträge, finde Gefährten und ernte den Hass deiner Feinde.

Die heißeste und trockenste Region des Vulcanverse ist die Wüste des Notos, in der Löwen, Spinnen und Skorpione erbittert ihr Jagdrevier verteidigen. Durchquere die Dünen des Verhängnisses, finde den Wasserfall des Okeanos und erkunde die gewaltige Stadt Alexandria. Denn unter dem endlosen Sand warten drei Mausoleen darauf, entdeckt zu werden, ihre Eingänge von geheimnisvollen Sphinxen bewacht. Alle Entscheidungen liegen in deiner Hand. Sei, wer immer du sein willst, egal in welchem Buch du anfängst, wohin du reist oder was du auch tust. Im Vulcanverse gibt es keine Grenzen.

Entdecke die neue Spielbuch-Reihe von Jamie Thomson und Dave Morris, den Autoren der beliebten „Fabled Lands"-Serie!

Erhältlich im Buchhandel oder direkt auf ***www.manti-shop.de***